もっと世界一やさしい Amazonせどりの教科書1年生

クラスター長谷川

ソーテック社

ご利用前に必ずお読みください

本書内に、せどりをしている人たちの間で日常的に使われている、日頃聞き慣れない用語が出てきます。たった4つですが、まずは言葉の意味を理解してから読み進めてください。

❶ せどらー	せどりをしている人
❷ せどる	仕入れる
❸ プレ値	プレミアム価格（定価よりも高い値段）
❹ 電脳せどり	ネットショップやショッピングサイト、オークションサイトから仕入れるせどり手法

本書に掲載した説明および情報に基づいて運用して得られた結果に関しましては、著者および株式会社ソーテック社はいかなる場合においても責任は負わないものとします。個人の責任の範囲で実行してください。

また、本書は2020年2月現在の情報をもとに作成しています。掲載されている情報につきましては、ご利用時には変更されている場合もありますので、あらかじめご了承ください。

以上の注意事項をご承諾いただいたうえで、本書をご利用願います。

※ 本文中で紹介している会社名、製品名は各メーカーが権利を有する商標登録または商標です。なお、本書では、©、®、TMマークは割愛しています。

Cover Design & Illustration...Yutaka Uetake

はじめに

2回目のせどりの授業をはじめます

1冊目ですでに実証済みのノウハウですが、2冊目はネット仕入れのノウハウを増やし、パソコン（スマホ）画面を図解で載せることで「こうして、次はこうする」とそのまんま実践できる詳しい解説にしました。このように、前著よりさらに簡単に実践できる内容となっています。

また、どんな経験者が読んでも知らない情報、知識、視点がひとつは載っている内容に仕上げたので、**「現役せどらーさんも本著を楽しんで」**ください。

読み方としては、0時限目から2時限目までは外せない基礎の部分なので、順番に読んでください。2時限目を読み終えたら1度ストップし、**「不用品を出品して〝売る経験〟」**をしてみましょう。3時限目以降の仕入れの授業は興味のあるところからでいいですが、ひととおり目を通してください。そして、**「できそうなノウハウから実践」**してみましょう。

正しく取り組めば、「誰でも稼ぐことができる」ようになる

本書を手にしたということは、何かしらお金に関して困っているのかもしれません。私自身、

まさにそんな状態でした。学生を終えたあとは、20代後半までフリーターしかしたことがなく、ただの貧乏青年で何のスキルもありませんでしたが、せどりのおかげで人生を大逆転することができました。スキル、経歴でいえば、きっとあなたのほうが勝っていると思います。

3万円程度であれば、30日以内に手にすることができます。月収20万円くらいであれば、週に2回ほどの仕入れでも達成できます。極めれば、ひとりでも月に100万円の利益をあげることも可能です。月に100万円あれば、だいたいのお金の問題は解決するのではないでしょうか。これが1ミリたりとも夢物語ではなく、せどりの世界ではいたって普通のリアルな話です。

そんな話があるなら早く授業をはじめてくれ！　と聞こえてきそうですが、その前に2つだけ必ず覚えておいてほしいことがあります。

❶ やる気の想いを持ち続けること
❷ 解説しているとおり、そのまま実践すること

この2つさえできれば、令和時代は明るい未来にしていけます。

できそうな気がしてワクワクしませんか？　実際にできるので、前著では多くの人が人生を変えられたのです。成功への道はすでに「ここにある」ので、安心して読み進めてください。

それでは、2回目の授業をはじめていきましょう！

クラスター長谷川

目次

1時限目 Amazonでものが売れるお店づくりと出品のしかた

3時限目 スマホでパパッとすき間時間に仕入れる「中古電脳せどり」

4時限目 週末自宅で仕入れよう「新品電脳せどり」

5時限目 普段の買い物のついでに仕入れよう「新品店舗せどり」

6時限目 「低資金&高利益率せどり」で収益安定

7時限目 一石二鳥&「効率化せどり」

課外授業 知っておきたい「せどりのお金の話」と困ったときの「トラブル対応」のしかた

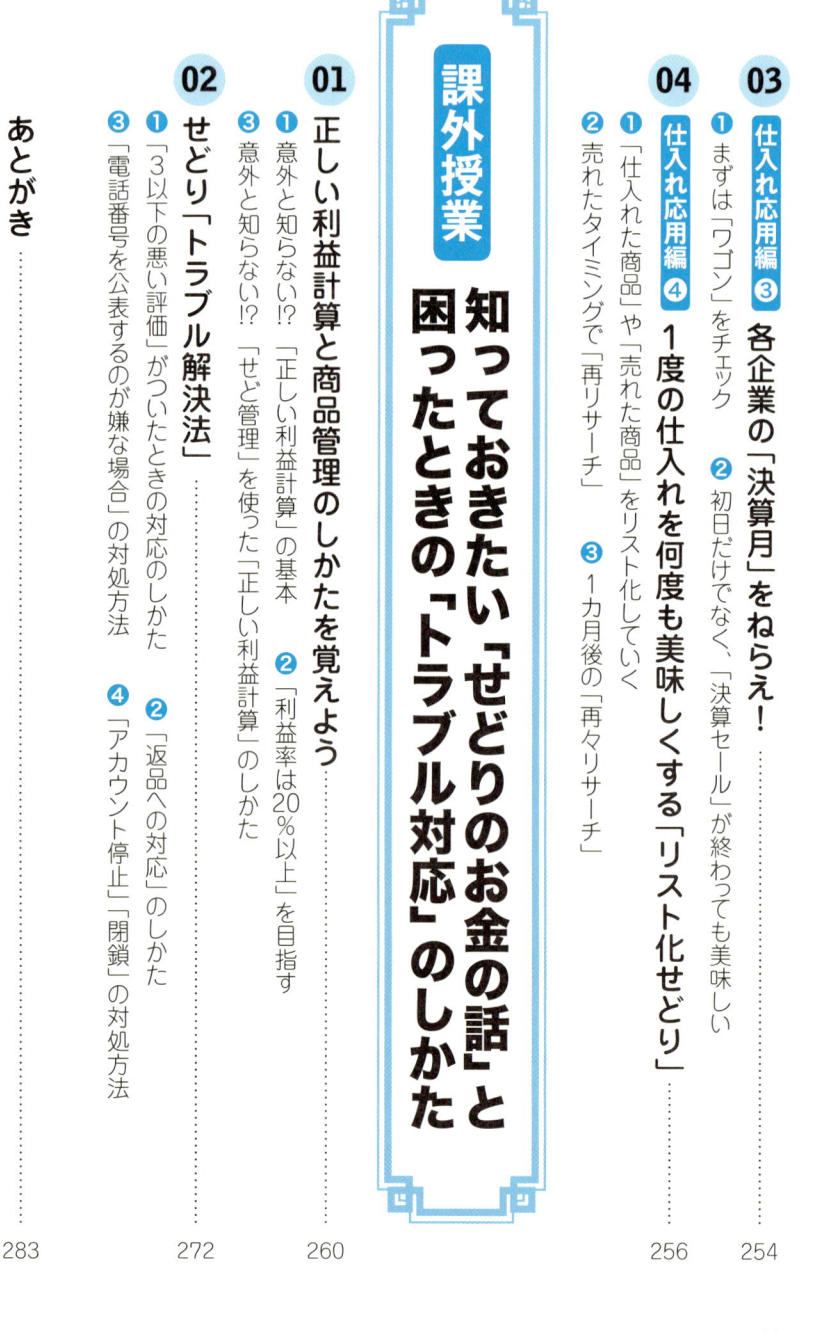

0時限目
今日から稼げる「せどり」ビジネス

「どうして、一般店舗やネットで仕入れができるんだろう?」「初心者が在庫を持つのはリスクでは?」
せどりの全体像を理解して、あらゆる疑問をスッキリさせましょう!

01 そもそも「せどり」って何!?

1 「せどり」のことをちゃんと知りましょう

せどり（競取り・背取り）とは、もともと古書店で相場よりも安く売られている本を買いつけ、ほかの古書店に高く売り、その差額で利益を出す商いのことをいいます。江戸時代からある歴史のある商いのひとつです。今日では、あらゆる一般の店舗、ネットショップ、オークション、フリマアプリで仕入れて、オンラインで販売するのが主流のスタイルとなっています。

江戸時代、せどりは各商品の相場知識を持っている専門家しか稼ぐことができませんでした。しかし、今では、ど素人でも、知ったその日から稼げるようになっています。なぜならば、21世紀に入って「スマホの商品検索アプリ」や「価格相場サイト」などが開発され、誰でも「**各商品がいつ、いくらで、何個売れたか**」という「**販売履歴**」を知ることができ、それを活用しながら仕入れをすることで稼ぐことができるようになったからです。今では、せどりは副業で1番人気といってもいいほどのビジネスになっています。

仕入商品も、現代では古本だけでなく、ＤＶＤ、ゲーム、トレーディングカード、おもちゃ、家電、キッチン用品、食品、ベビー用品、ペット用品など、ネットで売れない物を見つけるのが難しいくらい何でも取り扱えます。**「ほぼすべてのお店が仕入れ対象になるので、宝探しゲームをしているうちに気がついたら稼げていたという不思議な感覚」**でとても楽しいですよ。販売先も、インターネット上の**Amazon**、楽天ショップ、**Yahoo!**ショッピングのようなネット店舗から、ヤフオク、楽天オークション、イーベイといったオークション形式のサイト、スマホアプリの、メルカリ、ラクマ、など、販路も右肩上がりで拡大しています。

本書では、せどりの販路として1番効率的に稼ぎやすい、「**Amazon**」で販売する手法をお話ししていきます。

2 なぜ「価格差」は生まれるのか？

各商品のインターネットにおける販売価格がわかっているにもかかわらず、一般店舗ではネット相場より格安で商品を販売する

せどりでは、家や車などは売れませんが、基本的にほぼ何でも販売することができます。
しかも、中古も、新品も販売ができるので、街中のあらゆる店で宝探しゲームのようにせどれちゃいます！

ことがあります。これには、大きく4つの理由があります。

❶新商品入れ替えのため、販売スペースを確保する必要がある
❷経営的にキャッシュフローを少しでも円滑にする必要がある
❸すべての商品のネットにおける価格相場にあわせきれない
❹ネット上でプレミアム価格がついていても定価以上で売ることができない

3 「今月から4、5万円は稼げる」ようになる!? 奇跡のビジネス

せどりの「せ」の字を知らない人でも、知識を正しく身につけて、仕入金を10万円ほど用意できれば、今月から4～5万円稼ぐことは難しくありません。初月から月商100万円を超える人もいるくらいです。本気でやれば、スタートしてから1年もしないで独立することも十分可能です。パソコンスキルも文字が打てる程度で十分ですし、「**スタートの段階で、何のスキルがなくても大丈夫なのが〝せどり〟のすごいところ**」なのです。

ちなみに、仕入金は10万円なくても大丈夫なので安心してください。1万円以下の少額からスタートしても、儲けたお金をすべて次回以降の仕入れに回していけば、利益が複利になって倍々ゲームでお金は増えていきます。私も、せどりをはじめたときは、ほぼ無一文でした。「**行動した**

だけで稼げるようになるなんて、奇跡のビジネス」だと思いませんか。

4 ライバルだらけで儲からない？ 地方だから儲からない？

せどり業界では、常に「ライバルが増えてしまって稼げない」「せどりは、もう飽和してしまった」「地方だから儲からない」といったようなことが、ネット上にたくさん書き込まれています。本当にそうでしょうか。7年ほど、どっぷりこの業界にいる私の見解は、1度たりとも「稼ぐのが厳しくなってきた」と感じたことがありません。むしろ真逆に感じています。

現在は稼げる情報もツールも溢れかえっているので、昔とは比べものにならないくらい稼ぎやすくなっています。せどり界の有名な成功者も、数年前は、覚えられるくらいの人数しかいませんでしたが、今では成功者が増えすぎて覚えきれないというより、全員を知ることすら不可能な状況です。信じられないような話ですが、月商1000万円を超える人もどんどんでてきています。

地方は稼げない？ そんなことはありません。地方で稼いでいる人に聞くと「地方はライバルが少ないので、せどりをするには美味しいですよ」なんて言われます。北海道でも、沖縄でも月商200万円くらい稼いでいる人はいます。「正しくせどりをすれば、日本全国で稼ぐことは可能」です。

「**稼げる人は、どれだけ粗悪な環境にいても稼げる理由を**」見つけます。「**稼げない人は、どん**

なに恵まれた状況でも言い訳を」見つけます。あなたは稼ぐために本書を手に取ったのだと思います。だとしたら、稼いでいる人の情報にだけ触れていってください。

5 せどりは、物販なのに「リスクがない」？

せどりで仕入れても、売れ残りの在庫リスクがあるのでは？　と心配するかもしれませんが、まず問題ありません。なぜなら仕入れをするときに、「**〝モノレート〟というサイトで、仕入れようとしている商品がいつ、いくらで、どれだけ売れたかという販売履歴を細かく知ることができるから**」です。つまり、販売履歴をリサーチして売れるものだけを仕入れているのです。モノレートの詳しい見方は、2時限目でお話しします。

ほぼ確実に売れるものしか仕入れないので、正しくせどりをしていれば損をするほうが難しいです。たとえると、「**結果を知っている出来レースに賭けをして稼いでいるようなもの**」です。

「**せどりは物販なので、不良在庫をゼロにするのは不可能**」ですが、本書に書いてあるとおりにやれば、トータルで黒字になります。「**せどりは、この〝トータルで勝つ〟という考え方が非常に大事**」になってくるので、絶対に覚えておいてください。赤字で売ってしまう商品も一部ありますが、黒字で販売する商品のほうが圧倒的に多いので、ちゃんと儲かるようになっています。

02 なぜ「Amazonで販売する」のが最も稼ぎやすいのか?

1 Amazonを使うひとつ目の理由は、「国内最大規模の集客力」

Amazonでは、毎月4000万人以上ものお客様がサイトでお買い物をするので、商品を出品すると驚くほど早く売れていきます。「**日本人の3人に1人以上がお買い物をしている**」と思うと驚異的な数字ですよね。

2 Amazonを使うもうひとつの理由は「FBA」というしくみ

Amazonを使う2つ目のメリットは、「**フルフィルメント by AmazonというFBAサービス**」を利用するからです。「**フルフィルメントとは、注文を受けてから出荷するまでのすべての業務**」を指します。このフルフィルメントサービスを提供しているのはAmazonだけです。

仕入商品を**Amazon**倉庫に送りさえすれば、あとはお客様がほしい商品を勝手に買っていってくれるので、２週間ごとに売れた商品のお金が振り込まれるのを待つだけです。「受注管理」「在庫管理」「商品仕分け」「ピッキング」「梱包」「発送」「代金請求・決済処理」など、すべてを**Amazon**がやってくれます。

このＦＢＡを使わずにフルフィルメントの作業をすべて自分でやるとなると、毎日発送作業に追われて、売上、利益を生み出すための仕入れの時間がつくれなくなります。もし仕入れ商品を家に保管するとしたら、物理的に限界があるので、せどりで稼げる額はかなり限定されたものになってしまいます。

ＦＢＡを使う理由はまだあります。それは、販売率が飛躍的に伸びるうえに、商品を高値で売ることができるからです。**Amazon**で買い物をするお客様は、今すぐ商品がほしいと思っている人がたくさんいます。

Amazonには「**当日お急ぎ便**」という注文した日に商品を受け取れる有料サービスがありますが、全注文の３分の１、多い日には半分近くがこのサービスを使ったものです。言い方を変えると、ＦＢＡを使わないと３分の１～約半分の注文が入らないということ

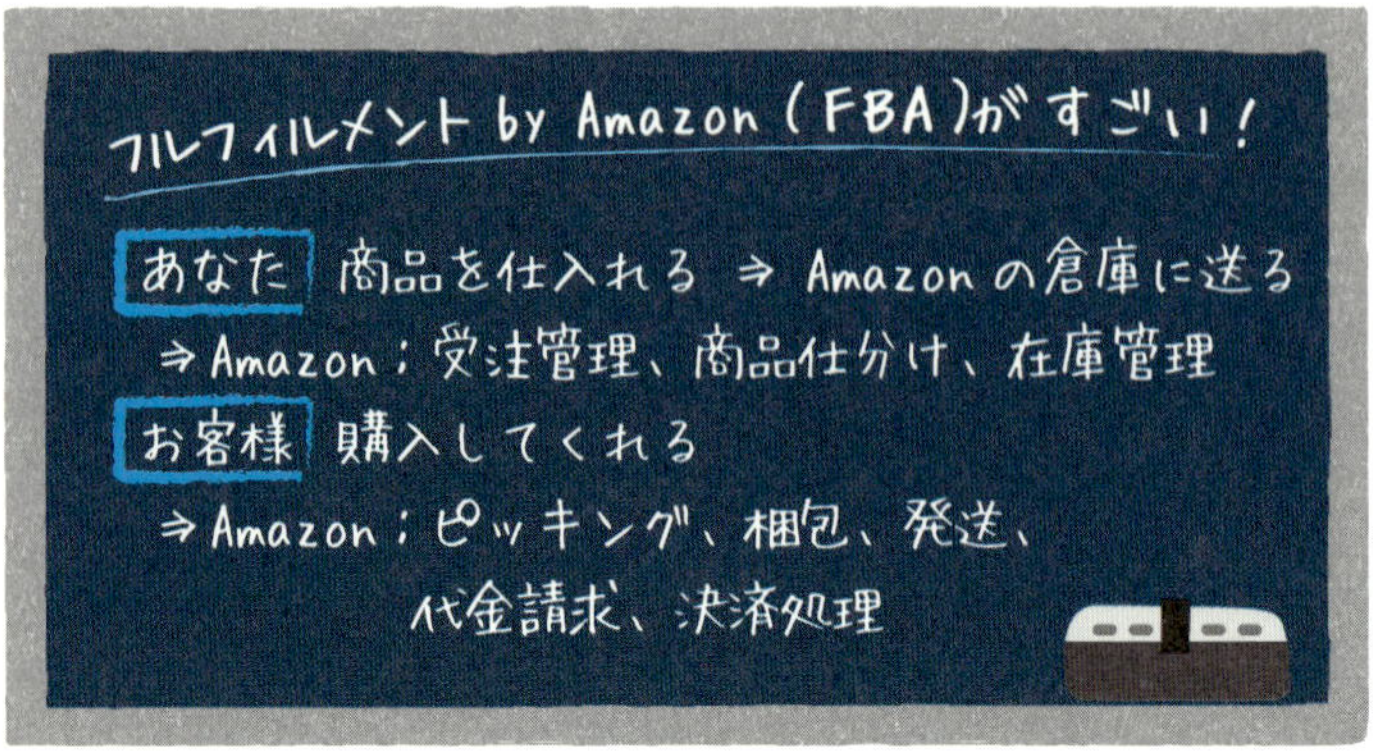

とになります。**「Amazon倉庫に商品を納品することによって、この〝お急ぎ便〟が適用されるようになり、購入率がアップする」**のです。どうしても急ぎで商品が必要なお客様は、自己発送で安く出品している業者より、高くても**Amazon**倉庫に納品してFBA出品している業者から商品を買います。

あと、単純に「**Amazon**倉庫から送られてくる＝**Amazon**の在庫から買っている」といういい意味での勘違いをして商品を購入しているお客様もいます。このように、**「FBAサービスを使うと売値も高く設定できるので、仕入れができるようになる商品の幅が格段に広がります」**。

「Amazonで販売する＝FBAを使うから稼げる」といっても過言ではありません。FBAを使わないのは、チーズバーガーを注文しておきながら、チーズを抜いてハンバーガーを食べるようなものです。大きく稼いでいくためには、必ずFBAサービスを使ってください。

Episode

クラスター長谷川は、せどりに出会うまで、何をしていたのだろう

私クラスター長谷川は、せどりに出会うまで、実は新進気鋭のデザイナー兼ブランドオーナーとして、大阪のとあるおしゃれな街でＴシャツ屋さんをやっていました。

店舗を借りて、自分のデザインしたＴシャツを並べて……というと聞こえはいいのですが、実際はただのフリーターでした。１カ月に２、３枚しか売れないＴシャツ屋さんだったので、毎月大赤字です。その赤字を埋めるために、早朝から深夜までアルバイトをし続ける毎日でした。バイト中に目を開けながら寝ていたこと、茶色い尿が出たことが何度もあったくらい身も心もボロボロでした。そんな生活を、「明日何かのメディアに取り上げられて、俺のＴシャツがブレイクするぞ！」と、何とか２年以上続けましたが、いよいよ資金も回らなくなりお店は閉店と相なりました。すべてを失ってしまいましたが、「もう一度ゼロから生きてみよう」と、希望だけは捨てていませんでした。

店の閉店から半年後……。

生きていくために、なぜか服だけカバンに詰め込んで、裸一貫で大阪から東京に行ってみよう！　と、自転車で上京することにしました。

５日間かけてたどり着いた東京で、はじめての夜をすごした宿は、せどりの聖地「秋葉原」にありました。今思えば、このときから私は不思議な縁に引き寄せられていたのかもしれません。とりあえず住む場所を見つけ、面接で受かったカフェで働きはじめました。そのカフェに来店してくれたお客様に「せどり」の存在を教えてもらったのです。そして、インターネットで「せどりツアーを開催しまーす」という先生を見つけました。私のせどりで稼ぎたいという命懸けにも近い覚悟を見せているうちに、その先生に可愛がってもらえるようになり、いろいろと手とり足とり熱く指導をしていただくことができました。

せどりと出会って２カ月間は副業でやっていましたが、１日で１万円は稼げると感じたので、ほぼ無一文のまま勢いでカフェを辞めて独立してしまいました。ここは、絶対に真似しないでください。

独立してから順風満帆で成功できたかというと決してそうではありません。はじめの１カ月は落ちている本を売っての生活、先生のコミュニティーの中でも、ずっと真ん中くらいの実績の生徒で、独立しているのに売上が１週間続けて2,000円みたいなときもありました。お金が底を尽きそうで気が狂いそうでしたが、正しい方向性の努力をしていると信じて行動し続けるしかありませんでした。そうこうしているうちに売上は回復し、何とか危機は乗り越えました。そんなドタバタな自転車操業をしながら、半年後にようやく自分の軸となる家電せどりに出会ったのです。

1時限目
Amazonでものが売れるお店づくりと出品のしかた

店づくりと出品は、1時限目をそのまま真似すれば、「あ、売れちゃった！」の感動を体験することができますよ！

Amazonでものが売れるお店づくり①

01 「状態のいい商品」を仕入れる

1 「どんな商品を販売できる」のか？

Amazonでは、ＣＤを除いて、私たちのような一般人が仕入れ可能な商品は、ほとんどのジャンルにおいて販売することができます。まったくの新規アカウントでも出品できる商品をまとめたので、把握しておいてくださいね（２０１９年9月現在）。

本、ビデオ、DVD、PCソフト、TVゲーム、エレクトロニクス、文房具・オフィス用品、ホーム&キッチン、DIY&工具、おもちゃ&ホビー、スポーツ&アウトドア、カー&バイク用品、楽器、ベビー&マタニティ、ドラッグストア、ビューティー、ペット用品、食品&飲料、腕時計、ジュエリー、服&ファッション小物、シューズ&バッグ

これらの多くは、新品、中古ともに出品することができます。エレクトロニクスは、家電やパソコン製品など全般を指します。

ただ、注意してほしい点は、ＰＣソフト、ＴＶゲームで中古商品を販売する場合、新品商品であればメーカーからサービスを受けられるシリアルナンバーやダウンロードコードなどの有無です。それらが有効かどうかを記載する必要があります。その有効性の確認が簡単ではない場合があるので、そういった特典がついている商品は、初心者のうちは仕入れないようにしましょう。自分が得意そうなジャンルや、興味のあるカテゴリーからリサーチしてみましょう。

2 「状態のいい商品」を仕入れる

次の3つのポイントを常に最大限のパフォーマンスで実行していけば、黙っていても**Amazon**で商品が売れていきます。3つといっても**Amazon**倉庫に商品を送ってしまえば、あとは毎日価格を見直すだけです。**Amazon**で稼ぐのに、この3つ以外にすることは何もありません。

❷、❸については次節で順番にお話ししていきます。

❶ 状態のいい商品を仕入れる（新品と中古）
❷ 信頼されるお店をつくる（店舗の名称と商品コンディション説明）
❸ 適切な価格で売る

A「新品」の場合

新品といっても、必ずしもピカピカである必要はありません。「**〝パッケージが破れて中が見えている〟〝深い凹みがある〟といった破損状態でなければ大丈夫**」です。パッケージに強めのスレなどがあっても問題ありません。気にせず仕入れてください。ただし、「**ダメージについては、商品のコンディション説明にありのままを記入する**」必要があります。

中身はまったくの新品だけど、パッケージが破れて中が見えている、深い凹みがあるような破損状態の商品を「新品」で出品すると、どうしても購入者からクレームがくる可能性が高くなります。クレームは避け

● これくらいなら「新品出品」OK！

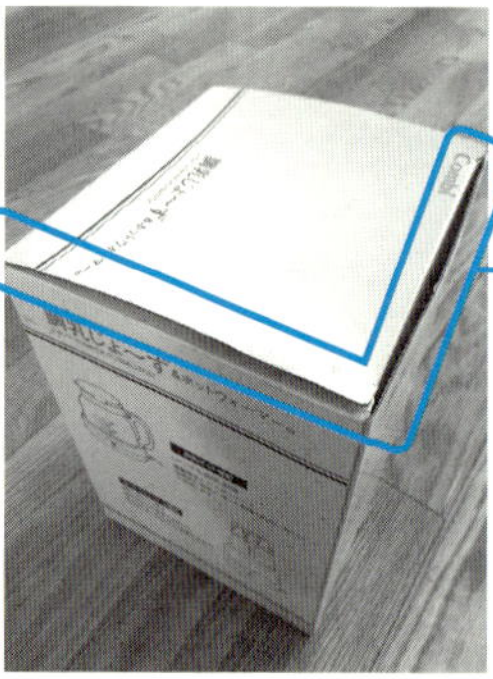
外箱に多少汚れがあったり、形が多少いびつに変形していても「新品出品」で問題ない

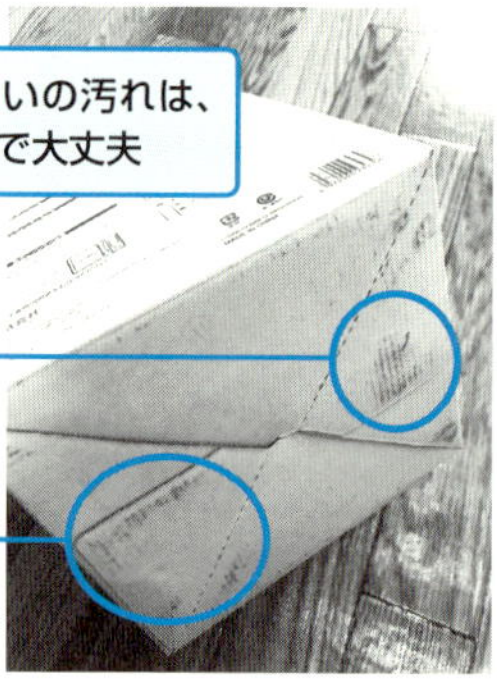
これくらいの汚れは、新品扱いで大丈夫

● ここまでくるとアウト！

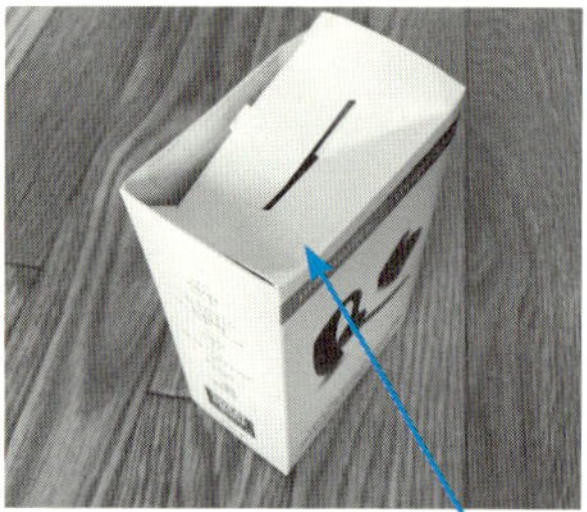
箱がちゃんと閉まらないくらい歪んでしまったら、さすがに「ほぼ新品」

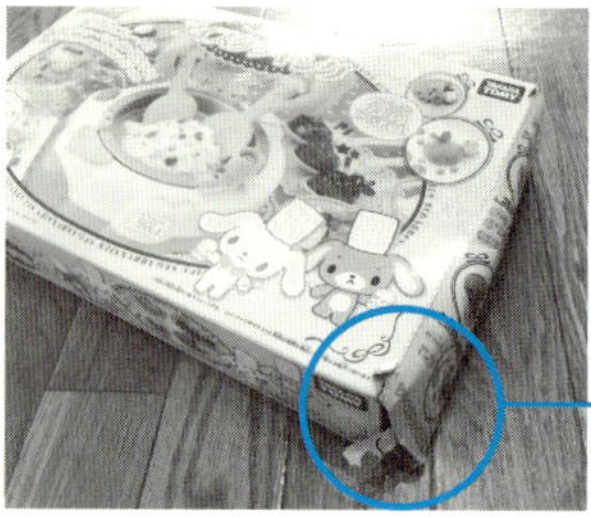
ここまで箱の凹みや、ハガレがある場合も「ほぼ新品」で出品しよう

なくてはいけないので、「**〝ほぼ新品〟のコンディションで出品**」するようにしましょう。

もし、パッケージに数カ所目立ったダメージがあっても、隠すことができるなら「新品」のコンディションで出品してもまったく問題ありません。この場合は、「**チェーン店などでよく商品の防犯管理のために使われているシールを、ダメージ部分の上から貼って隠す**」ようにします。このシールも**Amazon**で販売されています（防犯タグ 消去式 4×4㎝ 500枚入：実勢価格1680円）。パッケージに5枚くらいまでだったら貼ってもクレームがくることはまったくありません。むしろ、この防犯シールが貼られていることで、購入者からは「きちんと管理されて流通した商品」というイメージを持ってもらいやすくなります。とはいっても防犯シールが10枚も貼られていると、さすがに違和感があるので、過剰に使いすぎないように気をつけましょう。

B 「中古」の場合

自分が購入者の立場になって判断します。「**商品が届いたときに不快にならないレベルの状態のものを仕入れる**」ようにします。いくら中古で安く買えるとはいっても、汚れがひどいと誰でも嫌な気持ちになってしまいます。そして、できるだけ早く高値で売るために、付属物が多くそろっている状態のものを仕入れましょう。商品の動作に明らかに支障をきたす付属品がそろっていない場合は、仕入れをしないようにしましょう。なくても問題ないような付属品であれば仕入れの対象になります。中古を仕入れる場合、外箱がない場合が少なくありませんが、「**外箱は付加価値でしかないので、なかったとしても問題はありません**」。3年以上前の古い商品であれば、外箱はなくてあたりまえです。逆にある場合は、あること自体が大きな価値になるので、外箱がきれいな状態でなかったとしても高値で売りやすくなります。

それではカテゴリー別に、中古商品の仕入れ時のポイント、付属物のポイントを見てみましょう。

本 カバー、帯の有無、本文の書き込み、スレ、折れ、ヨレ、シワ

ビデオ・DVD ケース、帯、特典（ある場合）、リーフレット、盤面の状態、動作確認済かどうか

PCソフト・ゲーム 外箱、特典、説明書、リーフレット、ダウンロードコード、盤面の状態、動作確認済かどうか

エレクトロニクス **文房具・オフィス用品** **ホーム&キッチン**

カー・バイク用品 **おもちゃ・ホビー** **スポーツ・アウトドア**

DIY工具 **楽器** **ベビー&マタニティ** 商品の外箱、説明書、付属品、動作の状態

また「**商品の状態とともに、説明書と付属物の有無や状態については、商品のコンディション説明に正しく記載する**」ようにし

● **中古の場合、箱がこれだけボロボロでも問題ない**

中の商品の程度、付属品の有無でコンディションを判断する

ます。商品コンディションの説明文の書き方に関しては37頁でお話しします。

中古出品の場合、新品よりも出品者の評価をつけてもらいやすくなります。中古は「ほぼ新品」「非常に良い」「良い」「可」の4つのコンディションがありますが、いい評価をしてほしい場合は**「実際のコンディションよりもひとつ下げたコンディションで出品するのがポイント」**です。たとえば、実際の商品は「ほぼ新品」だとしても、「非常に良い」で出品します。そうすると、お客様は**「中古なのにものすごくきれいな商品が届いたことに感動して、いい評価をつけてくれる」**傾向があります。ただ、「可」のコンディションでの出品は、イメージが悪くなってしまうので、やめておきましょう。**Amazon**で店をスタートしていい評価をたくさん集めたい（最低でも30個くらいまでは）時期は、この戦略で集めるようにしてください。

Ⓒ「コレクター向け商品」の場合

オタク向けのフィギュアのような商品の場合は注意点があります。**「そのまま飾る可能性があるような商品の場合は、外箱自体も商品」**だと考えます。そして、目安として**「ほかの商品のコンディション付けよりもワンランク下げたコンディションで出品したほうが安全」**です。中身の商品の状態がまったくの新品だったとしても、外箱に少しでもダメージがあるなと感じたら「ほぼ新品」、とてもきれいだけどダメージがちょっとだけある場合は「非常に良い」、全然問題ないダメージだけど中古感が見受けられる場合は「良い」、外箱にダメージを感じる場合はボロボロでなくても「可」で出品するようにしましょう。

● コレクター向け商品はワンランク下げて出品する

ほぼ新品

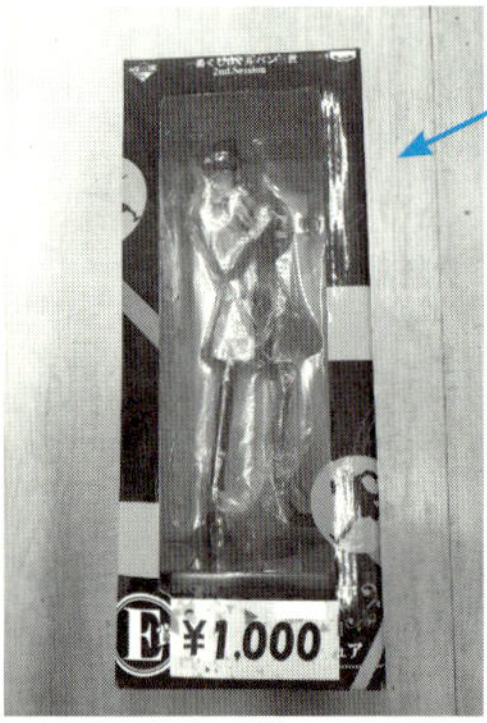

前面は、新品のようにきれいな箱

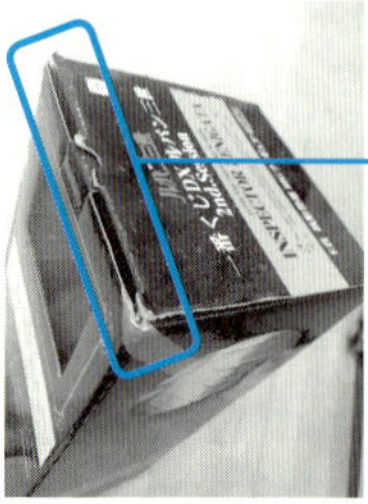

細かいが、箱のフタにわずかにめくれあがっている個所があるように、ダメージが極めてわずかな場合は、「ほぼ新品」で出品

新 品

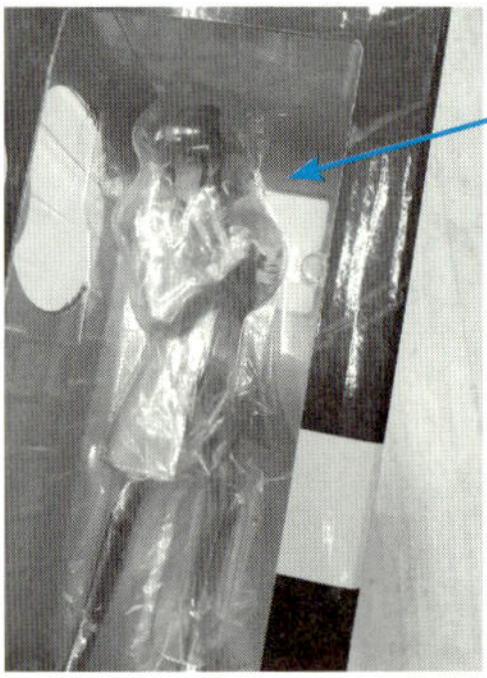

人形自体にフイルムがきれいに巻かれていれば、中身自体はまったくの新品と判断して大丈夫

非常に良い

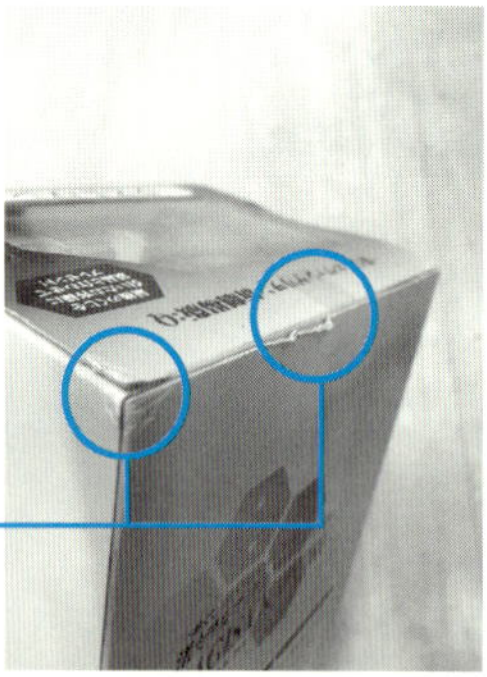

外箱がとてもきれいでも、少し箱の角つぶれと背面に破れがあるので「非常に良い」にしておく

良 い

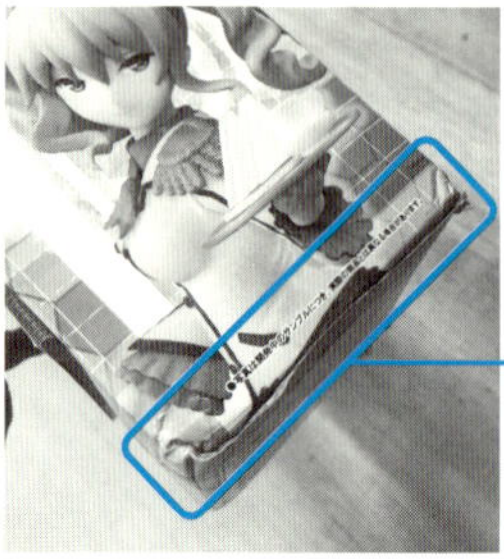

箱自体は全体的にきれいだが、中古感を感じるハガレと底に潰れた個所があるので「良い」で出品

02 Amazonでものが売れるお店づくり② 「信頼されるお店」をつくる

1 信頼されるお店を「つくる前に、考えてほしいこと」

せっかく状態のいい商品を仕入れたにもかかわらず、商品のコンディション説明を適当に入力したり、空欄のまま登録してしまう人がいます。Amazonで買い物をしているのはロボットではなく、生身の人です。それを常に鮮明にイメージしてください。

ネットで、お互いに顔が見えないから適当でいいのではなく、「**ネットショップだからこそ、リアルの店舗運営以上にお客様に信頼され、安心して買い物をしてもらうために、何を伝えればいいのか頭に汗をかいて考えるべき**」です。自分がお客様ならどういうお店から買いたくなるのか？ 逆の視点から考えた私のお店づくりの方法をお話しします。またこれからは**Amazon**のショップオーナーとして、ネットで買い物をするたびに、お客様の立場になって、そのお店から商品を買った理由を分析して、自分のショップづくりに反映させていってください。

2 「信頼されるお店」をつくるポイントは2つ

信頼されるお店にするためのポイントは、「**店舗名**」と「**商品のコンディション説明（画像）**」です。**Amazon**でお客様が商品を購入する際に判断する材料は、この2つしかありません。

3 「店舗名」の考え方

店舗名の考え方のポイントは3つあります。

Ⓐ 大きな会社組織とイメージされる店名
Ⓑ どんなジャンルの商品でも扱えるような店名
Ⓒ コンセプトが含まれている店名

Ⓐ 「大きな会社だとイメージされる」店名にする

Amazonでショッピングするお客様にとって、商品やサービスなどでトラブルがあった場合、最後まで対応してくれるのか？

新しいアカウントでも、この方法で出品すればライバルに勝てる！

ここで商品を買って損はしないのか？　これが1番の心配事です。

この心配を解消するためには、個人商店ではなく、大きな会社だから安心だとイメージしてもらうことです。そのために「**店舗名に○○本店 EC事業部**」などと入れてください。こうすることで、このお店は少なくとも2、3店舗持っていて、ネット専門の部署まであるからアフターケアも丁寧にしてくれるとお客様に感じてもらえます。また、「**メインとなる店舗名の中に〝名古屋本店〟と地名を入れておく**」と全国規模の会社かな？　と思ってもらえます。ほしい商品が同じ価格で売られていれば、路地裏にある怪しげなお店よりも、信頼できる百貨店で商品を購入しますよね。その雰囲気を店舗名で演出するようにします。

B「どんなジャンルの商品でも扱える」ような店名

せどりはいろいろなジャンルの商品を扱うことで、効率的に稼いでいけます。ですから、「ABCレコード」のような店名にしてしまうと、取り扱える商品群がかなり狭まってしまいます。実際は、そのような店舗名にしたからといって何を扱えないというわけではありませんが、店名と違いすぎる「工具」などを売ると、お客様は違和感を感じてしまいます。どんなジャンルの商品を売っても自然に感じる店名にしておきましょう。

もうひとつ店名のつけ方でちょっとしたポイントがあります。気の利いた店名にしようと悩むくらいなら、「**聞いたことがありそうなベタな店名**」のほうが親近感がわくかもしれません。**Amazon**では、見たことも聞いたこともないようなお店がたくさん並んでいるので、それなら何となくでも親近感がある店から買っちゃおうかなと思うのがお客様の心理です。

Ⓒ「コンセプトが含まれている店名」にする

必要とされているサービスを店名に記載することで、そのサービスを求めているお客様に購買を訴求できます。お急ぎ便が可能であることや返金保証があるという内容を、店名に入れておきましょう。

これはリアル店舗をイメージするとわかりやすいです。両隣にクリーニング店A、Bがあるとします。両方のお店とも「当日仕上げ」「返金保証」のサービスをしています。Aの店内に入ると、そのサービスについて書かれたボードが目立つように置かれています。Bは、お店の前に「当日仕上げ」と書かれたのぼりが立っています。もし、今日中にYシャツを仕上げないと明日着るものがないお客様がいたら、確実にBの店に入りますよね。

リアル店舗ではあたりまえのことですが、ネット店舗になると、多くの店舗がこの「**サービスの訴求をしていない**」状態なので、ここで差をつけるようにします。

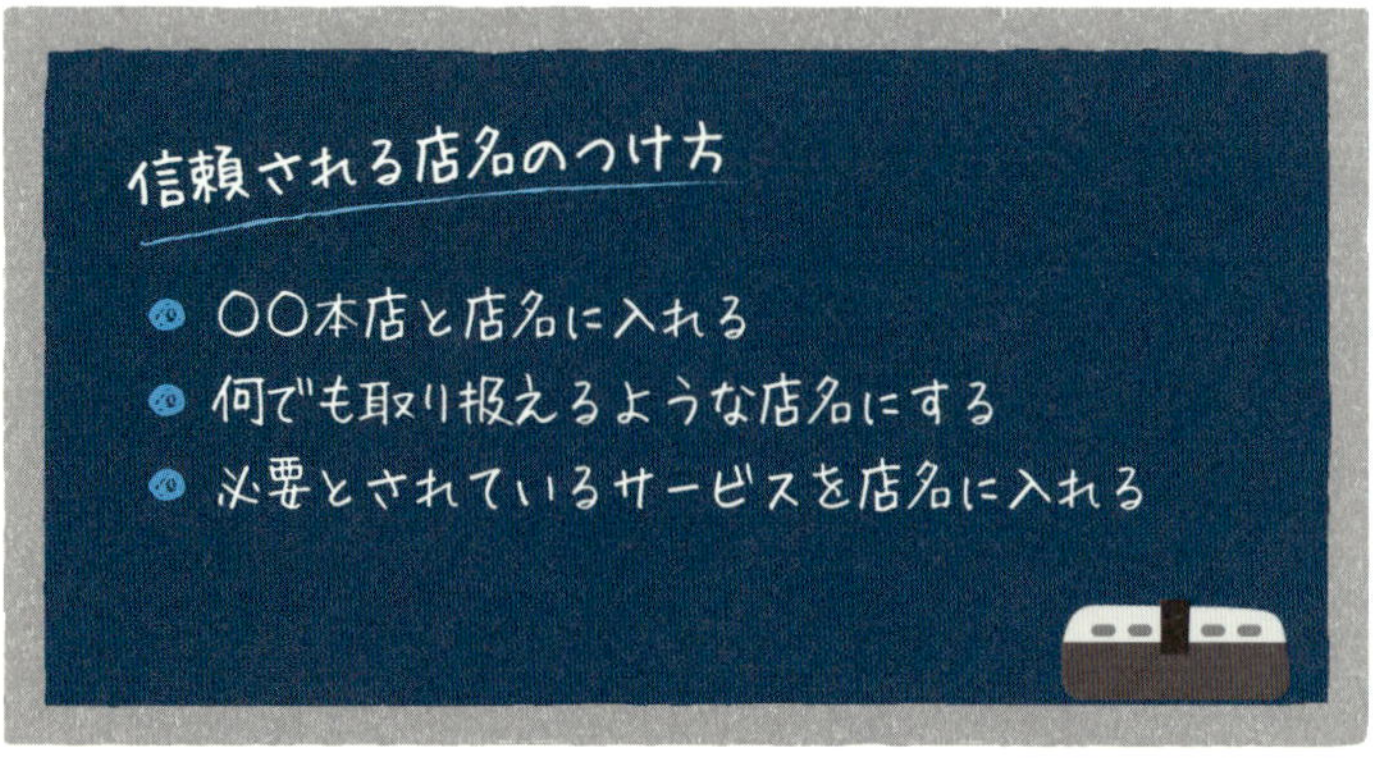
信頼される店名のつけ方
○○本店と店名に入れる
何でも取り扱えるような店名にする
必要とされているサービスを店名に入れる

これらのポイントを踏まえて店名を考えると、次のようになります。

- **Tokyo Media Center 大阪本店 EC事業部【当日便可能】【返金保証】**
- **関西ABC商事 新宿本部ネット通販部【当日便可能】【返金保証】**

「**店名は何度でも気軽に変えられるので、考えすぎずにまずはつけてしまいましょう**」。いい店名を思いつくたびに変えていけばいいのです。

4 「商品のコンディション説明」の考え方

❶「新品のコンディション説明文」の書き方

コンディション説明文もポイントは3つです。

- **Ⓐ お客様にメリットのある順番、知りたい順番で説明する**
- **Ⓑ お客様が不安に感じることはひとつ残らず解決する内容にする**
- **Ⓒ 商品やパッケージの状態が悪い場合は、マイナスのことを書いたあとに、プラスのことを書くといい印象を与えられる**

では、サンプルのコンディション説明文を読む前に、1度自分で考えてみることが大切です。何でもまずは自分で考えてみるといいでしょう。とはいっても、いきなり何を書いたらいいのかわからないと思うので、コンディション説明文の例を紹介します。こちらのFBA用のコンディション説明文は、そのまま使っていただいてかまいません。では、説明文について補足していきます。

「**当日お急ぎ便に対応している**」ことは店名にも盛り込まれていますが、**Amazon**のサイトをパソコンで見ると、出品者一覧ページでは「**店名よりもコンディション説明のほうが先に目に入ります**」。最もニーズのある内容を1番先に伝えて購入率を上げるようにします。

「**在庫が確実にある**」ということも、急いでいるお客様にとっては重要です。お客様は注文後にお店側の在庫切れでキャンセルされることを嫌うからです。

新品未開封の記載については、開封品でも新品のコンディションで出品する人がいるので、「**正真正銘新品かつ正規品を出品していることをアピール**」します。

新品 コンディション説明文 例

当日お急ぎ便対応！
【商品】『国内正規＆未開封品』パッケージも良好です
◆ 在庫、確実にあり
◆ Amazon 倉庫にて専門スタッフが段ボール完全防水梱包
◆ 本日、全国無料発送！
◆ 発送事故保障！　追跡番号有！
◆ 購入後の問題は、Amazon カスタマーサポートにて電話で丁寧に対応致します。安心してお買い求めください。当店へのメールの問い合わせは、24時間受付（無休）

（あなたの店名）お客様窓口：澤田ゆり

「**重要な購入後のサポート体制**」に関して記載しているライバルはほぼいないので、これを書いておくと差別化になります。また、「**女性の存在をアピールする**」ことで、丁寧に商品を扱ってくれたり、きめ細やかな対応をしてくれそうなお店だというイメージを持ってもらえます。

❷「中古のコンディション説明文」の書き方

中古は、「**当日お急ぎ便対応！**」のあとに「**商品の状態、付属物の有無と状態を記載します**」。付属物は、ないものがわからない場合が多いので、「**記載がないものはございません**」という文章を入れておきましょう。

中古商品は、カメラで商品を撮影して画像を6枚までアップロードすることができるので高値、または早く売りたいときは活用します。画像は、1枚目は内容物として商品と外箱を含むすべての付属品を一緒に撮影します。2枚目は商品そのものを撮影。3枚目以降

● 中古 コンディション説明文 例

当日お急ぎ便対応！

【商品】中古感はありますが、気にならない程度です。

【付属物】説明書、電源アダプター、カートリッジ2個。すべてきれいな状態です。外箱付き。記載がないものはございません。
◆ 在庫、確実にあり
◆ Amazon倉庫にて専門スタッフが段ボール完全防水梱包
◆ 本日、全国無料発送！
◆ 発送事故保障！　追跡番号有！
◆ 購入後の問題は、Amazonカスタマーサポートにて電話で丁寧に対応致します。安心してお買い求めください。当店へのメールの問い合わせは、24時間受付（無休）

（あなたの店名）お客様窓口：澤田ゆり

は取扱説明書や付属品、ダメージ部分を撮影してください。間違っても、**「家庭で撮影しているような雰囲気が写らないように」**注意してください。

● 中古商品の場合、6枚写真が載せられる

1枚目

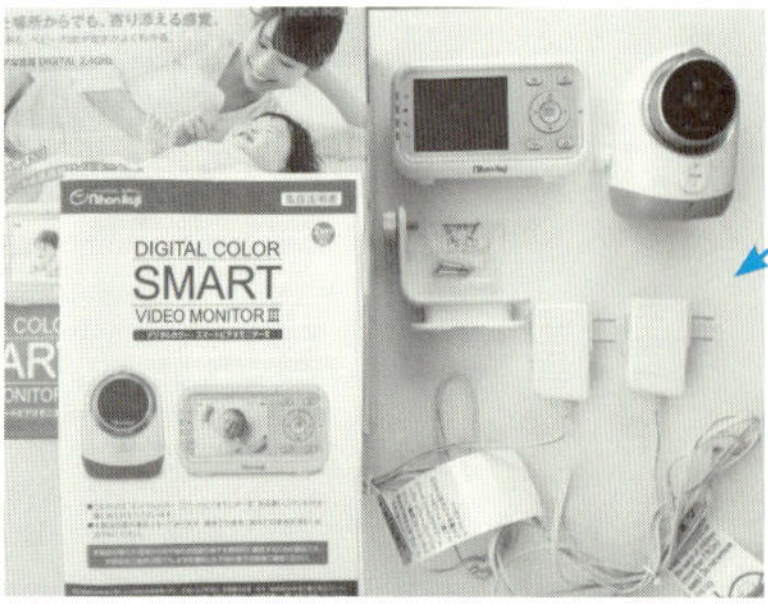

外箱、本体、付属品すべてを一緒に撮る

2枚目

本体だけで撮る

3枚目

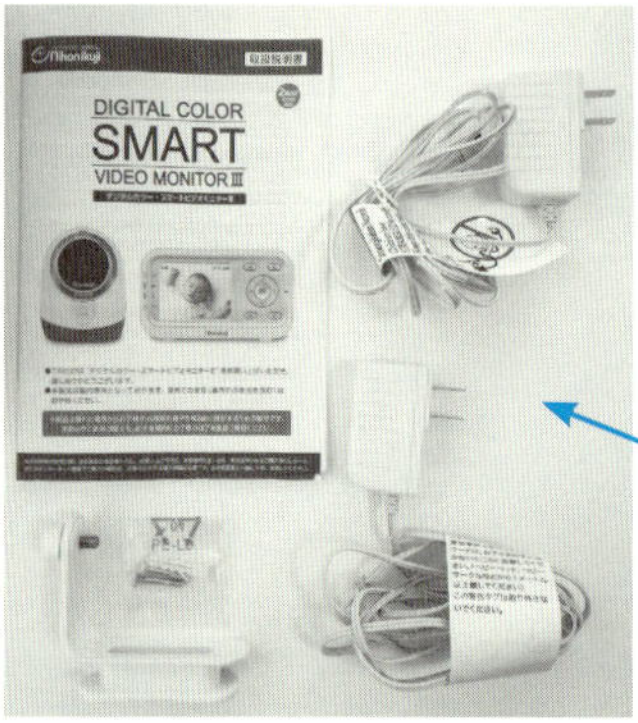

取扱説明書、すべての付属品を撮る

4枚目以降

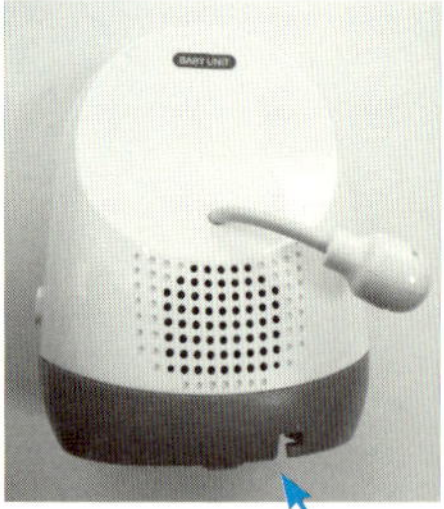

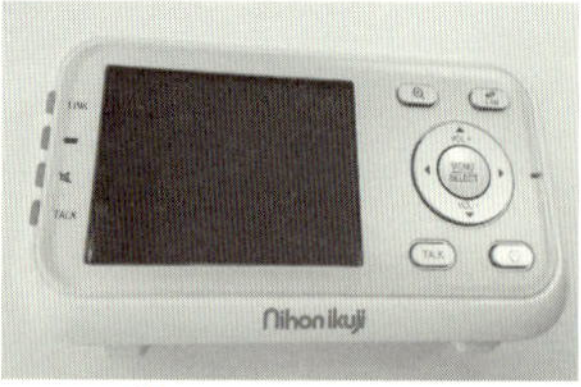

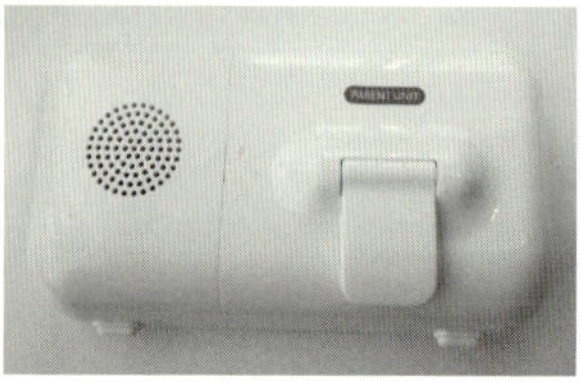

本体の傷や状態がわかるように撮る

03 Amazonでものが売れるお店づくり③ 「適切な価格」で売る＋随時「価格を見直す」

1 「価格設定」が簡単なのも魅力のひとつ

京セラ創業者の稲盛和夫さんが「**値決めは経営**」というほど、本来「**適切な価格決定は高度なもの**」ですが、**Amazon**物販ではすごく簡単にできてしまいます。次項のルールに則って価格設定をすれば、ほぼ確実に商品は売れていきます。では、最後のポイントをマスターしましょう。

2 適切な価格のつけ方

Amazonに出品するときの適切な価格は、「**自分と同じ発送方法（FBAもしくは自己発送）で、同じコンディションの最安値**」です。

では、次のようなライバルがいる商品を出品する場合、適切な価格はいくらになるでしょうか。

自己発送　「中古－良い」　3500円＋送料500円
FBA　「中古－良い」　4300円
自己発送　「中古－非常に良い」　4000円＋送料500円

あなたがFBAで出品する場合、中古で「良い」のコンディションなら4300円で販売するようにします。また、あなたが自己発送で出品するなら、中古で「非常に良い」のコンディションの場合、送料含めて4500円が最適な価格になります。

「自己発送とFBA」は、どれくらいの価格差まで問題なく売れるのか？

FBAの価格設定はどのくらいが妥当かというと、**「自己発送の値段の5～10％の上乗せ価格」**の範囲ならスムーズに売れていきます。ただし、**「価格差の上限は1000円くらいが妥当」**です。それ以上の価格でも売れますが、回転はだんだんと鈍っていきます。

仮に「ほぼ新品」で出品する際、**「価格をあわせる相手がいない場合には、自分より一段階だけ劣るコンディションの売値に5～10％上乗せした価格設定」**にします。中古のコンディションは、**「可」「良い」「非常に良い」「ほぼ新品」**の4種類になります。先ほどの例でいうと、「非常に良い」を基準として上乗せ金額を決めればいいので、4500円に10％上乗せして4950円となります。

上乗せ価格で販売するときのテクニックを紹介します。「**売り値の1番頭の桁を変えないのがポ**

イント」です。たとえば、自己発送のライバルが4200円＋送料500円だとします。10％上乗せすると、5000円を超えてしまいます。頭の桁の数字が変わってしまうと、価格の印象が大きく変わってしまいます。商品を早く売るためには、あえて4980円で出品してください。

3 「Amazonポイント」の設定方法について

2015年2月から「**Amazon**ポイントプログラム」というサービスにより、出品者は販売価格とともにポイントを設定することで、お客様に実質的な値引きを提示することができるようになりました。このポイントは、販売手数料の計算の中で利益から引かれます。

ここで提案する方法はいたってシンプルです。自分からは、「**Amazonポイントを付与することはしない**」「**ライバルがポイント付与をしている商品にのみ、〝ライバルの価格〟と〝ポイント〟の両方をあわせる**」。こうする理由は、ライバルと常に同条件で販売する状況をつくるためです。

4 適切な「価格の見直し方」

最初につけた価格で商品がしばらく売れなかったり、ライバルが増えてくると、どうしても値下げ合戦がはじまってしまいます。そんなときは価格を見直す必要が出てきます。

価格改定の注意点ですが、「**該当するライバルたちの最安値と同じ価格にあわせる**」だけで大丈夫です。**「よく最安値より1円下げたり、少し下の価格に設定する人がいますが、その必要はありません」**。値下げ合戦になると自分たちで自分たちの首を締めることになってしまいます。

ライバルに**Amazon**がいる場合は、**Amazon**の価格よりも数十円～100円下げるだけで売れます。先ほどとは逆のテクニックで、売り値の頭の桁を下げると安い印象になります。たとえば、**Amazon**が1万200円で出品していたら、9980円で出品するようにします。

価格を「見直すタイミング」

Amazonの商品価格は、常に変動しています。ツールで価格改定している人もいるので、1時間ごとに価格が変わることもあります。1時間に1回価格を見直す必要はありませんが、**「最低でも1日1回は価格改定をする」**ようにしてください。

Amazonで、商品が購入される時間帯は、夕食が終わったあとの20時から伸びていき、22時台にピークを迎えます。日付が変わって午前1時くらいまでは売れていきますが、午前2時になると購入者はパタンと減ります。次に多いのがお昼休み中の12時～1時です。曜日では、週末の金、土、日曜日の売上が大きくなります。ということは、**「毎日22時前に価格改定するのがベスト」**です。1日2回できる人は、昼の12時前にも価格改定ができると最適価格を維持できます。

価格を「一括で見直すやり方」

1、2分もあれば一括で価格改定できるシステムを、**Amazon**が準備してくれています。

5 「自動で価格改定」ができるようになった！

セラーセントラル上で、常時自動で価格を改定してくれる機能が無料で実装されました。これによって販売の機会損失も大幅に減り、効率化ができるので使わない手はありません。ただし、設定したのにシステムエラーで価格改定ができていなかったり、Amazonポイント分を考慮した価格調整はしてくれないなど、現段階では完全に手放しで価格調整を任せられる機能ではありません。先ほどもお話ししたとおり、できるかぎり「1日1回はセラーセントラルで価格チェックをする」ようにしましょう。

次頁から、初心者のためのお勧め設定を載せているので、はじめは同じように設定してみてください。ちなみに、新品でも中古でもこの設定で大丈夫です。

価格改定だけで売れる、
売れないが決まるので、
必ず毎日1回は価格を
見直しましょう。
商品が多くなってきたら、有料のツールを導入するのもありです。

STEP 1 「在庫一覧の表示方法」の設定画面を表示させる。

まず「セラーセントラル」にログインします。

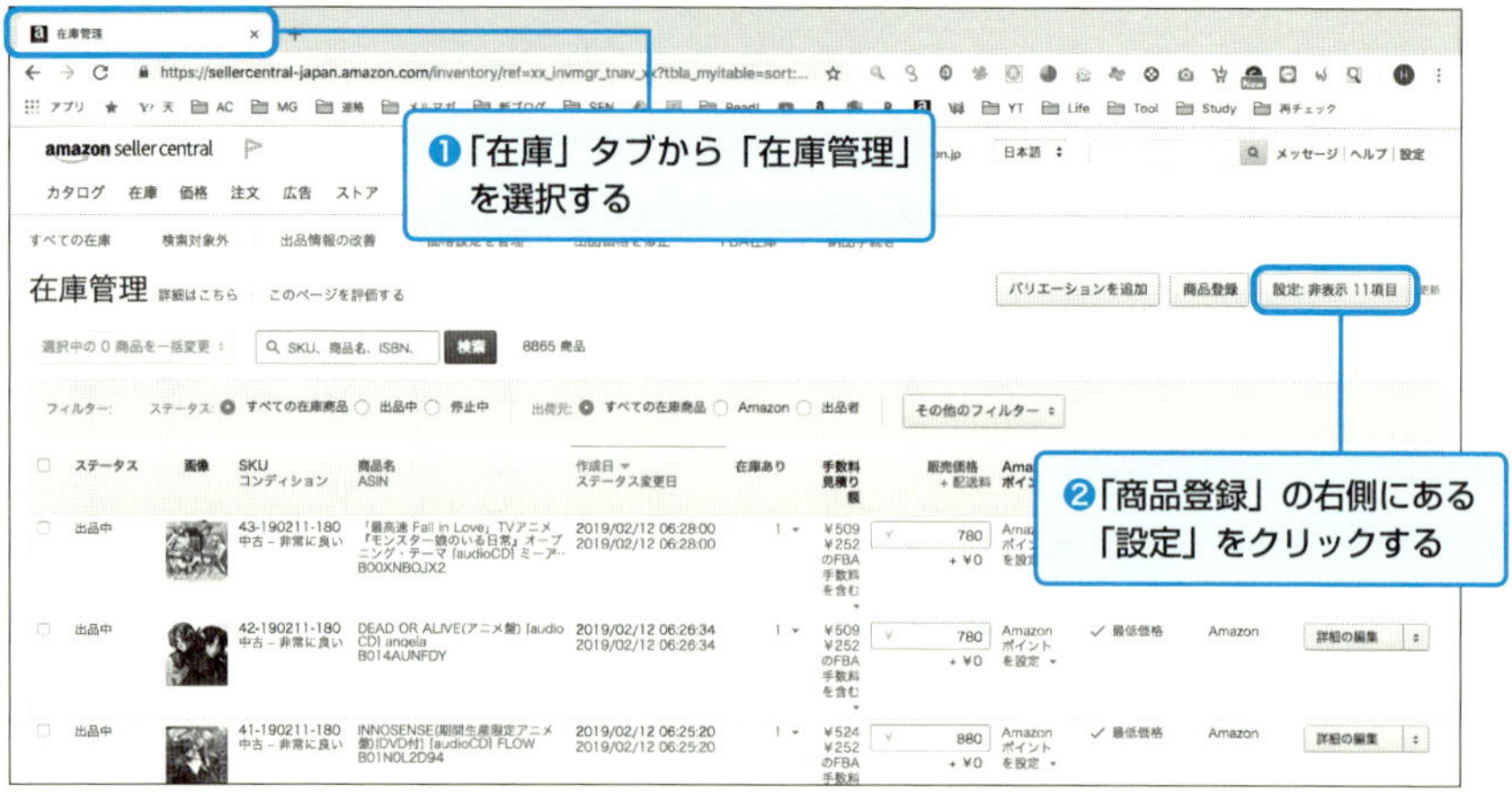
❶「在庫」タブから「在庫管理」を選択する
❷「商品登録」の右側にある「設定」をクリックする

STEP 2 在庫一覧の表示項目を設定する。

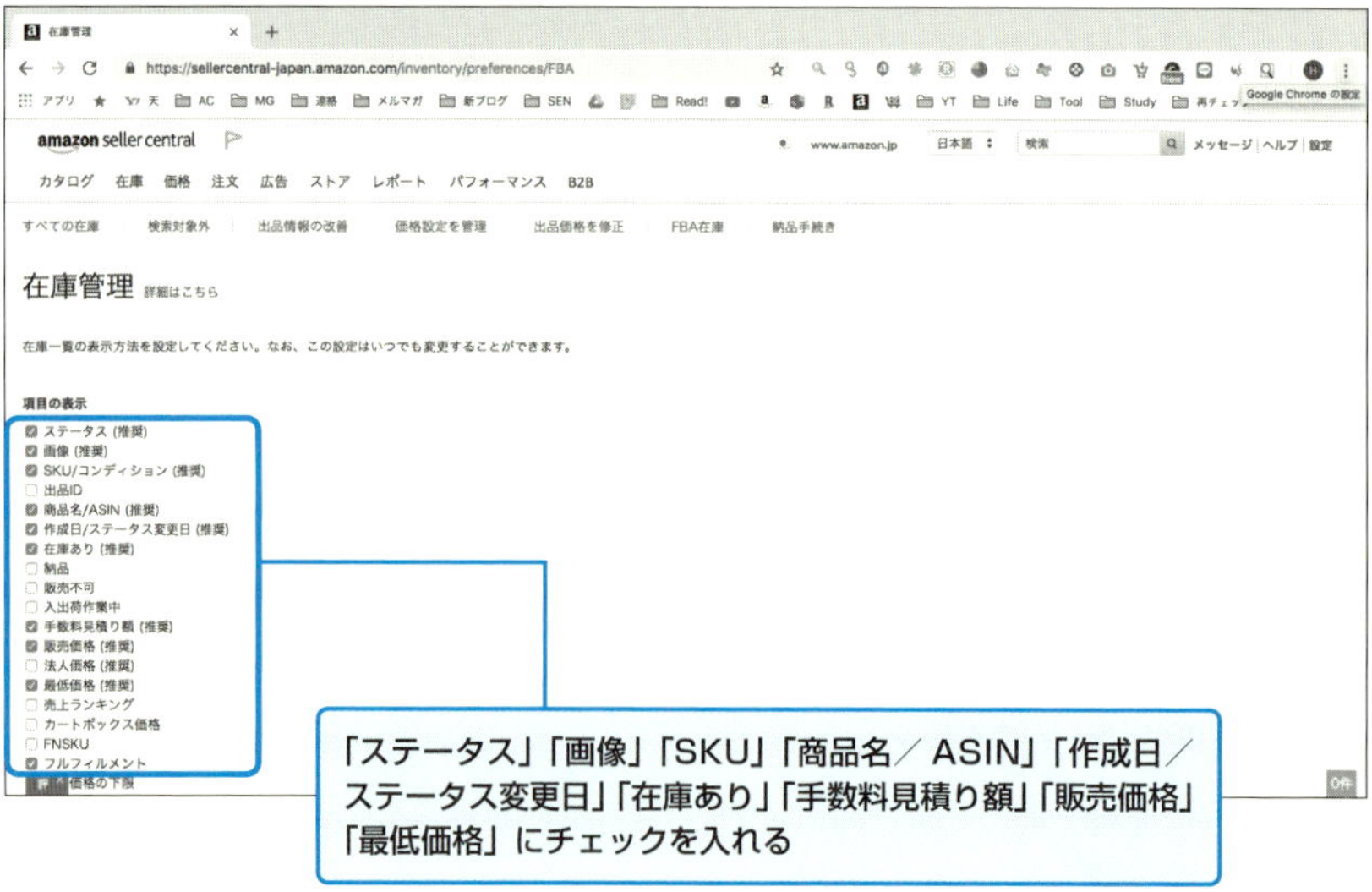
「ステータス」「画像」「SKU」「商品名／ASIN」「作成日／ステータス変更日」「在庫あり」「手数料見積り額」「販売価格」「最低価格」にチェックを入れる

STEP 3 「表示する商品の初期設定」の6項目を設定する。

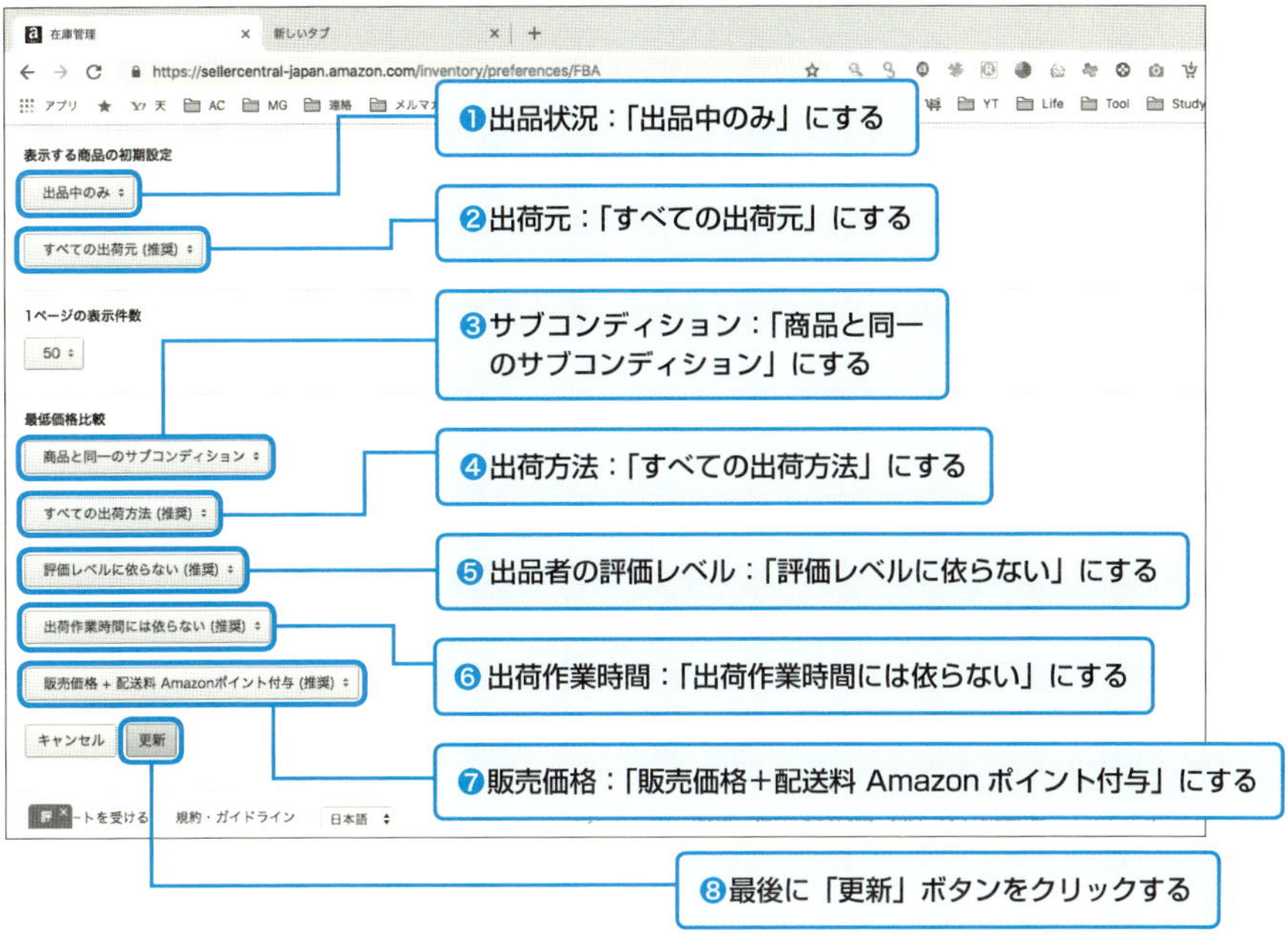

STEP 4 最低価格と一致させる。

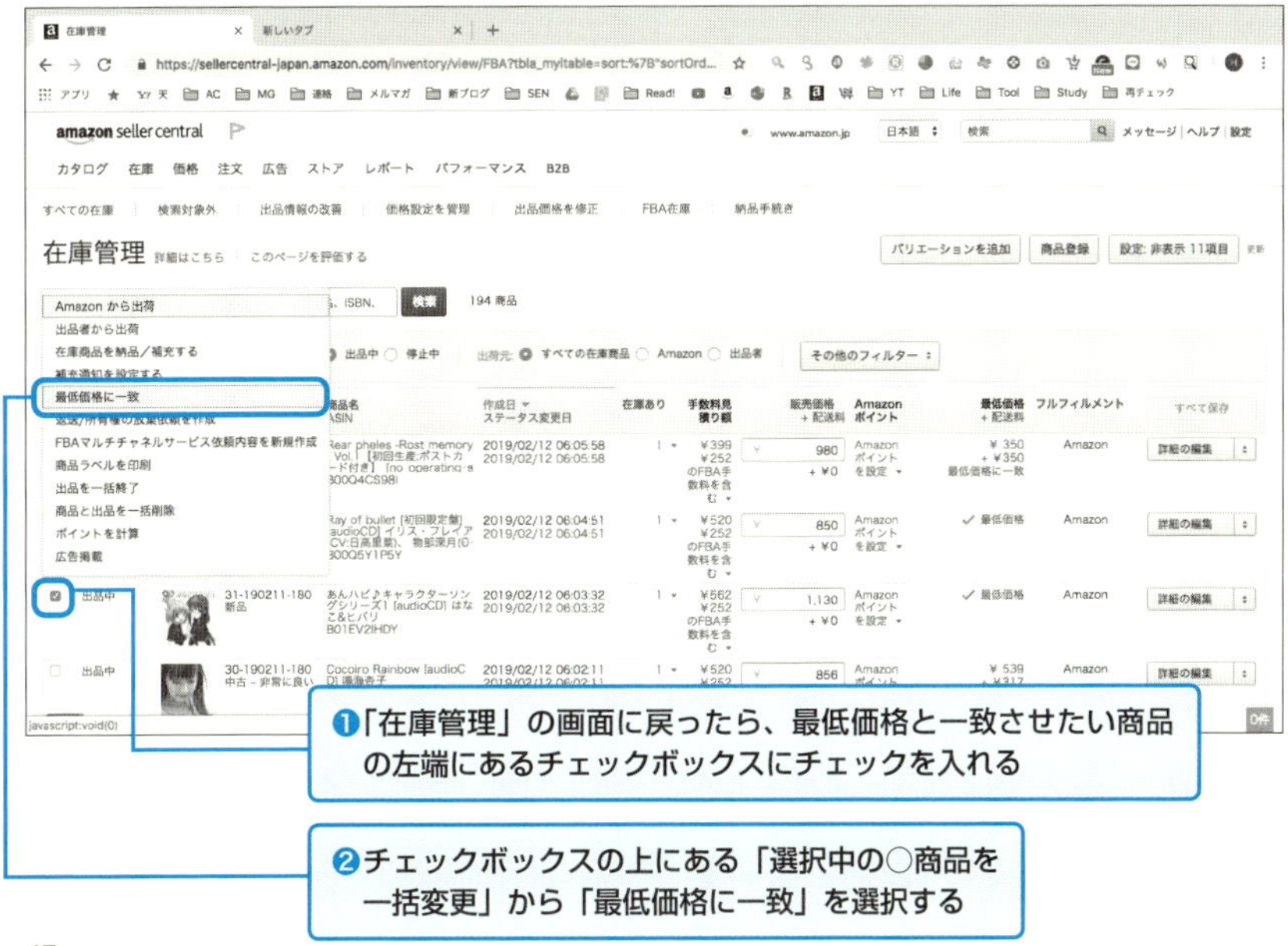

STEP 5 最低価格に一致させたい商品リストを最終確認する。

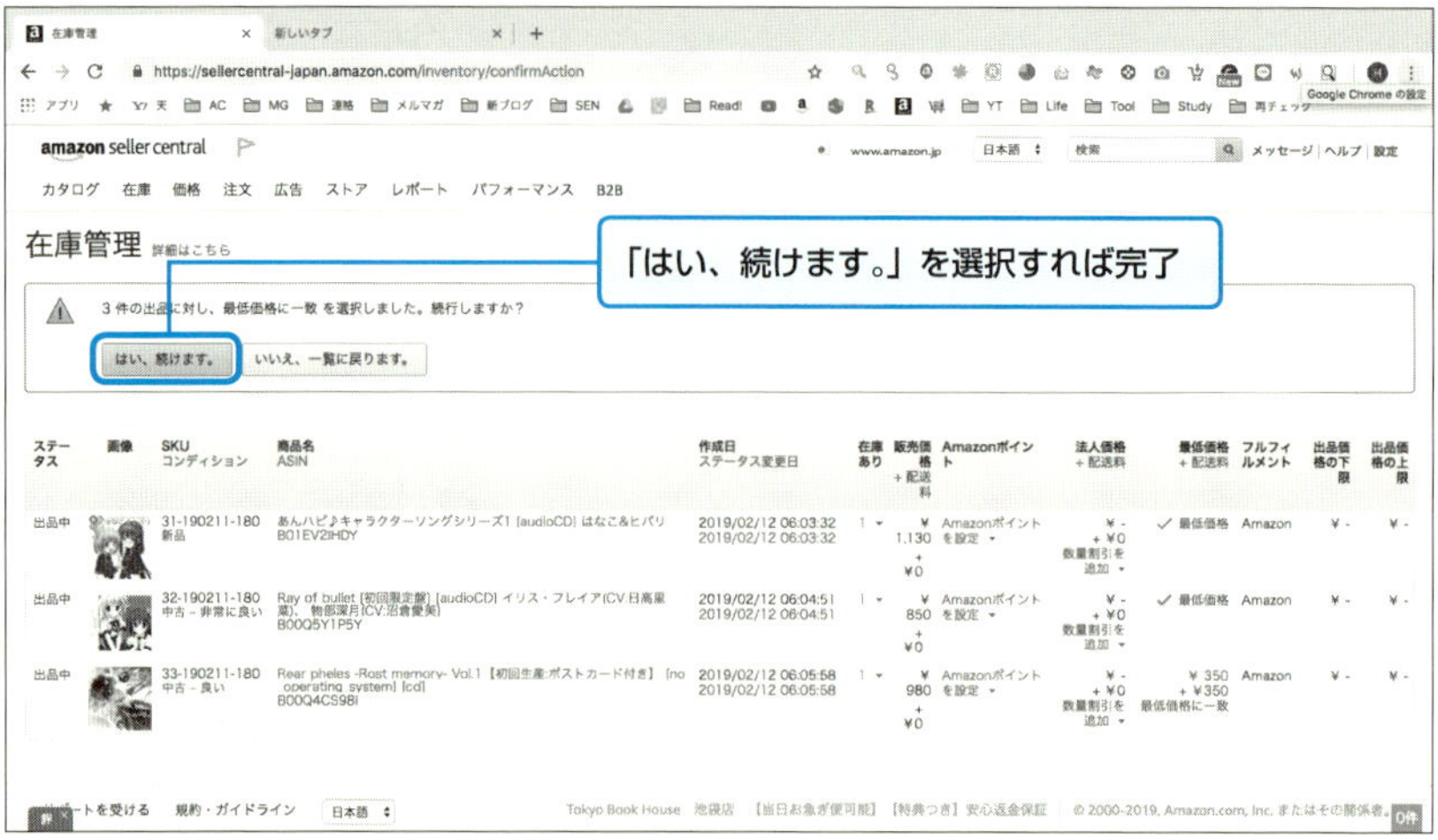

STEP 6 価格の自動設定ページへ行く。

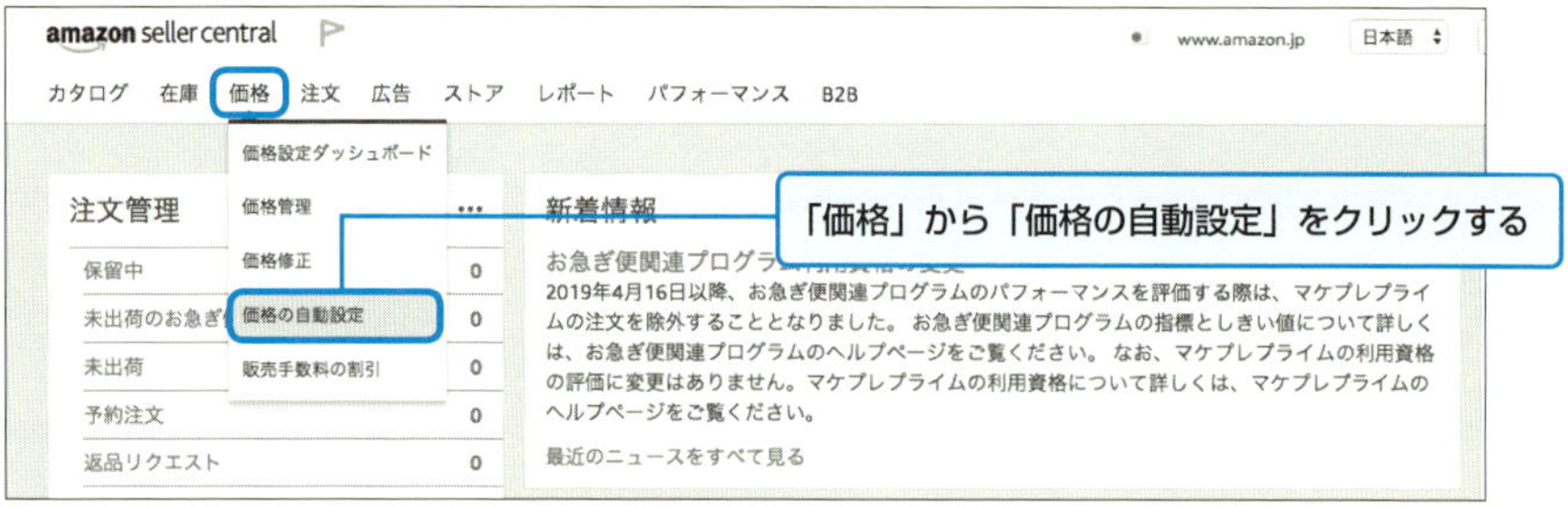

STEP 7 価格の自動設定の概要を読む。

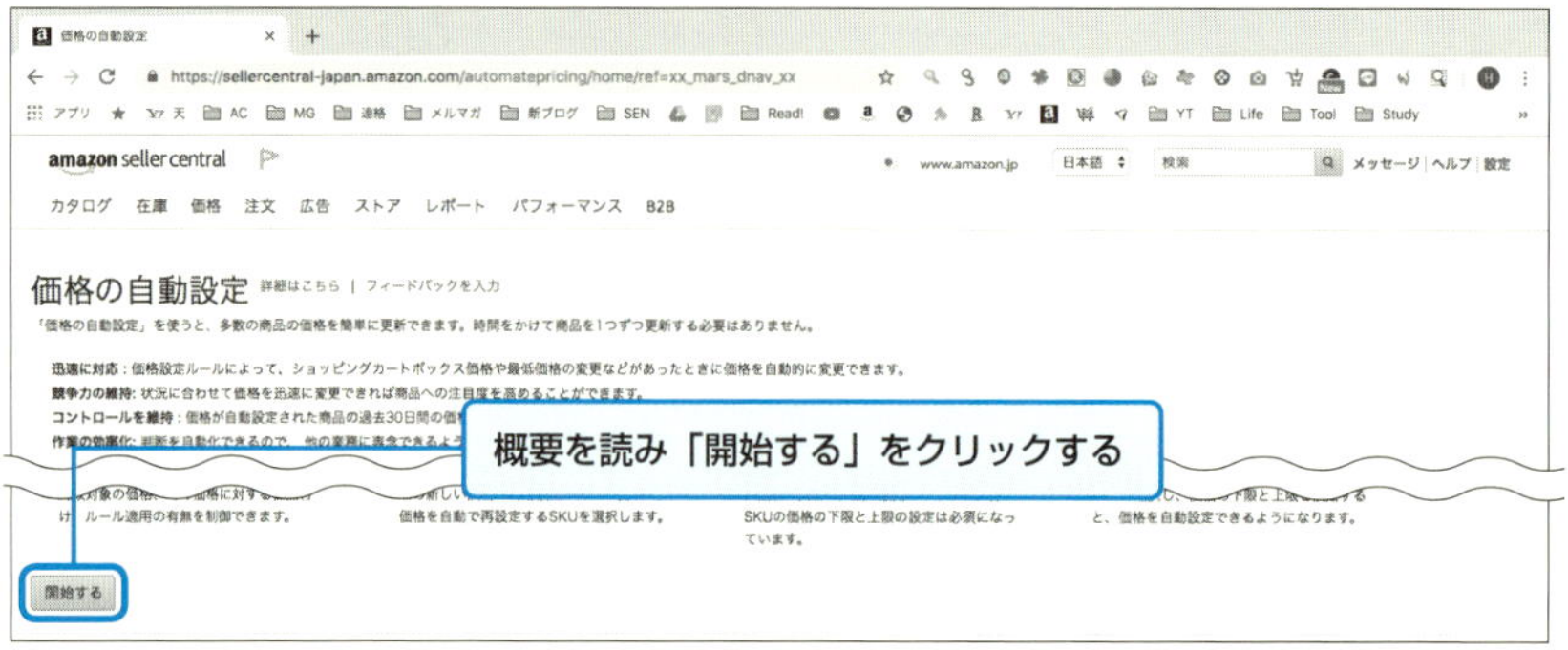

STEP 8 ルールのタイプを選択する。

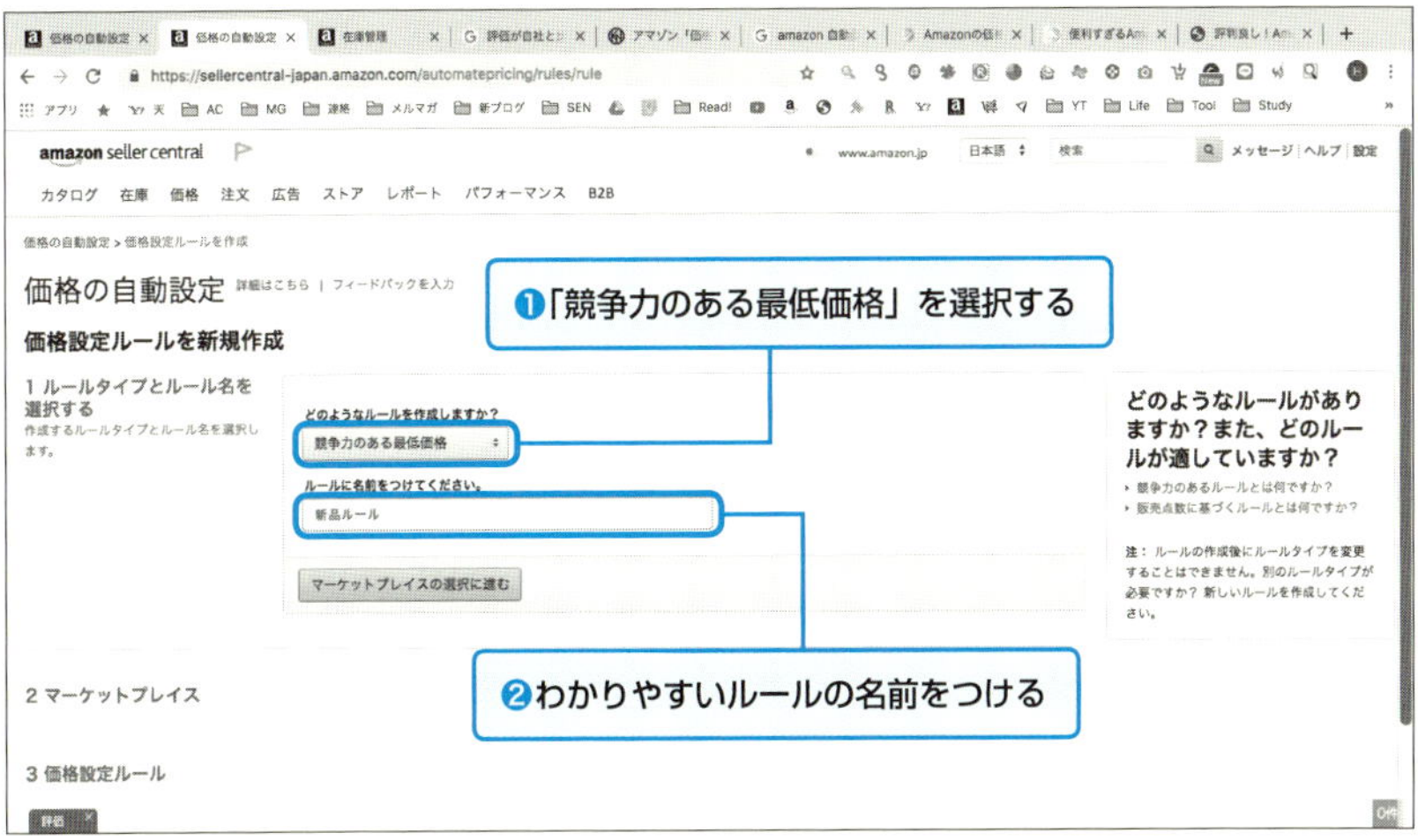

STEP 9 ルールを適用する販売場所を選択する。

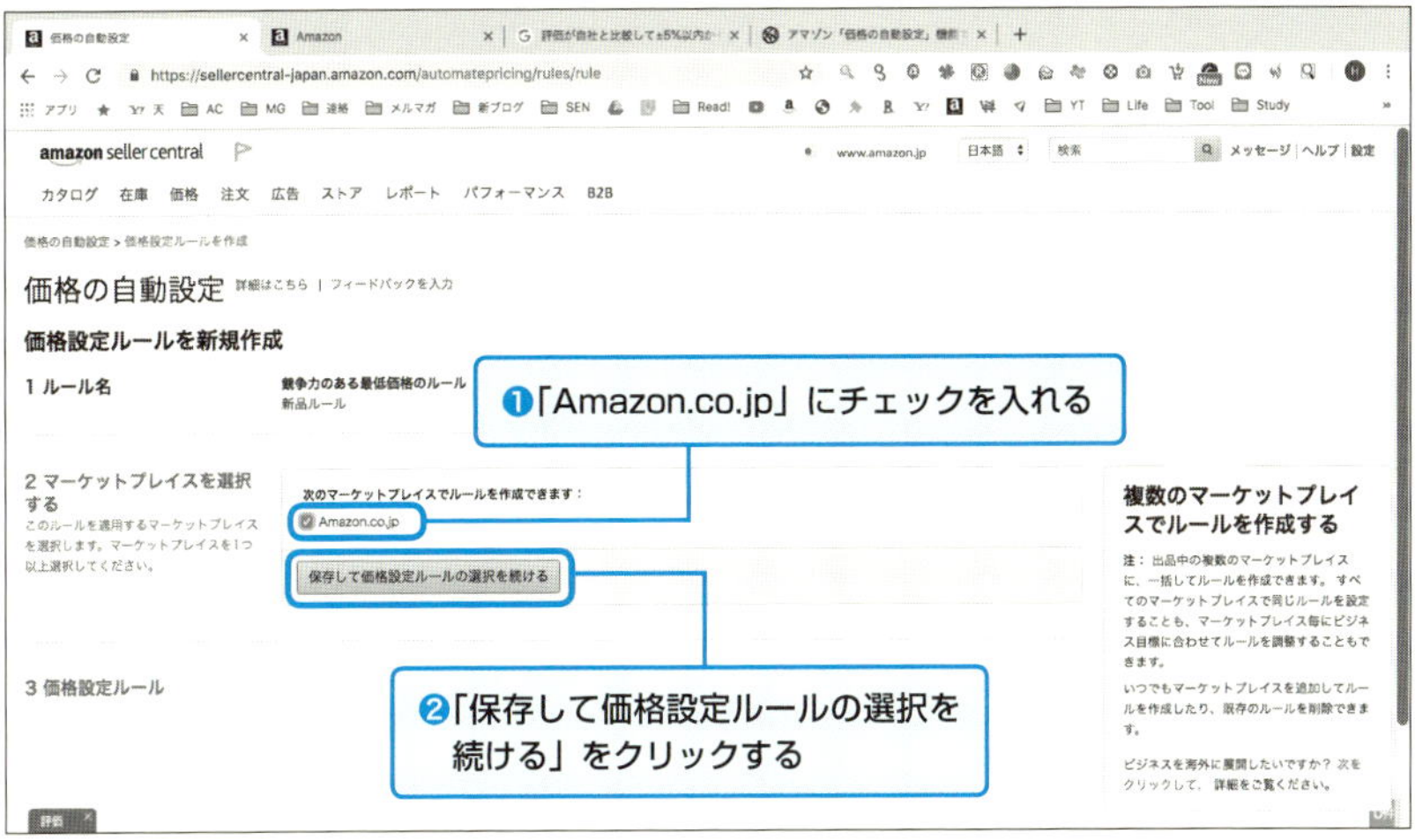

STEP 10 価格設定ルールの詳細を決める。

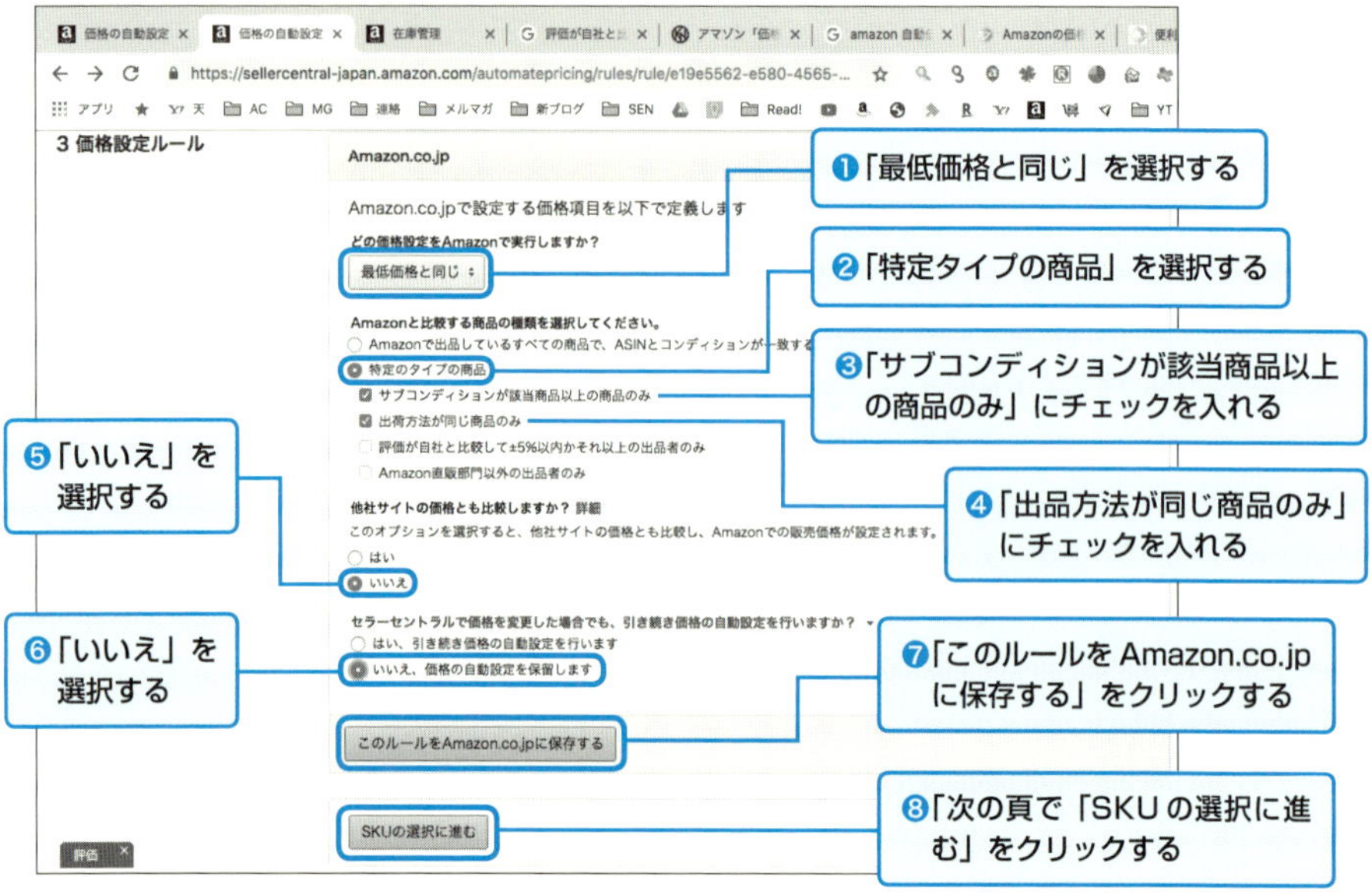

3 価格設定ルール
Amazon.co.jp
Amazon.co.jpで設定する価格項目を以下で定義します
どの価格設定をAmazonで実行しますか？
最低価格と同じ
Amazonと比較する商品の種類を選択してください。
特定のタイプの商品
サブコンディションが該当商品以上の商品のみ
出荷方法が同じ商品のみ
他社サイトの価格とも比較しますか？
はい
いいえ
このルールをAmazon.co.jpに保存する
SKUの選択に進む
❶「最低価格と同じ」を選択する
❷「特定タイプの商品」を選択する
❸「サブコンディションが該当商品以上の商品のみ」にチェックを入れる
❹「出品方法が同じ商品のみ」にチェックを入れる
❺「いいえ」を選択する
❻「いいえ」を選択する
❼「このルールを Amazon.co.jp に保存する」をクリックする
❽「次の頁で「SKU の選択に進む」をクリックする

STEP 11 価格を自動設定したい商品を設定する。

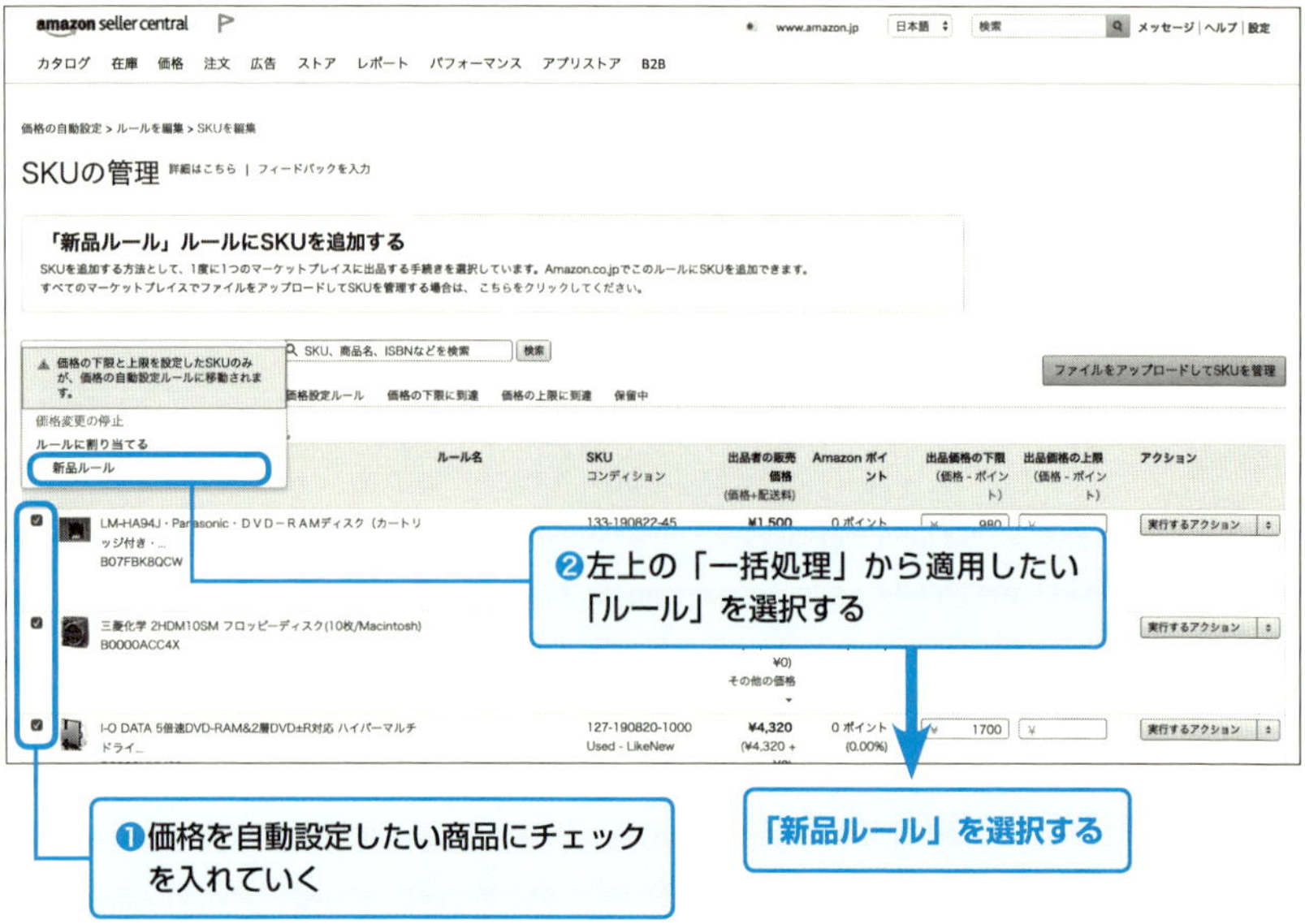

SKUの管理
「新品ルール」ルールにSKUを追加する
新品ルール
❶価格を自動設定したい商品にチェックを入れていく
❷左上の「一括処理」から適用したい「ルール」を選択する
「新品ルール」を選択する

6 「1カ月経っても売れない商品」だってあるさ

日々正しく価格改定をしても、1カ月経っても売れない商品はどうしたって出てきます。そういうときのために、自身の値下げルールをつくっておくようにします。参考までに私のルールをお話ししておきます。

★クラスター長谷川流値下げルール

❶ 1カ月経っても売れ残っている商品

「**自己発送がライバルであっても同額の最安値**」にします。ただし、商品の最安値がすでにFBAライバルの場合、それより値段を下げることはしません。

❷ 2カ月以上経っても売れ残っている商品

毎週金曜日に1回、徐々に値下げをしていきます。値下げ幅は売値の5～10%です。金額でいうと3000円以上の売値は、500円の値下げ、それ以下の売値は、50円から250円くらいの幅です。

❸ 値崩れを起こして価格が高値に戻らないと判断した場合

「**数千円の赤字であっても、躊躇することなく最安値で売り切る**」ようにします。

赤字で売り切っても、「トータルで黒字になることが大切」

多くの人が、赤字で売り切ることを嫌がります。すべての商品で粗利を稼ごうとして不良在庫を抱えてしまうよりも、あるところで見切りをつけてロスカットしてしまったほうが、資金効率がよくなります。

何より大切なことは、トータルで黒字になっていることです。せどりの場合、**「全商品を黒字で売ろうという考え方を持つほうが、逆に損をする」**ことになります。損切りを躊躇すると値下げが進んでいき、最終的にさらに安値で売ることになりがちです。**「商品を見るたびにもう値下げしてしまおうか？　まだ粘ろうか？　と思うエネルギーもとても無駄」**です。そのエネルギーをどんどん次の仕入れに回していくほうがよほど健全な経営になります。

お伝えした価格改定の方法は初心者〜中級者向けで、1日でも早く売り切るために徹したルールです。**「仕入金の少ないはじめのうちは、薄利だろうと赤字だろうと、とにかく商品を回転させることを最重要項目に」**することを意識してください。**「資金に余裕が出てきたら、回転が多少遅くなっても、利益を多く取れる高値売りにシフト」**していってください。

これで、**Amazon**で稼いでいくためのしくみづくりがマスターできました。簡単すぎて驚いたのではないでしょうか。だから、**Amazon**物販は稼げる人が続出するのです。あなたにも必ずできます。それでは次節から、出品する準備をしていきましょう。

04 「Amazonに出品」するための事前準備

1 「Amazonカスタマーサービス」を覚えておこう

アカウント作成は、「**Amazon 出品（出店）サービス**」で検索すれば、すぐに公式ページにたどり着けるので、そこから登録します。簡単にアカウントをつくれますが、もしわからないことがあったら**Amazon**カスタマーサービスに電話すると丁寧に教えてくれるので、遠慮なく聞いてみましょう。

私は今でも、販売した商品の返品についての問いあわせなど、何かあったらすぐに電話しています。とても便利なサービスなので、ぜひ電話帳に登録しておいてください。

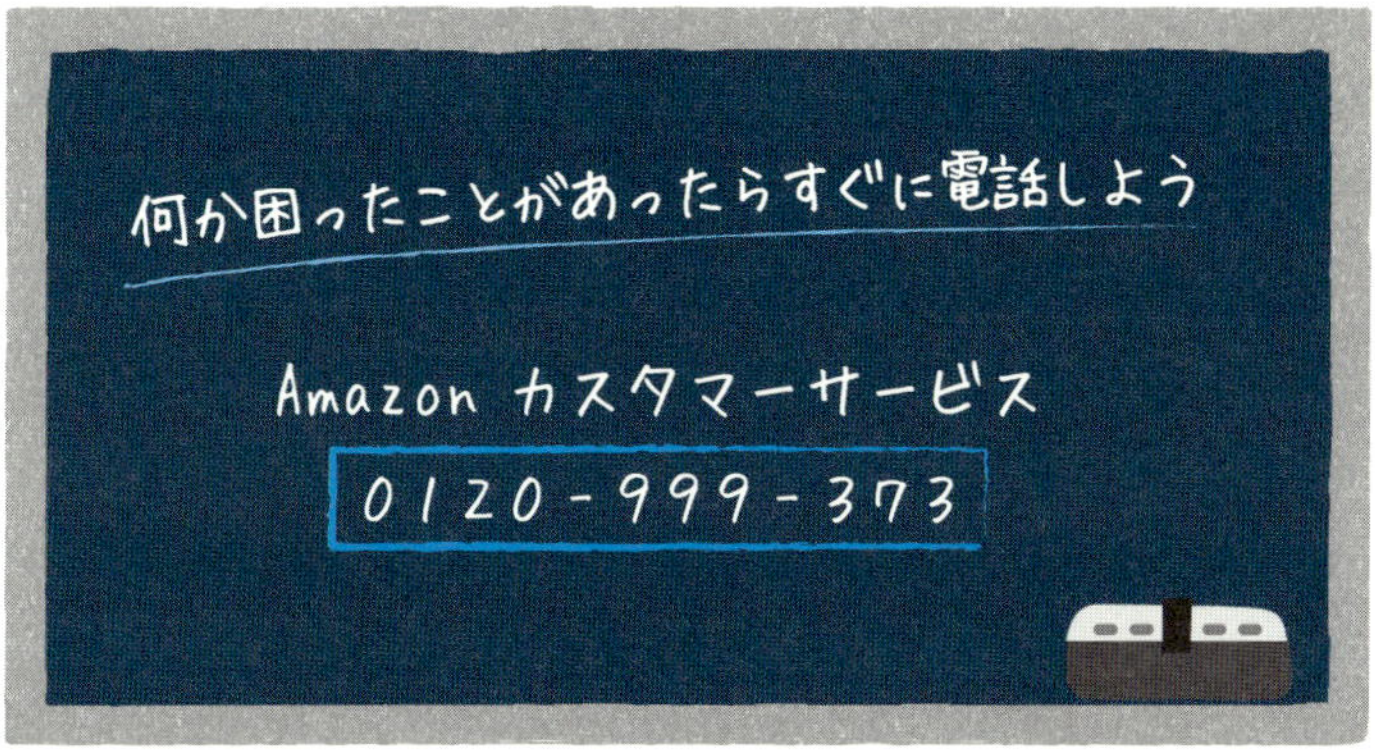
何か困ったことがあったらすぐに電話しよう
Amazon カスタマーサービス
0120-999-373

2 Amazon出品サービスは「FBA小口出品」からスタートしよう

アカウントの種類は、「**大口出品**」か「**小口出品**」の2つです。大口出品だと月額登録料が4900円かかりますが、小口出品なら月額登録料がかからない分、商品を販売するたびに100円の成約料を**Amazon**が徴収することになります。

費用を計算してみると、「**小口出品からスタートして商品を1カ月以内に49個以上販売できそうになるタイミングで、大口出品に切り替えるのが理想**」です。50個以上売るなら、小口出品だと逆に損することになります。

3 「出品する前に必要なもの」をそろえる

まず、次頁の表の8点を用意してください。このほかに、はさみ、カッターナイフ、ガムテープ、セロハンテープが必要になります。

● Amazonアカウントの契約形態

	小口出品	大口出品
成約料	1商品ごとに100円	かからない
月額登録料	かからない	毎月4,900円

● 出品する前に必要なもの

❶クレジットカード	Amazonで出品用アカウントを新規作成するために必要。デビットカードでも大丈夫
❷銀行口座	Amazonから売上を入金してもらうための口座
❸パソコン（+インターネット環境）	Amazon内での店舗管理、出品作業などをするときに使う。Amazonがあなたの店舗で売れた商品のビジネスレポートなどをExcelで発行してくれるので、Windowsのほうが使い勝手がいいかも。もちろんMacにExcelを入れて使っても問題ない
❹プリンター	納品書やラベルシールを印刷するために必要。4,000円くらいの安いプリンターで十分
❺ラベルシール	Amazon倉庫に商品を送るときに、Amazonが発行する独自のバーコードをラベルシールに印刷して商品に貼るときに使う。ラベルはサイズが決まっているので注意 推薦 エレコム ラベルシール FBAラベル 出品者向け きれいにはがせる 24面 100枚入り EDT-FBA24100（実勢価格2,200円）
❻バーコードリーダー	商品登録をするときに、コンビニのレジのように赤外線をバーコードにピッと当てるだけで、商品を読み込む。出品作業時間が大幅に短縮できる 推薦 ビジコム バーコードリーダー ニアレンジ CCD USB BC-BR900L（実勢価格3,300円）
❼段ボール	仕入れた商品を自宅からAmazon倉庫に送るときに必要になる。スーパー、ドラッグストア、ホームセンターなどで、大きめの箱を無料でもらってくる。コンビニは小さいサイズの箱が多いので、あまり適していない。段ボールをもらいに行くのが面倒な場合は、Amazonで「メルアド便資材部」という店舗でまとめ買いするのがお勧め
❽値札はがし液	値札に値札はがし液をしみ込ませて、3分くらい経ってから剥がすと驚くほどスムーズに剥がせる 推薦 値札はがし MH-5（実勢価格400円）

※また、中古出品をする場合は、商品の外箱がない場合も少なくありません。100円ショップでOPP袋、プチプチ、プチプチ封筒やボックス段ボールが売っているので、そろえておくととても便利です。封筒、段ボールともにA4サイズぐらいまでなら100円ショップでそろえられます。

4 「保管手数料」も覚えておこう

Amazonでは、小口出品でも大口出品でもＦＢＡ倉庫に商品を送ると、商品の外寸の体積にあわせて在庫保管手数料がかかってきます。保管料といっても、**「普通に倉庫を借りるよりも破格料金」**なので、せどりの経営の利益を大幅に圧迫することはありません。しかも日割り計算なので、無駄なお金は発生しません。単行本くらいの大きさで、1カ月に3～5円です。ただし、大型商品になると家庭用プリンターくらいの大きさだったら200円以上、さらに大きいオーブンレンジだと500円くらいかかることもあるので、考慮して仕入れます。この保管手数料は、ＦＢＡ料金シミュレーターでほぼ正確に知ることができます（66頁参照）。

1年以上売れていない商品は「ＦＢＡ長期在庫保管手数料」に注意する

1年以上**Amazon**の倉庫に保管しているすべての在庫は、**「毎月15日に在庫一掃チェック」**が実施され、**「ＦＢＡ長期在庫保管手数料」**が請求されます。1商品あたり最低でも10円、10センチ×10センチ×10センチの大きさで17・45円課金されます。通常の保管手数料の2倍から3倍かかるので、利益を大きく圧迫するような商品は廃棄するか、手元に戻して再出品するか検討します。

Amazonのヘルプページ**「在庫保管手数料」「ＦＢＡ長期在庫保管手数料」「ＦＢＡ在庫の返送／所有権の放棄手数料」**も参考にしてみてください。

05 家にあるいらないものを「商品登録」して「出荷」してみよう

1 Amazon物販の醍醐味を味わうために、小さな成功体験をしよう

では、いよいよ出品をしてみましょう。

ここでの目的は稼ぐことではなく、実際に商品を販売して小さな成功体験を得ることです。1000個の知識を詰め込むより、実際に1個売ってみるほうがよほど価値があります。この章を読み終えたら1度本を置いて、必ず商品を登録して販売してみてください。30商品も出品すれば1週間以内に何か売れるでしょう。とにかくAmazon物販の無限の可能性を味わってください。

2 「13桁のバーコード」があれば、大丈夫

Amazonに出品する商品は、13桁のバーコードで登録されている商品であればほぼ何でもすぐ

に出品できます。バーコードがない商品でも、型番、商品名で**Amazon**に登録されていれば出品できます。さらにCD以外は自分で商品の新規登録も可能です。

3 「外箱がない中古」でも問題なし

家にある、本、CD、DVD、ゲーム、おもちゃ、家電などはすべて出品できるはずです。最初の資金づくりも含めて、使わなくなったものをすべて出品してみましょう。ちなみに「**家電やおもちゃなどは、もとの外箱がないかもしれませんが、プチプチ（エアキャップ）でくるんでコンディション説明にその旨を記載すれば問題ない**」ので、チャレンジしてみましょう。

4 いよいよ「商品登録」と「出荷」をしてみよう

Amazonでものを売るしくみがわかったところで、「商品登録」「出荷」をしていきましょう。

バーコード見本

9784800720726

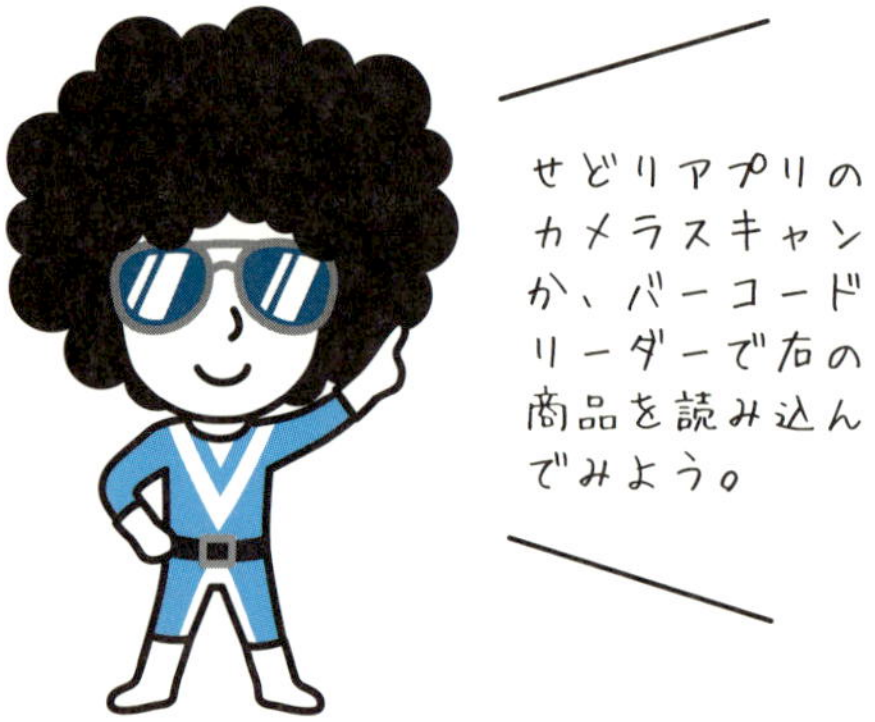

せどりアプリのカメラスキャンか、バーコードリーダーで右の商品を読み込んでみよう。

はじめて出品する場合、出荷作業時に注意点があります。「混合在庫」を取り扱うか質問されるので、**「必ず〝混合在庫は取り扱わない（商品ラベル添付のFBA商品を取り扱う）〟を選択**」してください。「商品ラベルが不要な混合在庫として取り扱うことに同意する」を選んでしまうと、自分の商品とほかの出品者の商品が混ぜられてしまいます。そうなると、あなたの店に注文が入っても、ほかの出品者の商品が出荷されることになります。もしその商品の状態が悪かったりしたら、クレームや返金の可能性が高まるのです。

商品登録の流れをわかりやすくまとめたPDFを用意したので、ぜひ参考にしてください。

https://sedori-biz.jp/wp-content/uploads/2019/05/product-registration-2019.pdf

●「混合在庫は取り扱わない」を選択する

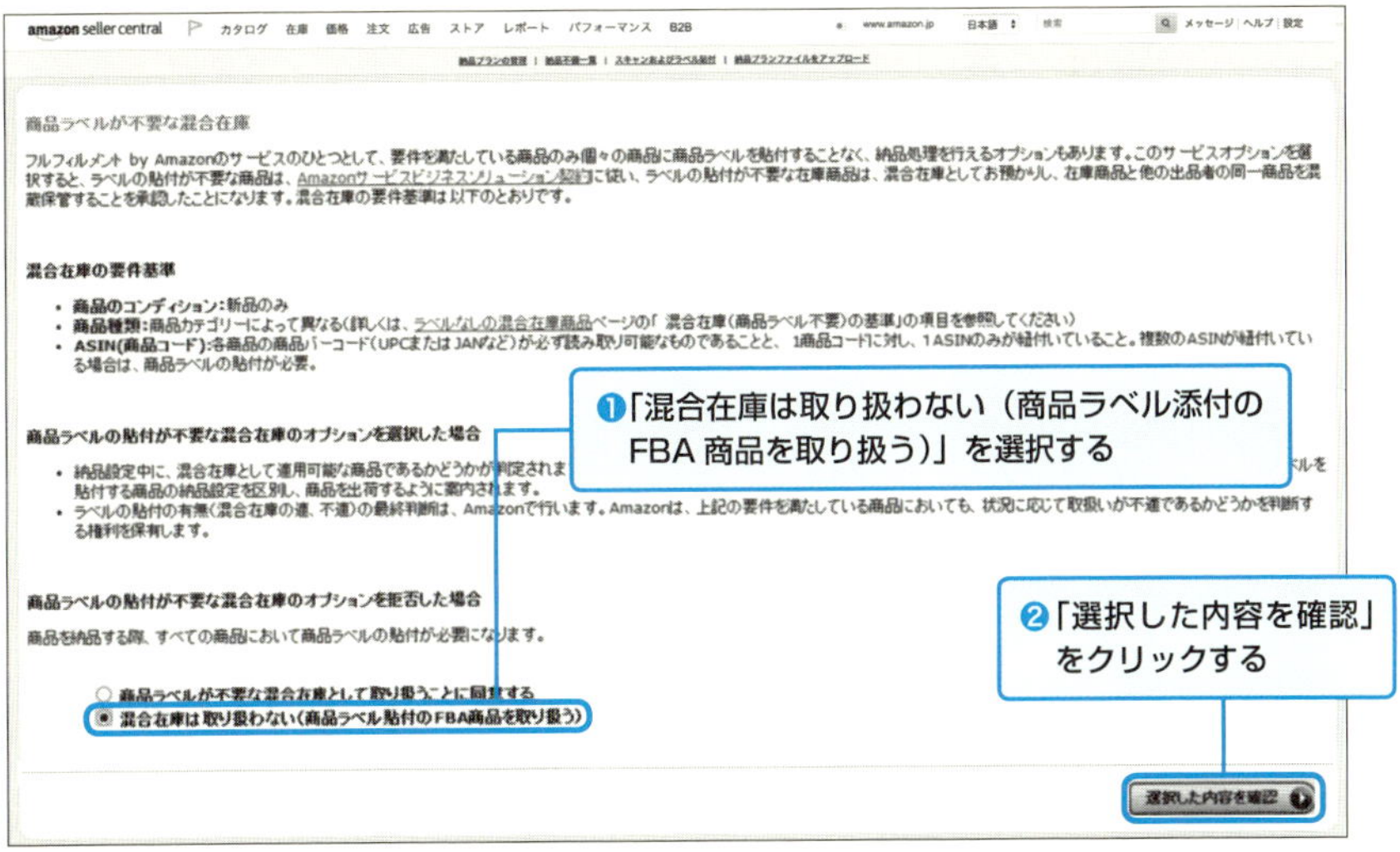

また出荷作業の最後のほうで、下記の配送ラベルを印刷します。このときラベルに「混合」と表記される場合がありますが、これは気にしないでください。

出荷作業の流れをわかりやすくまとめたＰＤＦを用意したので、ぜひ参考にしてください。

https://sedori-biz.jp/wp-content/uploads/2019/05/shipment-fba-2019.pdf

配送ラベル

このラベルは隠れないようにしてください

FBA

納品元:

納品先:
Amazon.co.jp FSZ1 FBA 入庫係
250-8560
神奈川県
小田原市
扇町4-5-1
日本
FBA:

FBA (19/07/06 15:10) - 1

FBA15C3ZMZB4U000001

混在したSKU

2時限目
仕入れに行く準備をしよう

不良在庫ゼロを目指すには、ランキンググラフの正しい見方、仕入れるときの「利益率基準」をしっかり守りましょう!

01 商品を仕入れる前に「そろえておくもの」

1 必要なものは「6つ」だけ

❶ 「スマートフォン」（スマホ）

商品検索をするためにスマホは必須です。あとでお話しするアプリの使い勝手が多少違いますが、**iPhone**でも**Android**でも問題はありません。有料版になりますが、**iPhone**には「せどりすとプレミアム」というとても優良なアプリがあるので、できれば**iPhone**をお勧めします。

❷ 仕入れ金 ⇓ 「クレジットカード」

仕入れ資金は多ければ多いほど稼げるのは事実ですが、用意する額は少なくても問題ありません。「**あなたが現在用意できる額が、最適のスタート金額**」だと認識してください。ただし、仕入れ金が10万円未満の場合、動かせる金額がかぎられてしまうので、元金と儲かった利益は全額次の仕入れに回すようにしてください。そうすれば、雪だるま方式でお金が増えていくので1年以内に月商数百万円も達成可能です。

1円も用意する現金がありません！ そんな人でも大丈夫です。実は、仕入れのための現金は0円でも大丈夫です。現金の代わりにクレジットカードを使います。クレジットカードなら、引き落としまでのタイムラグで売り切ってしまえば資金ゼロでも利益を発生させることができます。

◉必ず「2回払いで買う」

クレジットカードで仕入れをしたときは、「**資金繰りに余裕を持たせるために、必ず2回払いで決済**」してください。ほとんどのクレジットカード会社は2回払いであれば無利息です。資金繰りがよくなるからといって、3回以上の分割にしてしまうと分割払手数料がかかるので注意してください。

たとえば、セゾンカードは締め日が毎月末日です。初回引き落とし日が翌々月の4日です。1月1日に1万円の仕入れをして2回払いにすれば、3月4日に5000円、4月4日に残りの5000円が引き落とさ

● 2枚のクレジットカードの上手な使い方

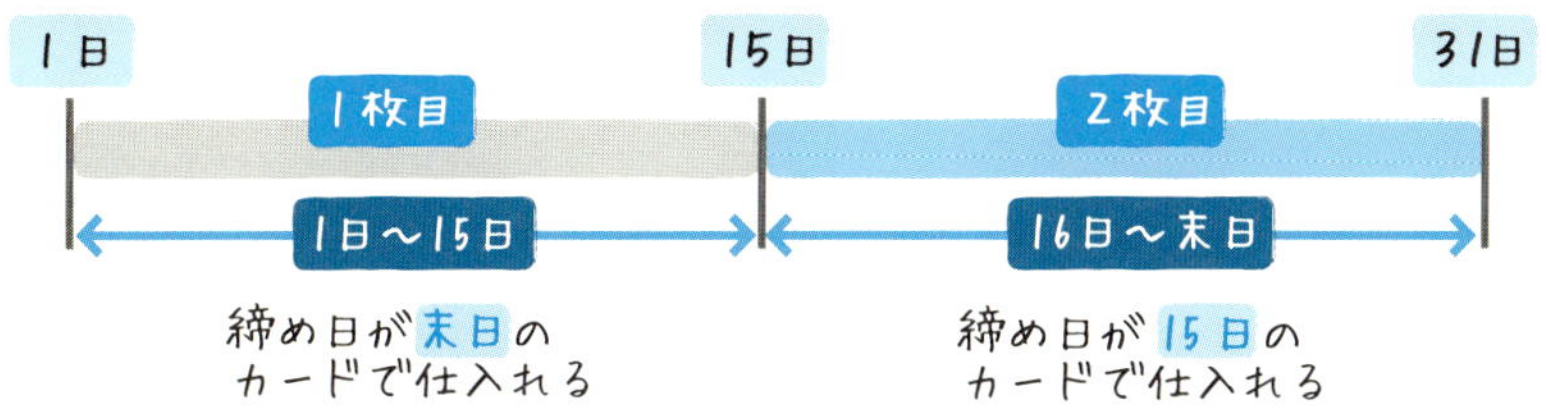

れます。仕入れ金額を全額返済するまで3カ月以上あるので、正しく仕入れをしていればキャッシュがショートすることはあり得ません。

さらに、合理的に支払いを遅らせるために、15日が締め日のクレジットカードもつくってください。締め日が15日の場合、初回引き落とし日は翌月10日のカード会社が多いです。

この2種類の締め日のカードを持っておくと、仕入れてから初回引き落とし日までが常に1カ月半以上先になります。毎月1日～15日までは、締め日が末日のカードで仕入れて、16日～末日までは、締め日が15日のカードで仕入れるようにします。いきなり、仕入れすぎると支払いが怖いと思うので、精神的負担を背負わずに少しずつ仕入れを増やしていくようにしてください。

③ 商品検索アプリ アマコード

商品検索アプリは、**iPhone**、**Android**ともに「**amacode**」(**https://amacode.app/**)をインストールしてください。基本的に初期設定は不要で使えますが、注意しないといけないことが2つあります。

ひとつ目は、「**手数料を差し引いて計算される〝入金額〟の数字に誤差がある**」ということです。たまに、プラスマイナスの誤差が数百円単位で出ることがあります。大型商品になると500円以上の誤差が出ることもあるので、気をつけてください。本来は仕入れができるのにできなくなるケースもあるので、あくまで目安だということを覚えておいてください。

2つ目は、「**自己発送が最安値の場合、その値段が表示されてしまう**」ことです。自己発送が最安値なら仕入れができないけれど、ＦＢＡ最安値なら仕入れができることがよくあります。

無料版は、出品者一覧ページにジャンプしないとＦＢＡの最安値が確認できないので、時間がかかってしまいます。有料版なら、ＦＢＡ最安値が検索時に表示されるように設定できます。

STEP 1 「amacode」を起動させる。

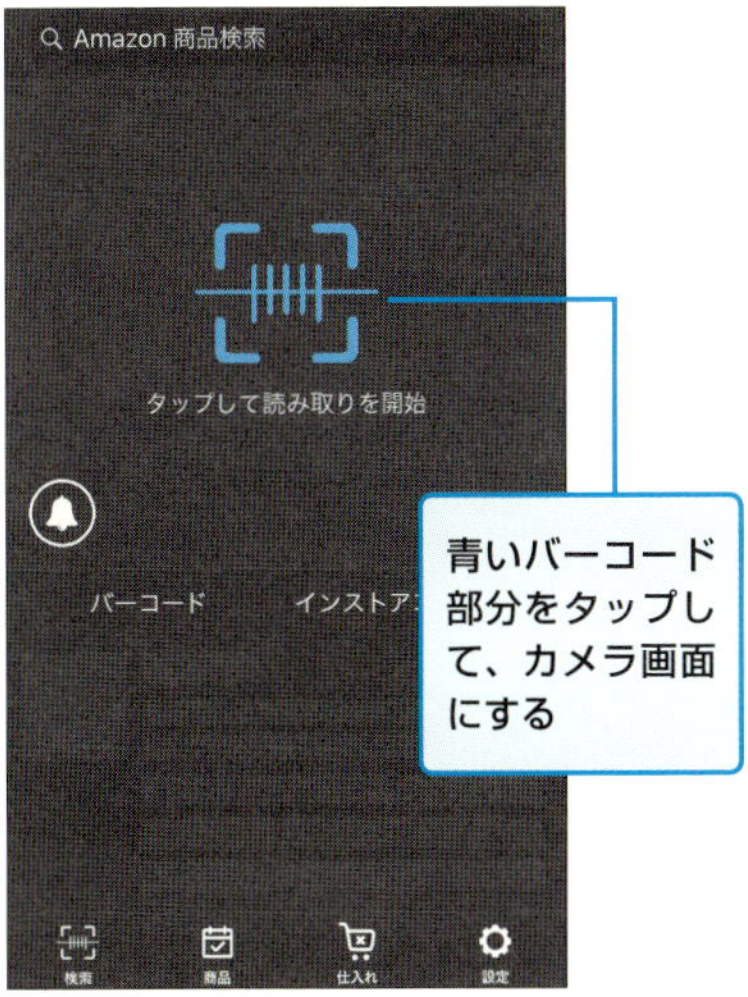

STEP 2 仕入れようとする商品を検索する。

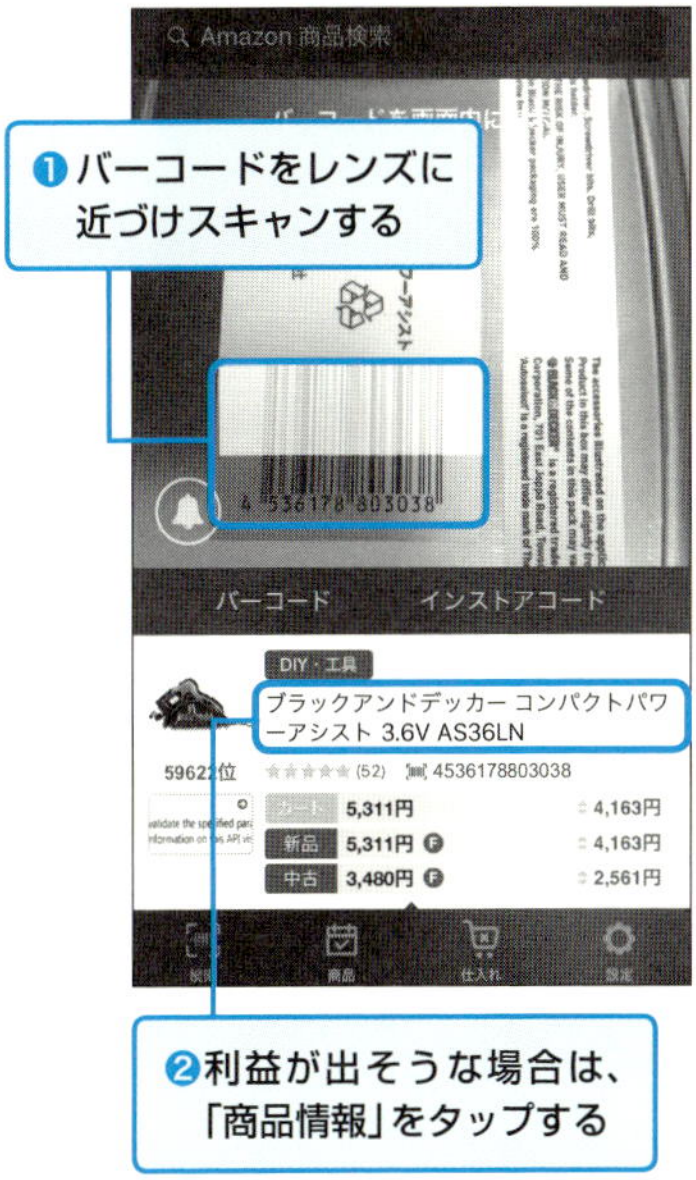

STEP 3 ジャンプメニューが表示される。

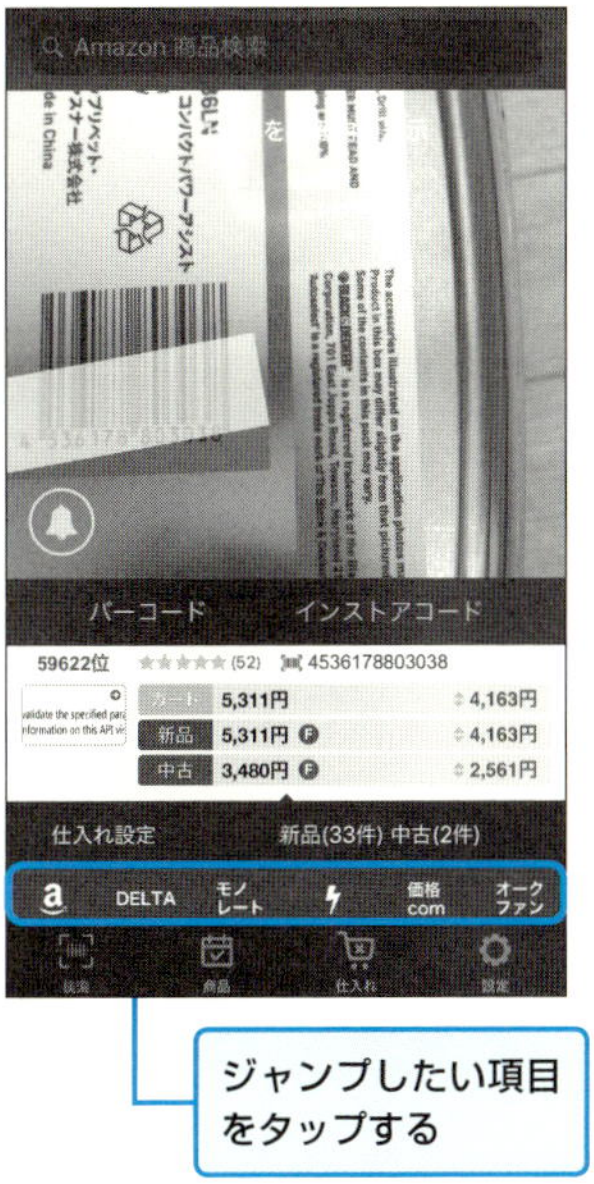

また、有料版であれば「せどりすと」（**http://www.sedolist.info/**）というアプリの上位版もあります。有料版はどちらもお勧めなので、それぞれのアプリの機能を確認してから利用してみましょう。月額費用は、まったく問題にならないくらい快適になりますよ。

❹ 商品検索アプリ 利益計算アプリ Amazon Seller

iPhone、**Android**ともにインストールできる**Amazon**出品者用の公式アプリです。このアプリでは、「**売上チェック**」「**商品検索**」「**在庫確認**」「**注文確認**」「**商品出品不可判定**」「**お客様メッセージ対応**」などができます。

仕入れをしているときには、「商品登録」の中にある「**手数料計算機能**」がとても便利です。**Amazon**では商品を販売するたびに手数料を徴収されます。手数料は、商品や販売価格ごとに違いますが、この機能を使えば瞬時に把握することができます。

ちなみに、「**FBA料金シミュレーター**」（**https://sellercentral.amazon.co.jp/hz/fba/profitabilitycalculator/index?lang=ja_JP**）という**Amazon**公式の手数料計算ページもあります。

また、次項で紹介する「**モノレート**」というサイトで表示される各商品ページ内にも手数料計算できる個所があるので、場面に応じて使いやすいサイトを使いましょう。ただし、どのツールも100％正確な手数料計算ではないことを覚えておきましょう。

また「**Amazon Seller**」は、パッケージの外側にバーコードの表示がないような商品でも、スマホのカメラ機能で商品の画像を撮影すれば、**Amazon**内の莫大なデータから該当する商品の情報を引っ張ってきてくれます。使い方は簡単で、アプリの右上にあるカメラボタンをタップして、商品をカメラにかざすだけです。
すべての商品が読み込めるわけではありませんが、驚くほど精度が高く仕入の実践でとても役立つ機能なので、ぜひ活用してください。

STEP 1 「Amazon Seller」のトップ画面を表示させる。

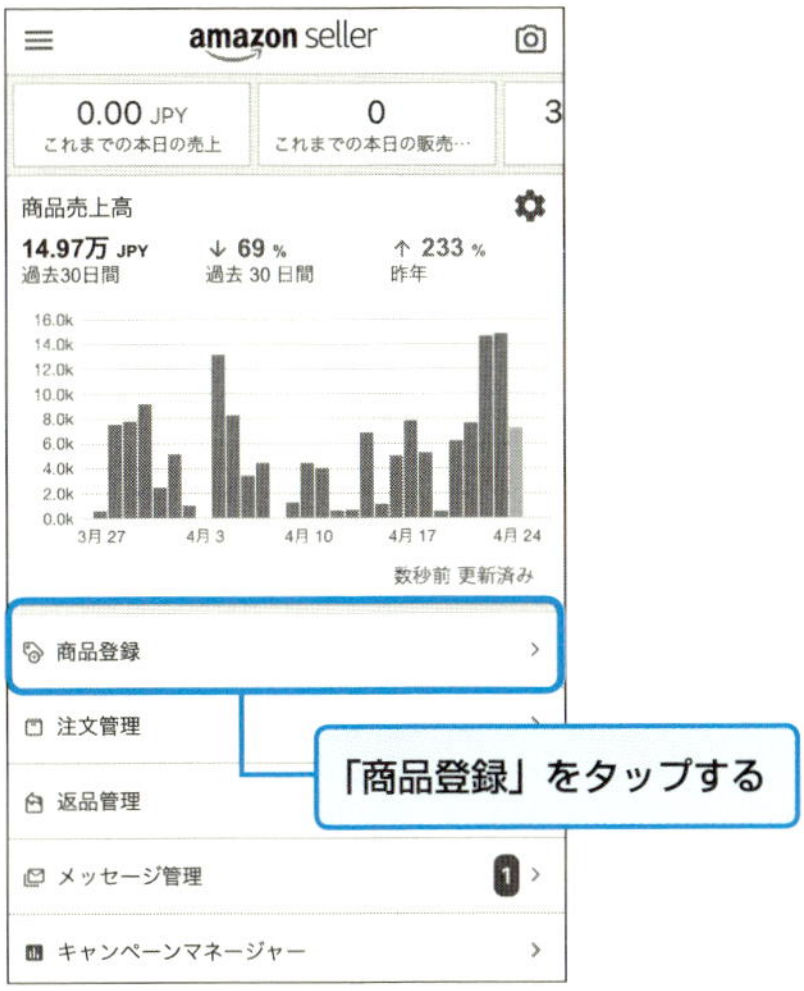
amazon seller
0.00 JPY
これまでの本日の売上
0
これまでの本日の販売…
商品売上高
14.97万 JPY
過去30日間
↓ 69 %
過去 30 日間
↑ 233 %
昨年
数秒前 更新済み
商品登録
注文管理
返品管理
メッセージ管理
キャンペーンマネージャー
「商品登録」をタップする

STEP 2 「商品登録」のメニュー画面でカメラを起動する。

商品登録
販売する商品を検索
ベストセラー
人気度ランキング
新着ランキング
おすすめ商品
お気に入り
履歴
「カメラアイコン」をタップする

STEP 3 カメラスキャンで商品の画像検索をする。

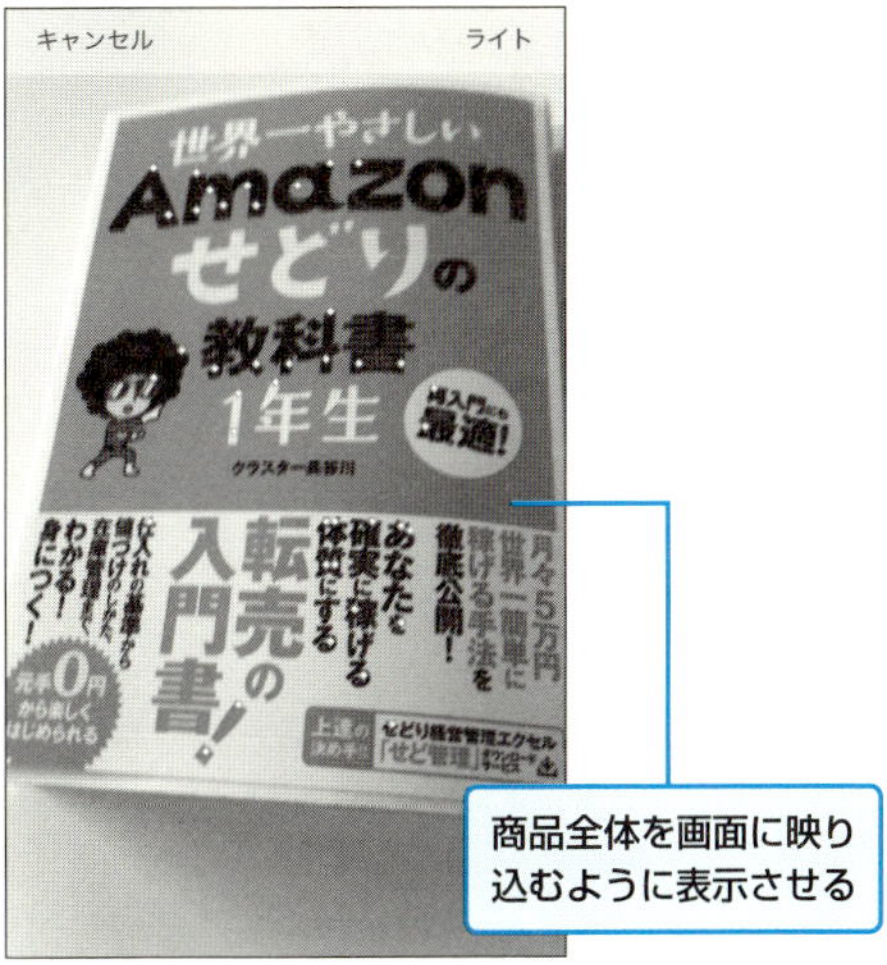
キャンセル
ライト
商品全体を画面に映り込むように表示させる

STEP 4 検索候補の商品一覧が表示される。

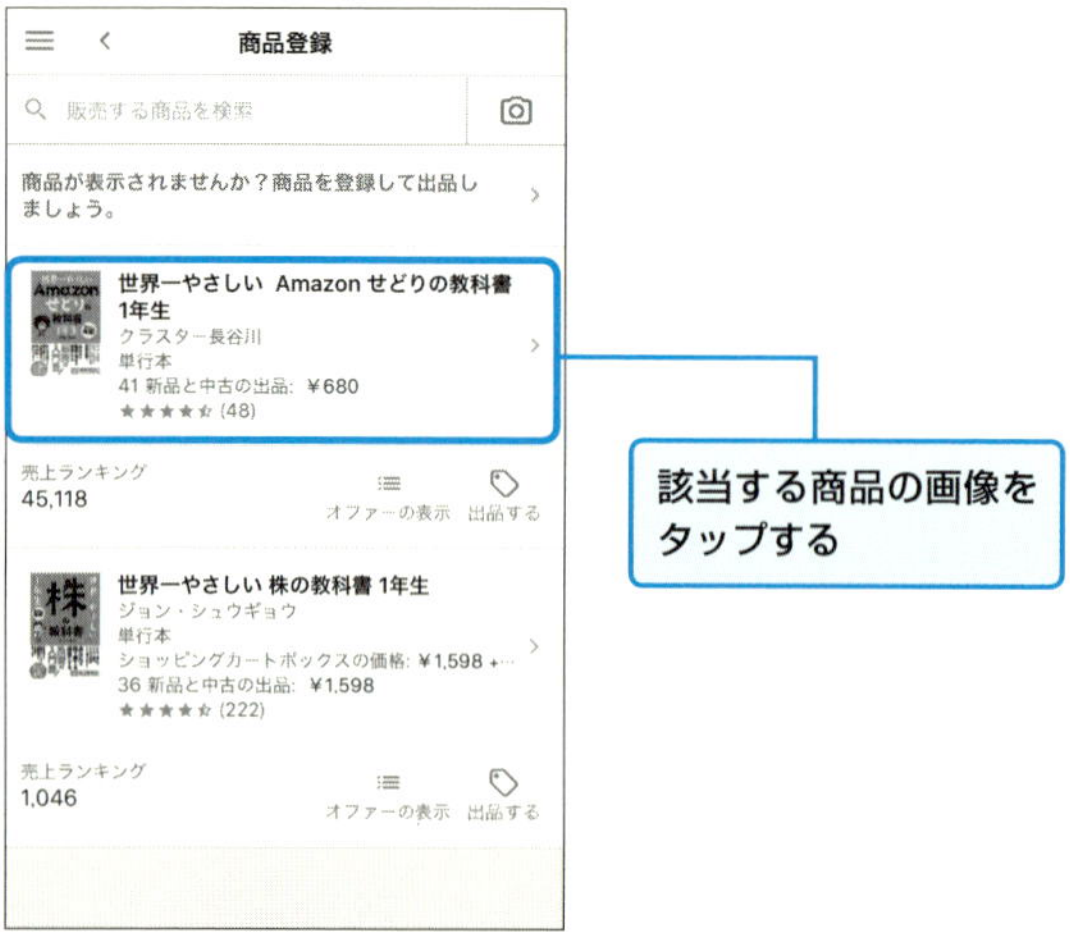

STEP 5 検索した商品と一致するか確認をする

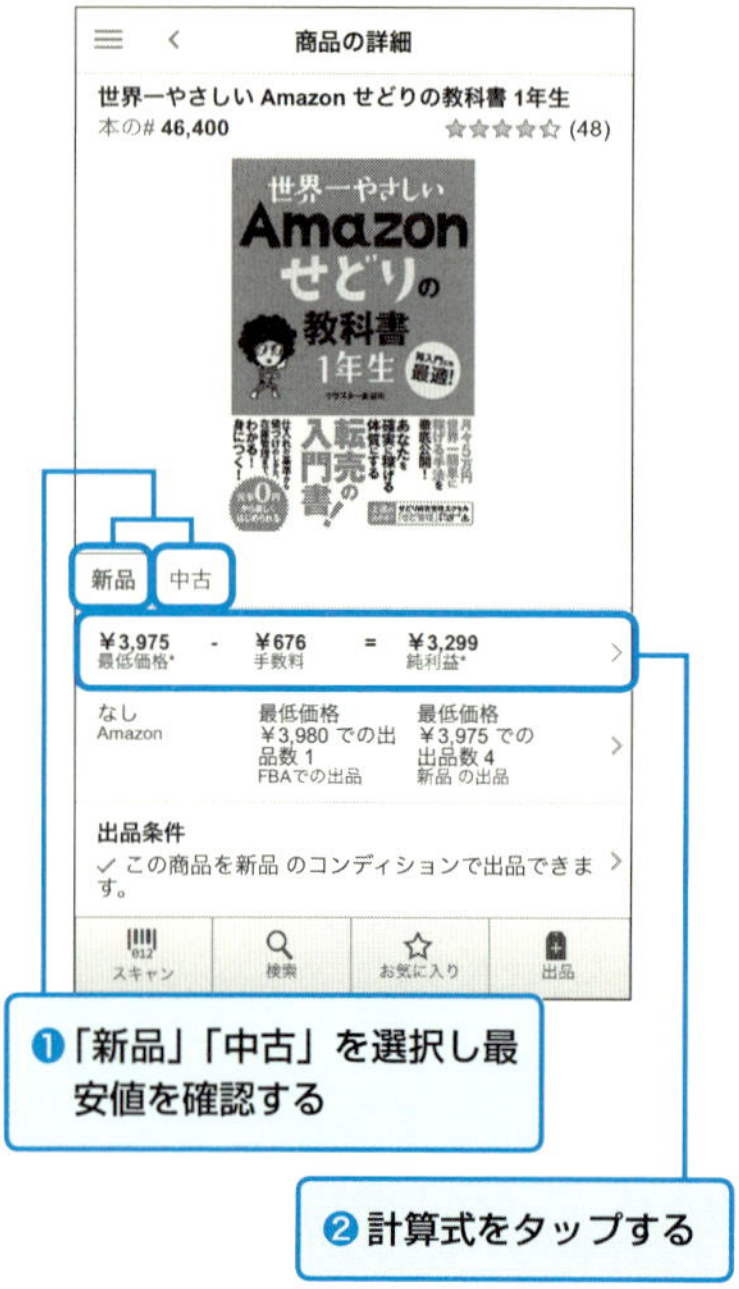

STEP 6 手数料とコストを計算して利益額を確認する。

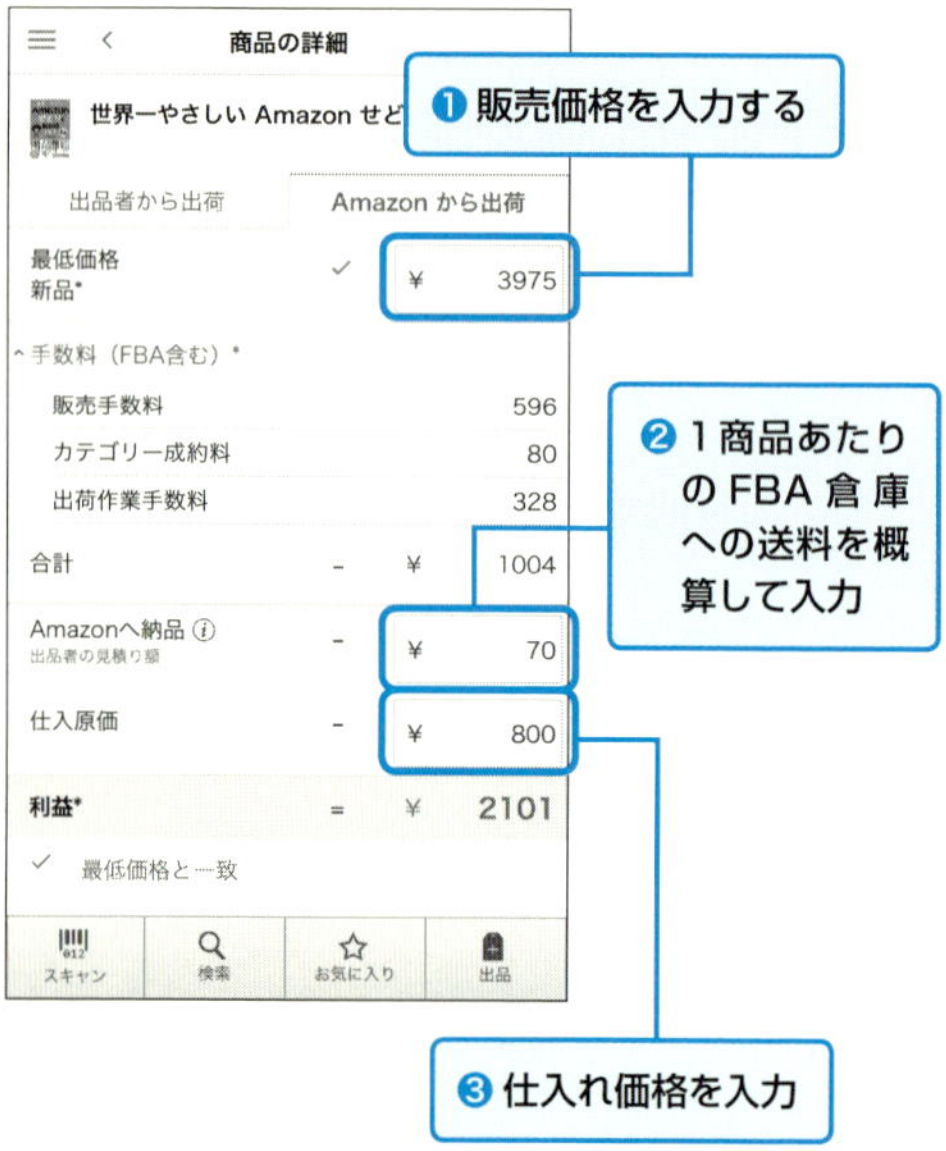

❺ バーコードリーダー

「**商品のバーコードを、レーザーで商品検索アプリに読み込んでくれる小型機器**」のことです。これを使うことで5〜10倍以上検索が速くなるので、必須アイテムとして導入を強くお勧めします。**MS910**（約1万5000円）と**KDC200**系（約3万5000円前後）の2種類があります。

KDCは、**200i**（英語表記）と**200iM**（日本語表記）がありますが、使い方は一緒です。また、KDC**20i**（約3万円）という姉妹商品もあります。こちらはディスプレイ画面がないので1番小さく、充電はUSBが直接埋め込まれているのでとても便利です。好みにもよりますが、お勧めは**KDC20i**です。すべて**Amazon**で購入できますが、時期によって値段が大きく違うので、価格と相談しながら決めてください。

MS910はレーザーがぼやけて太かったり、KDC系ははっきりとした細いレーザーで一瞬でスキャンしてくれたり、値段を比較すると倍以上違いますが、KDC系を選択する価値は十分あります。私は、今持っている**KDC200**を失くしたら10万円でも迷わずにすぐに買います。バーコードリーダーは使ったほうが売上、利益が圧倒的に伸びます。「**商品知識がない人にとって、稼げる稼げないかの分かれ目は、バーコードリーダーを導入するかどうか**」といっても過言ではありません。

⑥ マップアプリ ロケスマ

自分がいる現在地周辺の、いろいろなジャンルのお店が表示されます。せどりができそうなお店から、せどりをしている最中に寄る可能性のある銀行、郵便局、休憩するカフェ、ファミレスなどがすぐに見つけられます。とても便利なので、ぜひ活用してください。

2 拡張機能も入れておこう❶ 「せどらー必須拡張機能」3選

作業の効率化は、売上アップに直結します。せどらーにとって最も大きな効率化が、「**パソコン操作の快適性**」です。**Google Chrome**の拡張機能を使えば、少なくとも倍以上の作業量が可能になるので、ぜひ取り入れてください。

拡張機能とは、ウェブブラウザーで便利な機能を使えるようにするツールです。便利だからといって拡張機能をたくさんインストールしすぎるとウェブブラウザーの動きが遅くなるので注意してください。また拡張機能は組みあわせによって、正常に動作しないことがあります。

● **せどりをするときに入れておきたいマップアプリ**

●**ロケスマ**
今いる場所の近辺のほぼすべてのジャンルのお店を素早く表示してくれる

まずは、「せどらー必須拡張機能」３つを入れておきましょう（下表参照）。

せどらー必須拡張機能❶

Amazon FBA Calculator Widget

Amazonの商品ページから「**Amazon FBA Calculator Widget**」のアイコンをクリックするだけで「**Amazon**公式のＦＢＡ料金シミュレーター」のページにジャンプし、自動で該当する商品の販売価格、販売価格から手数料などを計算し、現在相場の販売価格の入金額を表示してくれます。

インストールすれば、検索枠の右側にスマイルマーク😊が表示されるようになり、**Amazon**の商品ページでこのマークをクリックすれば、手数料計算のページに自動でジャンプしてくれるようになります。

● **せどらー必須拡張機能3選**

●**Amazon FBA Calculator Widget** (https://chrome.google.com/webstore/detail/amazon-fba-calculator-wid/ebaggmeecidagcomlkpdpddaghmgfffk?hl=ja)
●**Simple = Select + Search** (https://chrome.google.com/webstore/detail/simple-select-%20-search/aagminaekdpcfimcbhknlgjmpnnnmooo)
●**せどり／モノレート対応／在庫数検索 モノサーチ** (https://chrome.google.com/webstore/detail/monosearch-resale-check-s/eadklkgmejdhldgchbmegmljdkchcdbd?hl=ja)

せどらー必須拡張機能② Simple = Select + Search

次は、「**Simple = Select + Search**」という拡張機能です。「商品名を右クリックでなぞれば、ワンクリックでモノレートの検索結果ページへ飛べます」。

Amazonの商品ページからは、次に紹介する「モノサーチ」で設定すればボタン一発で飛べますが、ヤフオク！などのページからモノレートに飛ぼうとすると、いちいち商品名をコピペする手間が必要になってきます。これがかなりの手間になるので、とてもストレスです。それを解消できるので、とても便利な拡張機能です。

この拡張機能は、設定が必要になります。**Google Chrome**に機能を追加したあと、次頁図のページが出てきます。

基本的に、**Simple = Select + Search**では、モノレートだけ使えれば十分なので、ほかの検索サイトの設定はすべて「－」ボタンをクリックして削除します（**STEP 1**）。全部消えたら「＋」ボタンを押してモノレートを設定する枠をつくります。

「**Name**」に「**Monorate**」と入力して、「**Search URL**」に「**http://mnrate.com/past.php?i=All&kwd=%s**」と入力して完了です（**STEP 2**）。

実際の使い方は、ショッピングサイトなどで商品名の文字をなぞって右クリックしたら、「**Search '**商品名**' on Monorate**」をクリック（**STEP 3**）すれば一発でモノレートの検索結果に飛ぶことができます。

STEP 1 使わない検索エンジンをすべて削除する。

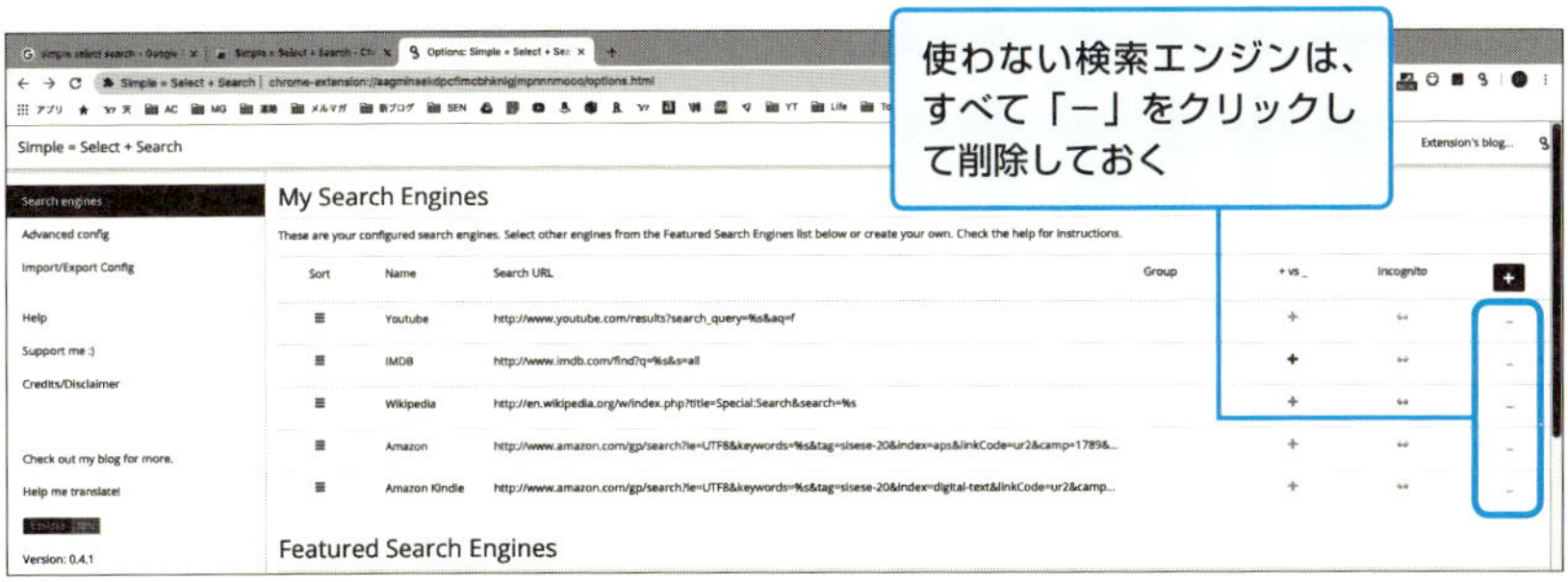
使わない検索エンジンは、すべて「－」をクリックして削除しておく
My Search Engines
Featured Search Engines

STEP 2 モノレートを追加する。

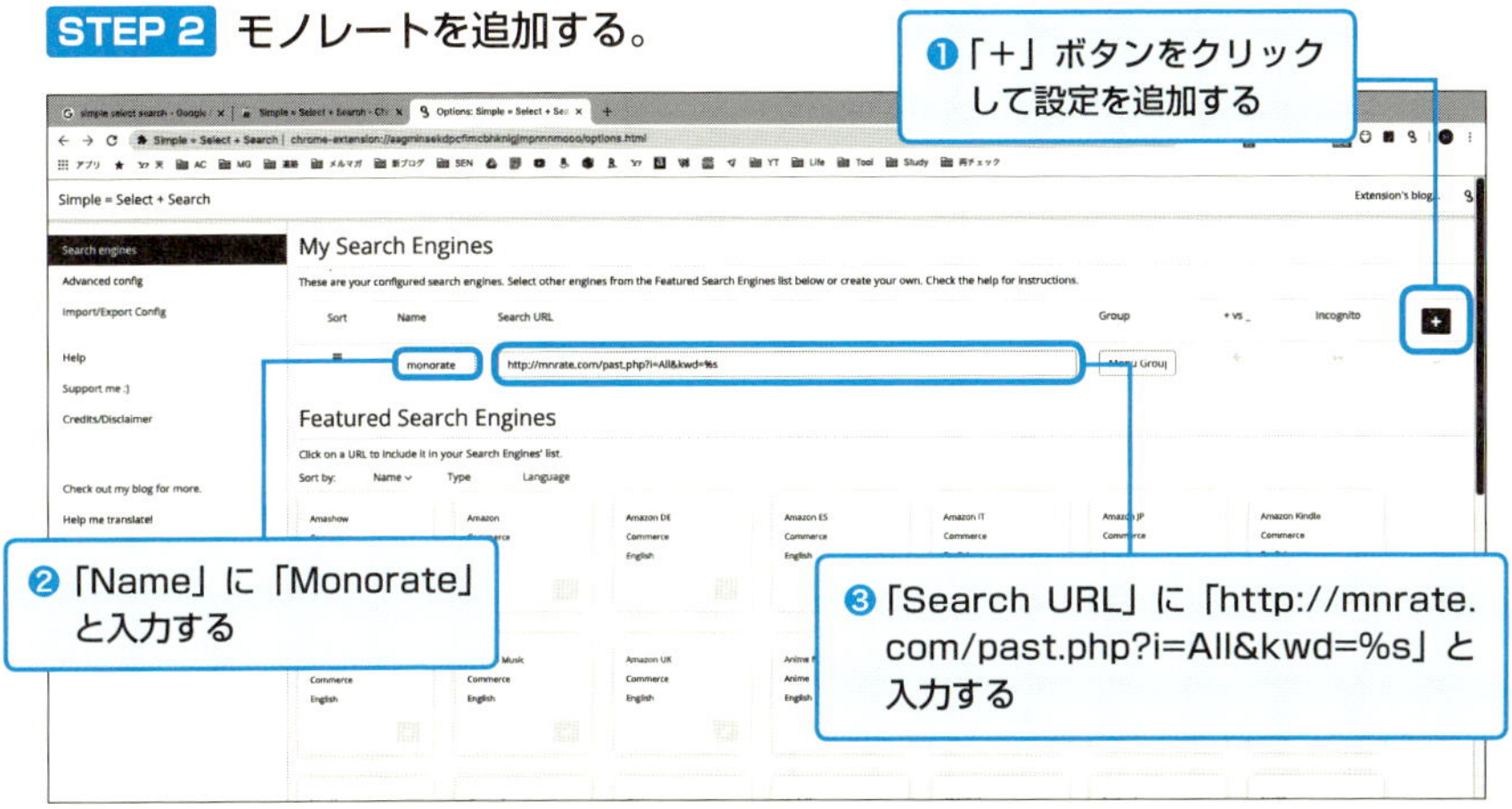
❶「+」ボタンをクリックして設定を追加する
❷「Name」に「Monorate」と入力する
❸「Search URL」に「http://mnrate.com/past.php?i=All&kwd=%s」と入力する
My Search Engines
Featured Search Engines

STEP 3 ショッピングサイトからモノレートに飛ぶ。

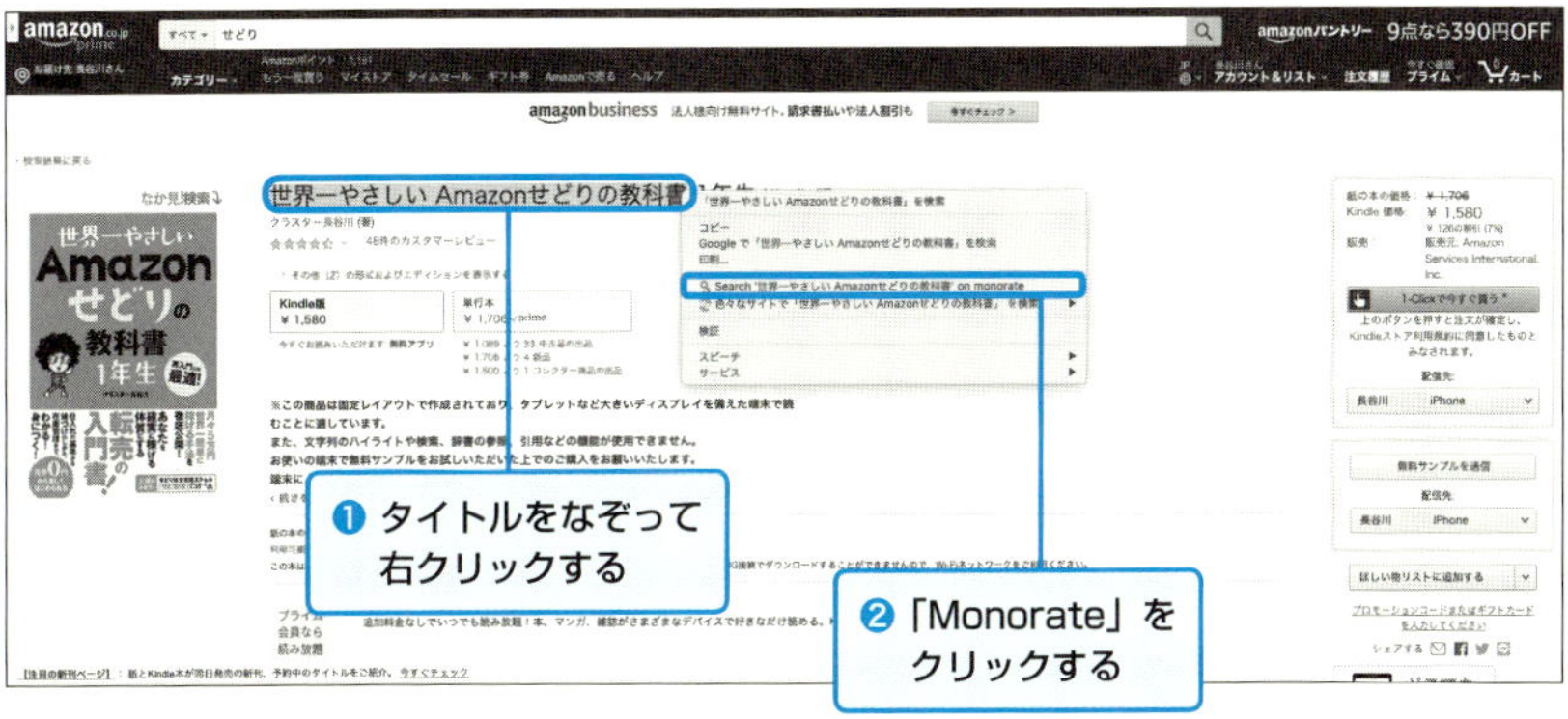
❶ タイトルをなぞって右クリックする
❷「Monorate」をクリックする
世界一やさしい Amazonせどりの教科書

せどらー必須拡張機能❸ モノサーチ

この拡張機能がとても便利なポイントは4つあります（下表参照）。このように「**モノサーチひとつあれば十分**」というくらい、いたれりつくせりな機能が無料で使用可能になっています。ただ、機能が多すぎるあまり、初期設定の状況で使用すると**Google Chrome**の動きがとても遅くなるので、自分にとって必要最低限な機能だけをオンにするようにカスタマイズしてください。

各設定はページの右下にある「**option**」ボタンから設定します。また拡張機能をインストールすると、「どのようなサイトで、主に使用される予定ですか？」と聞かれるページに移動するので、「アマゾン出品・ネット仕入れ全般」を選ぶと**Amazon**セラーに最適なボタンがデフォルトで用意されます。

「モノサーチ」の類似拡張機能として「ショッピングリサーチャー」という総合ツールがあります。また、ライバルセラーの在庫数表示に関しては「**XDEALER.PRO**」、

● **モノサーチ の4大便利機能**

❶	Amazonで見ているページの商品をほかのサイトで調べたいときに、モノレートや各ショッピンサイト、オークション、フリマサイトなど、主要なリサーチ先にワンクリックでジャンプできるボタンを表示してくれる〔ジャンプ先（検索先）を自由にカスタマイズできる〕。一括検索も可能
❷	商品の重要データを見やすく表示してくれる。Amazonランキング、ASINやJANが瞬時にわかる
❸	ほかのサイトで販売されている価格を表示してくれる。Amazonより大幅に安い場合は、そこからクリックして仕入れることも可能
❹	出品者一覧ページで、各セラーの在庫数を表示してくれる

他社サイトの価格リサーチに関しては「クローバーサーチB」という拡張機能があります。「モノサーチ」の動作が不安定なときは、こちらも利用してみてください。

3 拡張機能も入れておこう② 「せどらー便利拡張機能」3選

次に、「せどらー便利拡張機能」3つを入れておきましょう（下表参照）。

せどらー便利拡張機能❶ モノゾン

Amazon商品販売履歴サイトのモノレートで、閲覧しているページの商品が、直近1カ月、2カ月、3カ月で何個販売されたかを新品、中古でそれぞれ自動で表示してくれます。また、3カ月の平均月間販売数も知ることができます。スマホアプリもあるので、店舗仕入れのリサーチ中にも役立ちます。

● せどらー便利拡張機能3選

	●**モノゾン** (https://chrome.google.com/webstore/detail/%E3%83%A2%E3%83%8E%E3%82%BE%E3%83%B3/cboljikjholhcbejolmkhhpmomhcodkc?hl=ja)
	●**AMZ Seller Browser** (https://chrome.google.com/webstore/detail/amz-seller-browser/klgpelgeohjghmccooegimcfhanlnngc?hl=ja)
	●**Keepa** (https://chrome.google.com/webstore/detail/keepa-amazon-price-tracke/neebplgakaahbhdphmkckjjcegoiijjo?hl=ja)

せどらー便利拡張機能❷ AMZ Seller Browser

Amazonの検索結果ページの各商品の下にランキング、FBAセラーの数、Amazon.co.jp販売の有無を表示してくれます。

せどらー便利拡張機能❸ Keepa

Amazonの商品ページに、新品、中古、Amazon.co.jpの販売価格推移を表示してくれます。以前はランキンググラフも見ることができたのですが、2019年3月以降、その機能は有料化になってしまいました。また商品が在庫なしから出品状態になったときや、設定した価格以下で販売されたときは通知してくれる機能もあります。Keepaは、各Amazonツールと連携していることも多いので、わざわざ拡張機能として入れなくてもいいかもしれませんが、知っておいてください。

02 基本編 せどりの強い味方「モノレート」の使い方

このサイトがなかったら、安心してせどりができないかもしれないという絶対的な武器になるのが**「モノレート」（http://mnrate.com/）**です。「モノレート」を利用すれば、**「Amazonで売られている商品の販売履歴が〝いつ〟〝いくらで〟〝何個売れたか〟高い精度で知ることができる」**のです。

これは何を意味するかというと、**「在庫リスクがほぼゼロで仕入れをすることができる」**ということです。

1 「モノレート」の商品画面のチェックポイント

モノレートの商品画面で知っておくべき個所は、**「商品情報」「コンディション別情報」「ジャンプメニュー」「利益シミュレーター」「グラフ情報」「Keepaグラフ」「期間毎の最安値一覧」**の7カ所です。多いように思うかもしれませんが、使いはじめてみると1、2週間ほどですぐに慣れるので安心してください。またそれぞれの説明は、直感的にわかるものは省いてあります。

❶ 商品情報（次頁下図）

商品画像の真ん中の行、左から2つ目にある「**カテゴリー（ジャンル）の数字**」で現在のランキングがわかります。右側の「**参考価格**」は定価です。

家電のような定価がないオープン価格商品の場合は記載がありません。下の行の「ASIN」は、**Amazon**内で商品を識別するための記号です。**Amazon**内の商品管理バーコードみたいなものです。

「JAN」は、商品の外箱に記載されているバーコードの番号のことです。商品に「**規格番号**」がある場合は、商品の型番などが記載されることがあります。

● モノレートの見方

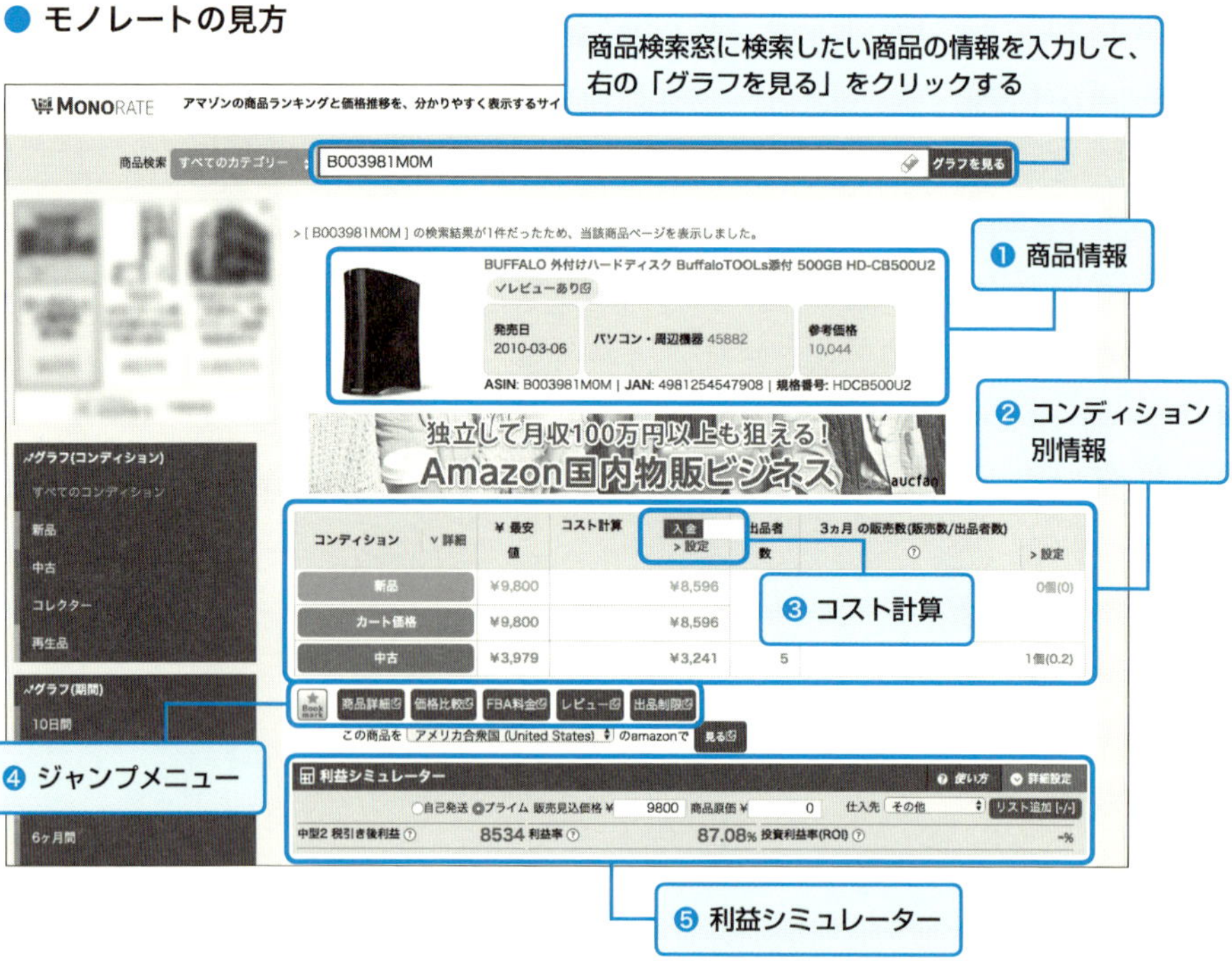

❷ コンディション別情報（次頁下図）

ここは「**コンディション別の最安値**」が表示されています。自己発送出品者を含んだ最安値が表示されています。「**詳細**」をクリックすると、さらに詳しくコンディションと発送方法別に最安値が表示されます。プライム出品者の最安値はピンク色、自己発送の最安値は黄色で表示されます。

「**アマゾン販売**」は、**Amazon.co.jp**が出品している場合、**Amazon**が販売している価格が表示されます。「**Amazon.co.jpがライバル出品者としている場合は、値下げ競争をしてくることがあるので大量仕入れは避ける**」ようにします。

また「**中古**」のコンディション別で表示された黄色のほうをクリックすると、該当する条件以上のライバル出品者だけが見られるようになっています。さらに、ピンクのコンディションボタンを押すとプライム出品者に限定されます。「**カート価格**」は、**Amazon**の商品ページのトップ画面で現在表示されている新品価格を指します。必ずしも、最安値が**Amazon**商品画面の価格としてトップ画面に表示されるわけではありません、初心

● 商品情報 「カテゴリー」「ASIN」「JAN」がわかる

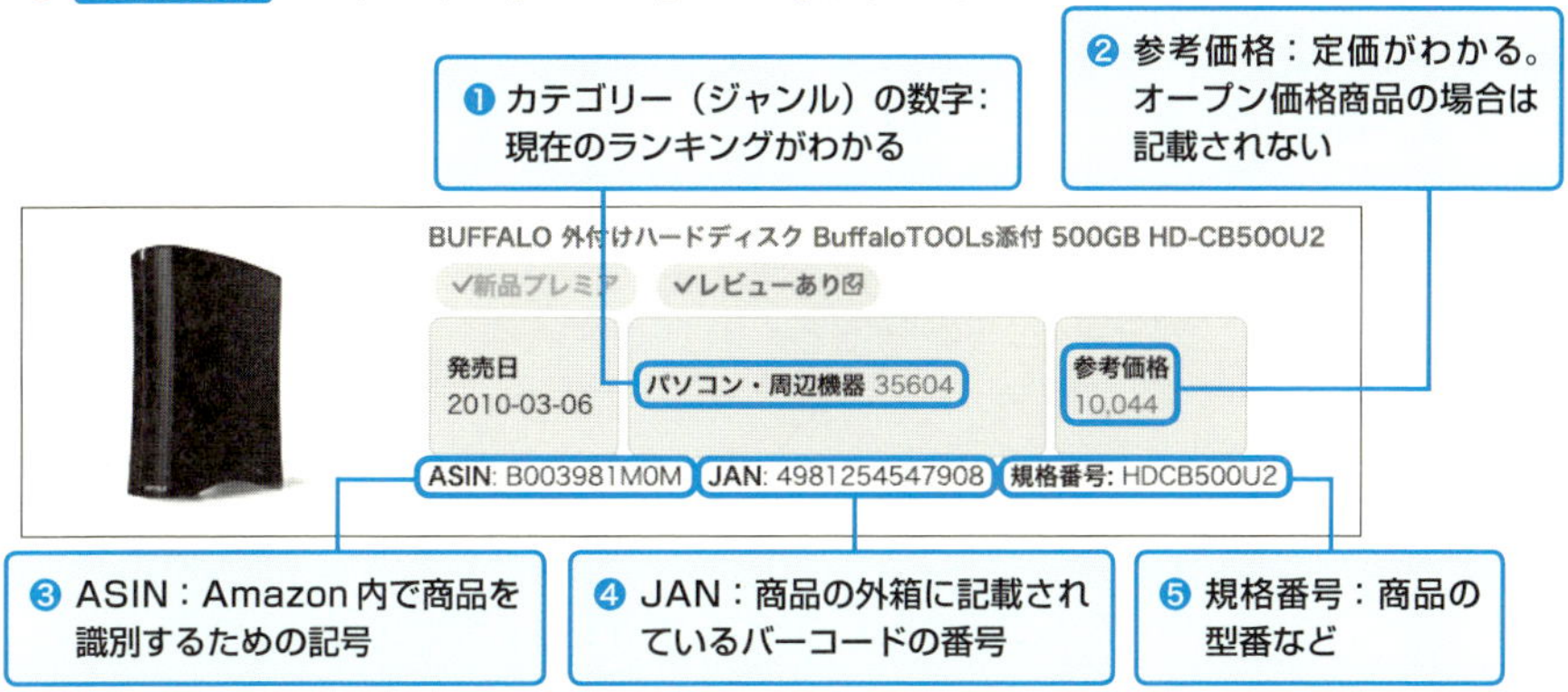
❶ カテゴリー（ジャンル）の数字：現在のランキングがわかる
❷ 参考価格：定価がわかる。オープン価格商品の場合は記載されない
BUFFALO 外付けハードディスク BuffaloTOOLs添付 500GB HD-CB500U2
✓新品プレミア
✓レビューあり
発売日
2010-03-06
パソコン・周辺機器 35604
参考価格
10,044
ASIN: B003981M0M
JAN: 4981254547908
規格番号: HDCB500U2
❸ ASIN：Amazon内で商品を識別するための記号
❹ JAN：商品の外箱に記載されているバーコードの番号
❺ 規格番号：商品の型番など

者のうちは最安値で売ることを覚えたほうがいいので、ここは無視して大丈夫です。

「**出品者数**」は、文字どおり現在その商品を販売している出品者の人数がカテゴリー別に表示されます。

「**販売数**」は、下のグラフの表示期間にあわせてその期間の販売数を予想してくれていますが、大幅に違う場合もあるので、ここの数字はあくまで目安にしておきます。カッコ内の数字は、1日の販売予想数です。

③ コスト計算（次頁上図）

該当するコンディションの最安値で販売した場合、希望の粗利率（売上比）の仕入れ上限値を瞬時に知ることができます。「**入金**」ではなく、「**仕入値**」で設定しておいてください。そして、「**設定**」ボタンから「**粗利率**」を20％以上にしておきます。

● **コンディション別情報** 「最安値」「出品者数」「販売数」がわかる

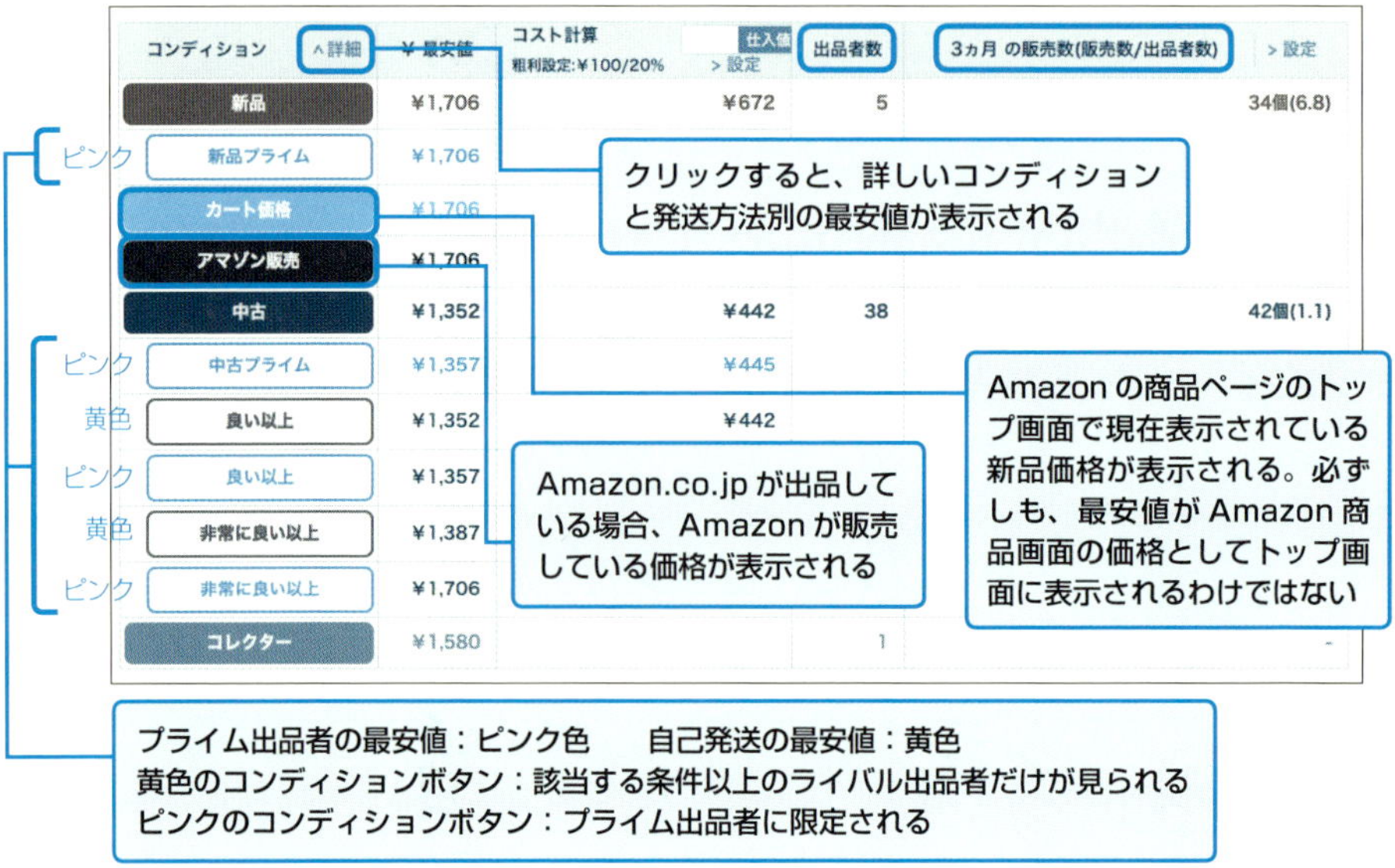

④ジャンプメニュー（下図）

ここで特に便利な機能は、3つです。

ひとつ目は、1番左の「**Bookmark**」です。1週間後、1カ月後に再び販売履歴などを確認したいなと思ったときに役立ちます。このボタンをクリックすれば、気になった商品を50個までリストしておくことができます。**Bookmark**リストを確認したい場合は、モノレートのサイトの左サイドバーにある「**関連コンテンツ**」の中の「**お気に入りの商品**」から見てみてください。

2つ目は、真ん中あたりにある「**FBA料金**」のボタンです。クリックすれば「FBA料金シミュレーター」のページにジャンプします。**Amazon**公式のツールなので、手数料計算がより厳密にできます。最後は、「**出品制限**」のボタンです。**Amazon**では、世の中に売られているすべての商品を出品できるわけではないので、出品したことがないメーカーの商品を仕入れる場合などは、一つひとつ確認したほうが安心です。

● **コスト計算** 「仕入れの上限値」を簡単に知れる

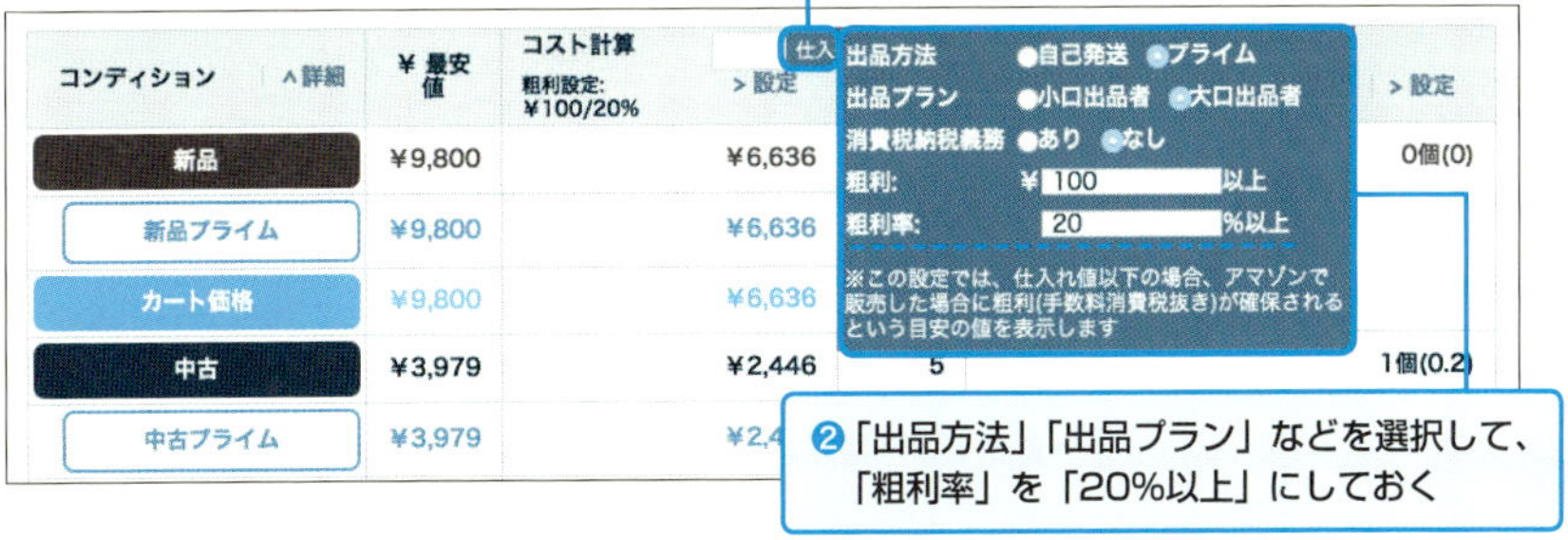
❶「仕入値」にしておく
コンディション
詳細
¥ 最安値
コスト計算
粗利設定: ¥100/20%
仕入
設定
出品方法 ●自己発送 ●プライム
出品プラン ●小口出品者 ●大口出品者
消費税納税義務 ●あり ●なし
粗利: ¥ 100 以上
粗利率: 20 %以上
※この設定では、仕入れ値以下の場合、アマゾンで販売した場合に粗利(手数料消費税抜き)が確保されるという目安の値を表示します
新品 ¥9,800 ¥6,636
新品プライム ¥9,800 ¥6,636
カート価格 ¥9,800 ¥6,636
中古 ¥3,979 ¥2,446 5
中古プライム ¥3,979
0個(0)
1個(0.2)
❷「出品方法」「出品プラン」などを選択して、「粗利率」を「20%以上」にしておく

● **ジャンプメニュー** 「出品制限」に気をつける

Book mark
商品詳細
価格比較
FBA料金
レビュー
出品制限
出品できない商品の確認ができる

「**出品制限**」のボタンをクリックすると、自身のセラーセントラルアカウントの商品登録画面に飛びます。出品できない場合は、「**このブランドには出品許可が必要です**」「**現在、この商品は出品いただけません**」などと表示されるので、失敗仕入れをせずにすみます。同じメーカーでも、Aという商品は出品できなかったけれど、Bという商品は出品が可能ということはよくあるので、機会損失をしないように確認しましょう。

⑤ 利益シミュレーター

名前のとおり「利益計算のツール」です。「コンディション別

● 利益シミュレーター 「税引き後利益」「利益率」がわかる

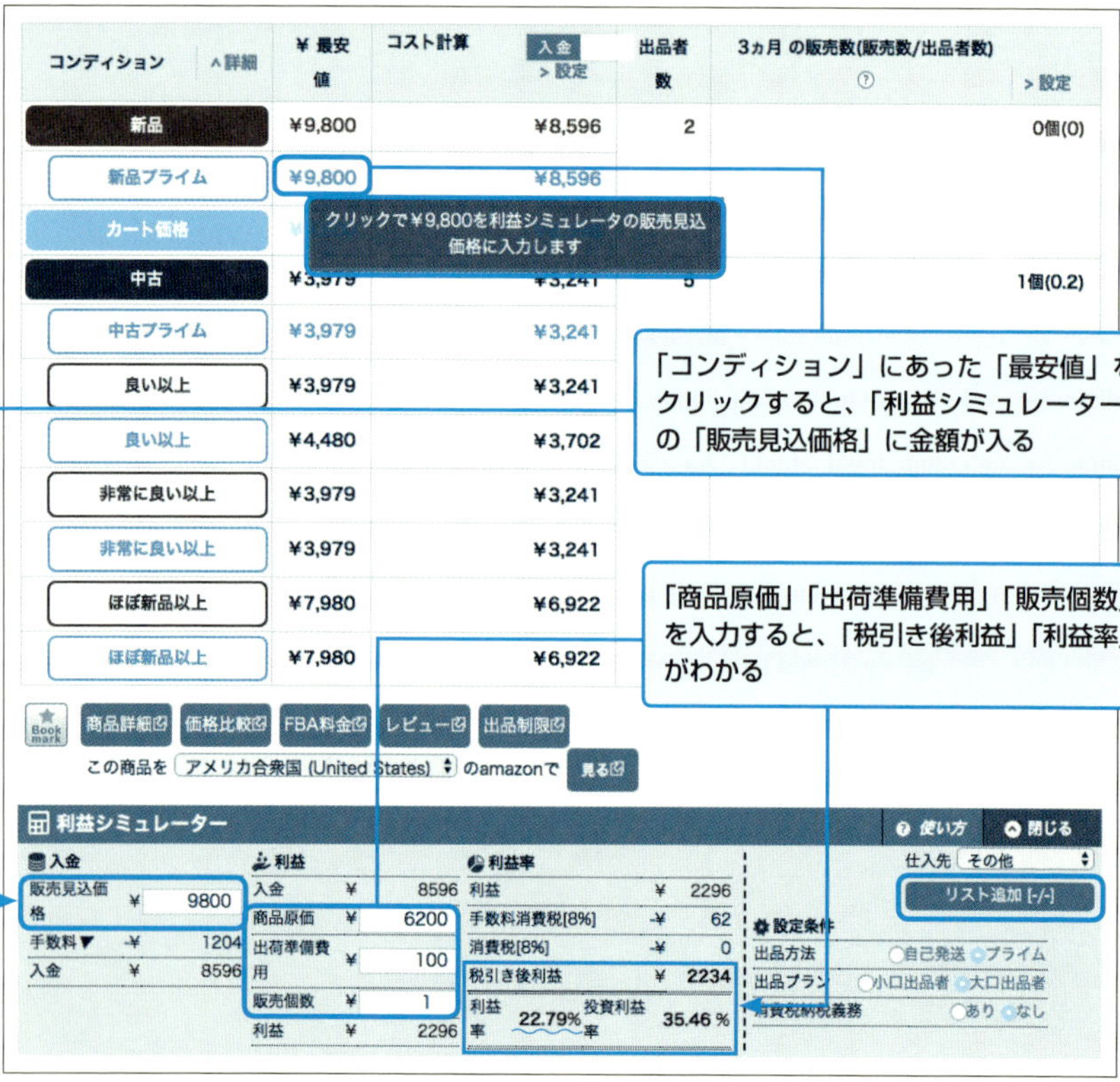

情報」の最安値以外で、利益を計算したい場合は使ってみてください。「**販売見込価格**」と「**商品原価**」を入力するだけです。ここでの特徴は、仕入額に対しての利益額の割合である投資利益率（ROI）も算出してくれるところです。ただ、せどりは物販ビジネスなので売上に対しての利益率（前頁の図でいう22・79％のところ）で考えるようにしましょう。

ここで「**リスト追加**」ボタンをクリックすると「**仕入れリスト**」に登録できる機能がありますが500件までとなっています。せどりをしていれば500件くらいはすぐ仕入れてしまうので、先ほどお話しした「**Bookmark**機能」の追加分として使うと便利です。

2 「モノレートグラフ」でリスクほぼゼロの仕入判断ができる

❻ モノレートグラフ

「**グラフ情報**」を見ながら、「**1番大切な仕入判断**」についてお話しします（次頁図参照）。

まず、1番上のグラフは、「新品商品」（実際には緑色）と「中古商品」（実際にはオレンジ色）の最安値相場の推移を表しています。2番目のグラフは、新品商品（実際には緑色）と中古商品（実際にはオレンジ色）の出品者数の変動を表しています。

3番目のグラフでは、「商品のランキング」の変動を表しています。この折れ線グラフが「**カクカク波打っている回数が多ければ多いほど商品が売れている**」ということです。これが仕入れの大きなポイントです。

次の２つのケース以外のときは、必ずモノレートでグラフをチェックするようにしてください。

イ ランキングの数字がない場合

ロ １００万位以下と極端に悪い場合

ちなみに次の２つのケースは「売れていない」と判断します。

A ランキングが１０００番代といいにもかかわらず、「ランキング」の変動のグラフが全然波打っていない

B 数カ月振りに商品が売れ、たまたまランキングが上がった

●「モノレートグラフ」の見方

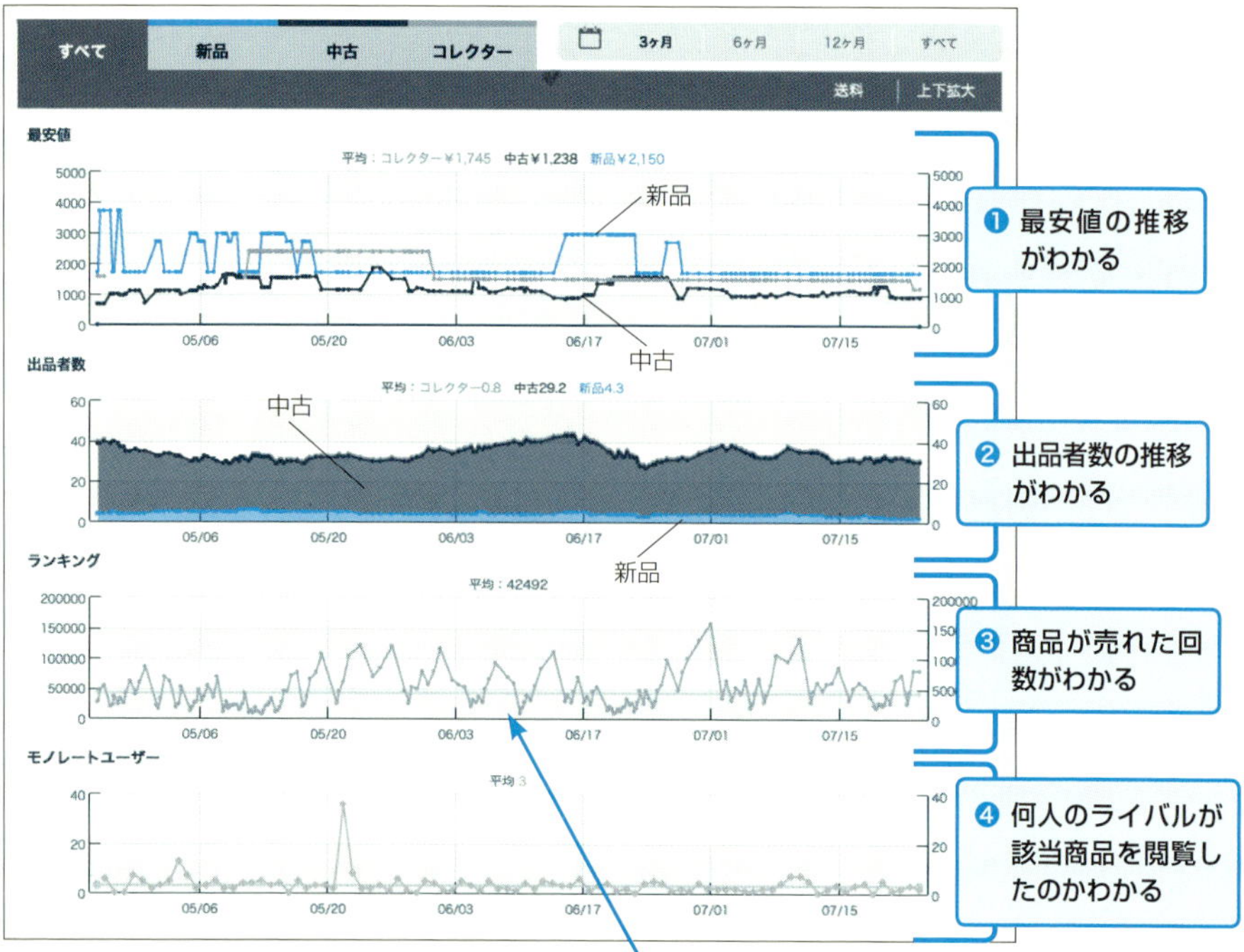

すべて
新品
中古
コレクター
3ヶ月
6ヶ月
12ヶ月
すべて
送料
上下拡大
最安値
平均：コレクター¥1,745 中古¥1,238 新品¥2,150
新品
中古
出品者数
平均：コレクター0.8 中古29.2 新品4.3
中古
新品
ランキング
平均：42492
モノレートユーザー
平均 3
❶ 最安値の推移がわかる
❷ 出品者数の推移がわかる
❸ 商品が売れた回数がわかる
❹ 何人のライバルが該当商品を閲覧したのかわかる

絶対に覚えてほしいこと！

ランキングを見て上位にいることが大切なのではなく、ランキングの変動を表している折れ線グラフがいかに波打っているかのほうが大切

● ランキングは1,000番台なのに、ほとんど売れていない例 A

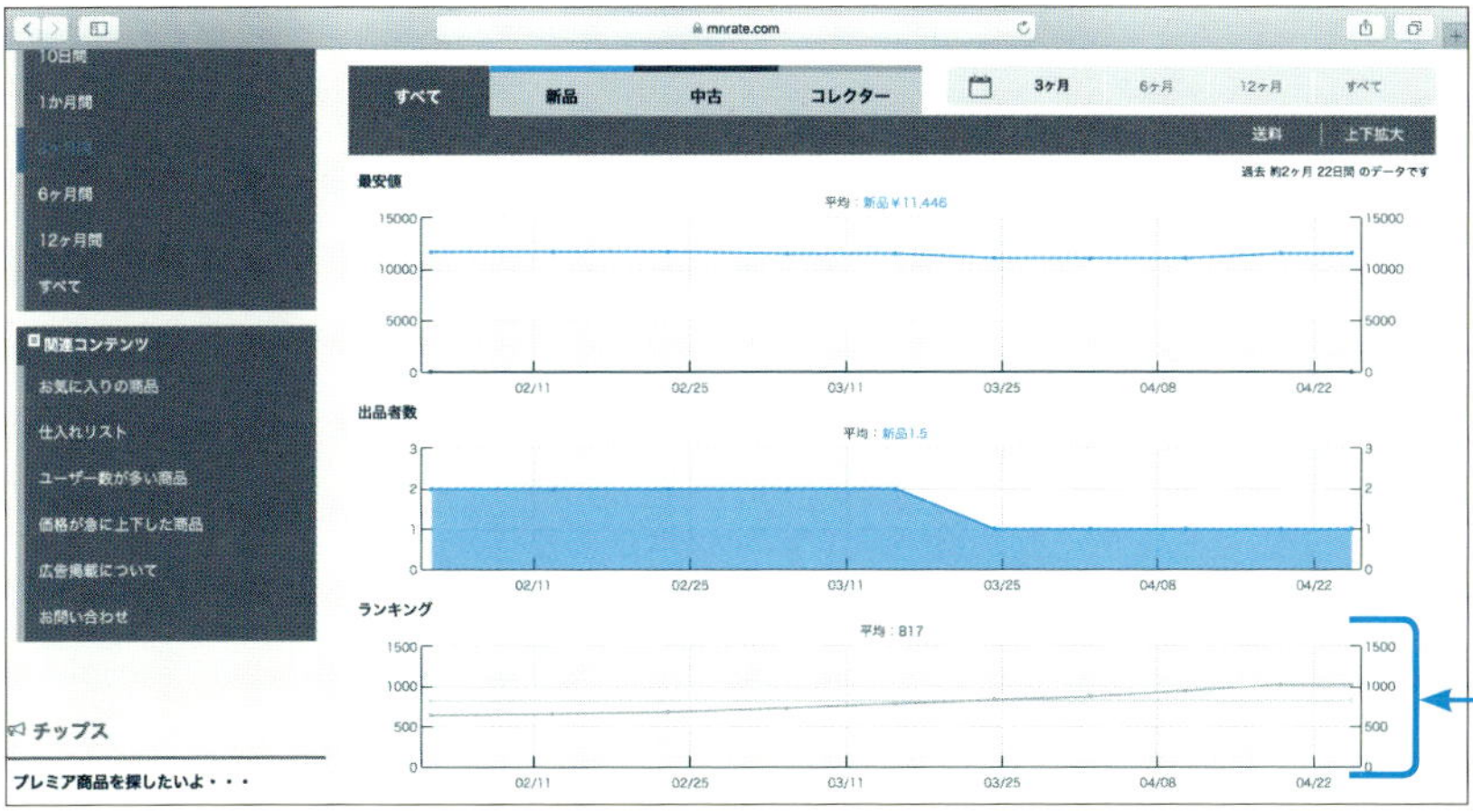

ランキングはすごくいいのに、1回も波打っていない

● 数カ月振りにたまたま売れてランキングが上がった例 B

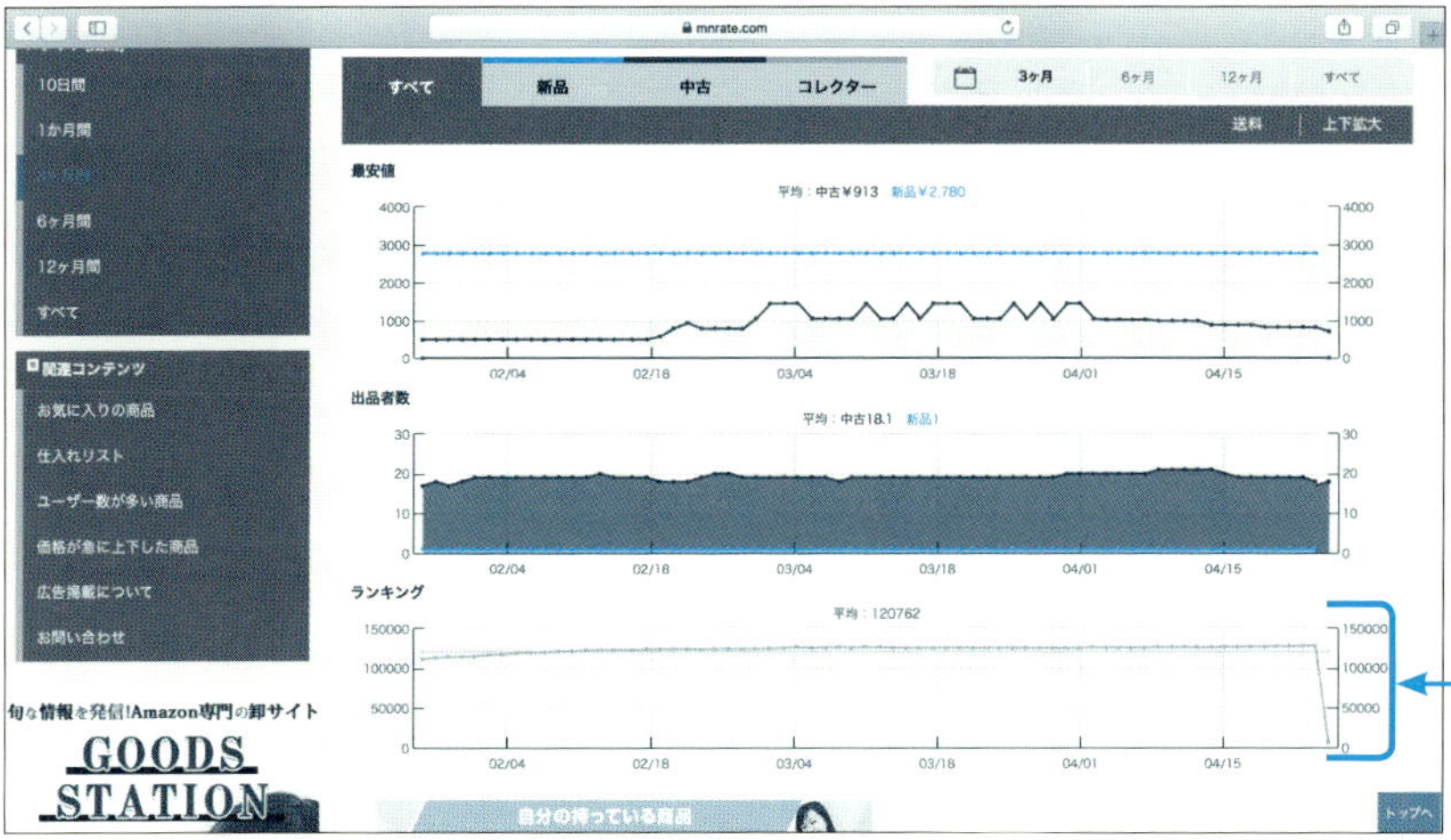

1回売れたことで、ランキングがグッと上がった

そして、下のグラフのように「**モノレートユーザーが突然増えている場合、出品者が急増し価格競争がはじまる**」可能性が高くなります。「**新品商品の場合、できれば仕入れずに、10日間ほどどうなるか見てから問題なさそうであれば仕入れる**」ようにしましょう。

❼ Keepaグラフ

次頁下のグラフでは、「**販売価格の推移**」を知ることができますが、❻のグラフ情報のほうが見やすく、細かい情報を得ることができます。ここで確認してほしいのは、**Amazon.co.jp**がセラーとして出品してきたかどうかとその推移です。

「**Amazon.co.jpが出品していた場合は、オレンジ色で表示**」されます。その場合、**Amazon.co.jp**が再出品してくる可能性があるので、新品商品の仕入れを検討している場合は、大量仕入れはせず慎重に少なめの数を仕入れるようにします。

● モノレートユーザーが急増した例

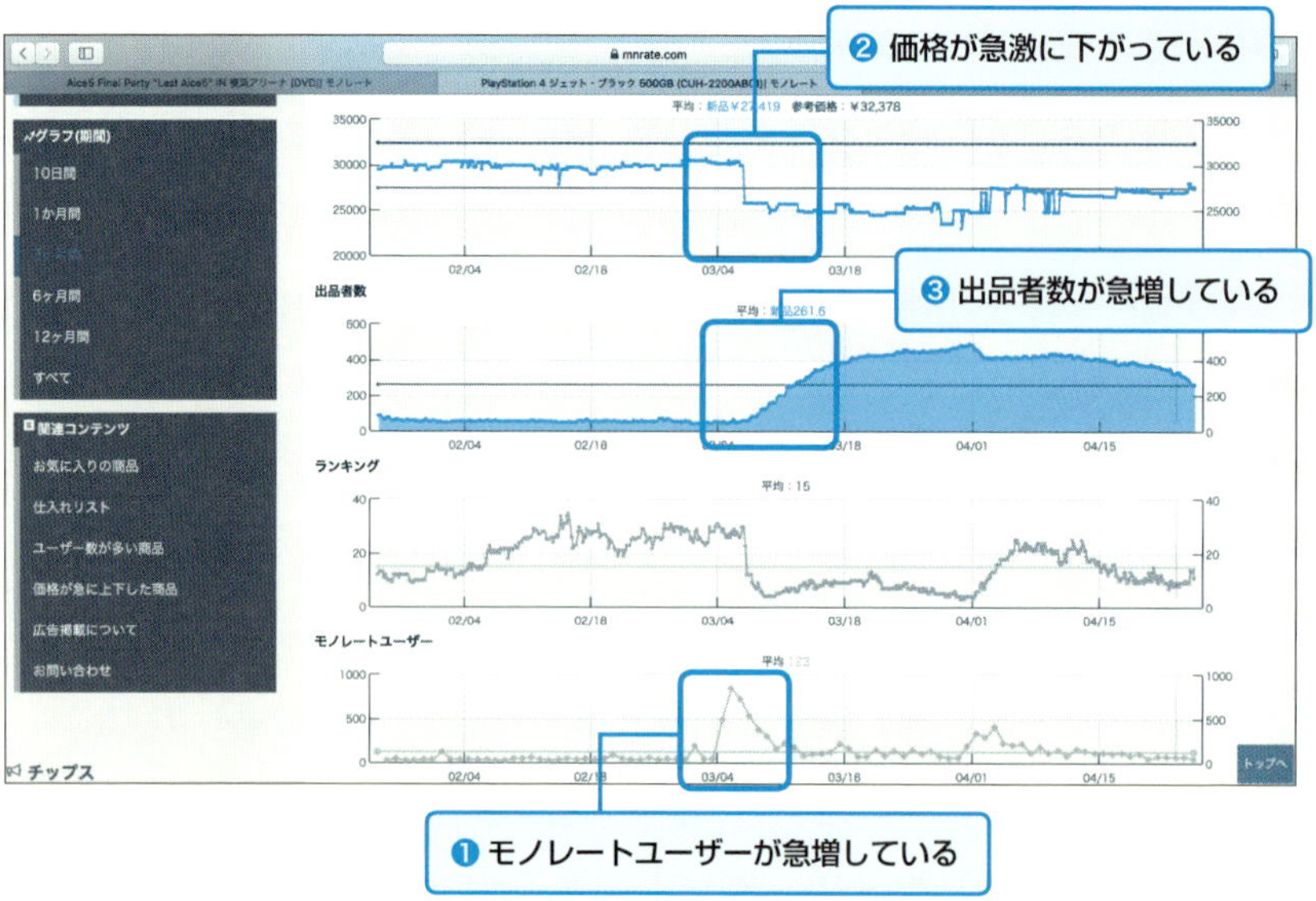

❷ 価格が急激に下がっている
❸ 出品者数が急増している
❶ モノレートユーザーが急増している
mnrate.com
グラフ(期間)
10日間
1か月間
6ヶ月間
12ヶ月間
すべて
関連コンテンツ
お気に入りの商品
仕入れリスト
ユーザー数が多い商品
価格が急に上下した商品
広告掲載について
お問い合わせ
チップス
出品者数
ランキング
モノレートユーザー
平均：15
トップへ

3 新品が売れているのか？ 中古が売れているのか？ 見分けるのがポイント

「商品のランキング」のグラフは、新品と中古が混ざったランキングだということも頭に入れておいてください。新品が売れたとしても、中古が売れたとしても、ランキングは上がります。**「もしも中古だけしか売れていないのに、新品を仕入れてしまったら、不良在庫を抱えてしまいかねないので注意が必要」**です。

4つのグラフは、デフォルト設定で直近3カ月のデータになります。これらのグラフを具体的に数字で表しているのが、グラフの下にある**「期間毎の最安値一覧」**（次頁下図）です。ここでは、「**〝ランキングが上がったとき（売れたとき）〟〝出品者数が減ったとき〟は、数字が斜体で太字に**」なります。

「ランキングが上がってなおかつ出品者数が減ったときは、商品が少なくとも1個は売れたと予想することができます」。ただ、ランキングが上がっているにもかかわらず、中古も新品も出品者数が変わらない場合はどちらが売れたのか判断できません。またランキングの変動が

● Amazon.co.jpが出品しているかわかる（Keepaグラフ）

ないのに、出品者数だけが減った場合は、単純に出品を取りやめた場合もあるので注意しましょう。

4 商品の仕入れ方 実践編

では、モノレートの基本的な見方がわかったところで、まずはリスクゼロの仕入れ方法のしくみを理解してください（91頁参照）。

STEP 1 その商品が直近3カ月でどのくらい売れているのか、モノレートで波の回数を数えます。小さな波や、波が下がっている途中に黒い「●」のような点がある個所も、1つの波とカウントします。

STEP 2 FBAで出品するならFBA最安値近辺で売ろうとしている出品者た

● 「期間毎の最安値一覧」から新品が売れたのか中古が売れたのかがわかる

調査日	ランキング	新品 出品者数	最安値	中古 出品者数	最安値	コレクター 出品者数
03/11 14時	52895	5	¥2,998	39	¥1,464	0
03/09 21時	90282	5	¥2,998	43	¥1,363	0
03/08 15時	54195	4	¥2,998	43	¥1,379	
03/07 23時	25789	4	¥2,998	42	¥1,379	
03/06 15時	44068	4	¥2,998	43	¥1,300	
03/05 14時	40542	4	¥2,998	42	¥1,185	
03/04 23時	22536	4	¥2,998	40	¥1,185	
03/03 22時	9081	4	¥1,706	39	¥1,149	0
03/02 19時	15849	4	¥1,706	39	¥1,149	0
03/01 18時	12410	4	¥1,706	40	¥1,134	0
02/28 22時	18532	4	¥1,706	41	¥1,239	0
02/27 21時	22141	4	¥1,706	40	¥1,014	0
02/26 20時	25538	5	¥1,706	40	¥1,240	0
02/25 19時	31311	3	¥3,996	37	¥842	0
02/24 23時		3	¥3,996	36	¥1,665	0
02/23 06時		3	¥5,320	38	¥899	0
02/22 0時		3	¥5,320	40	¥1,000	0
02/20 17時		2	¥6,383	38	¥942	0
02/18 20時	87899	2	¥5,320	40	¥961	0
02/17 19時	30954	4	¥1,706	40	¥973	0
02/16 17時	46984	4	¥1,706	41	¥992	0
02/15 21時	61273	4	¥1,706	42	¥901	0
02/13 07時	100799	2	¥5,320	31	¥1,764	0
02/12 17時	78817	2	¥5,320	31	¥1,764	0
02/11 16時		2	¥5,320	28	¥1,764	0
02/10 19時		2	¥5,320	28	¥1,764	0
02/09 18時		2	¥5,320	30	¥1,150	0

中古の数が減っているので、中古が売れたのがわかる

新品の数が減っているので新品が売れた

新品も中古も数が減っていないので、どちらが売れたのかわからない

ち（ライバル）をチェックします。

「**AMAZON.CO.JP**配送センターより発送されます」というマークがある出品者です。

ここで、ライバルにカウントしないケースが2つあるので注意します。

ひとつ目は、「**prime**マーク」がついている全セラーが**Amazon**配送センターから配送するわけではありません。自己配送で出荷するセラーもいます。

2つ目は、FBA最安値よりも1～2割以上高い値段で販売している出品者の商品は、直近では売れていかないので、こちらもライバルとしてカウントしないでください。

STEP 3 FBA最安値付近で出品している出品者がわかったら、「出品者一覧」ページの各店の右端にある「カートに入れる」をクリックします。

STEP 4 ライバルたちを全員カートに入れたら、自分のお買い物「カート」を編集します。そうすると、ライバルたちが持っている在庫が「○点在庫あり」と表示され、一目瞭然となります。

これで、ライバルたちが何個ずつ在庫を持っているのかカウント

商品を仕入れるときに必ずチェックすること

1. 商品が直近3カ月でどのくらい売れているのか、モノレートで波の回数を数える。
2. FBAで出品するなら、FBA最安値近辺の出品者たち（ライバル）をチェックする。

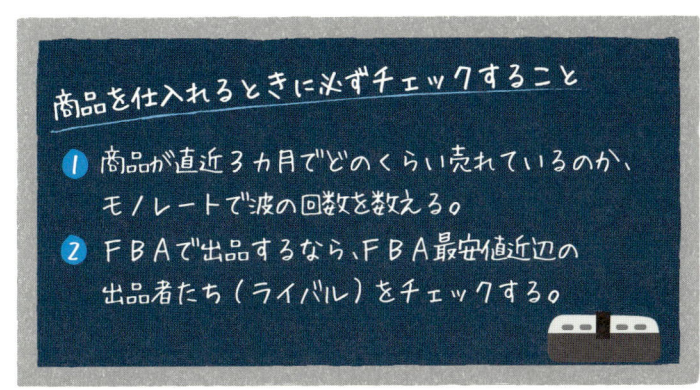

できます。

「ランキングの波の回数とライバルたちの在庫の総合計から、自分が出品した場合、おおよそ○番目に売れるから、遅くとも○カ月くらいで売れるだろう」と予測を立てることができます。

たとえば、ランキングのグラフが3カ月で15回波打っていて、ライバルたちの在庫合計が6個、あなたが仕入れ可能な商品数が2個だとします。下の式に当てはめて計算していきます。

「15÷3＝5」から、1カ月に5個売れているという計算になります。次にライバルたちの在庫の総合計に自分が仕入れようとしている商品数の2個を追加して、1カ月で売れている回数で割ります。**「(6＋2)÷5＝1・6」**となります。

要するに、1・6カ月後には、ライバルの在庫も自分が仕入れようとしている商品もすべて売り切れると予測できるわけです。ですから、早ければ1カ月以内、ライバルが少し増えてしまったとしても、遅くとも2カ月以内にはほぼ確実に自分の商品が売れる順番が回ってくると予測できます。

このように仕入れをすれば、確実に儲けを出し続けていくことができるのです。

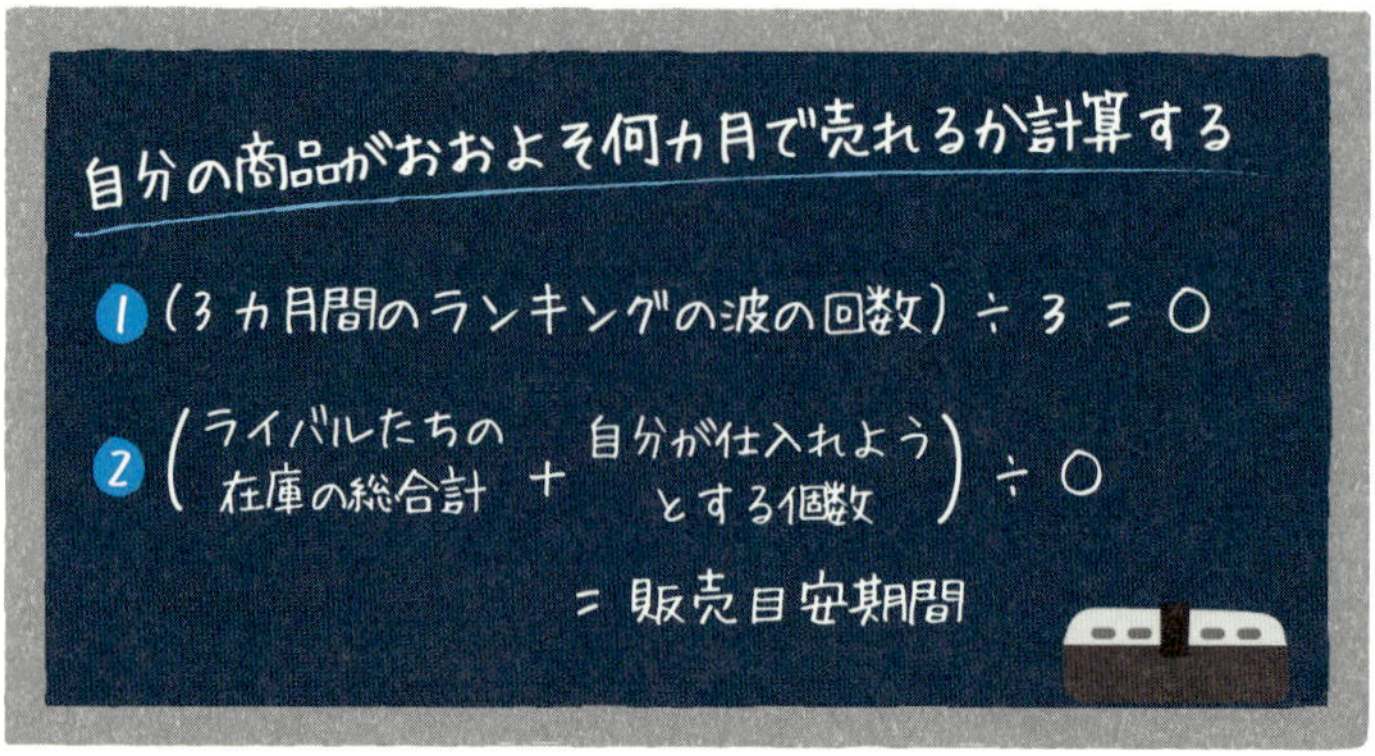
自分の商品がおおよそ何カ月で売れるか計算する
1 (3カ月間のランキングの波の回数)÷3＝○
2 (ライバルたちの在庫の総合計 ＋ 自分が仕入れようとする個数)÷○
＝販売目安期間

STEP 1 モノレートのランキングのグラフが直近3カ月で何回波打っているかを数える。

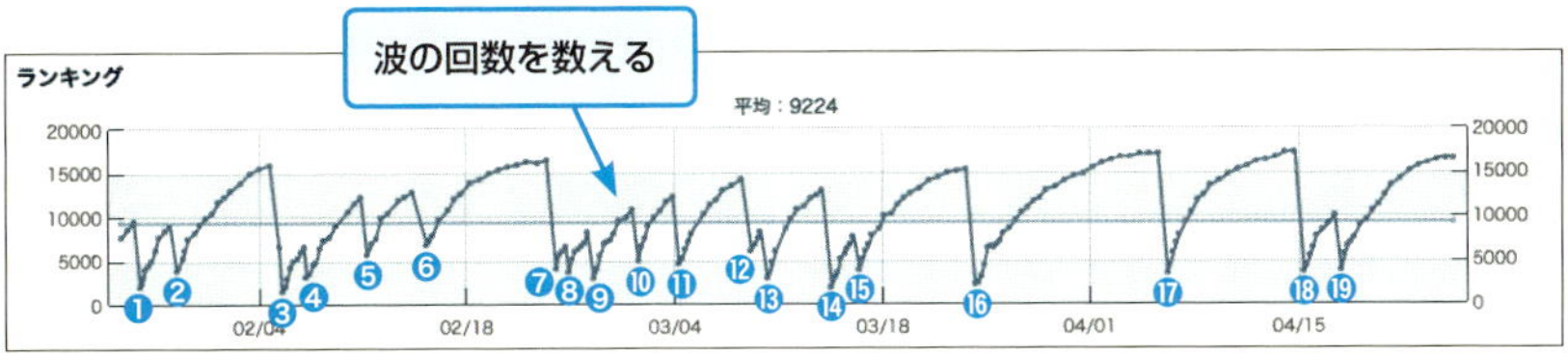

STEP 2 ライバルたちが何個在庫を所有しているかを数える。

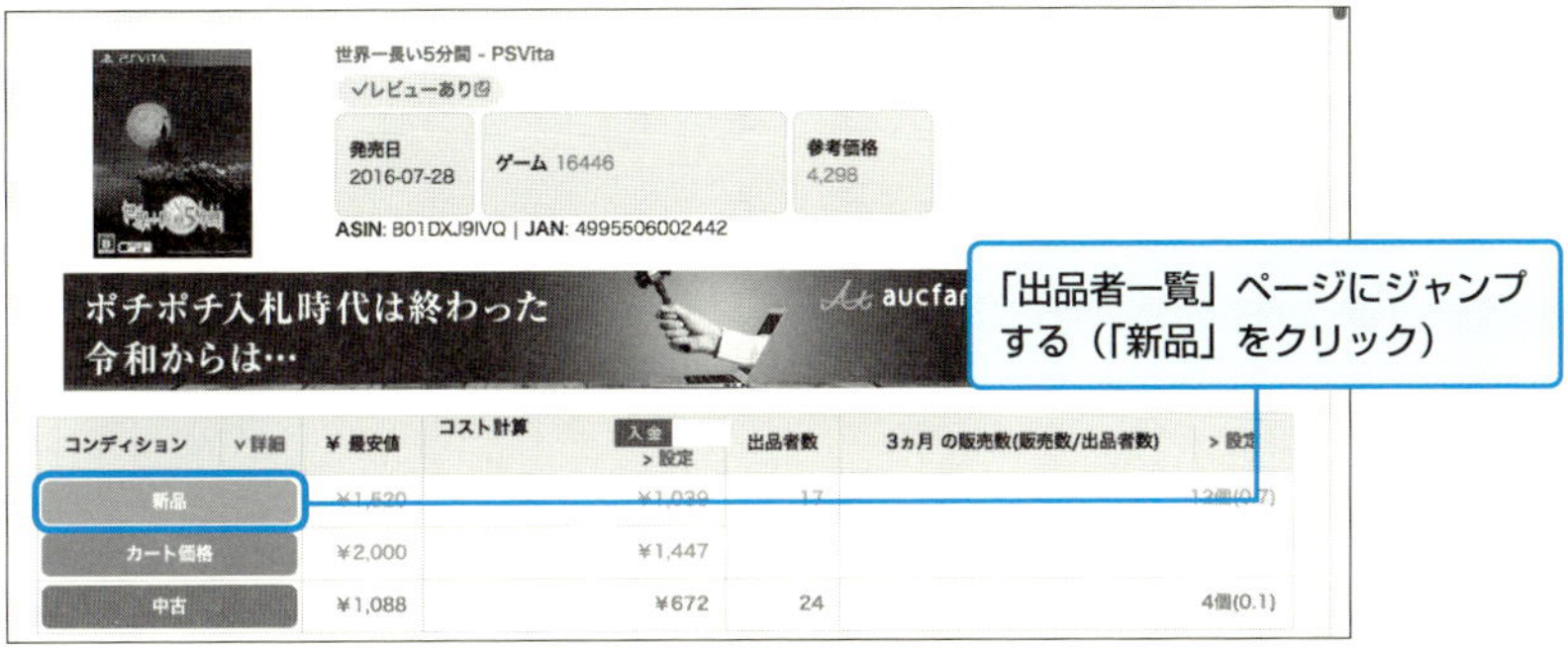

STEP 3 FBA最安値で出品しているライバルたちの在庫を確認する。

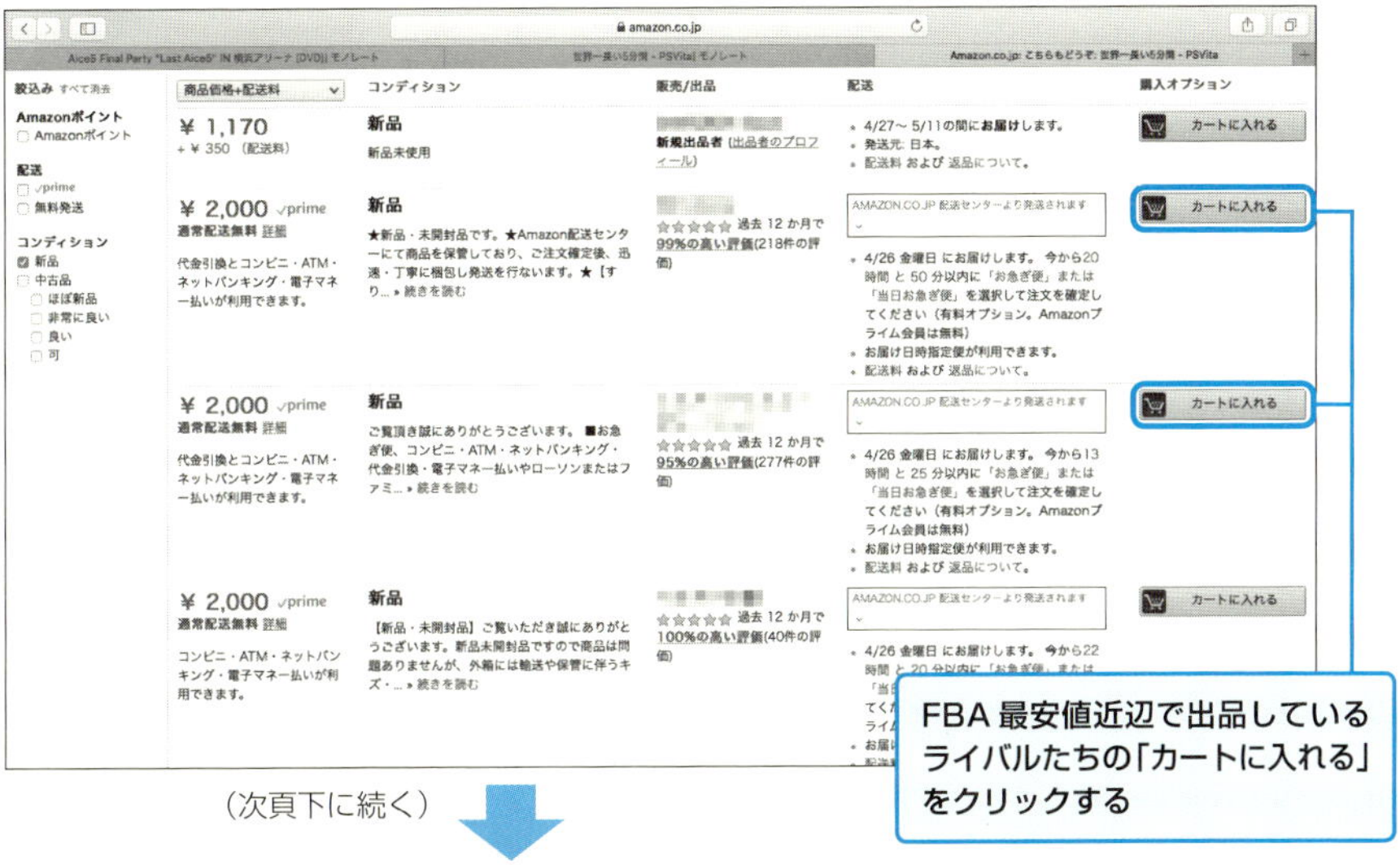

（次頁下に続く）

5 「モノレートが使えないとき」は、どうすればいいか？

モノレートは、全国にいる1万人以上のせどらーがアクセスしたり、莫大なデータ量を取り扱っているため、動きが重くなったり、データの表示がされないといった不具合が起こることもあります。そんなときは、モノレートの代わりに使えるサイトがあるので活用しましょう。**「Shopping Researcher for web」（https://store-can.appspot.com/tracky/）**というサイトです。モノレートと同じく販売価格、出品者数、ランキングを知ることができます。また、モノレートにない機能としては、「**Amazon.co.jpとマーケットプレイスの総在庫数のグラフも見ることができます**」。

こちらのサイトのデータ元は、**Keepa**という

STEP 4 ライバルの在庫数を数える。

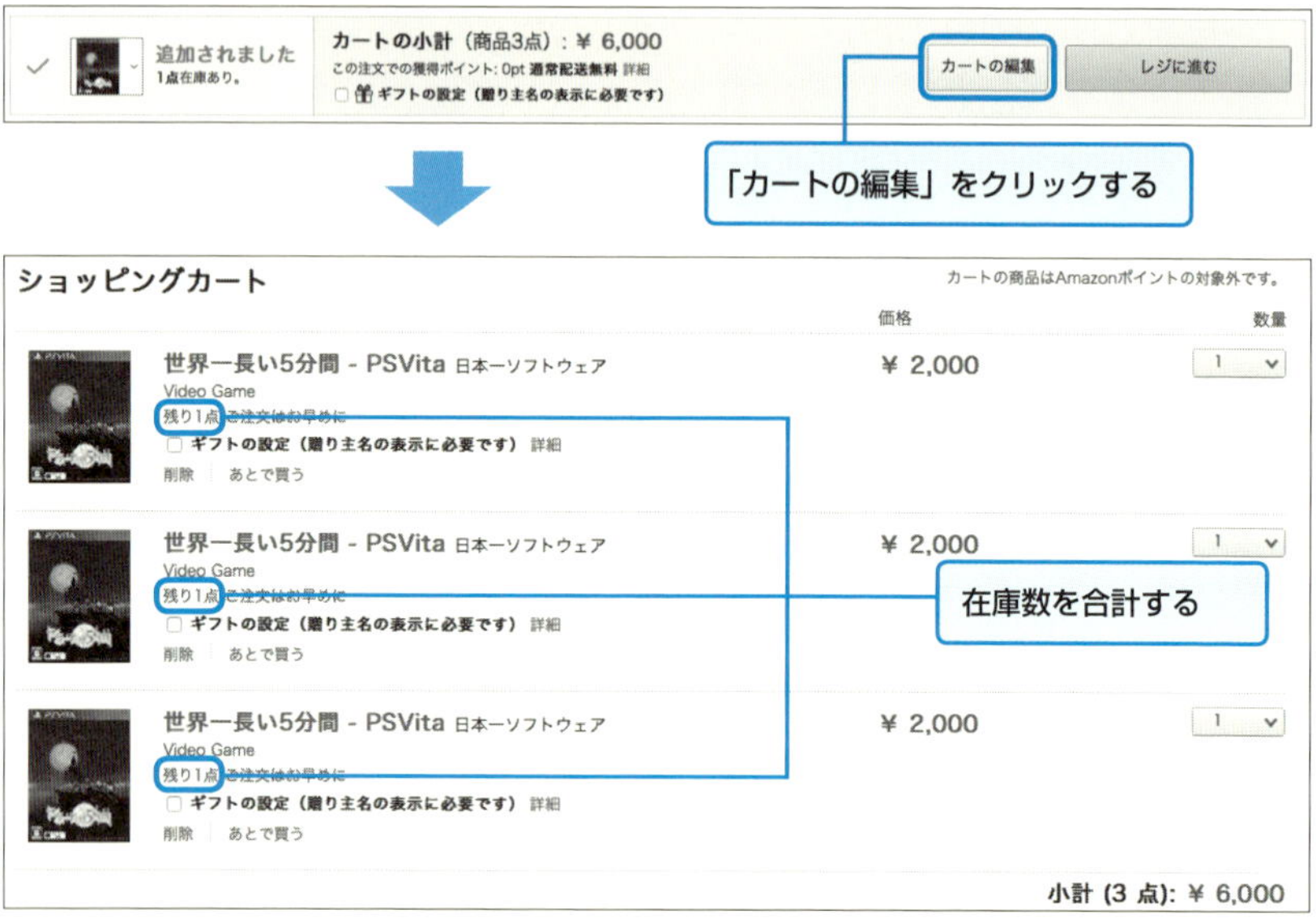

追加されました
1点在庫あり。
カートの小計（商品3点）：¥ 6,000
カートの編集
レジに進む
「カートの編集」をクリックする
ショッピングカート
カートの商品はAmazonポイントの対象外です。
価格
数量
世界一長い5分間 - PSVita 日本一ソフトウェア
Video Game
残り1点
ギフトの設定（贈り主名の表示に必要です） 詳細
削除 あとで買う
¥ 2,000
在庫数を合計する
小計（3 点）: ¥ 6,000

世界中のAmazonセラーが愛用しているツールから引っ張ってきているので信憑性もあり、モノレートにはないデータが表示される場合もあります。モノレートと併用して使ってください。

●「Shopping Researcher for web」を併用しよう

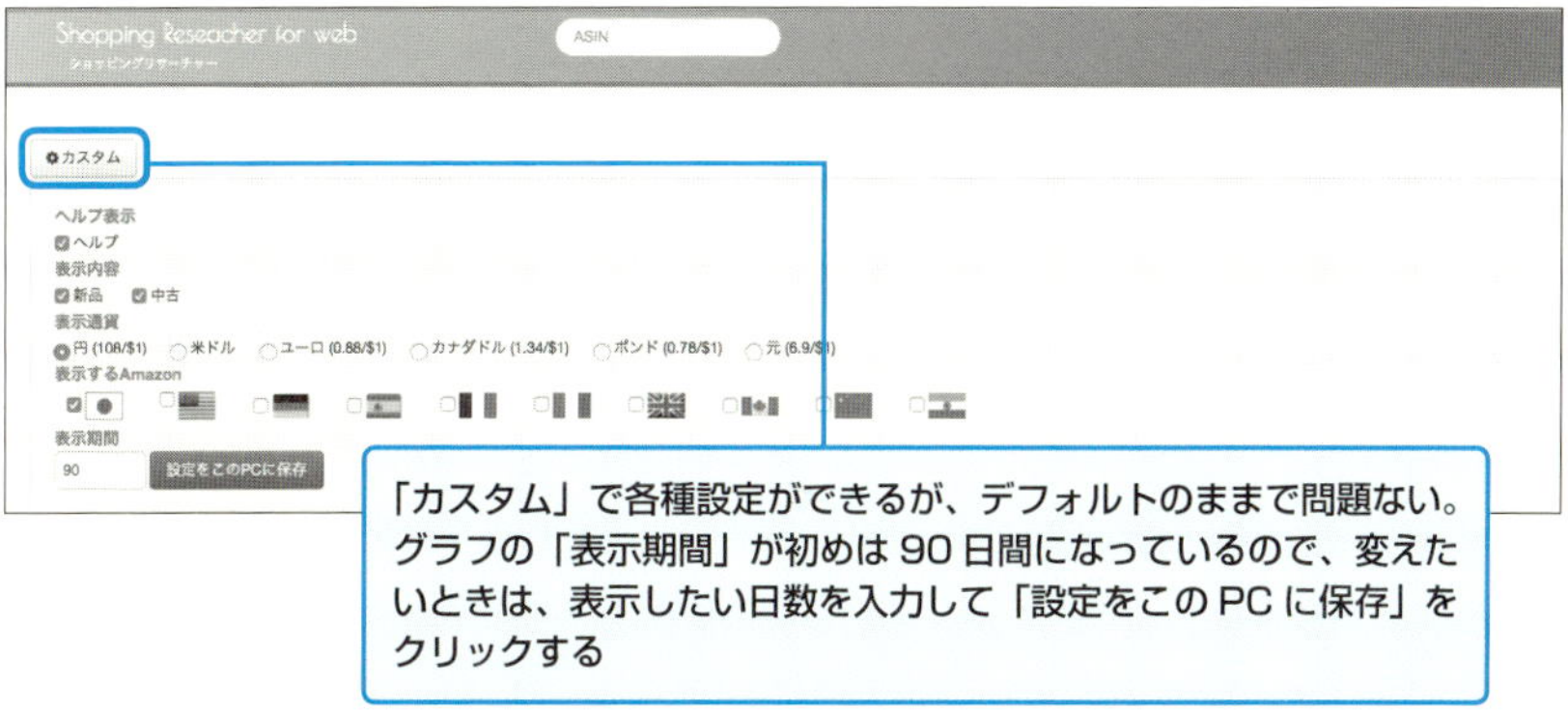

6 「他社サイトでリサーチ」してみよう

「モノレート」や「**Shopping Researcher for web**」で販売履歴のデータが出てこないときは、ほかのサイトで商品の需要をある程度調べることができます。それは、「**メルカリ**」と「**ヤフオク**」です。

商品名のキーワードを検索枠に入力し検索します。メルカリの場合、売れたものは「**SOLD**」という赤いマークが表示されます。スマホで商品ページを見ると、出品された日時もわかります。

ヤフオクの場合は検索したあとに、「**落札相場を調べる**」というボタンが表示されるので、クリックすると過去１２０日間で落札された履歴を見ることができます。目安としては、「**どちらかのサイトで直近3カ月で2、3回売れていれば需要が確実にある**」ので価格差があれば仕入れても問題ないでしょう。

このような深掘りしたりサーチは、実践しないライバルが多いので、美味しい仕入れができる可能性が高い！

03 応用編 せどりの強い味方「モノレート」の使い方

応用編では、基礎編のノウハウを活かしながら、さまざまなパターンのモノレートグラフから、販売状況を読み解いて、仕入れに活用していきましょう。

1 仕入れ推奨 グラフが波打っていなくてもランキングがよければいい

「ランキングのグラフが一切波打っていない＝売れていない」

基本的にはこの図式が成り立ちますが、唯一の例外がこのパターンです。本来、「**グラフが波打っていないものは、どんなに利益が出ようとも仕入れ候補から外すのが鉄則**」です。

ところが下図の例のように、ランキングが１００位以内とよ

● グラフの波はないけれど、ものすごくいい順位にいる

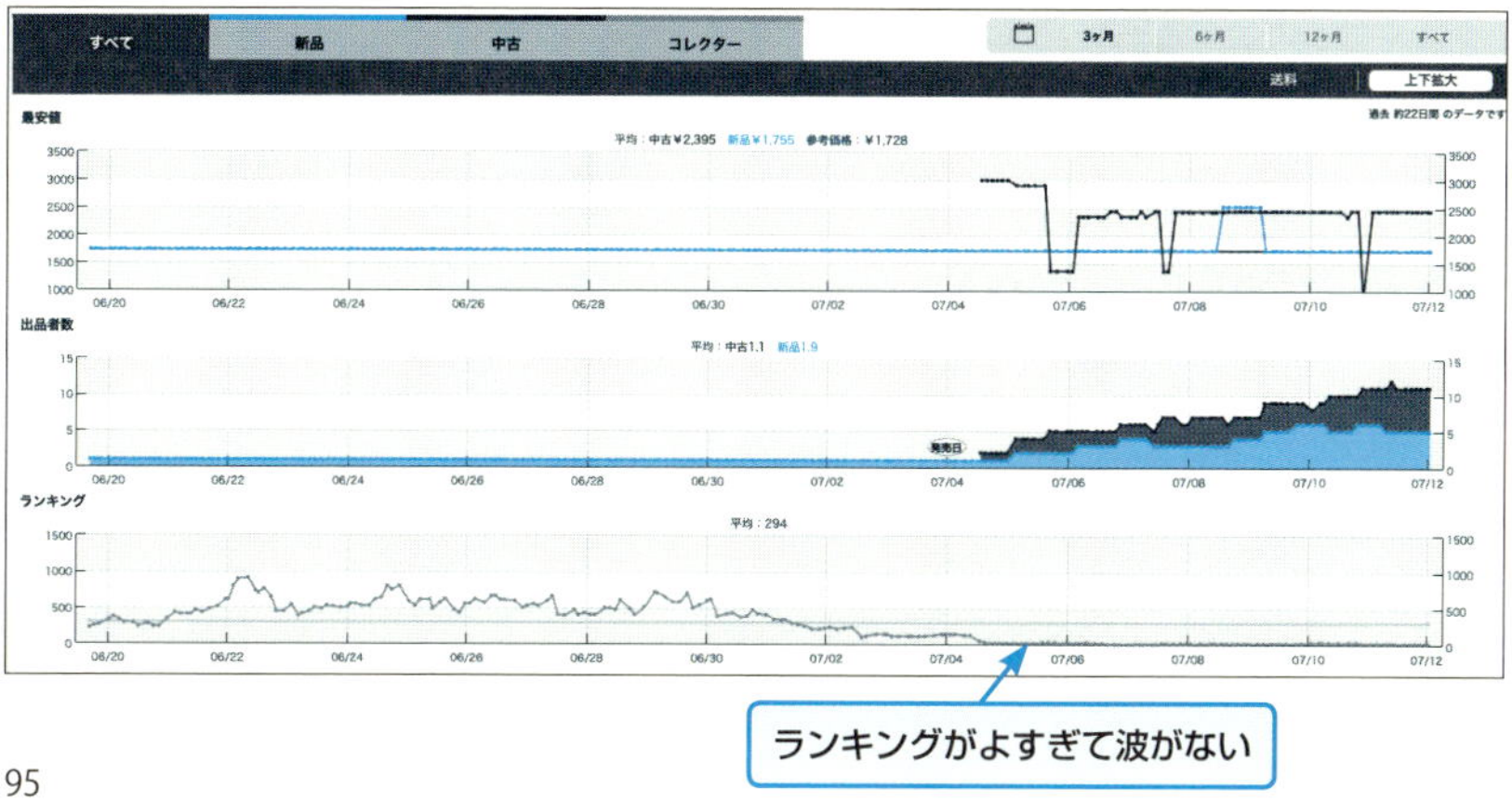

すぎる場合も、グラフの1番下で一直線になります。

こういった場合には、例外的に波がなくても爆発的に売れている状況なので、価格差さえあればどんどん仕入れましょう。

2 仕入れ可能 高値になった途端売れなくなった

以前は順調に売れていましたが、値段が高くなった途端、売れ行きが止まってしまうことがよくあります。

これは単純に相場よりも現在価格が高すぎるので、お客さまは**Amazon**以外で商品を買っているということです。

下のランキングのグラフを見てみると、価格が安定して安かったころは月にそれなりの数が売れているので、「**高値ではなく、商品が売れていたときの相場で利益が出るようだったら、仕入れましょう**」。

● 高値になってから売れなくなった

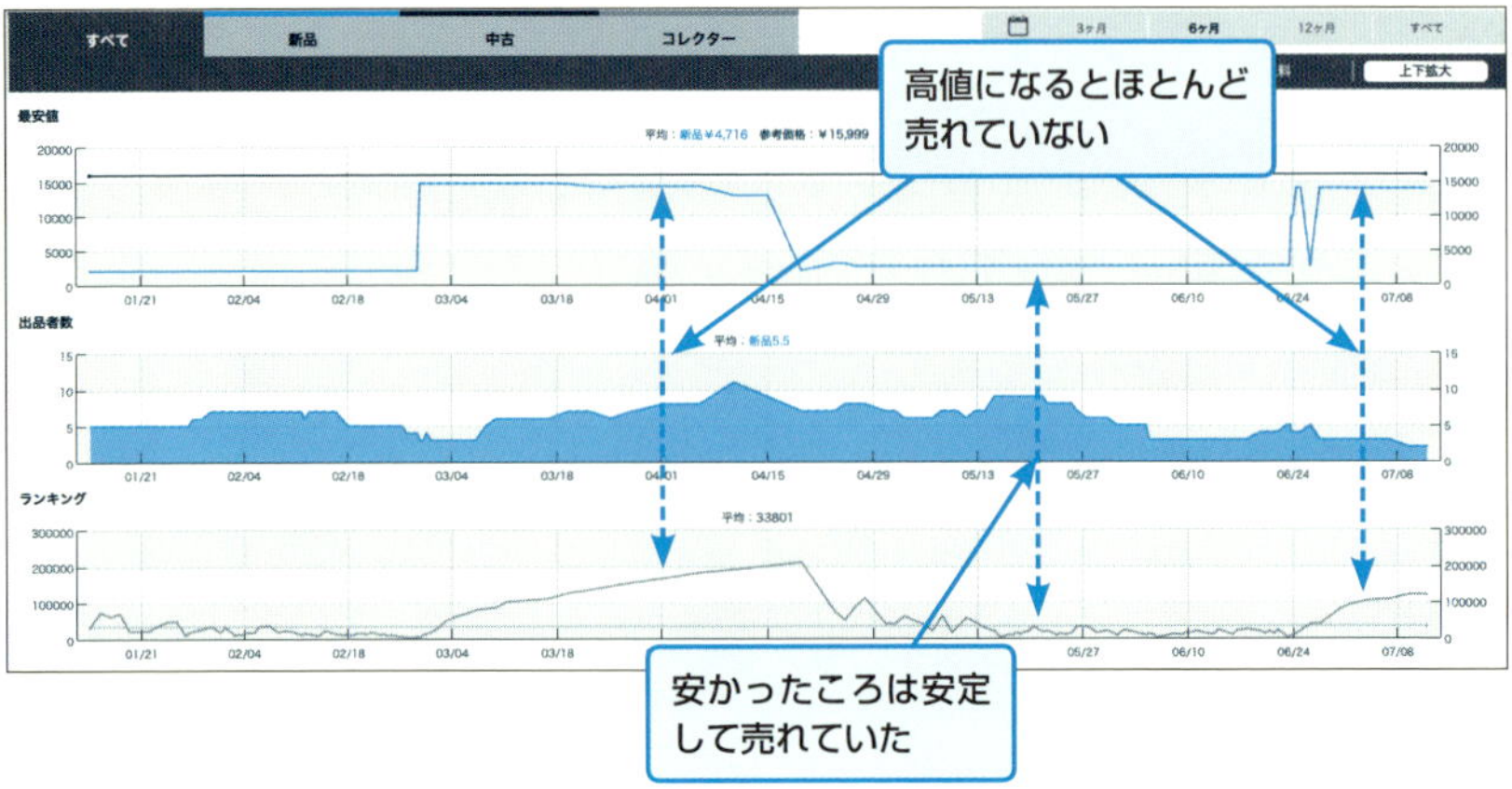

3 資金に余裕があれば仕入れ可 売れ行きが微妙な商品

3カ月のランキングのグラフを見て、カクンとなっているのが1度か2度しかない商品だと、利益が出るとしても仕入れるかどうかとても迷ってしまいます。それでも利益が出るのなら、仕入れたいところです。そういった悩みどころを解決するためには、6カ月とか12カ月といった長期間のグラフで見てみてください（次頁図）。「❶**商品が出品されているときの相場がずっと安定している**」「❷**コンスタントにほぼ毎月1回は売れ続けている**」「❸**ライバルたちの在庫数が少ない**」、この3つを考慮しても売れそうだと判断できるなら仕入れます。もし「自己出品者」しかいなければラッキーです。FBAで出品して最安値にあわせておけば、次はあなたから売れるでしょう。「**資金に余裕がなければ仕入れるのは見送り**」ましょう。

4 資金に余裕があれば仕入れ可 グラフの情報がまったくない場合

次々頁の図のようなケースでも売れているかどうかは判断できます。

「**〝データの一覧〟の出品者数が明らかに減り続けていて、価格がずっと安定していれば売れて**

● 売れ行きが微妙な商品は長期で見る

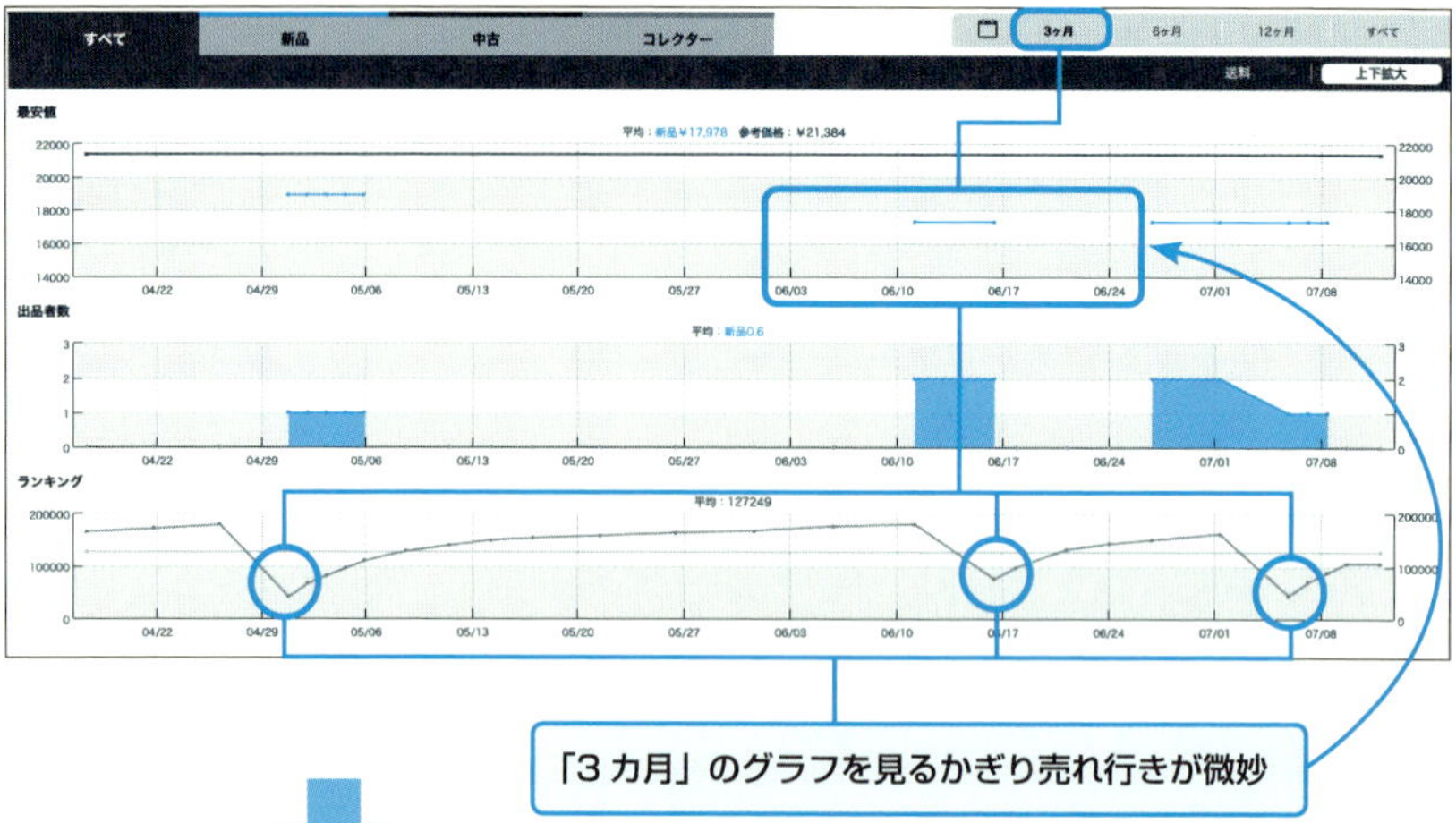

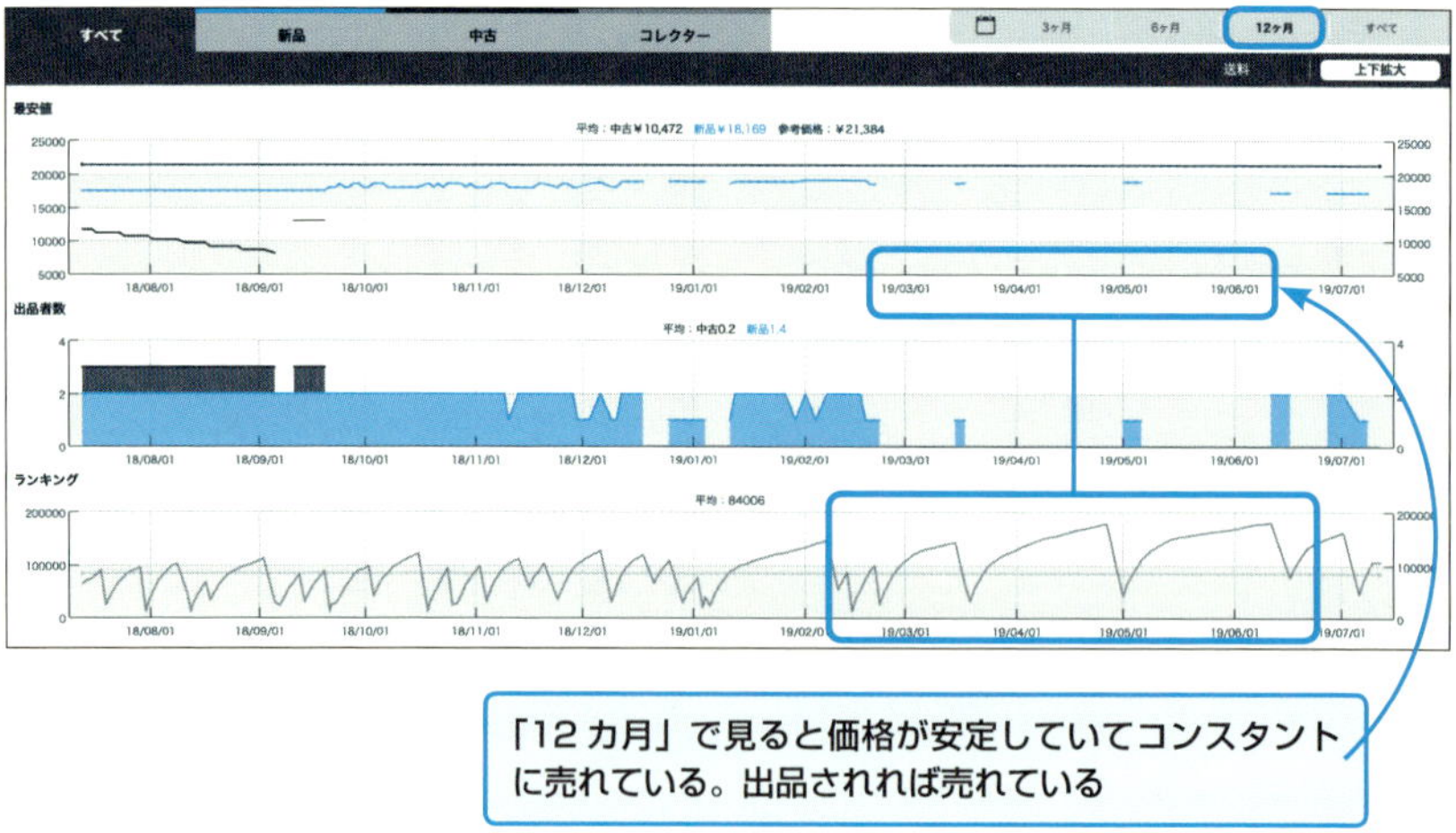

いる」という見方をします。「**出品者が一時的に増えたとしても、また減っていれば売れている**」と判断できます。

こういった商品は、「6カ月間」「12カ月間」の長期間の履歴でリサーチするようにします。このように、グラフのない商品はライバルも仕入れたがらないので、売れる商品に出会えたら美味しい思いをすることができます。

● **グラフがないけれど、出品者数が減っている**

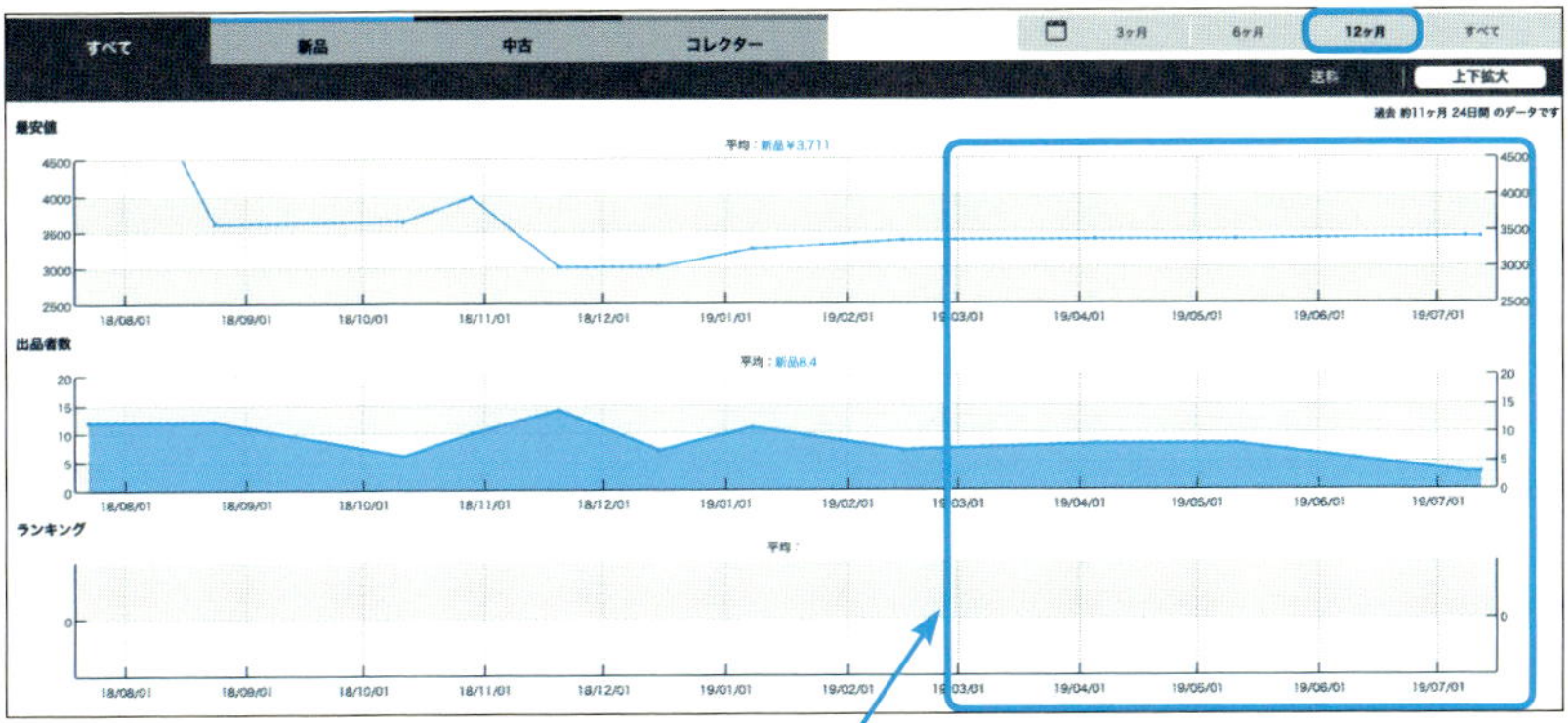

「出品者数」が減り続けて、価格がずっと安定していれば、グラフの情報がまったくなくても売れている

期間毎の最安値一覧

mroco Mouse Pad with Wrist Rest人間工学的メモリーフォームマウスパッド手首Restサポート、スモールゲームマウスパッドwithノンスリップゴムベースfor VicTsing、ク

調査日	ランキング	新品 出品者数	新品 最安値	中古 出品者数	中古 最安値
2019					
07/12 01時		3	¥3,415	0	
07/08 05時		3	¥3,415	0	
06/11 03時		8	¥3,381	0	
04/05 05時		8	¥3,383	0	
02/15 10時		7	¥3,375	0	
01/07 22時		11	¥3,251		
2018					
12/15 06時		7	¥3,008		
11/19 23時		14	¥3,008		
10/28 22時		10	¥3,982		
10/11 17時		6	¥3,649		

出品者が一時的に増えたとしても、また減っていれば売れている

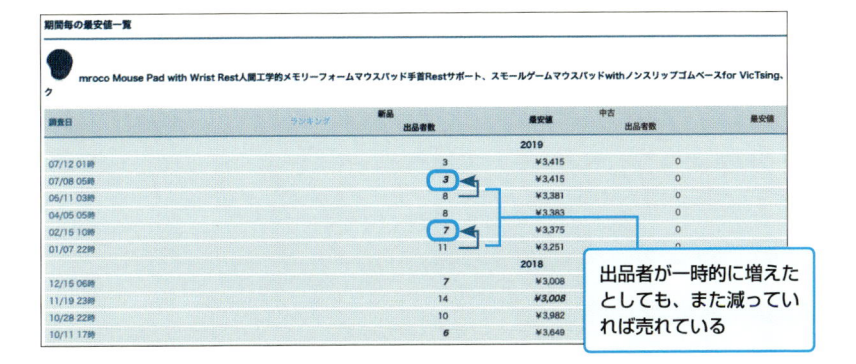

5

積極的に仕入れる モノレートの「履歴取得期間が短い場合」

下図の商品は、ランキングのグラフをパッと見ただけだと、ものすごく売れているとは思えませんが、実はとても売れているのです。

どこを見ればわかるのかというと、「最安値のグラフ」の下の「日付」です。

よく見ると、モノレートが販売履歴を取得してからまだ2日しか経っていません。

このグラフの場合、現段階で約7回も売れているので、1カ月で105回、3カ月にすると315回も波がある計算になります。

つまりこれだけ売れていれば、まったく問題なく仕入れていい商品ということになります。

● グラフの波が少なくても、実は売れている

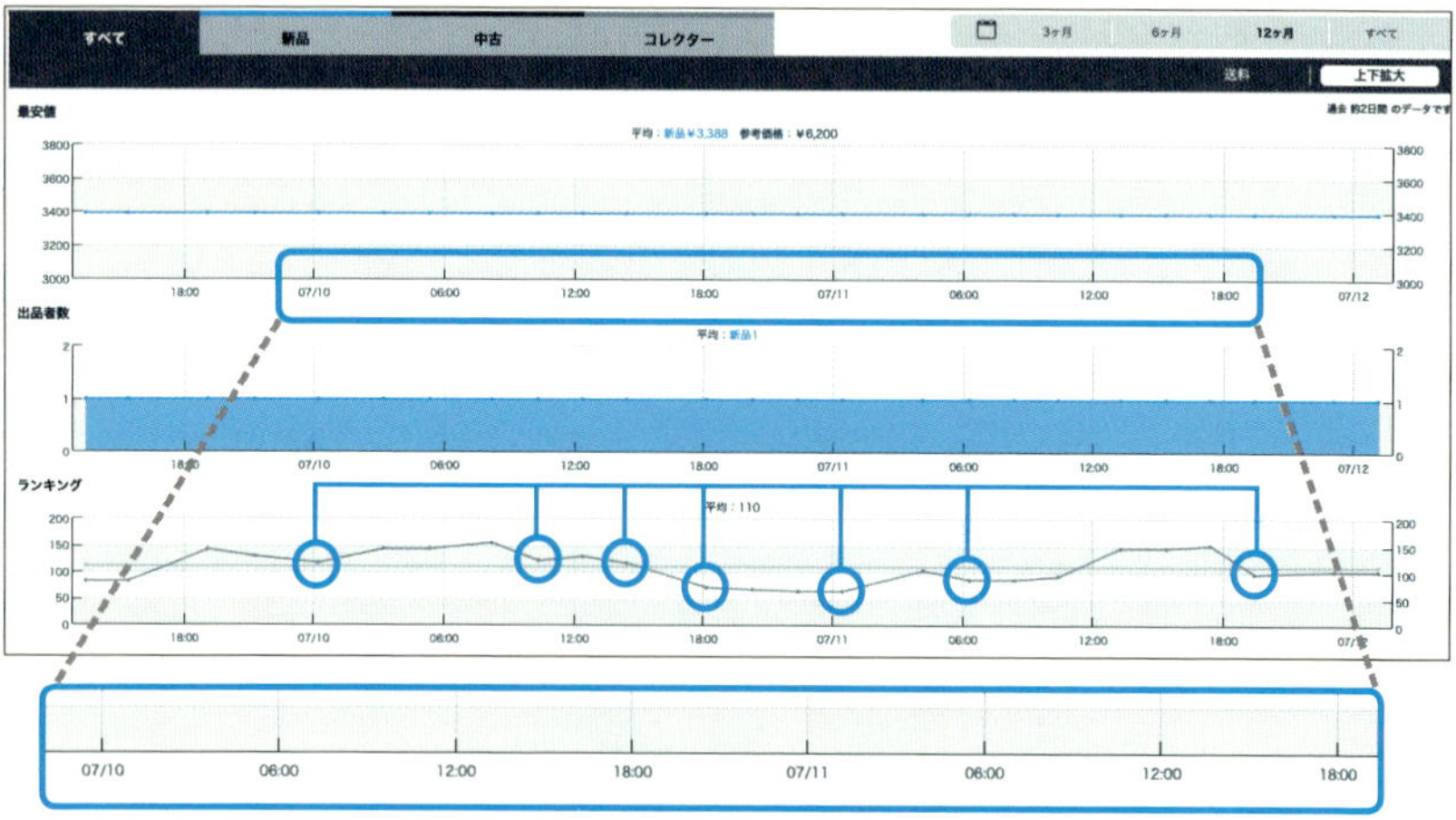

期間が短いだけで、「2日間で7回も売れている」と判断できる

6 仕入れ最小 モノレートユーザーの急増は、出品者急増の予感？

大型量販店でセール品や赤札商品を見つけたら、やった！　とうれしくなっちゃいますが、そんなときこそ「**モノレートユーザー**」グラフが急増していないかどうか確認するようにしてください。

このモノレートユーザーとは、該当する商品のモノレートを閲覧した人数のことです。要するに、「**チェーン店で安売りされているような場合、ほかの店舗でも同様のセール価格になっているかどうか予想をすることができます**」。

この「**モノレートユーザーが一気に10人以上急増していた場合、高い確率で価格競争が起こる**」ので、仕入れは控えるようにしてください。このモノレートユーザーのグラフは、10日間で10回以上のアクセスがある場合に表示されます。ですから、「**モノレートユーザ**

● モノレートユーザーが急増して出品者が急激に増えている

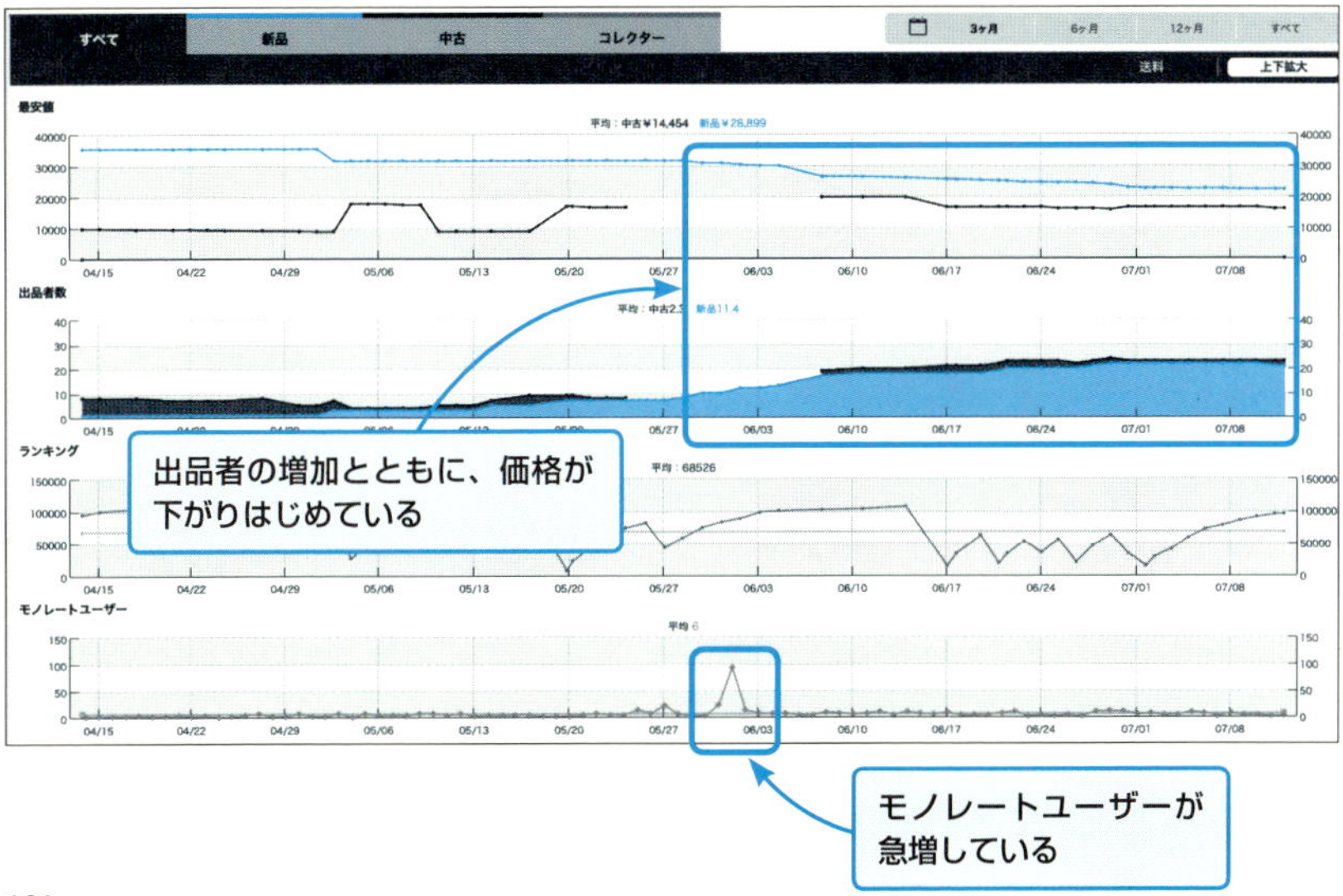
すべて
新品
中古
コレクター
3ヶ月
6ヶ月
12ヶ月
すべて
送料
上下拡大
最安値
出品者数
ランキング
モノレートユーザー
出品者の増加とともに、価格が下がりはじめている
モノレートユーザーが急増している

ーのグラフがない場合は安心して仕入れができる」ということです。画像のモノレートは、セールがあったのか、一気に90人以上の人がモノレートを閲覧し、それにより出品者が増え、3万円だった商品が1カ月で2万2000円まで値落ちしてしまいました。

7 高値売り可能 最安値が売れていないモノレートの例

「**ランキンググラフがしっかりと波打っていますが、最安値の価格がまったく変わらず、出品者が定期的に減っています**」。ここから最安値の商品が売れていないと読むことができます。

理由は、「**カートボックスに表示されている商品が売れている**」か、「**最安値が自己発送で、FBA出品者の商品が売れている**」からのどちらかだと予想できます。

いずれにせよ、このような商品は最安値よりも少し高い値段で販売ができるということを覚えておきましょう。

● 最安値よりも少し高い値段で販売ができる例

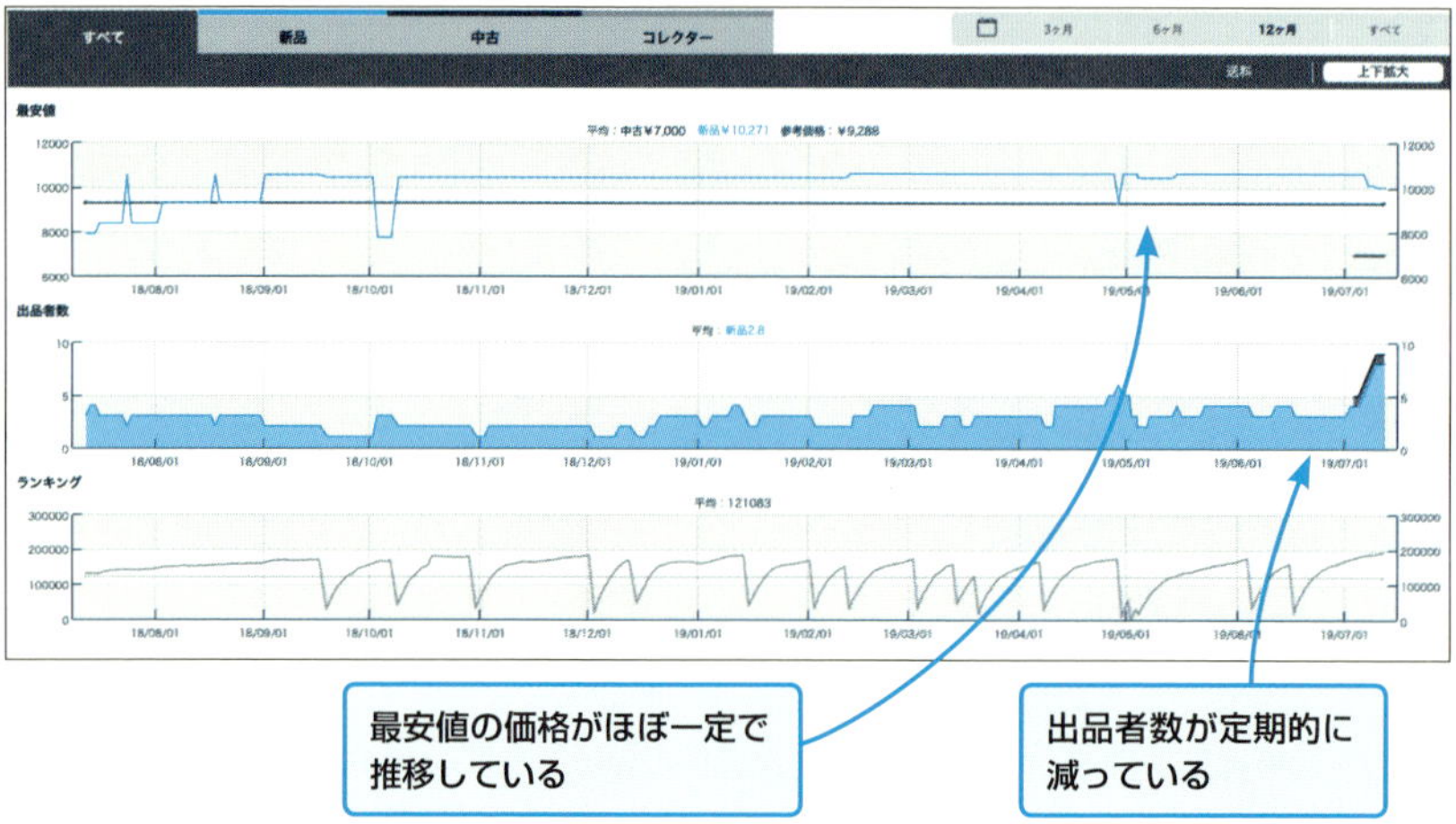

04 いくらで仕入れたらいいのか「仕入れ価格」の基準を覚えよう

1 「手数料」は売上の20～25%

アマゾンで商品を販売すると、全体の売上の約20～25%を手数料として毎月徴収されます。手数料の内訳は「**販売手数料**」「**カテゴリー成約料**」「**発送重量手数料**」「**出荷作業手数料**」となっています。

それぞれの計算方法をもっと詳細に知りたければ、**Amazon**のヘルプページにある「**出品手数料と価格設定**」(**https://services.amazon.co.jp/services/sell-on-amazon/fee.html**)や、**Amazon Services**内にある「**FBAの料金プラン**」(**http://services.amazon.co.jp/services/fulfillment-by-amazon/fee.html**)を1度読んでおきましょう。

2 「最低仕入れ価格一覧」

ではいくらで仕入れて、いくら以上で売れればいいのか、目安をお話しします。

まず大原則として、**「仕入れ価格に対して25%くらいの粗利益が出れば悪くない」**という判断をします。

たとえば1万円使うのであれば、粗利が2500円以上あれば仕入確定になります。ただ、これは販売価格に対する利益率ではなく、仕入れ価格に対する利益率なので、実際の正しい利益率はもう少し下がります。

Amazonは次頁の図のように、商品カテゴリーによって手数料率が主に8%、10%、15%と分かれています。

わかりやすいように、手数料率ごとに推奨する最低仕入れ価格を次頁の表にまとめました。できれば暗記してしまうのがいいのですが、写メを撮って、仕入れの際に持ち歩くようにしてください。

仕入れ基準は、ご自身の財布と相談しながらで構いませんが、**「最低粗利益率は売上に対して15%くらいまで、最低粗利益額は300円までが推奨値」**です。推奨しないレベルですが**「ギリギリのラインの場合、仕入れたら遅くても10日以内に売れると予想されることを条件にして、最低粗利益率は売上に対して10%、最低粗利益額は200円までにする」**ようにしてください。

Amazonの商品カテゴリー別販売手数料率

商品カテゴリー	販売手数料率
書籍、雑誌、その他出版物	15%
CD & レコード	15%
ビデオ& DVD	15%
TV ゲーム	15%※1
PC ソフト	15%
エレクトロニクス	8%
カメラ	8%
パソコン・周辺機器	8%
アクセサリー（エレクトロニクス商品、カメラ商品、パソコン・周辺機器）	10%、もしくは50円のいずれか高いほう※2
Kindle アクセサリ	45%※3
楽器	8%
オフィス・文房具	15%※4
ホーム（家具・インテリア・キッチン）	15%※5

商品カテゴリー	販売手数料率
ホームアプライアンス（小型白物家電）	10%
大型家電	8%
DIY・工具	15%
おもちゃ & ホビー	10%
スポーツ&アウトドア	10%
カー&バイク用品	10%
ベビー&マタニティ	15%
ドラッグストア	10%
ビューティー	10%（一部のブランドは 20%）
食品&飲料	10%
腕時計	15%※6
服&ファッション小物	15%
シューズ&バッグ	15%
ペット用品	15%

※1 TVゲーム商品の商品サブカテゴリー「ゲーム機本体」に関してのみ、通常の販売手数料率の8%
※2 エレクトロニクス商品、カメラ商品、パソコン・周辺機器商品のアクセサリー商品に関しては、商品単位ごとに販売手数料率10%。ただし商品価格が500円以下の場合は、商品価格に対する販売手数料は一律50円
※3 Kindle アクセサリは中古のみ出品可能
※4 文房具・オフィス商品の商品サブカテゴリーの電子辞書ならびに関連アクセサリー商品の販売手数料率は8%
※5 ホーム&キッチン商品の商品サブカテゴリーの浄水器・整水器および生活家電の販売手数料率は10%
※6 時計サブカテゴリーのメンズ・レディース腕時計の海外ブランド（並行輸入品）、国内ブランド（逆輸入品）に6%の販売手数料率が適用される

手数料率8%の推奨最低仕入れ価格

仕入れ価格	推奨最低販売価格	推奨粗利額
1,000円	1,900円（1,800円）※	300円（200円）
2,000円	3,200円（3,000円）	500円（300円）
3,000円	4,600円（4,300円）	750円（450円）
4,000円	5,900円（5,400円）	1,000円（550円）
5,000円	7,300円（6,700円）	1,250円（650円）
6,000円	8,600円（7,900円）	1,500円（800円）
7,000円	1万円（9,100円）	1,750円（900円）
8,000円	1万1,400円（1万300円）	2,000円（1,000円）
9,000円	1万2,700円（1万1,500円）	2,250円（1,150円）
1万円	1万4,100円（1万2,800円）	2,500円（1,250円）

（　）※：ギリギリの最低ラインの販売価格

手数料率10%の推奨最低仕入れ価格

仕入れ価格	推奨最低販売価格	推奨粗利額
1,000円	1,950円（1,800円）※	300円（200円）
2,000円	3,300円（3,100円）	500円（350円）
3,000円	4,700円（4,300円）	750円（450円）
4,000円	6,100円（5,600円）	1,000円（550円）
5,000円	7,500円（6,800円）	1,250円（650円）
6,000円	8,800円（8,100円）	1,500円（800円）
7,000円	1万200円（9,300円）	1,750円（900円）
8,000円	1万1,600円（1万400円）	2,000円（1,000円）
9,000円	1万3,000円（1万1,800円）	2,250円（1,150円）
1万円	1万4,400円（1万3,000円）	2,500円（1,300円）

（　）※：ギリギリの最低ラインの販売価格

「粗利益率、利益額がこれより下回る場合は絶対に仕入れない」でください。もちろん、利益率は高ければ高いほうがいいですが、中には推奨最低販売価格ギリギリのような商品が混ざっていても大丈夫です。

3 「1カ月以内に売れる商品」を仕入れるべし

初心者のうちは「**せどりは、回転がすべて**」と頭に入れておいてください。少ない資金からスタートするなら、「**雪だるま方式で資金を増やしていく**」ことを最優先にしなくてはなりません。

具体的には、「**早く売り切れる商品を仕入れるのが王道**」となります。では、どれくらいのスピードで売りきるべきかというと、1カ月以内です。薄利気味でも構わないので、「**1カ月以内に売れる商品を全体の8割くらい仕入れる**」ようにします。

● 手数料率15%の推奨最低仕入れ価格

仕入れ価格	推奨最低販売価格	推奨粗利額
1,000円	2,100円（2,000円）※	300円（200円）
2,000円	3,500円（3,400円）	500円（350円）
3,000円	5,000円（4,700円）	750円（500円）
4,000円	6,500円（6,000円）	1,000円（600円）
5,000円	8,000円（7,400円）	1,250円（750円）
6,000円	9,500円（8,700円）	1,500円（900円）
7,000円	1万1,000円（1万円）	1,750円（1,000円）
8,000円	1万2,400円（1万1,400円）	2,000円（1,150円）
9,000円	1万3,800円（1万2,700円）	2,250円（1,300円）
1万円	1万5,400円（1万4,000円）	2,500円（1,400円）

（　）※：ギリギリの最低ラインの販売価格

「残りの2割の商品は、30％ほど利益率が確保できる商品を仕入れる」ようにします。30％ほど利益率があれば、1カ月以上かかって販売しても問題ありません。

この割合で仕入れを続ければ、安定して収益をあげ続けることができます。せどりの仕入れには、この**「8対2の法則」**が要所要所で大切になります。

「利益がゼロでも経験を買う」つもりでトライする！

せどりをやるうえで、1番大切なことは「儲け」を出すことです。そうはいっても、せどりをスタートしはじめたばかりのころは、「**〝儲け〟よりもいろいろな商品を〝売る体験〟をする**」ようにしましょう。これこそが最大の資産になります。幅広い販売経験を蓄積しておくと、長期的に見たときに、必ず稼いでいく額が変わってくるからです。「最低仕入れ価格」の話と矛盾することもあるのですが、極論、「**利益がゼロでも構わないくらいの気持ちで、どんどん仕入れをしてみることが大切**」です。

はじめはどんどん売ってみる！
売れるまでの手応えがつかめる
自分にしかできない仕入れができるようになる！！

05 「どうやって仕入れるのか？」シンプルな仕入れ術を知っておこう

1 「せどりの稼ぎ方」はたった2種類

❶ 定価や相場よりも安くなっている商品を格安で仕入れてその利ざやを抜く方法
❷ 定価よりも大幅に高値になっているプレミアム商品を定価くらいで買って高く売る方法

商品を仕入れるとき、ほとんどの場合が❶の方法で仕入れることになります。❶のほうが、仕入額が安くすむので、初心者でも安心して仕入れができます。ちなみに、私は今までほぼ❶の方法だけでせどりをしてきました。

❷の場合は「**プレ値**」（プレミア価格）なので、商品を見つけるのが難しかったり、発売直後のプレミア価格商品だと出品者数が１００人以上になることも珍しくありません。そうなると、数

時間単位で値段が急落してしまう可能性があります。最初から楽して一気に稼ごうと思って大量に仕入れたものの、大損をして泣きを見ることになりかねません。

前節でお話しした「**8対2の法則**」を応用して、「**❶の商品を8割、❷の商品を2割という感覚で仕入れる**」と、リスクヘッジをしながら利益を出し続けられるようになります。

2 「新品せどり」「中古せどり」どちらをやるべきか？

「出品にかかる時間」が違う

初心者の人は、「**〝新品せどり〟に重きを置く**」のがお勧めです。理由は、「**出品作業の手間と時間が違いすぎる**」からです。

新品せどりの場合、出品する際に検品をする必要がなく、出品コメントもよほどパッケージ状態が悪いとか何らかの理由がないかぎり、同一文章を使い回すことができるからです。

中古せどりの場合、クレームにならないように、細かい検品をする必要があり、出品コメントも、商品ごとに状態の良し悪しを正確に記載しないといけません。状態を説明するには、写真を撮ったほうがいいこともあるでしょう。

「**中古せどりの場合、仕入れよりも出品作業のほうが時間がかかってしまう**」こともネックになります。せどりの全作業時間における出品作業時間の割合は、新品せどりなら3分の1ですむのに対して、中古せどりだと3分の2にもなります。全作業時間の大半を出品作業に充てていることになります。

「**売上、利益をあげるのは仕入れ**」です。その時間を増やさないと売上は増えません。ということは、どちらのせどりが稼げるかは明確ですよね。仕入値が安いという理由で中古せどりをしていると、その時間を使って本当はもっと大きく稼げるのに、チャンスを逃してしまうことになりかねません。「**できるかぎり仕入れ時間を増やせるようなせどりを意識**」してください。

ただし中古せどりは、利益率がよく、経営が健全、店やネット仕入れのリサーチによっては仕入れ商品を見つけやすいという大きなメリットもあります。「経験としてはじめてAmazonで販売してみる」「どうしても仕入れるお金がない」「中古商品がお宝探しみたいで楽しい」「出品作業を任せる人がいる」といったような場合は、強いメリットを活かせるので実践してみてください。

3 「仕入れの基本」の3つのキーワード

せどりの仕入れ商品の見つけ方は、とてもシンプルです。基本的に次の3つを感覚的にマスターすれば、誰でも簡単に見つけることができます。

❶ 値札　❷ 場所　❸ 違和感

❶「値札」に注意する

店舗はネットショップと違い、高い土地代、人件費、保管費用など、さまざまなコストがかかっています。そのうえ、商品の値段をネット相場にあわせて格安にすると、ほぼ赤字での販売になってしまいます。そういった安い商品を客寄せ商品として目立たせて展示します。それが顕著に現れるのが「値札」です。

「**大きく値段が表示されている値札**」「**もとの値札の上から何枚も再値づけされている値札**」「**色が違う値札**」「**POPに書かれている値札**」「**手書きで書かれている値札**」「**在庫（現品）限り**」「**お一人様一個まで**」「**70％オフ！**」と大幅値引きされている値札など、明らかにほかの値札と違う値札がある場合は、注意してください。

❷商品が置いてある「場所」

お店は、お客様を引きつけるために、目に入りやすい場所に安い商品を置きます。「**店の入口付近**」「**エスカレーター前**」「**各コーナーの1番前面の位置**」「**ワゴンセール売場**」「**タイムセールコーナー**」など、お客様の動線をさまたげるように通路に商品が置かれていることがあります。お店に入ったら、まずはこういった「**動線を邪魔している場所を攻めてみる**」ようにしてください。

また、あなたがお店の店長であれば、古くていらない商品は、どこに陳列するか想像してみてください。お客様の目につきやすい場所は、売れ筋商品を置くのではないでしょうか。そうなると、古い商品は**「とても高い位置」「1番下」**また、**「隅っこ」**に置かざるを得なくなってきます。お店にとってはいらない商品かもしれませんが、ネット上ではすでに商品が枯渇していて高値がついているかもしれないので、チェックしてみてください。

③「違和感」を感じるまで検索する

注意深く店内を見渡していると、「アレ!?」と思うときがあります。たとえば、**「同じ商品なのに色が違うだけで値段が3割くらい安かった」「とても大きな商品の割に値段が1000円以下と変に安かったり」「かなり古いパッケージの商品が新しい商品の中に混ざっていて、周りは3000円くらいする商品ばかりなのに、ポツンと1つだけ500円の商品が混じっていた」「昨日棚にあった商品が目立つ場所に置いてある」**などです。こういう「周囲と違う、いつもと違う違和感を感じたら要注意」です。

そして、せどりをしていると各商品の相場が頭に入ってきます。その相場感と商品にズレを感じる瞬間がきます。

たとえば、コンビニのスイーツコーナーでプリンが30円で売ってたら「え!?」って思いますよね。これとまったく同じ感覚がせどりをしている最中に起こることがあります。そんな状態とたくさん出会えるように、初心者のうちは商品検索をたくさんしてください。逆に、この感覚にまったく出会えなかったら、商品検索の件数が少ないと思って、少し反省してください。

基本はたったこれだけなので、とてもシンプルではありませんか? ぜひ、宝探し気分でたくさんの商品を検索してみてください。

4 「同じ系列店」でも違う値段？

「チェーン店でも、すべてのお店は独立した違う店舗」だと思ってください。都心部だと、100メートルくらい離れた場所に同じ系列の量販店があることがあります。同じチェーン店でも店舗が違えば、商品の値段が違う場合があります。店長が違えば、お店のすべてが異なるといった感じです。

もちろん同じ量販店ですから、同じ価格のものも多数ありますが、片方の店ではある商品が格段に安いのでせどれるということもあります。

チェーン店でせどりをする場合、このチェーン店では、どうせあのジャンルは仕入れられないと決めつけず、**「はじめて行くお店であれば、満遍なくいろいろなコーナーを見る」**ようにしましょう。

5 「ポイント」や「商品券」で細かく儲ける！

各店で発行されているポイントカードは、無料であればすべて会員になりましょう。1回1回の仕入れで貯まる額は少ないですが、1カ月もすると数千円から万単位で貯まっていきます。現金と一緒の扱いですから、実質的に利益になります。特に家電店などは、ポイントがあるから仕入れられる商品がたくさんあります。

もし現金で仕入れるのなら、金券ショップで各店の商品券を1～2％引きくらいで買うことができるので、どんどん活用しましょう。1年に1000万円仕入れるのであれば、これだけで10～20万円浮きます。

6 「せどれない」商品について

「医療機器」は出品できない

Amazonでは何でも売っていますが、私たち個人が販売することができない商品がいくつかあるので注意してください。

特に間違えて仕入れやすいのが「**医療機器**」です。医療機器の商品パッケージには「**治療器**」と書かれているので、健康器具系を探したときには必ず確認してください。家電店やホームセンターでは血圧計などが安く売っているので、ついつい仕入れてしま

仕入れの鉄則

1. 基本のキーワード「値札」「場所」「違和感」に注意する！
2. チェーン店は、違う店舗はすべて違うお店と思え！
3. ポイントカードと商品券を使いまくる！

いそうになります。

美容系の美顔器などにも「**低周波治療器**」と表記されている商品があります。間違えて出品、販売してしまうと、アカウント停止になる可能性もあるので、十分に注意してください。

またドラッグストアなどで仕入れる場合、「**第○類医薬品**」などと書かれていればもちろん出品できないので、必ず確かめてください。また余談となりますが、ネット仕入れの場合「**Amazon限定商品**」を間違えて仕入れてしまうと、許可をもらわないと出品できないのでこちらも注意してください。

「違法性のあるもの」は出品できない

Amazonのヘルプページに「**出品禁止商品**」（**https://www.amazon.co.jp/gp/help/customer/display.html?nodeId=1085376**）というページがあります。ここには「**非合法商品**」「**盗難商品**」「**再複製された媒体**」「**プロモーション用の媒体**」など、出品禁止商品が書かれているので、必ず一読しておいてください。

Amazonの「倉庫に送れないもの」

Amazonの倉庫に送れず、自己発送で販売しなければならない商品もあります。商品に「**リチウム電池**」などの爆発する可能性がある危険物が入っている場合です。ヒゲ剃りや電動歯ブラシにリチウム電池が入っていることがあるので、仕入れる前にパッケージで確認してください。

ほかにも**Amazon**倉庫に送れない商品について、**Amazon**のヘルプページ「**ＦＢＡ禁止商品**」（**https://www.amazon.co.jp/gp/help/customer/display.html?nodeId=200314960**）に、大きく10カテゴリー（下図参照）掲載されているので、このページも一読しておいてください。

「ＦＢＡ倉庫納入禁止や出品禁止」商品を判別する方法

これらのようなＦＢＡ倉庫入荷不可の商品を判別するには、「**〝Amazonセラーアプリ〟で商品を検索したときに、商品画像の横に禁止マーク⊗が表示されます**」。

このような場合、商品自体が出品禁止の場合もあれば、ＦＢＡ倉庫納入だけが禁止の場合もあります。どちらに該当するか、アプリで該当理由を確認するようにしてください。

また、「**メーカー規制によって商品の販売自体**

「FBA出品禁止商品」の10カテゴリー

1. 日本国内における各法律や基準を満たしていないもの
2. 常温管理できない製品
3. 食品、食品を含む製品、食品以外で期限表示のある製品（要期限管理商品）
4. 動植物
5. 危険物および化学薬品
6. 販売にあたり関連省庁などへの届け出や許可などが必要なもの
7. 販売禁止商品またはプログラムポリシーで禁止される商品
8. リコールに該当する商品または日本で適法に販売、頒布することができない商品
9. ネオジウム磁石及び磁気が他商品に影響を及ぼす恐れのある強力磁石
10. ピンポン玉（卓球ボール）

が不可能な場合は〝鍵マーク〟が表示される」ので目安にしてください。ただし、同じメーカーでも出品できない商品もあれば、できる商品もあります。

「**アカウントが育てば育つほど、出品できる商品の幅が広がる**」ので、どんどん販売実績をつくっていきましょう。

自身のアカウントが、現在どの商品またはメーカーのものが出品できて、どれが販売できないかは、**Amazon**が公式で一覧リストを用意してくれているわけではありません。現在は、この方法で、各商品を個別で調べなくてはいけません。

● 販売禁止商品を「Amazon セラーアプリ」で読み込むと出るマーク

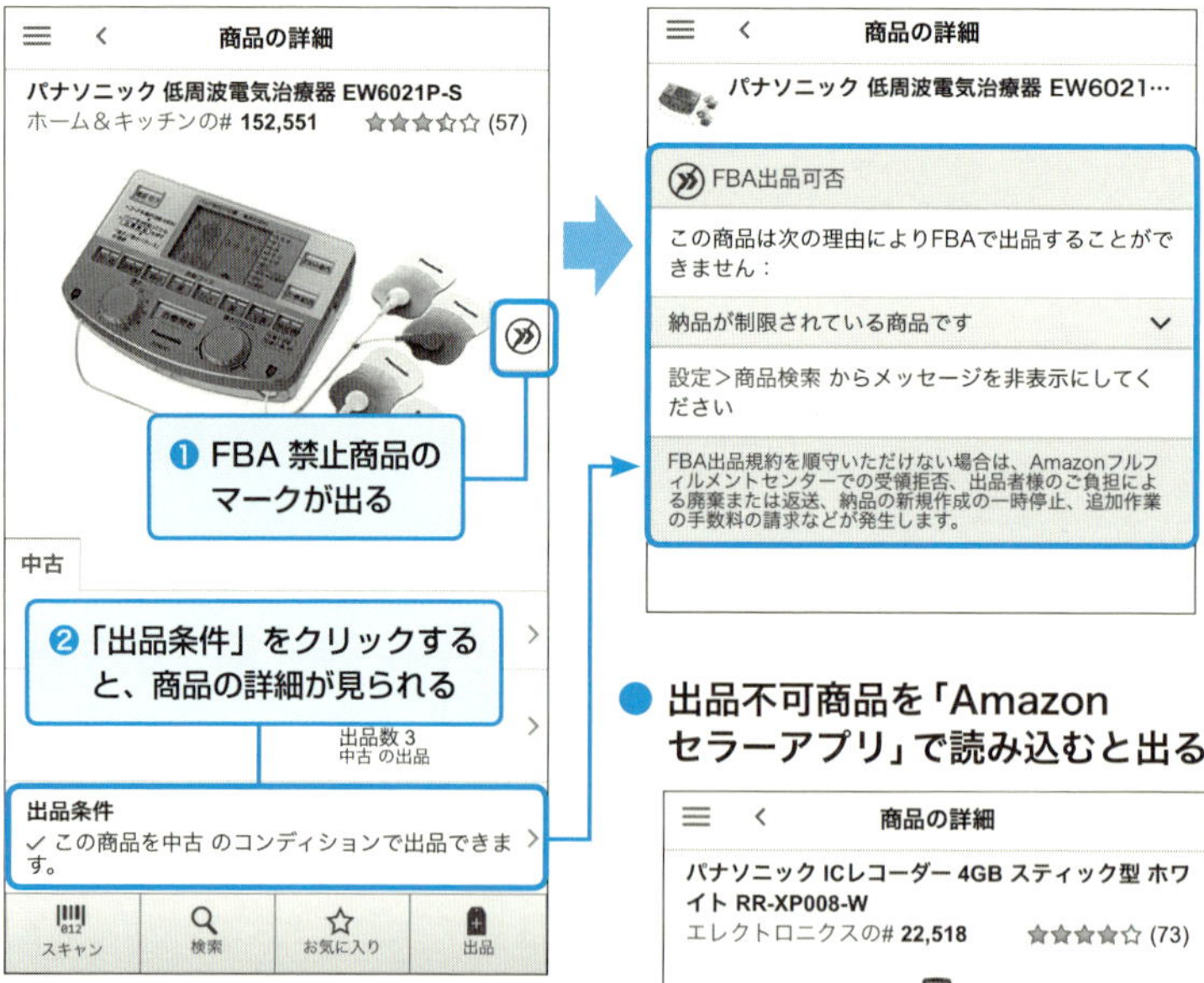

● 出品不可商品を「Amazon セラーアプリ」で読み込むと出るマーク

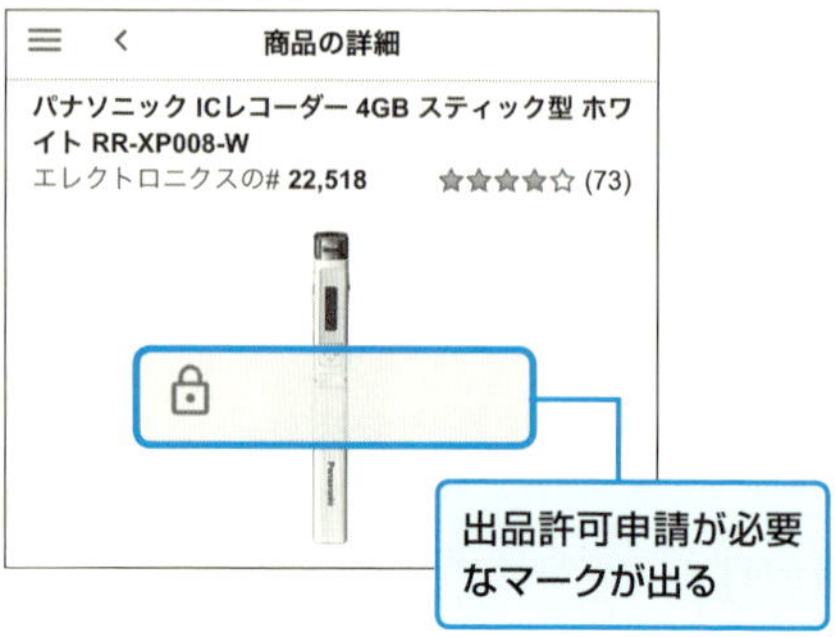

3時限目
スマホでパパッとすき間時間に仕入れる「中古電脳せどり」

いつでもどこでもリサーチができるように、スマホを使って「ジモティー」「ラクマ」「メルカリ」「ヤフオク」で仕入れる方法をマスターしましょう。

01 フリマ&オークションの注意点を理解しておこう

1 「隙間時間」を何個も見つけよう

隙間時間でのリサーチといいましたが、5分の隙間時間を使っただけで、必ずしも商品が見つかるわけではありません。

イメージとしては、5分、10分、15分の隙間時間を何個も寄せ集めて、トータルで「**30分から1時間くらいの隙間時間を使って、1個か2個くらい商品が見つかれば合格**」です。

商品が1個見つかれば、千円から数千円、運がよければ5000円、1万円以上の利益を得ることができます。隙間時間を使って、一般的なバイトの給料以上の金額を稼げるなんて、とてもすごいことだと思いませんか。会社の行き帰り、昼の休憩時間、5分ぐらいの待ち時間など、隙間時間をたくさん活用してくださいね。

「スマホでパパッと」というタイトルになっていますが、可能であればスマホよりもタブレット、タブレットよりもパソコンのほうが効率的に作業できます。

また、「**タブレットやパソコンでリサーチをするときは、スマホを横に置いておきましょう**」。商品の出品画像にバーコードが映り込んでいるときがあるので、セラーセントラルアプリのカメラの読み込み機能でPC画面に向かってスキャンすれば商品を効率的に判別することができます。

2 仕入れは即決、「受け取り後の評価は慎重に」

オークション形式以外のフリマアプリなどで仕入れる場合、商品の購入権利は早い者勝ちです。常に全国のライバルせどらー達がスマホ画面を見ているので、差額のある商品を見つけたら、速やかにモノレートページで利益が出るか仕入れ判断をして、出品者の評価が悪くなければ即決で購入しましょう。

出品者の評価数が30もなかったり、良い評価率が95%以下の場合は送られてくる商品が微妙な可能性が出てきます。そのようなリスクを避けたい場合、はじめのうちは目安として「**評価数が50以上、良い評価率98%以上の出品者からだけ仕入れるようにしましょう**」。そうすれば、ほぼほぼトラブルなく取引ができるはずです。

また、出品者の自己紹介欄を読めば、ある程度は人となりが伝わってくるので、そちらも参考にしてみてください。

「商品の受け取り評価」をするタイミング

商品が届いたからといってすぐに評価をつけると、トラブルに対処できません。

状態の悪い部分を隠して出品する悪意のある出品者もいますが、そのような出品者でない場合でも、双方の見解のズレで、思っていたものと違う商品が届くケースがまれにあります。

受け取りの評価をしたあとで届いた商品の文句を言ったとしても、そのまま逃げてしまう出品者もいますし、実際に販売サイトの事務局側も対応できなくなってしまいます。

必ず、「**届いた商品が出品者の説明したとおりの状態かを確認してから、出品者の評価をする**」ようにしてください。

3 「出品者のプロフィール」を必ず読もう

出品者のプロフィールを読まずに購入ボタンを押して仕入れをした場合、悪気がなくてもトラブルになってしまうことがあります。理由は、出品者にはそれぞれの独自のルールや説明がある場合があるからです。

チェックしたほうがいい主な項目は次頁の6つです。

「**これらの項目が書かれていない場合は、各販売サイトのルールガイドを基準にします**」。

さらに、マイルールはあくまでマイルールでしかないので、すべてが適用されるわけではない

出品者のプロフィールチェックポイント

❶ 購入前にコメントが必要かどうか？	出品者によっては、ほかのサイトでも同じ商品を販売していることがある。その場合、購入ボタンを押したタイミングで在庫がない可能性もあり、取り引きのキャンセル手続きなど厄介な手間が増えてしまう。「購入前にメッセージ欄でひと言ください」と書いてあれば、メッセージする
❷ 最優先される購入者は？	基本的に売る側からすれば、高い価格で購入してくれる人が1番大切なお客様です。値引き交渉をしてくる購入者もいますが、その交渉中でも現行価格で即決購入する人が優先かどうかの説明が書かれてあるか確認しておく。まれに、「交渉中の購入はご遠慮ください」と書いてある場合もある
❸ 値引き交渉ルール	値引き交渉をはじめからお断りしているかどうか、少しならしてくれるのか、また、まとめて買う場合はどうか、割り引き設定について書かれている場合もある
❹ 居住環境の説明	商品の衛生状態に関わってくるのでペットを飼っているか、喫煙しているかどうかを確認します。記載があるのにもかかわらず、商品が届いてたばこ臭いと抗議しても、読んでいないことに責任があるので気をつける。仕入れ商品も、価値が低いものとなってしまいかねない
❺ 返品条件	返品ルールも、出品者によってさまざま。破格で販売している場合、「返品は絶対にお断りします」と書いてある場合が多い。「NCNR」と記載があるのは「ノンクレーム、ノンリターン」のこと。また「3N」というは、「ノンクレーム、ノンリターン、ノンキャンセル」という意味。親切な出品者であれば、「到着後10日以内であれば返品受け付けます」と書かれている場合もある。返品の送料はどちらが持つのか？　ということも前もって確認しておく
❻ 配送ルール	ダンボール梱包なのか、ビニール袋なのか、封筒で送られてくるのか、確認する。また、商品説明欄に、「送料削減のため、商品の外箱は捨てて送ります」「外箱は同梱します」「外箱のまま配送する場合は、送料の追加料金をいただきます」などと書かれている場合があるので注意する。外箱がなければ売れるものも売れなくなってしまうこともある。また、忙しいサラリーマンなどが不用品をお小遣い稼ぎで販売している場合は、配送は週末のみということもあるので、すぐに送られてこないこともある

ということも覚えておきましょう。

たとえば、「**NCNR**」と記載があったとしても、「**メルカリでは返品禁止を前提とした出品は不可なので、商品説明に不備があった場合、返品できる**」ことになります。

ちなみに、「**ラクマは、トラブルがあった場合、双方の話しあいで解決する**」というスタンスです。

各サイトにおけるルールがすべての基準となりますが、マイルールを読むことで出品者の特徴や思考が読み取れるので、事前にある程度のトラブル対策が可能になります。

個人取引の場合は、無駄なトラブルを避けることが重要です。事前情報で対策をしっかりとしておきましょう。

02 スマホ共通 「リサーチの基本」をマスターする

1 「販売サイト」⇅「モノレート」を行き来するだけ

仕入れのための商品のリサーチ方法は、次の手順のようにいたってシンプルです。

❶ 各販売サイトでキーワード検索（次節以降参照）して、商品をある程度絞り込む
❷ 検索結果に出てきた商品のタイトルと画像を見て、少しでも安そうだと感じたら、個別の商品出品ページへ行く
❸ 出品ページのタイトルか説明欄に、正式な商品名や型番などの記載があるので、該当する部分をコピーする
❹ 別タブでモノレートのサイトを開き、さっきコピーしたキーワードを、検索枠に貼りつけて検索する

出品画像に商品の外箱などにＪＡＮコードや型番が写っていれば、その番号をモノレートの検索枠に入力すると、直接商品が探せます。また商品の購入日の証明のためにレシートを載せていれば、ＪＡＮコードを読み取れる場合もあります。

シンプルで、あたりまえですよね。**「販売サイトの出品ページから商品を探すための材料として型番などの〝商品情報〟を拾ってきて、モノレートで調べる」**この一連の作業を、ひたすら繰り返すだけです。

販売サイトによっては、アプリで検索すると出品ページのタイトルが一括でしかコピーできない場合があります。出品ページのタイトルにしかコピーしたいキーワードが含まれていない場合、一度タイトルをコピペして、キーワード以外の部分を削除しなくてはならないので、効率が大幅に落ちます。この場合は、アプリではなくスマホの販売サイトのページから検索します。

また、モノレートは**Amazon**で出品者が商品を販売している状態でなければ検索結果として表示されないことがあります。この場合は、**Google**の検索枠に商品のタイトルまたは型番を入力し、スペースをあけて**Amazon**と入力して検索します。そうすると、販売停止中になっている**Amazon**の商品ページが検索結果に引っかかる場合があります。そのページからＡＳＩＮコードをコピーして、モノレートのサイトで検索してみましょう。

「モノレートの検索結果に出ないような場合は、ライバルがそこでリサーチをストップする可能性が高いので、美味しい仕入れができる」こともあります。ひと手間かけてお宝を発見してみてくださいね。この手法は、いろいろなシーンで使えるので、パソコンでも活用してください

2 検索するときのポイント

また、ひとつのコツとして、**「業者っぽい画像はスルー」**することです。理由は、業者はほとんどの場合においてAmazon相場と同じ価格で出品をしているからです。

どんな画像が業者っぽいのかというと、**Amazon**の商品画像と同じような商品の背景が真っ白な画像であったり、明らかにどこかのサイトから引っ張ってきたような画像です。

逆に、**「素人の出品者はほとんどの場合、商品の背景が壁か床」**になっています。そのような出品物をリサーチするようにしましょう。

● 業者っぽい出品写真

● 素人っぽい出品写真

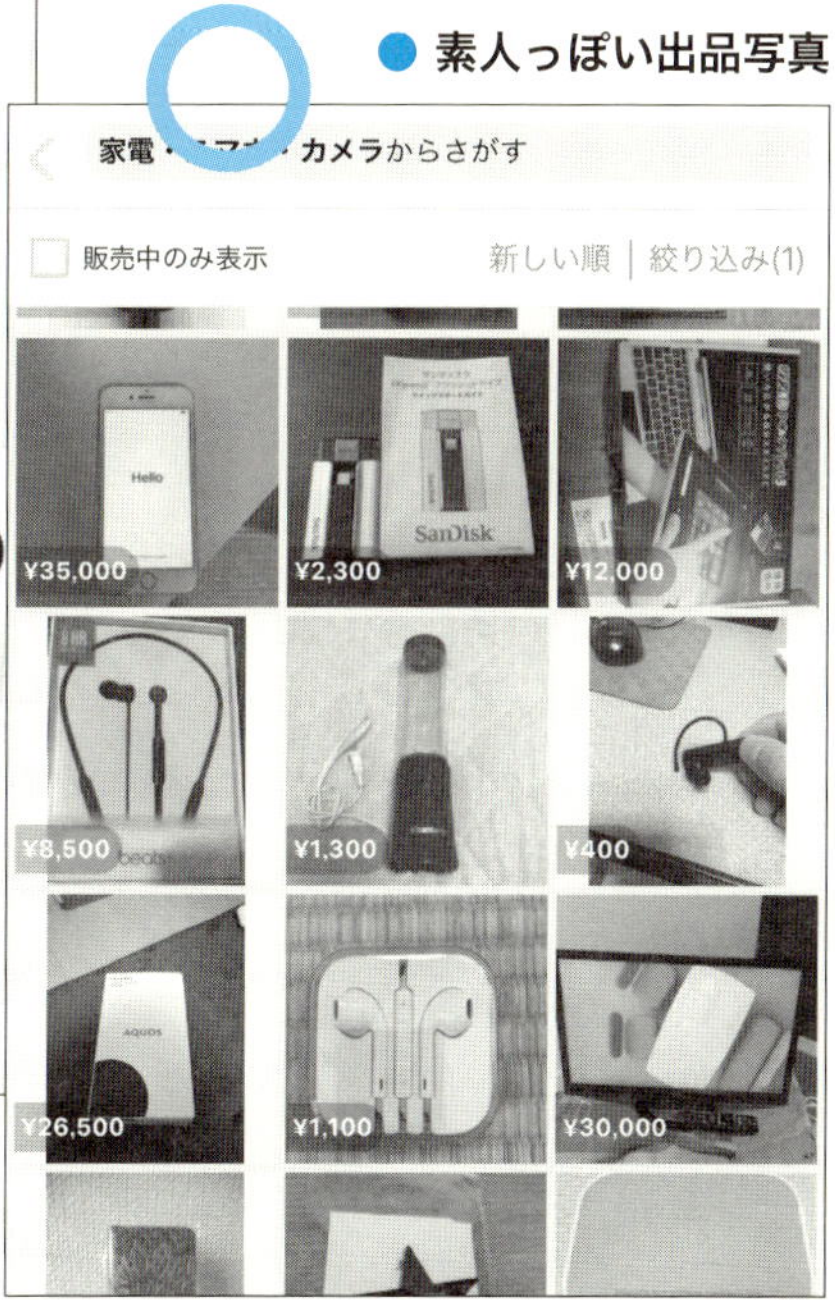

3 「説明書」「外箱」「付属品」について

「中古商品の検索でポイントとなるのが、説明書と付属品の有無や状態について」です。

もちろん、できるだけそろっているほうがいいに越したことはありませんが、まず「**〝説明書〟と〝外箱〟は、仕入れの段階でなくてもいい**」と考えましょう。

「説明書」がなくても仕入れていい理由

説明書は、有名なメーカーであれば公式サイトに載っていることが多いので、それを印刷すれば十分です。もちろん、「**印刷した説明書ということは商品の説明欄に記載します**」。

説明書を印刷せずに、「説明書はメーカーの公式サイトからダウンロードしてください。」と記載して出品しているライバルがいますが、真似をしないようにしましょう。あなたがお客様であれば、印刷物でも説明書がついている出品者から商品を買いますよね。商品が売れていくスピードが違うので、ここは面倒でもひと手間かけるようにしましょう。

比較的古い商品であれば、説明書がメーカー公式サイトから手に入らない場合があります。

「**説明書がなくても大きな問題にならないような商品で、ライバルも説明書が付属していなければ仕入れても問題ありません**」。

「外箱」がなくても仕入れていい理由

商品の外箱は、**「フィギュアのように箱自体に価値がある場合以外は、自分で代わりの梱包物を用意すればいい」**だけなので、なかったとしても問題ありません。**「プチプチ封筒で入ってしまう大きさの商品の場合は、それに入れてしまえばオッケー」**です。

また、外箱がない商品は仕入れないと決めているせどらーもいるので、外箱がない商品はいい残り物が落ちていることがあります。気にせずリサーチをしてみましょう。

「付属品」がなくても仕入れていい理由

次に商品の付属品ですが、先ほどの商品の説明書をメーカのサイトなどで見ることができれば、その説明書に付属品が載っているケースがほとんどです。付属品も、もちろんそろっているに越したことはありませんが、**「Amazonのライバル出品者もそろえられていないのなら、付属品がなくても困らないような物であれば、仕入れて出品しても普通に売れていきます」**。

ネット上に説明書がない場合に案外役立つのが、ライバル出品者の商品説明です。5人くらいライバル出品者がいれば、だいたいの付属品について把握できるので活用しましょう。

また、**「中古商品の場合は、付属品の多さで販売価格をAmazonの最安値ではない価格で売ることができる」**ので、そのあたりも意識してリサーチをしてみてください。

03 スマホ共通 実践リサーチ方法

1 「素人出品の特性」を知っておこう

フリマ、オークション出品だからといって、多くの商品が破格で出品されていると考えるのは大間違いです。特に、フリマアプリなんて聞くと、実際のフリーマーケットをイメージするかもしれませんが、それらはまったくの別物だと考えてください。**「フリマアプリの場合、ほとんどがネットの相場どおり、むしろネット相場よりちょっと高いくらいで販売されていたりします」**。その理由は、値下げ交渉の文化や、送料込みの価格設定になっているからです。素人だからこそ高い価格設定をしているということを意識してリサーチしてください。

安く仕入れたい「せどらー」としてはもどかしく感じるかもしれませんが、あなたが出品する立場になって考えてみてください。わざわざ手間暇かけて出品するなら、いらない物だったとしても相場どおりで売れるなら相場どおりの価格で売りたいですよね。

今は、「**各販売サイトが便利すぎて、素人ですら出品するときにネット相場を知ることができるのも破格で売っている人が少ない理由**」のひとつです。ただ、素人だからこそ安く販売するケースがあるので、次の5つの特徴を頭に入れて攻略していきましょう。

❶とにかく、今すぐ売れてほしいとき
❷まとめて買ってくれるんだったら、大幅に安くなっても対応がいい購入者に売り切ってしまいたい
❸Amazonなどの主要販売サイトで出品者がおらず、ネット相場がわからない場合
❹一般人には、定価や相場がないと思われているような商品
❺もともと相場を気にしていない出品者

2 「お宝キーワード」で破格商品を見つけよう

右記の❺のように、もともと相場を気にしていない場合や、❶のとにかくすぐに売り切ってしまいたい場合は、転売できるほどの安値で出品されます。

そのようなケースでは、「**商品の説明文に含まれる〝あるキーワード〟**」があります。「**このお宝キーワードを使って検索し、ある程度商品を絞り込んでリサーチするととても効率的**」です。ここでは、最も美味しい商品が見つかりやすい３つのキーワードをお伝えします。

お宝キーワード❶「引っ越し」（引越、引越し）

引っ越しは、できるだけ物を減らしておきたいという明確な緊急性がある状況です。決められた期限までに売り切らなければいけません。

ですから引っ越し日が近づくにつれ、相場よりも大幅に安いとわかりつつも値段を下げていく傾向があります。通年使えるキーワードですが、特に春先や秋シーズンはより美味しいキーワードになります。

お宝キーワード❷「断捨離」

断捨離をしている状況では、大量に不要物が出ます。断捨離をしている人は、「とにかく物が目の前から消えてほしい」と思っています。断捨離をしているのに、出品した不要物が売れなければ目の前にある物の量が同じなので、断捨離をしている意味がありません。この状況でも安く出品する人は多数います。さらに、まとめて購入すれば安くしてくれることもたくさんあります。

お宝キーワード❸「保管」

このキーワードは、「**長期間保管していたけれど、何かしらの理由でもう手放す場合**」に必ずといっていいほど説明文に入るキーワードです。一般の人も業者も使うキーワードなので、幅広い出品層の商品にリーチできます。「**長期保管**」「**自宅保管**」「**押入保管**」「**倉庫保管**」といったキーワードはすべて美味しいのですが、「**〝保管〟一語ですべてのキーワードを拾ってきてくれます**」。

このように、キーワードを考えるときは、多くの状況を含むキーワードを意識してください。説明は省きますが、ほかにも「**処分**」「**予備**」「**展示品**」「**大掃除**」などなど、お宝キーワードは無数にあります。

これらのキーワードを活用してリサーチをしながら、出品者が商品説明欄やタイトルに安く出品しそうなキーワードがほかにないか、探しながら実践してください。出品者が実際に使っている単語こそ、最も役立つリサーチ素材となっていきます。

3 「わかりにくい商品タイトル」こそチャンスが眠っている

たとえばですが、商品のタイトル名が「DVDプレーヤー」のように抽象的なものや、「**商品説明文にも〝型番〟などの商品を特定できる情報がほとんどなくても、これは安いかもしれないと感じたら、その商品を深掘りしてリサーチ**」してみ

● わかりにくいタイトル例

CD 未開封
0
CD 未開封
投稿ID：
投稿日時：2019/04/09 18:23
＋フォロー

ましょう。

大手家電メーカーのように名前の通っているメーカーなら、画像から商品の詳細がわかればせどれる可能性が出てきます。型番が商品画像にたまたま写っていることもあります。このような出品者は「適当」で「価格も適当」な場合が多いので、ライバルせどらーも効率が悪いリサーチ商品と判断してスルーする可能性が高く、お宝が残っていることもあります。また、商品名や型番を間違って記載していたり、一部を省略している場合も同様に深掘りしてみましょう。

4 「お気持ち値引き」の法則で仕入れ商品に変換

値引きは、基本的に好まれませんが、比較的受け入れてもらえる場合があります。それは、「**お気持ち程度の値引き**」です。基本的に商品を売るために出品しているので、販売開始してすぐに売れない商品なら、1割くらいであれば快く値引してくれるケースが少なくありません。

もちろんですが、ただ単に「安くしてほしい」と言っただけではダメです。購入者側も、まずはお気持ち程度、何かを**give**することを意識しましょう。私が出品者に提案するのは、「**誠実性とスピード**」です。この2つは、ビジネスにおいては大きな価値があるうえに、実施が簡単で、マネーコストも一切かからないので、いいことづくめです。この価値提供によって相手が動いてくれる可能性が高まります。

誠実性として実施することは、次の5つです。

❶ 相手のアカウント名に「様」をつける
❷「おはようございます!」といった挨拶をちゃんとする
❸ 名字で構わないので、自分の名前を名乗る
❹ ビジネス文書としてとても丁寧な言葉で書く
❺「すぐに決済をする」ということも伝える

たったこれだけか?と思うかもしれませんが、フリマアプリやオークションサイトでは、かなり雑なコメントをする人が多く、決済もモタつく人が多いので、これで十分価値が出ます。私の交渉フォーマットをお伝えするので、そのまま使ってみてください(下図参照)。

もしこの交渉で出品者が1割ほど値引いてくれた場合、**Amazon**の手数料を引いたときの粗利益率が10%程度の商品であれば、粗利益率が20%となるので、仕入れが可能な商品に変身します。大幅値引きで相手を嫌な気持ちにするわけではないですし、言うのはタダなので、とにかくダメ元で伝えてみましょう。

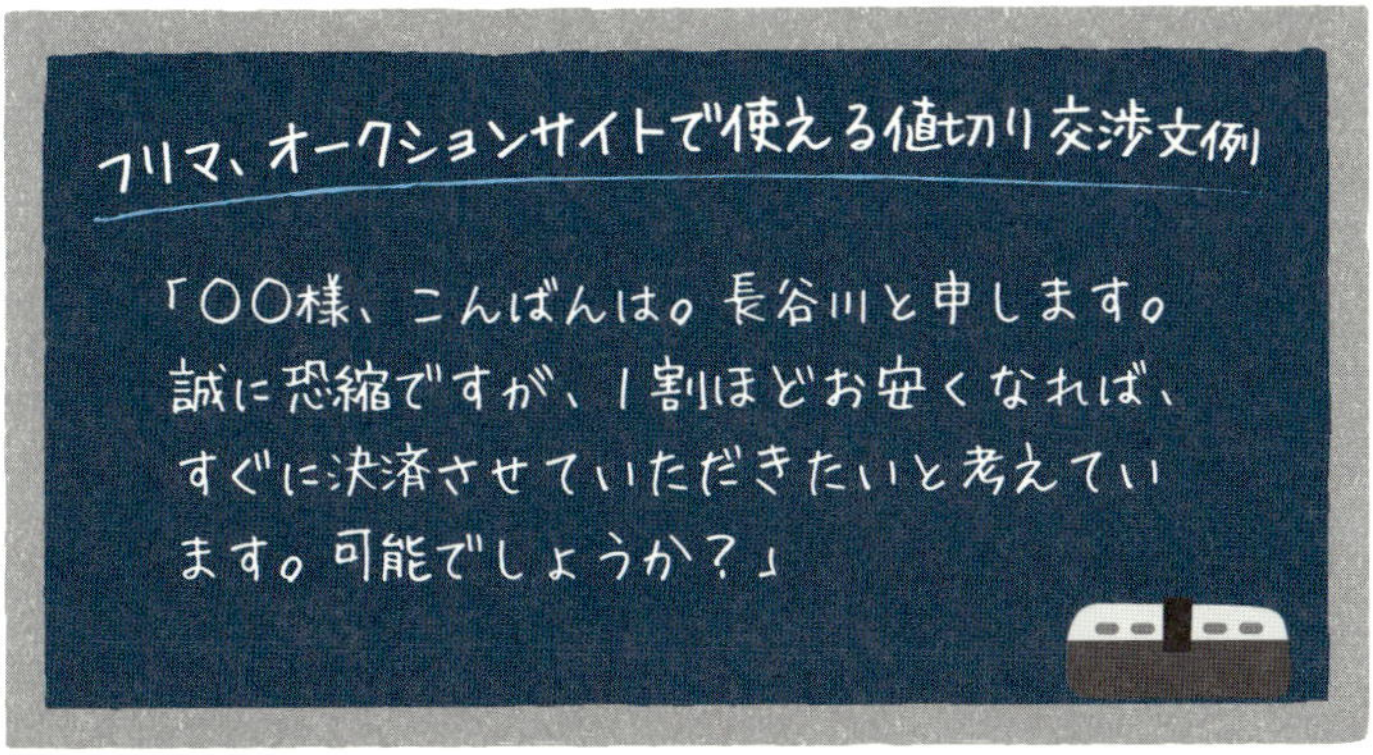
フリマ、オークションサイトで使える値切り交渉文例
「○○様、こんばんは。長谷川と申します。
誠に恐縮ですが、1割ほどお安くなれば、
すぐに決済させていただきたいと考えています。可能でしょうか?」

5 割引クーポンを活用すれば、さらにザクザク見つかる

フリマやオークションサイトでは、不定期ですがほぼ毎月1度は割引クーポンやポイントバックといったキャンペーンが実施されています。

5％程度のキャッシュバッグは頻繁にあり、ときには10％オフも実施されます。感謝祭などの大型キャンペーンでは、20％オフまで実施されたりします。普段、絶対にせどれない商品が一気にせどれる商品に変身するので、しっかりと活用しましょう。

覚えておいてほしいのは、このようなタイミングが来たときのために、「**普段のリサーチ中から、粗利益率が5％くらいの超低薄利の商品でも見つかればお気に入りに入れておく**」ことです。5％クーポンと先ほどお伝えした10％程度のお気持ち値引きとがあわされば、総計で粗利益率を20％くらいまで変換できます。

● こういった割引クーポンを活用する

04 「ご近所さん」から不用品をゲットするだけ！「ジモティー」仕入れ

ここからは、各販売サイトの特徴を活かした仕入れ実践方法をお伝えします。

1 地元のさまざまな情報が手に入る「ジモティー」

テレビCMで知っている人も多いかもしれませんが、このサイトの人気コンテンツとして不用品取引があります。ここで仕入商品を探してみます。

ここのサイトに出品をしている人は、最もネット相場を気にしていない層が多いので、仕入れられる商品が見つかりやすいです。販売手数料が一切かからないのも、安く出品できる理由のひとつです。

「商品の受け渡しが配送ではなく、実際に会ってやり取りするのが基本なので、商品説明と全然違うモノを売りつけられる心配も少なく、

● ジモティー（https://jmty.jp）

安心して仕入れることができます」。ぜひここからはじめてみてください。

2 文字どおり「ご近所さん」から仕入れる方法

ジモティーのアプリに自宅の住所を登録すると、GPS機能が働き、自宅から近い距離のご近所さん順に出品している商品を見ることができます。自分が取りに行ける範囲のご近所さんの商品を順番に見ていくだけです。

住んでいる地域によって出品量はバラバラですが、自分が取りに行ける範囲の出品数が1000以下なら、全商品リサーチしちゃいましょう。基本的に「**送料の計算はしなくていいので、手数料計算が楽チン**」なのもメリットのひとつです。

もちろんGPS機能を使わずに、市の名前や細かい住所名などを入力して検索することもできます。

STEP 1 ジモティーで仕入れてみる（iPhoneの場合）。

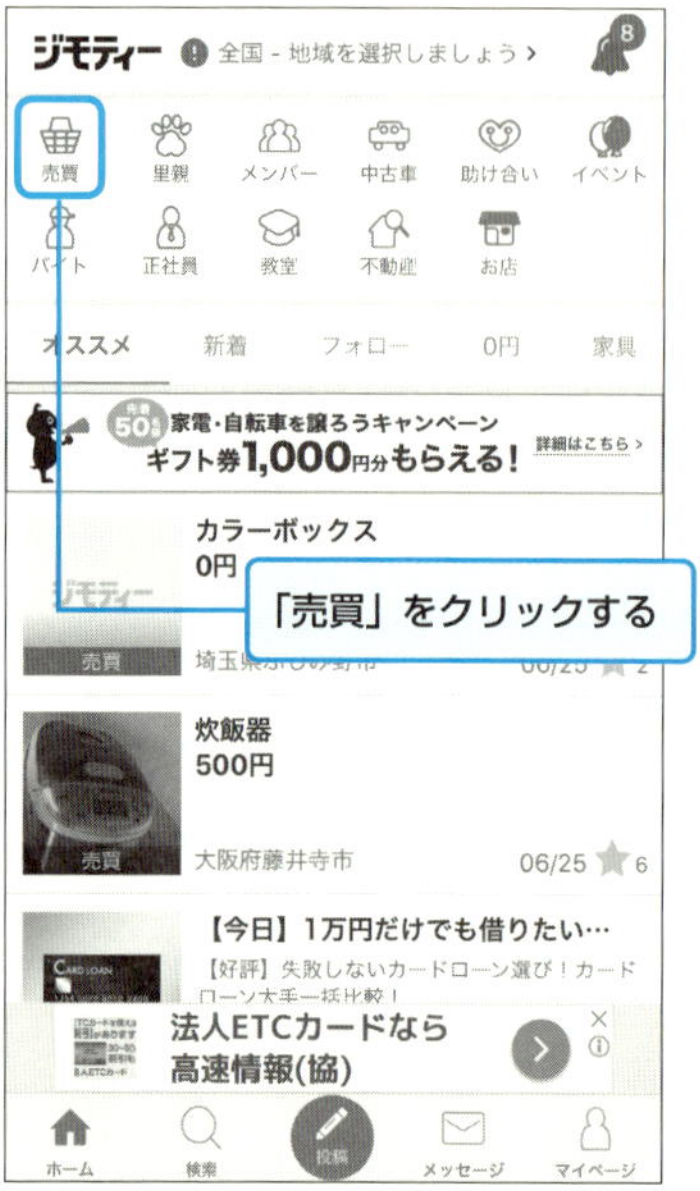

STEP 2 エリアを指定する。

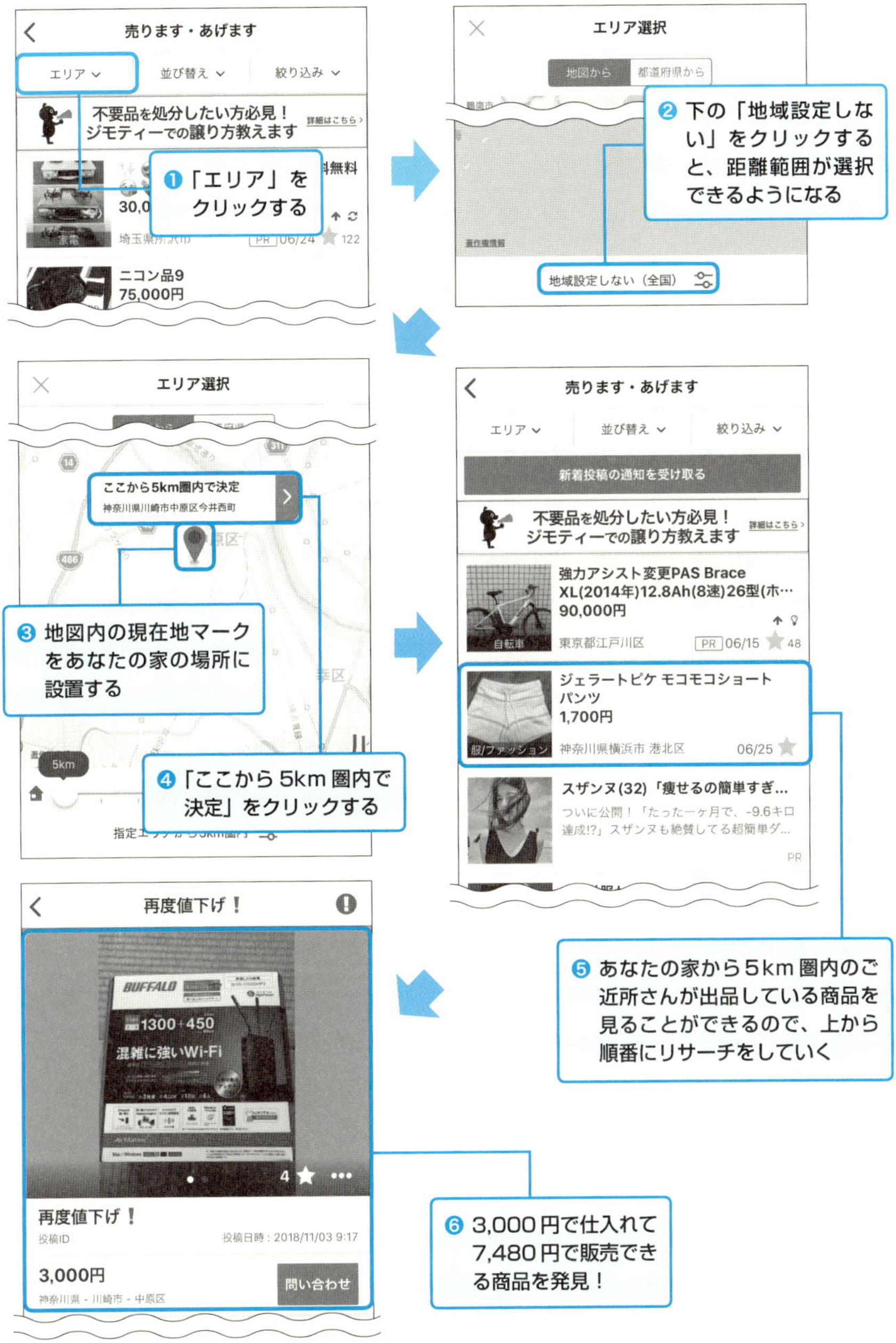
売ります・あげます
エリア
並び替え
絞り込み
不要品を処分したい方必見！
ジモティーでの譲り方教えます
詳細はこちら
ニコン品9
75,000円
❶「エリア」をクリックする
エリア選択
地図から
都道府県から
地域設定しない（全国）
❷下の「地域設定しない」をクリックすると、距離範囲が選択できるようになる
エリア選択
ここから5km圏内で決定
神奈川県川崎市中原区今井西町
5km
❸地図内の現在地マークをあなたの家の場所に設置する
❹「ここから5km圏内で決定」をクリックする
売ります・あげます
エリア
並び替え
絞り込み
新着投稿の通知を受け取る
不要品を処分したい方必見！
ジモティーでの譲り方教えます
詳細はこちら
強力アシスト変更PAS Brace XL(2014年)12.8Ah(8速)26型(ホ…
90,000円
自転車
東京都江戸川区
PR 06/15 48
ジェラートピケ モコモコショートパンツ
1,700円
服/ファッション
神奈川県横浜市 港北区
06/25
スザンヌ(32)「痩せるの簡単すぎ…
ついに公開！「たった一ヶ月で、-9.6キロ達成!?」スザンヌも絶賛してる超簡単ダ…
PR
❺あなたの家から5km圏内のご近所さんが出品している商品を見ることができるので、上から順番にリサーチをしていく
再度値下げ！
BUFFALO
1300+450
混雑に強いWi-Fi
4
再度値下げ！
投稿ID
投稿日時：2018/11/03 9:17
3,000円
問い合わせ
神奈川県 - 川崎市 - 中原区
❻3,000円で仕入れて7,480円で販売できる商品を発見！

3 「ちょっと遠方の人」から仕入れる方法

地元のご近所さんだけがリサーチ対象ではありません。通勤などで自分の地元に頻繁に来る人や通過する人も十分にリサーチ対象となります。

出品者は、商品説明欄に受け渡し場所としての地名として「駅名」を記載することもあります。**「自分の最寄り駅や頻繁に行く駅を入力して検索してみましょう」**。

こちらが購入側にもかかわらず、出品者がわざわざ商品を持って来てくれるなんてありがたすぎます。

4 ジモティーでの「取り引きの手順」

ここまでの方法で仕入れたい商品が見つかったら、商品が載っているページから出品者さんに「問い合わせ」をしましょう。

ジモティーには「購入ボタン」がありません。これは「**早いもの勝ちではない**」ということです。購入ボタンの代わりに、「**問い合わせ**」のボタンがあります。

ほぼ同じタイミングで複数の購入希望者から問い合わせをもらった場合、出品者が「この人がいい！」と決めた人に、購入する権利を与えることになります。

であるならば、出品者にとってメリットがある購入者になりましょう。そのひとつが「**まとめ買い**」です。

ジモティーは、商品の受け渡しを直接会ってやるので、1度に同じ購入者さんがたくさん持っていってくれたら楽ですよね。**「同一商品を複数個仕入れても問題ないなら、〝ほかに同じ商品がないか？〟」**問いあわせてみましょう。

さらに出品者さんのすべての出品商品を、**Amazon**で販売して利益が出るかチェックしてみましょう。「**ジモティーの場合、複数購入をするのであれば、2割くらいの値引きはすんなり対応**

● **地元の人だけでなく、自分の最寄り駅や頻繁に行く駅を利用する人から仕入れてみる**

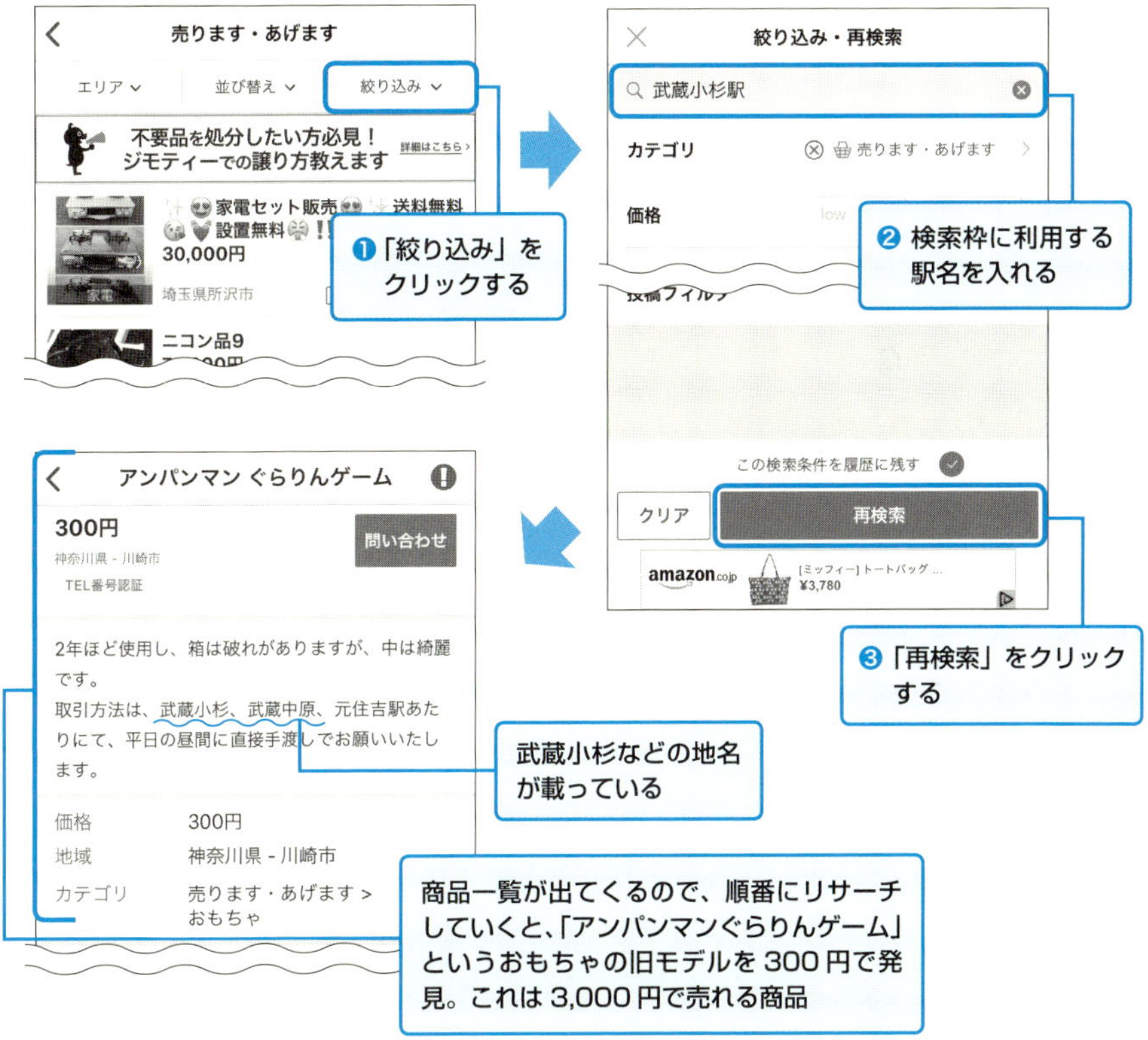

してくれる可能性があります」。

「**購入権を得るために、誠実で、安心して、素早く取り引きができそうだなと思ってもらえるようなメッセージを送る**」ことも重要です。先ほどの、「**お気持ち値引きの法則で仕入商品に変換**」でお話ししたような文章でやりとりすれば問題ありません。

つけ足すとすれば、「**ジモティーは商品の受け取りが直接取引なので、できるだけ会う場所と時間を相手にあわせる**」ことを伝えましょう。ジモティーも、雑で不丁寧なメッセージを送る人が多いので、ほかの購入希望者と同じタイミングでメッセージのやりとりを開始することができれば、商品購入権を獲得する確率が高くなります。

最後に、受け取り当日の自分の服装の特徴と待ちあわせ場所、時間などの細かな微調整はジモティーのメッセージ欄からすることを伝えておきましょう。

ジモティーアプリのメッセージ機能は、既読機能があるのでＬＩＮＥと似た感覚で使え、当日の連絡にとても便利です。また電話番号などの個人情報はトラブルの原因となる可能性があるので、双方で送信できないシステムになっています。

05 OL、主婦の女性に大人気！「ラクマ」仕入れ

1 女性出品者が多い「ラクマ」

サイト名は現在「ラクマ」となっていますが、もともとは、女性に大人気だった国内ではじめてのフリマアプリ「フリル」を楽天が買収し、統合したものです。実質は「フリル＋ラクマ」のフリマアプリとなります。

楽天が買収したにもかかわらずサイトのURLが楽天のものではなく、現在もフリルのものを使用しているところから、フリルのユーザー層のほうが多く、アクティブと判断することができます。もちろん現在では男性ユーザーも増えてきているようですが、スタートが女性限定ではじまったフリマアプリなので、ここではアクティブユーザーが多い女性出品者の特徴を捉えてリサーチしていきましょう。

● ラクマ（https://fril.jp/）

2 女性が大好きな「キャラクターをねらう」

女性は、好きなキャラクターものには高値でもお金を出す傾向があります。さらにキャラクターものは、コラボをしていることも多いので、限定品も見つけやすいです。そこで、シンプルに「キティー」「ディズニー」などと入力して検索してみましょう。**「検索後は、〝販売中のみ〟にチェックを入れてリサーチする」**ようにしましょう。

今回は、リサーチ中にキティーちゃんのラベルライターの画像が出てきて、珍しいなと感じたので価格を調べてみました。すでに生産終了になっていて、**Amazon**では以前の相場よりも高値になっている商品でした。外箱もなく説明書もありませんでしたが、説明書はホームページにあり、必要な付属品のコンセントもちゃんとありました。

コンディションも「やや傷や汚れがあり」となっていましたが、1カ所だけ小さ傷があっただけで、出品者に商品状態を質問したところ「実際は、ほぼ新品に近いと感じます」という回答をもらえたので仕入れてみました。

STEP 1 ラクマで仕入れてみる（iPhone の場合）。

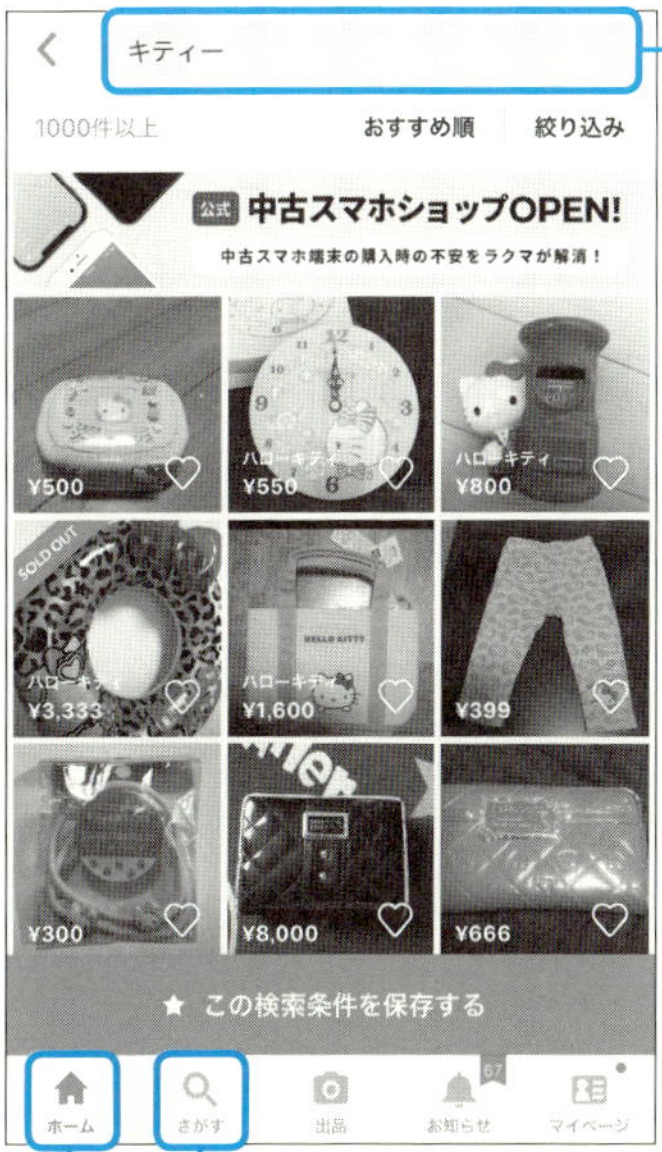

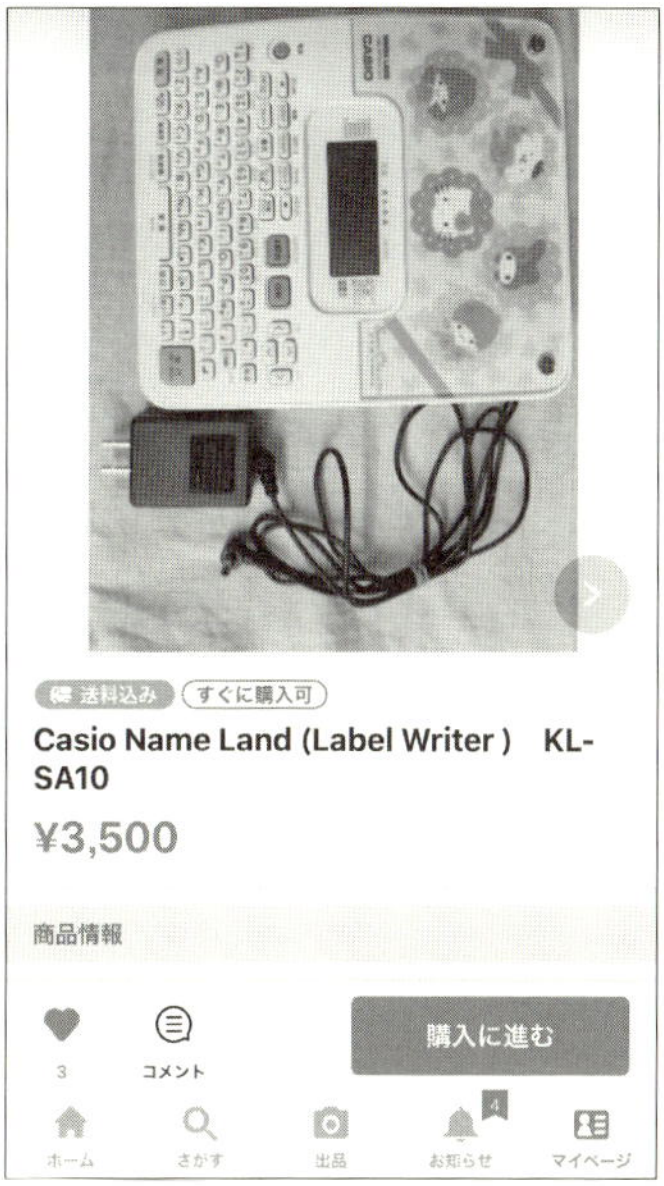

❶アプリを開き「ホーム」か「さがす」のページの検索枠に「キティー」と入力して検索する。キャラクターものは、さまざまなジャンルの商品があるので、今回はそのほかの詳細設定はしない

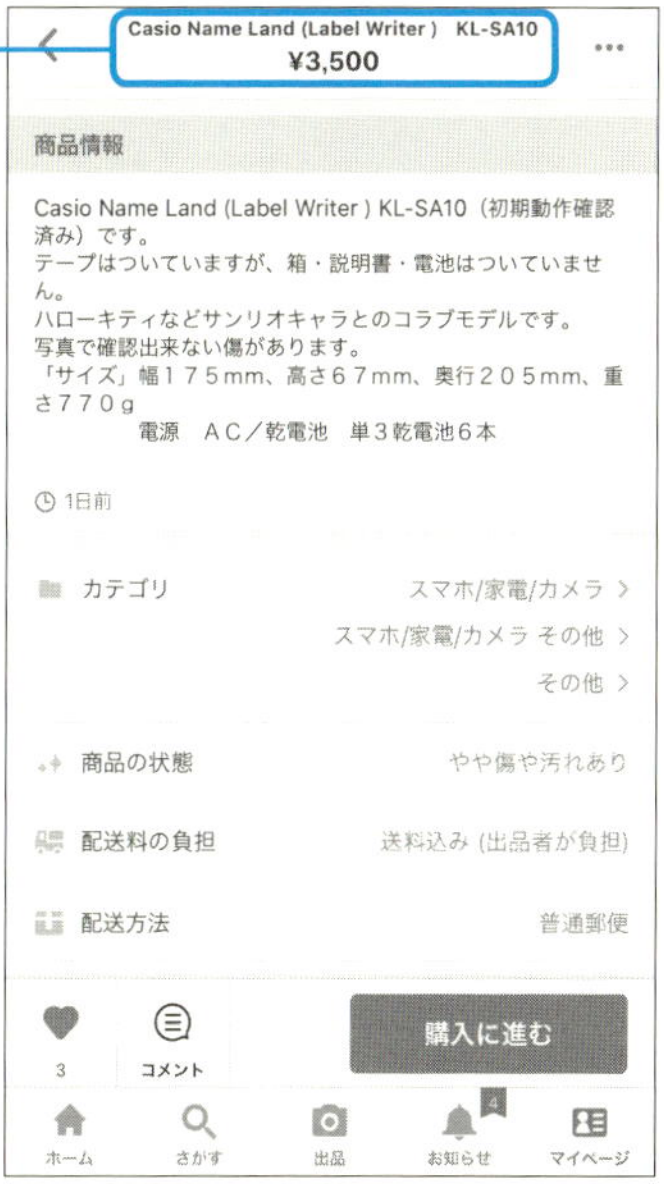

❷スクロールしてリサーチして見つけた商品がこれ。3,500円で仕入れて6,200円で販売できた

3 「子育て主婦の出品商品」をねらってみよう

❶ 出産後のママの必需品「搾乳機」

２０１２年にフリルがはじまってから3年間は、女性に特化してきたアプリでした。当時から使っている女性の多くは、現在子育て世代になっているので、マタニティーグッズや子どものおもちゃが多く出品されています。それらをねらっていきましょう。

マタニティーグッズとして、ここでは「搾乳機」をリサーチしてみます。衛生的にデリケートな商品なので、中古で買う人なんているのかと思うかもしれませんが、とても回転の速い商品です。搾乳機は出産後のママにとって必需品です。出費がかさむ時期なので本体は中古で買って、衛生的に気になるパーツだけ新品で買いそろえる人が多いようです。搾乳機は、商品によっては付属品が多いので、たくさんそろっている場合はより高値で売れやすくなります。付属品の確認は多少大変ですが、搾乳機を発売しているメーカーや商品数もだいたいかぎられているので、相場が覚えやすいです。ここでもシンプルに「さく乳機」「搾乳機」などと入力して検索をしてみましょう。

次頁下図の商品は、トップ画像を見ると付属品がそろっていて、またまだ未開封のものも多かったので、詳しくリサーチしてみました。また購入前に一応、使用期間と付属品についてコメント欄から聞いてみたところ、使用したのは1カ月程度で、付属品、説明書はすべてそろっているとのことでした。

とてもきれいそうだったので、実際に仕入れてみたところ、予想どおり「非常に良い」のコンディションで出品してもまったく問題ない状態でした。このときのAmazonの中古最安値は4980円で、出品価格もそれにあわせられており5000円でした。

ただ、ここまで付属品がそろっているのであれば、もっと高値で売れると思い8500円で販売したところ2週間以内に売れていきました。ちなみに、このときの新品価格は1万2800円ほどでした。「**搾乳機に関しては、海外メーカーのメデラなどは出品規制などがある**」ので気をつけてください。

● 出品画像、商品情報から判断する

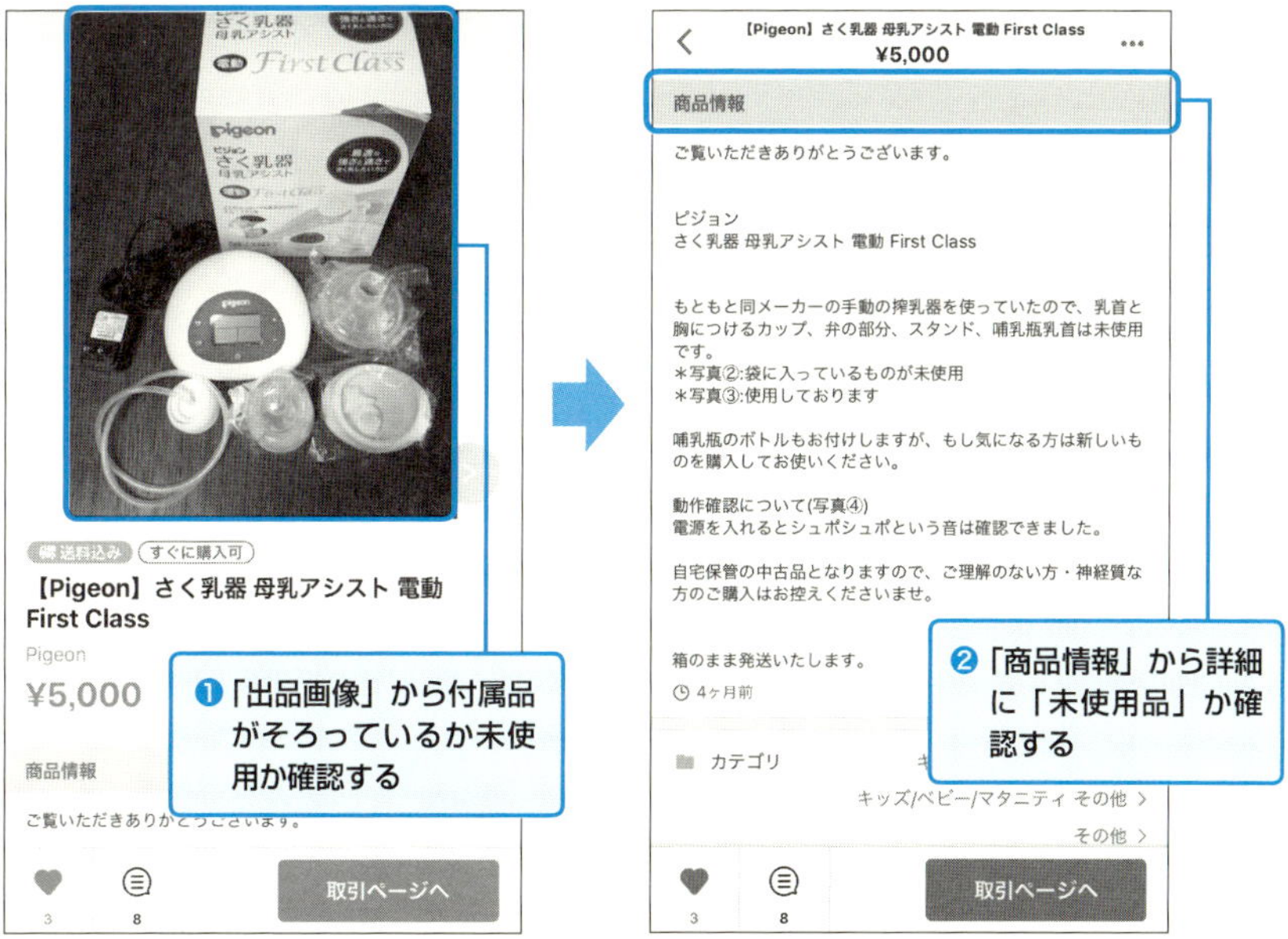

❷ きれいなものでなくてもOK「子どものおもちゃ」

次に、子どものおもちゃを見てみましょう。検索枠に、メーカー名やおもちゃのシリーズ名などを入力します。カテゴリーは、「キッズ／ベビー／マタニティ」の中の「おもちゃ」を選択します。今回は、海外メーカーの「ボーネルンド」や「フィッシャープライス」と入力して検索してみました。

すると、2つ古めのおもちゃを発見しました。ひとつ目は、ボーネルンドの「ルーピング」という知育玩具です。とてもシンプルなおもちゃなので一見安そうに見えますが、有名なメーカーのものはそれなりの値段がします。こういった商品は、リサーチを重ねて相場を覚えましょう。

乳児や育児のおもちゃは、そもそも子ども

● 子どものおもちゃは基本きれいなものは少ない

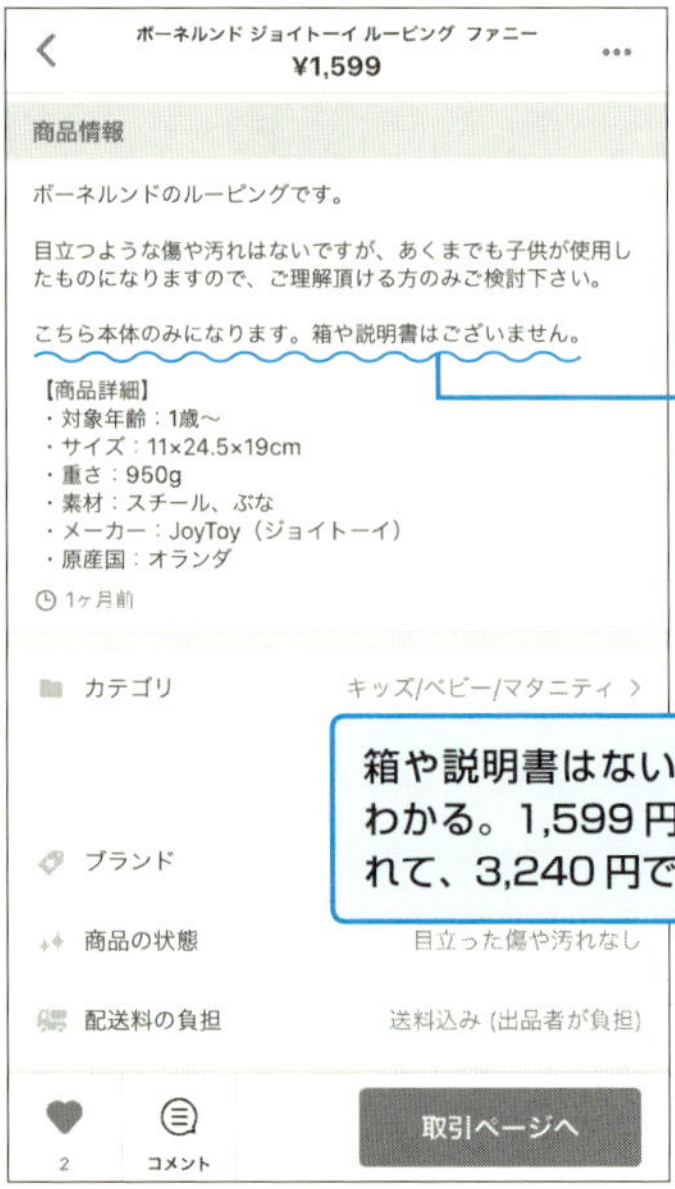

箱や説明書はないことがわかる。1,599円で仕入れて、3,240円で販売

に荒く扱われているので、状態がきれいなものはほかのジャンルの商品よりも価値があります。状態がきれいなら、高値で売ることができないかを予想してリサーチしてみてください。

2つ目は、フィッシャープライスというメーカーの「バイリンガルリモコン」という英語の玩具です。こちらの商品は、すでに生産が終了となっている商品です。商品名だけで検索してみても、同じ商品名にもかかわらず柄が違うおもちゃが検索結果に出てくるので、新しいモデルが発売されていることがわかります。**Amazon**の商品ページを見ても、「この商品には新しいモデルがあります」と表示されます。新しいモデルの価格を見てとても安いと思ったかもしれません。しかも、リサーチしている古いモデルのほうが5倍以上の値段がついています。こんなとき、仕入れても売れるのか？ と怖く感じるかもしれませんが、これも**「販売データがすべての答えを持っているので、それを見て判断」**してください。

Amazonの商品ページには、スクロールして下のほうを見れば必ず「詳細情報」があり、「**Amazon.co.jp**での取り扱い開始日」を知ることができます。

新しいモデルの「バイリンガルリモコン」は2016年から取り扱いがありますが、古いモデルはモノレートのサイトで調べると2018年でも新品が5000円くらいでずっと売れているので、新しいモデルが現在出ていても売れると判断できます。中古もその3割から5割くらい安ければ売ることができると予測できます。

このように「**新しいモデルが表示される場合は、新しいモデルの商品が販売されたあとの販売履歴（価格）を確認する**」ようにしてください。こんな感じでラクマでのリサーチは、「OL・主婦」が出品しそうな商品を意識してリサーチしてみてください。

● 古い型のほうが新しいほうよりも高値の商品もある

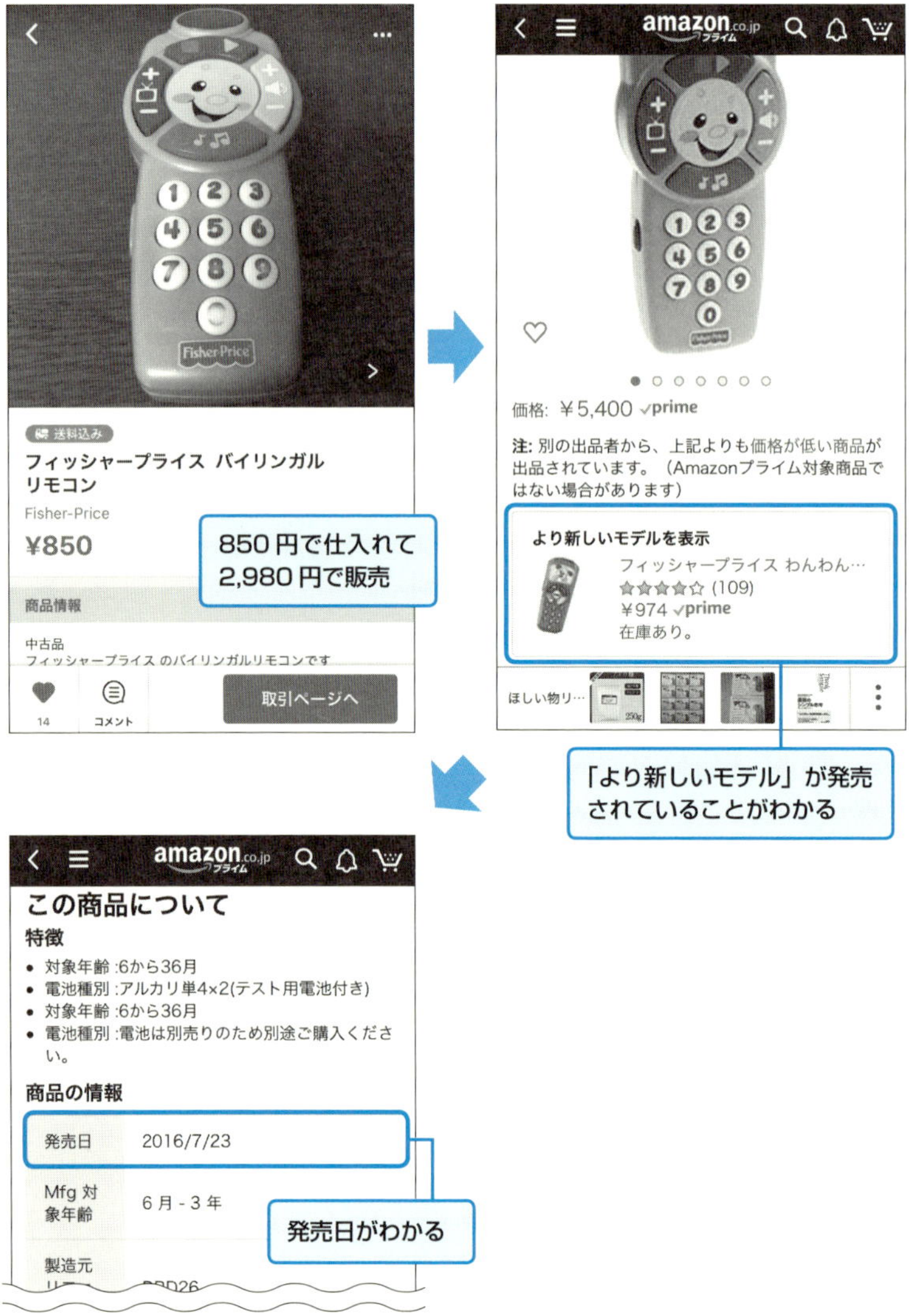

06 何でも、すぐに仕入れられちゃうのがうれしい！「メルカリ」仕入れ

1 国内最大規模のC to Cマーケット「メルカリ」

メルカリの魅力は、多くの品物を一般の人が出品していることです。

現段階では、出品数でこそヤフオクには劣っていますが、アプリの使いやすさやサポート体制が、ヤフオクを上回っているので、成長率が著しく、どんどん距離が縮まっていっています。もしかすると、ヤフオクを追い抜く日が来るかもしれません。メルカリ仕入れは長期的な視点からも、覚えておきましょう。

フリマアプリは、いつでも即決で仕入れができたり、オークションよりも値段交渉が文化として定着しているので、ゲーム感覚で楽しくリサーチできます。

● メルカリ（https://www.mercari.com/jp/）

2 早いもの勝ちせどり

とても驚く数字ですが、メルカリには1日に100万商品が出品されています。1秒間に10商品出品されていることになるので、ナイアガラの滝のごとく商品が上流から降ってくるイメージです。つまり、あなたが1商品でもモノレートでリサーチしている間に、常に見切れない量の商品が出品されているということです。全国のライバルせどらーは、この現在進行形で登録されてくる商品に焦点をあててリサーチしています。

なぜなら、フリマアプリという特性上、**Amazon**との価格差が大幅にある人気商品なら即座に購入されてしまいます。冗談抜きで、美味しい商品は3秒画面を眺めている間に、ほかの人に購入されてなくなってしまっています。個人が出品しているという特性上、在庫も1個しかないことがほとんどです。

どんな場合でも、「検索」というのは今まで過去に登録されてきたものに対しての結果が表示され、それを見ていくという概念のはずです。

ところが「**メルカリの場合は、逆の概念で〝最新〟の情報に向かって検索をかけていく**」ということを覚えておいてください。

検索キーワードを入力して「検索」ボタンを押し1商品リサーチし終わったあとは、同じページを「更新」します。スマホであれば、下にスワイプする作業をして新しい商品が登録されていないか確認します。

そして、多くの人が出品する時間帯を意識するとさらに効率的です。「**夕方から夜中の0時くらいにかけて、どんどん出品が増えてきて、さらに1週間で見ると週末のほうが出品量が増えます**」。

この3時限目のはじめのほうでお伝えした「**お宝キーワードで検索をかけ、自分が比較的相場を知ってそうなカテゴリーを選んで、ひたすら〝更新〟してリサーチ**」してみてください。

特にこだわりがない場合は、型番などで商品一致の確認が短時間でできそうなジャンルを選びましょう。このシンプルな手法だけでも商品を見つけることができます。

メルカリほど瞬時に商品がなくなることは多くないですが、ラクマも似たように人気商品はすぐになくなる傾向にあります。

3 一般の人には相場がわかりにくい商品をねらう

一般の人が出品しているとはいえ、ほとんどの場合Amazonの相場を意識して商品に値段がつけられています。ただ「こんな物、Amazonで売られていない」と勝手に思い込んでしまうような商品は、安い値段をつけられているケースもあります。たとえばですが、「**コラボ商品、イベントやキャンペーンのおまけ、非売品など**」です。

今回は、ミスタードーナツが福袋の中に入れていたポケモングッズのひとつを紹介します。「ポ

ケモン　ブランケット」などで検索します。
ポケモンのブランケットがAmazonで1500円以上で取り引きされていたのですが、メルカリでは安いものは送料込みで400円で売られていました。2個セットでも650円で仕入れて、2655円で販売することができました。ミスタードーナツの福袋は1個1080円で、その中にいろいろなグッズが入っています。

　そうなると、グッズのひとつであるブランケットを1080円で売ろうとはならないですよね。普通は、400から500円程度で十分だろうと考えます。画像を見てもらえればわかりますが、メルカリではブランケットの相場が完全にそのくらいの価格帯で固定されています。Amazon相場の価格帯をつけている人なんていません。

　このように、一般の人がAmazon（ネット）相場について、思い浮かべもしないような商品をリサーチしてみてください。

● 一般的にはこの価格が妥当でも、Amazonでは高値がつく

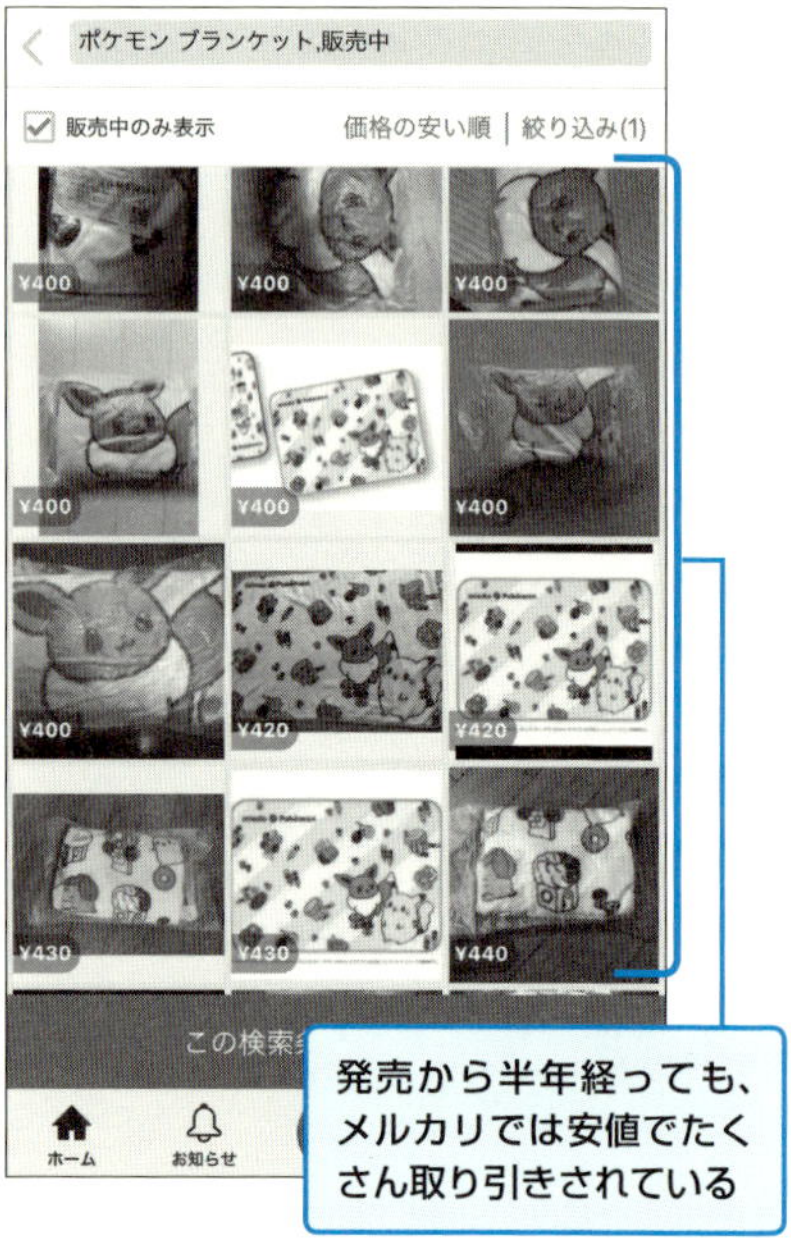

●「未使用」キーワードで検索してみる

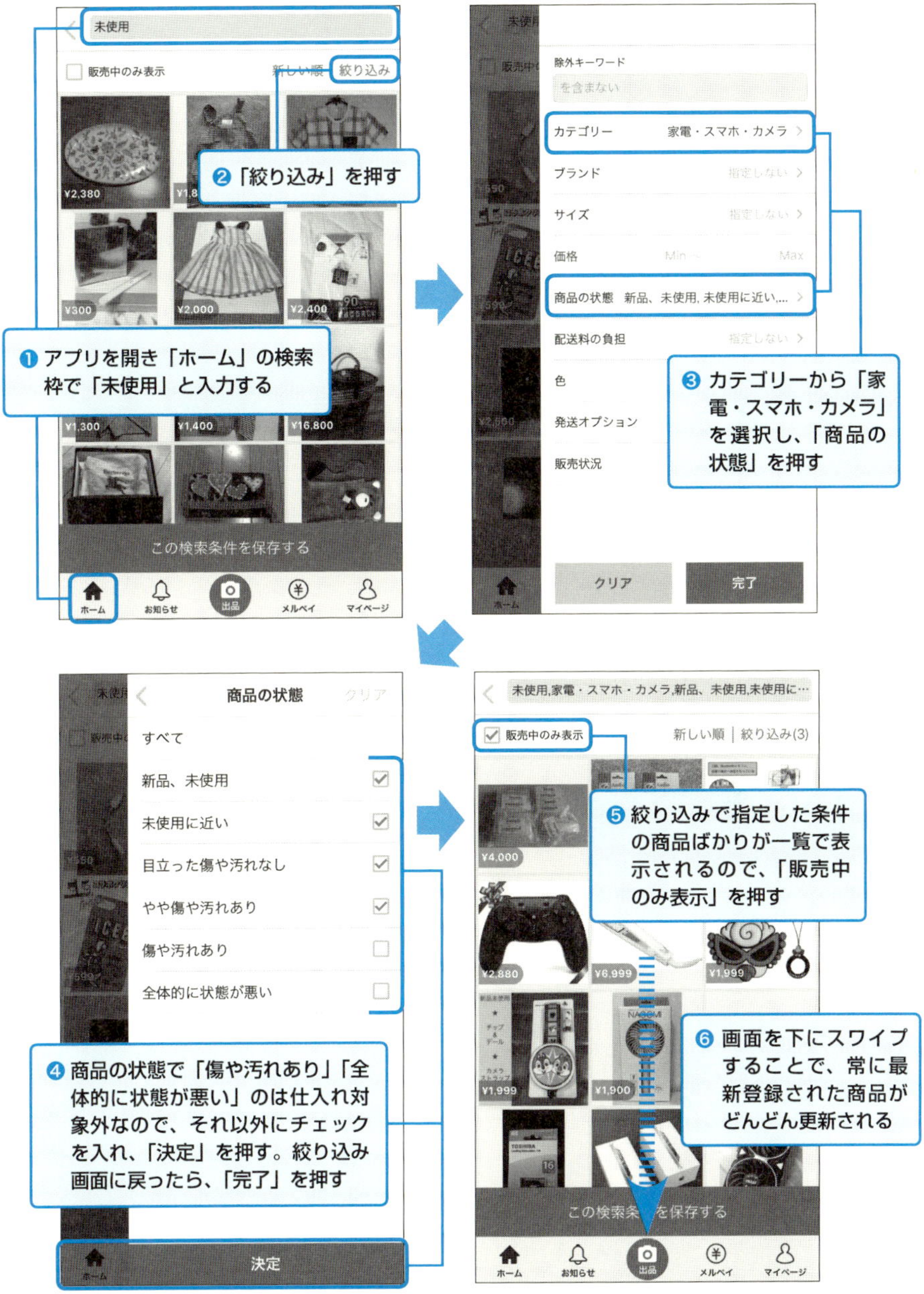
未使用
販売中のみ表示
新しい順
絞り込み
❷「絞り込み」を押す
❶アプリを開き「ホーム」の検索枠で「未使用」と入力する
この検索条件を保存する
ホーム
お知らせ
出品
メルペイ
マイページ
除外キーワード
を含まない
カテゴリー 家電・スマホ・カメラ
ブランド 指定しない
サイズ 指定しない
価格 Min ~ Max
商品の状態 新品、未使用, 未使用に近い,...
配送料の負担 指定しない
色
発送オプション
販売状況
❸カテゴリーから「家電・スマホ・カメラ」を選択し、「商品の状態」を押す
クリア
完了
商品の状態
クリア
すべて
新品、未使用
未使用に近い
目立った傷や汚れなし
やや傷や汚れあり
傷や汚れあり
全体的に状態が悪い
❹商品の状態で「傷や汚れあり」「全体的に状態が悪い」のは仕入れ対象外なので、それ以外にチェックを入れ、「決定」を押す。絞り込み画面に戻ったら、「完了」を押す
決定
未使用,家電・スマホ・カメラ,新品、未使用,未使用に…
販売中のみ表示
新しい順 | 絞り込み(3)
❺絞り込みで指定した条件の商品ばかりが一覧で表示されるので、「販売中のみ表示」を押す
❻画面を下にスワイプすることで、常に最新登録された商品がどんどん更新される
この検索条件を保存する

● 商品を仕入れてみる

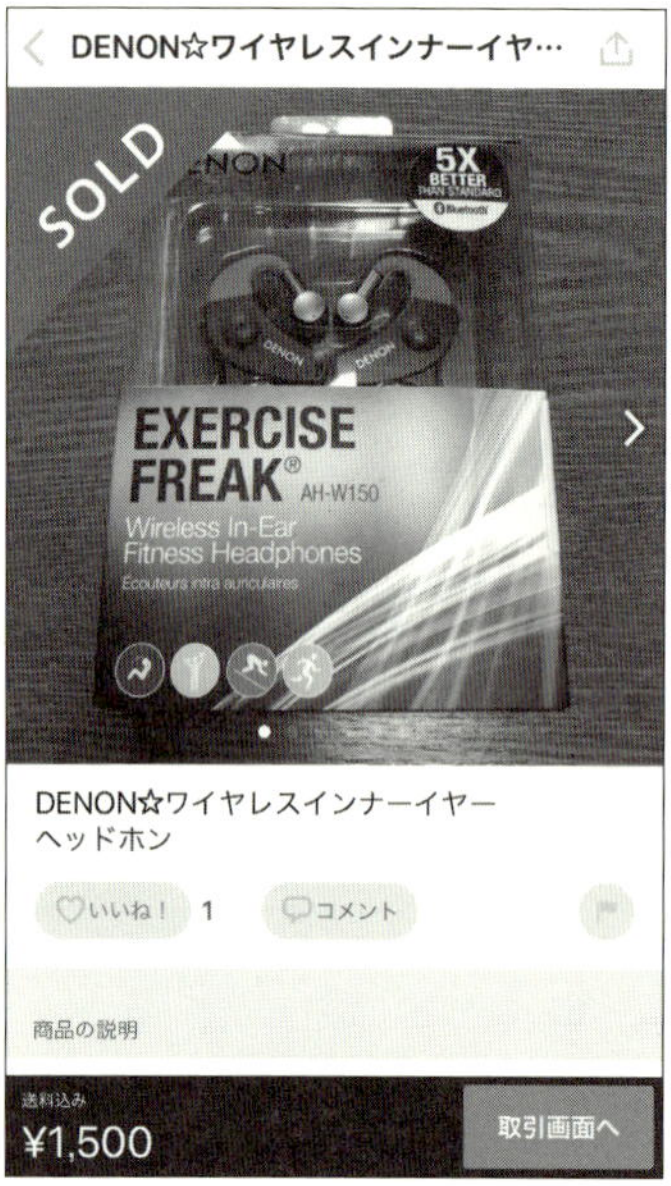

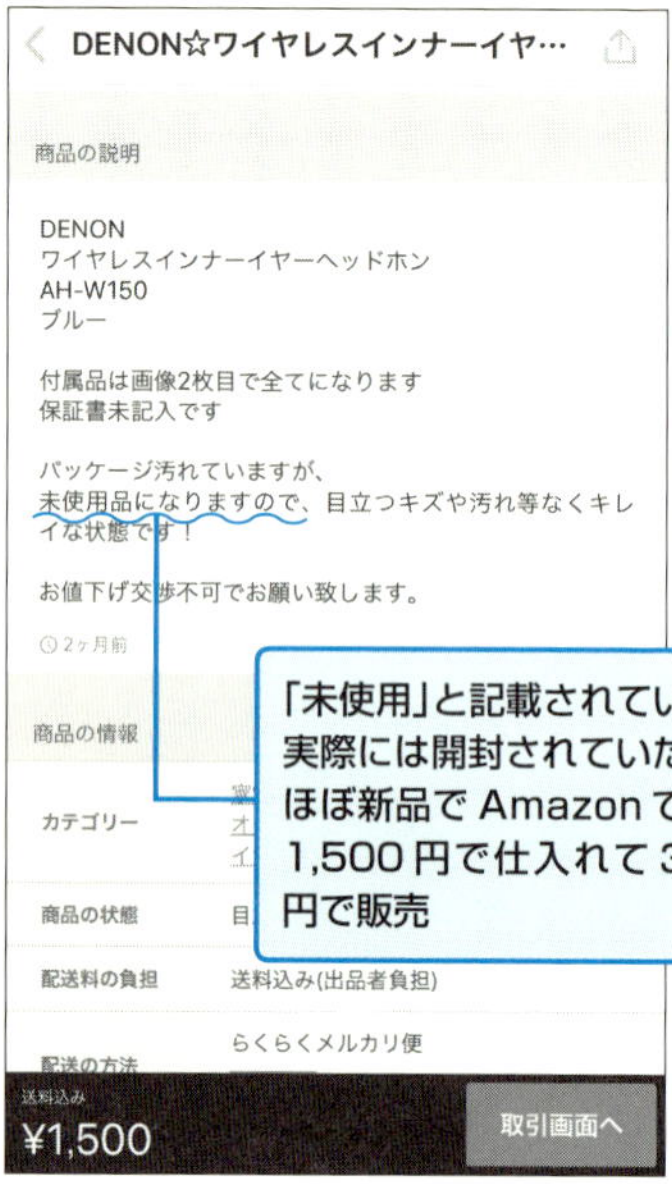

「未使用」と記載されていたが、実際には開封されていたので、ほぼ新品で Amazon で販売。1,500 円で仕入れて 3,240 円で販売

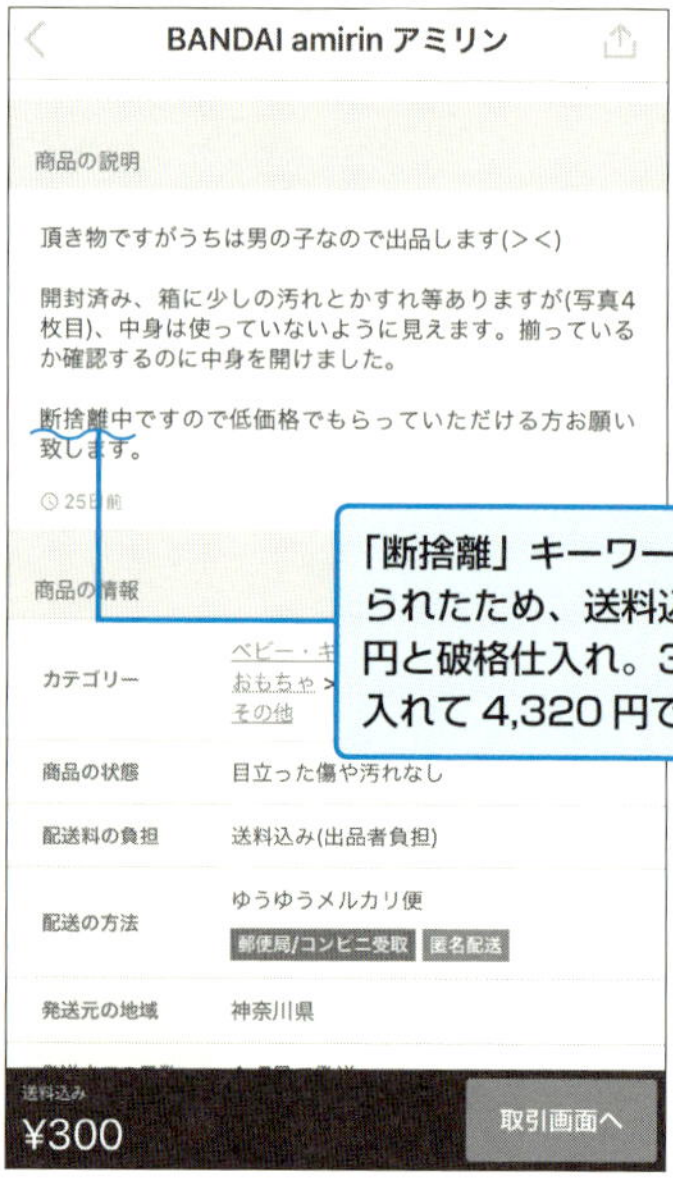

「断捨離」キーワードで見つけられたため、送料込みの 300 円と破格仕入れ。300 円で仕入れて 4,320 円で販売

4 「全種類セット」の商品をねらう

コンビニの「1番くじ」やゲームセンターの景品や限定品には、同じシリーズの商品が何種類もあります。**Amazon**では、それらがすべてそろっている状態で商品登録されているものがたくさんあります。

先ほどの「**相場がわかりにくいという特性もありますが、メルカリのほうが売れていくのが遅い商品ジャンルだと、Amazonの相場よりも大幅に安くなっている**」場合があります。このような商品は、ライバルせどらーも即決で仕入れない傾向にあるので、ほかのジャンルに比べて商品が残っています。

商品タイトルには、全5種セットのような記載ですが、「**全種**」という検索キーワードで大丈夫です。また、「**コン**

● セット商品をねらう

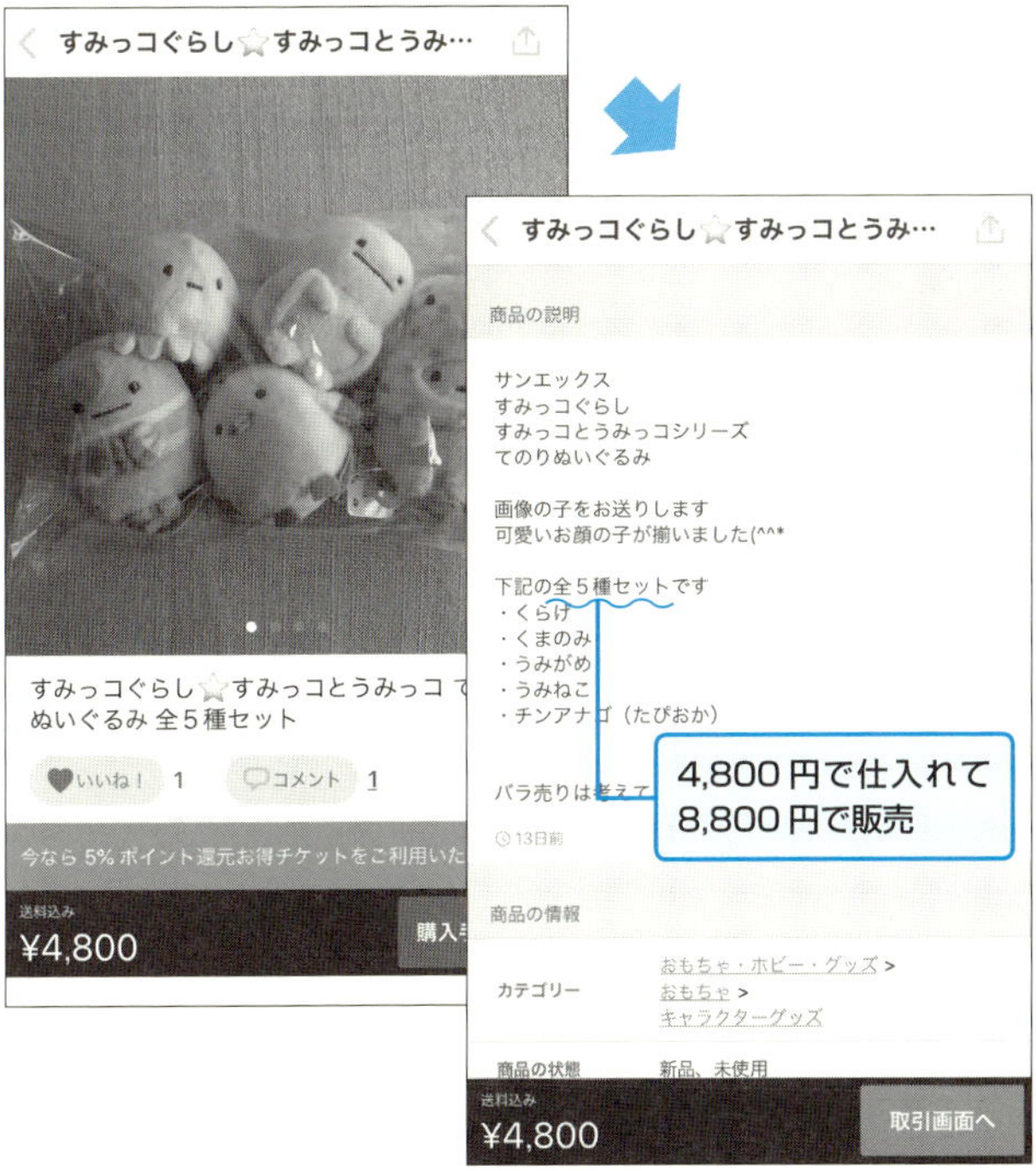
すみっコぐらし☆すみっコとうみ…
すみっコぐらし☆すみっコとうみっコ て
ぬいぐるみ 全5種セット
いいね！ 1
コメント 1
今なら5%ポイント還元お得チケットをご利用いた
送料込み
¥4,800
購入
すみっコぐらし☆すみっコとうみ…
商品の説明
サンエックス
すみっコぐらし
すみっコとうみっコシリーズ
てのりぬいぐるみ
画像の子をお送りします
可愛いお顔の子が揃いました(^^*
下記の全5種セットです
・くらげ
・くまのみ
・うみがめ
・うみねこ
・チンアナゴ（たぴおか）
バラ売りは考えて
13日前
4,800円で仕入れて
8,800円で販売
商品の情報
カテゴリー
おもちゃ・ホビー・グッズ >
おもちゃ >
キャラクターグッズ
商品の状態
新品、未使用
送料込み
¥4,800
取引画面へ

プリート」やそれを省略した「**コンプ**」で見つかる場合もあります。カテゴリーは、「**おもちゃ・ホビー・グッズ**」の場合が多いです。

5 「付属品」をねらったキーワード

Amazonの中古商品の場合、商品説明欄に付属品に関する説明が必ず書かれています。あたりまえですが、出品者の立場からすると付属品がそろっていれば、圧倒的に商品を売りやすくなるので、必ず記載します。

メルカリでは、「揃って」「完備」「全てあります」といったキーワードで検索します。そこから、「**商品の状態もとてもよくて付属品がそろっているにもかかわらず、Amazonの〝状態がよくない中古最安値の相場〟を見て値づけをしている商品**」をねらいます。

● **付属品がそろっているものをねらう**

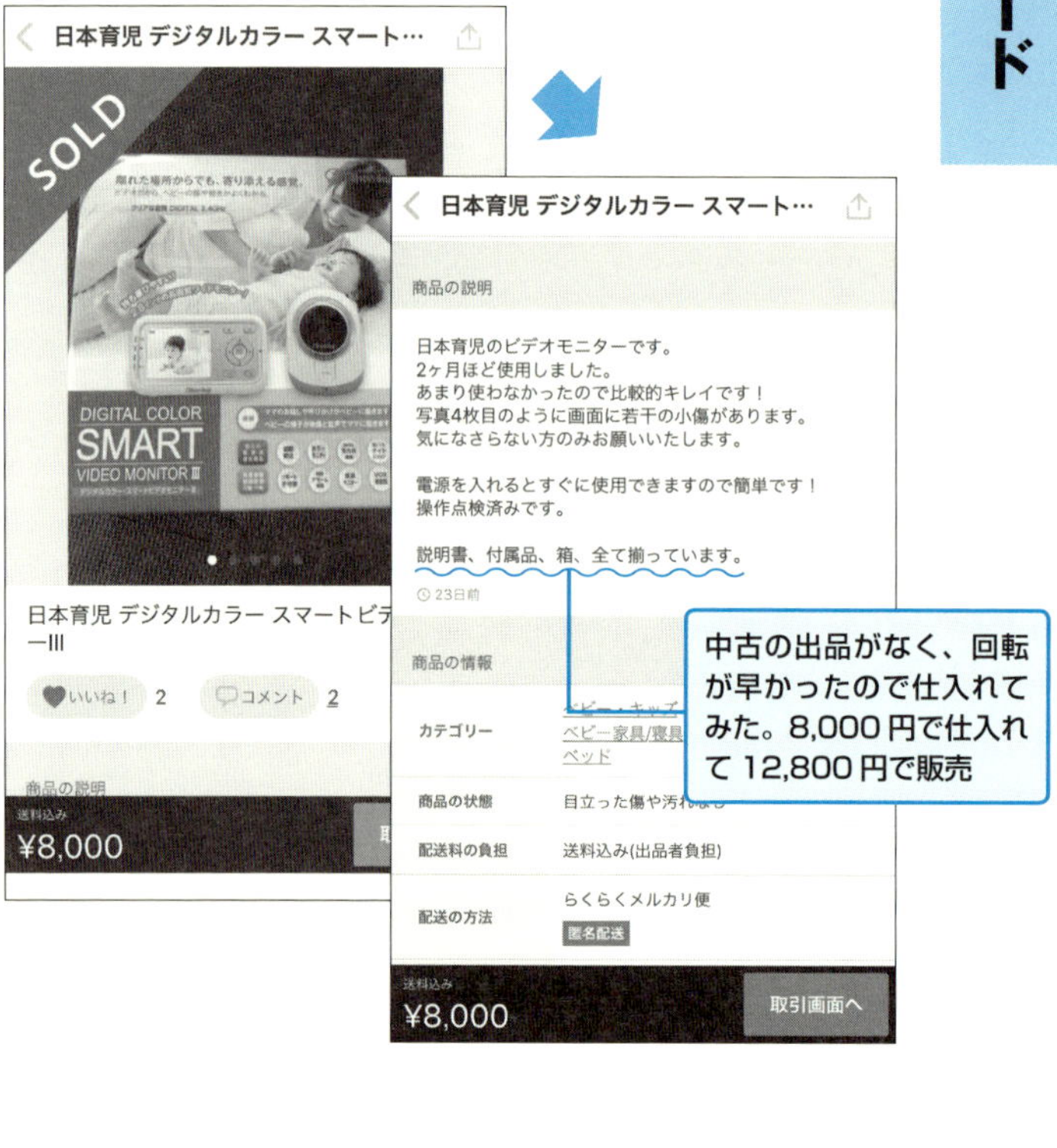

6 送料込みの価格設定を利用して、「2商品目以降を割り引いてもらう」

フリマアプリは、はじまったときから送料込みの価格設定という文化があります。もちろん、すべての場合にあてはまるわけではありませんが、8割以上の出品者が送料を含めた値段設定をしています。そうしたほうが売れるからです。

同じ出品者から複数商品を購入するなら、2商品目以降の送料分をすべて割り引いてもらえる可能性が極めて高いです。

出品者も、その点に関しては暗黙の了解という感じなので、2商品目以降の送料値引きを断られたことはあまりありません。1商品でも、せどりとして仕入れ可能であれば、同じ出品者の出品商品一覧をチェックして、送料を引いてもらえば利益が出る商品がないか確認してみましょう。

もちろん送料としての割引きなので、必要以上の値引きは控えましょう。1商品につき、だいたい300円から1000円の間の値引きが妥当です。

● まとめて購入して送料を割引してもらう

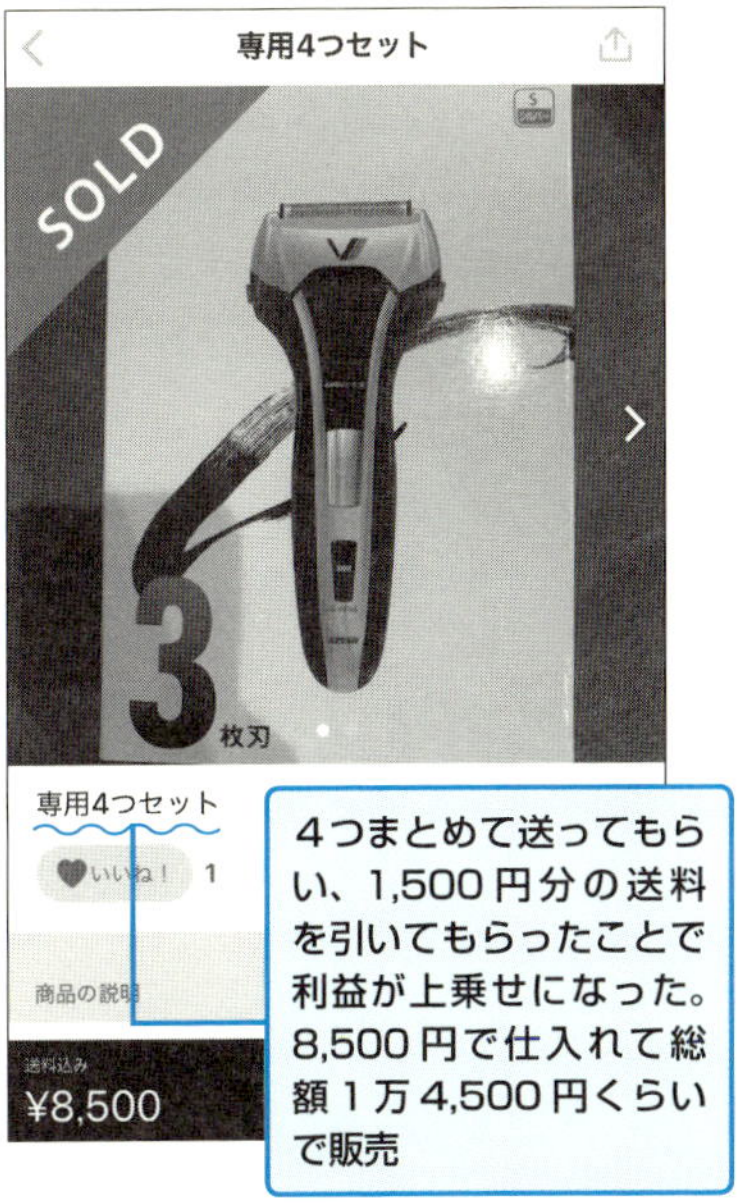
専用4つセット
SOLD
3 枚刃
専用4つセット
いいね！ 1
商品の説明
送料込み
¥8,500
4つまとめて送ってもらい、1,500円分の送料を引いてもらったことで利益が上乗せになった。8,500円で仕入れて総額1万4,500円くらいで販売

07 圧倒的な商品数でまさに宝探し！「ヤフオク！」仕入れ

1 日本最大のオークションサイト「ヤフオク！」

なんと、常時６０００万点もの商品が販売されています。それだけの商品数があるので、お宝が山のように埋もれています。ほかのサイトでは売り切れていたり、変に高値になっていても、ヤフオク！にはまだ商品が残っていたなんてこともよくあります。

「フリマアプリと違って、値段が安いところからだんだん上がっていく方式なので、予想外に安く仕入れができるというラッキーが多い」のもヤフオク！仕入れの魅力です。

それでは、宝探しをはじめましょう！

● ヤフオク！（https://auctions.yahoo.co.jp/）

2 キーワード検索のしかたをマスターしよう

「**ヤフオク！は、ほかの販売サイトよりも細かくキーワード検索を設定することができる**」ので、どんどん絞り込んでリサーチをしていけます。

キーワードの設定は4個所なので、覚えておいてください。ちなみに、キーワードとキーワードの間は通常の検索と同じくスペースを挿入します。

では、キーワード検索のしかたを見ていきましょう。

3 中古カテゴリーで、ほぼ新品を見つけよう

「**ヤフオク！では驚くことに、商品が〝新品〟の状態にもかかわらず〝中古〟のコンディションをあえて選択して出品する人がいます**」。その理由は、商品の外箱に多少ダメージがあるからというものもありますが、まったくきれいな状態の真新品にもかかわらず1度お店で買ったものだからという理由の人もいます。もちろん、このような人たちの値づけは安めに設定されているので、ここをねらい撃ちします。

あたりまえですが、新品の商品をリサーチするときに、絞り込み条件で「新品」のコンディションでリサーチするせどらーがたくさんいます。この逆をついて、「**〝中古〟を選ぶ**」ようにしま

STEP 1 「検索」ページで「もっと詳しく検索する」をクリックする（Androidの場合は「絞り込み」）。

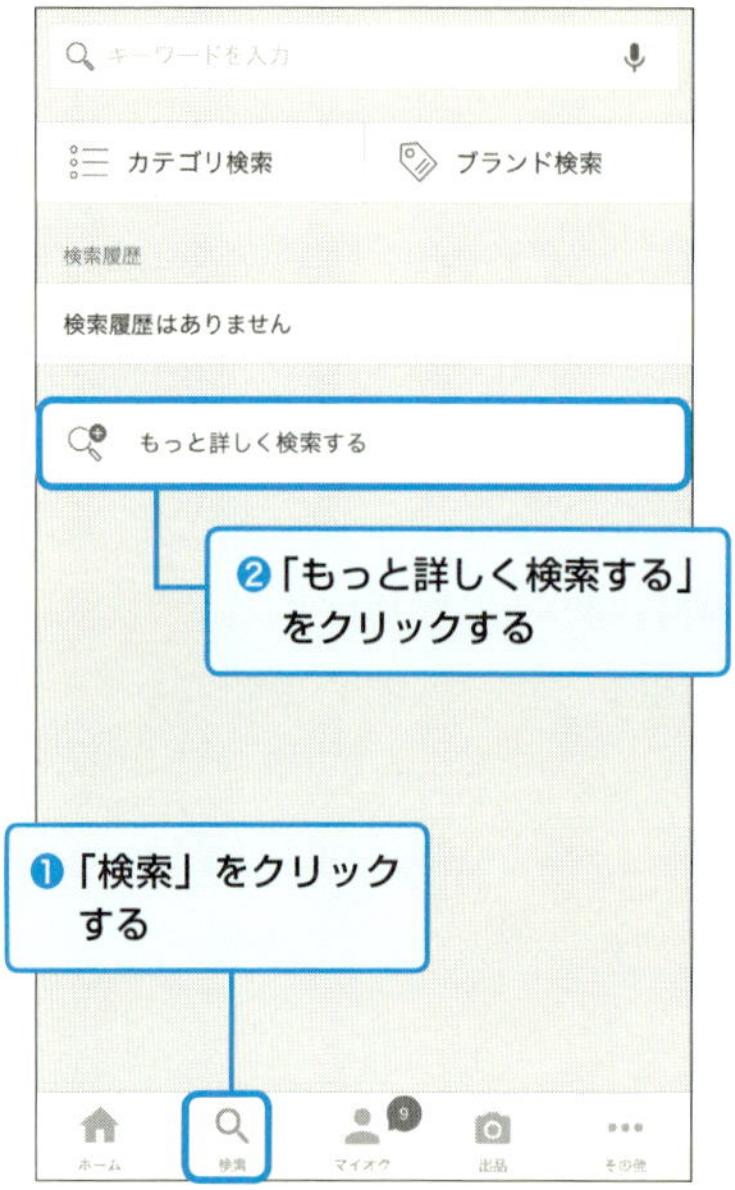

STEP 2 「キーワード」をクリックする。

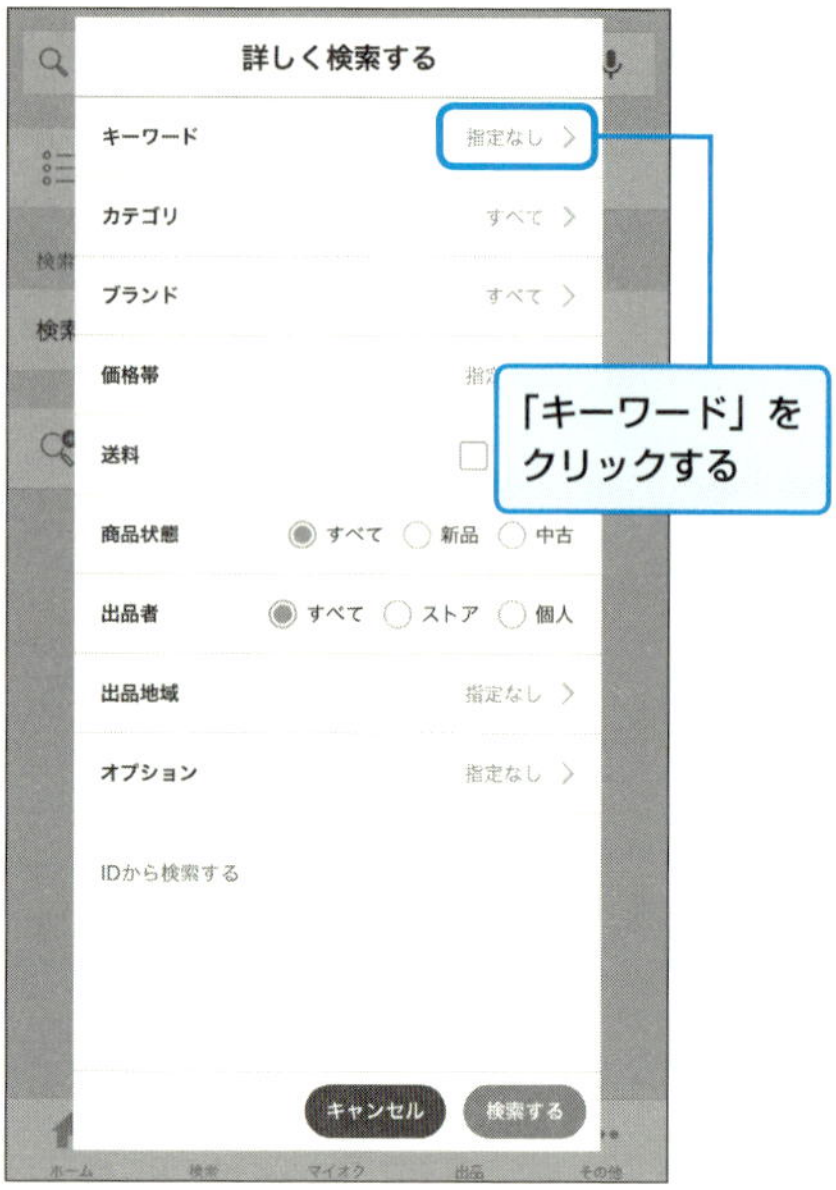

STEP 3 検索したいキーワードを入力する。

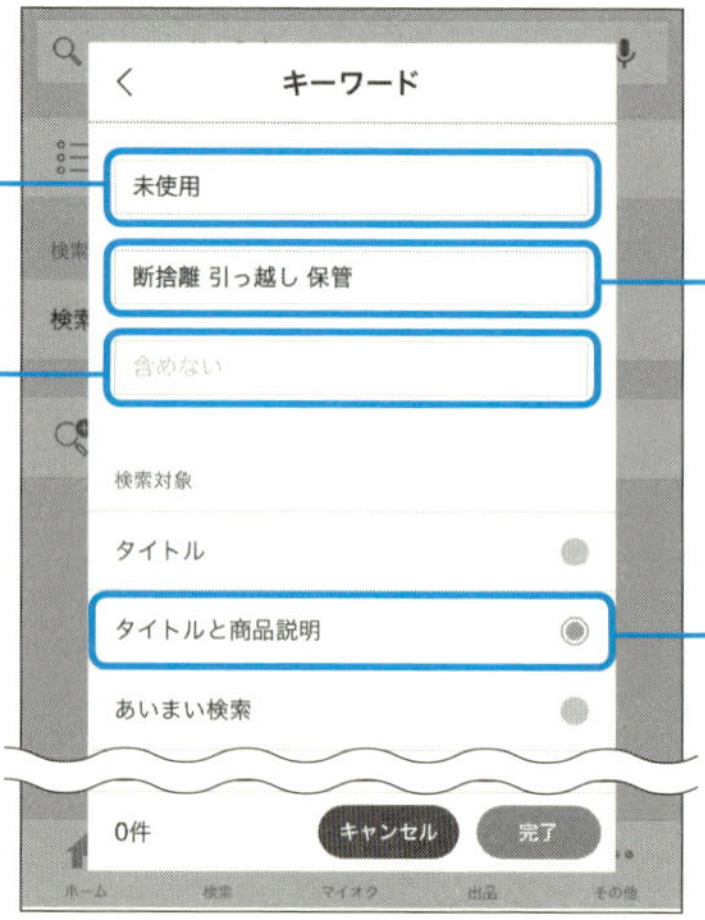

すべて含む：ここに入力したキーワードがすべて含まれている場合、検索結果に表示される。わかりやすく言い換えると、絶対に含まれている必要があるキーワードを、すべてここに入力する

含めない：検索結果に含めたくないキーワードがある場合、ここに入力する

少なくともひとつを含む：ここに入力したキーワードのいずれかが入っていれば、検索結果に表示される。ここのキーワードの数が増えるほど検索結果も多くなる

検索対象：基本的に「タイトルと商品説明」を選ぶ

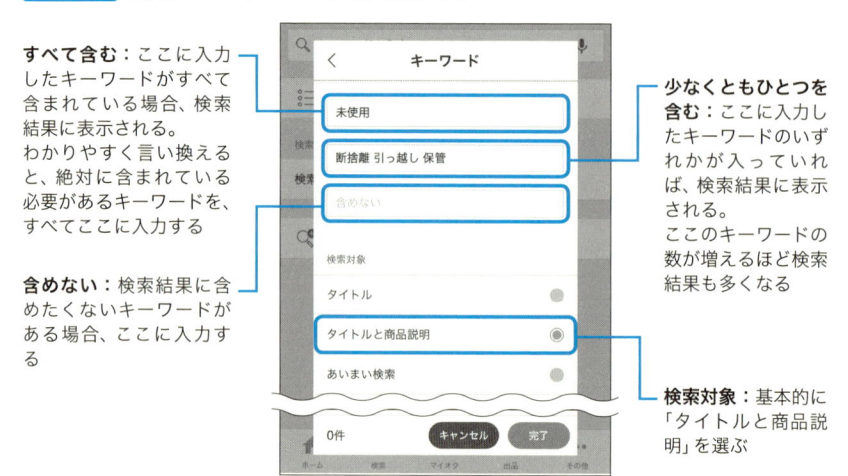

しょう。「**リサーチキーワードは〝未使用〟**」です。この手法で見つけた場合、「**Amazonの規約上〝ほぼ新品〟で出品する必要があります**」。ただ、裏話を言ってしまうと、こういった商品でも「新品」で出品してしまう人が多いです。

4 ヤフオク！ならではの「安売りキーワード」でせどる

めちゃくちゃ破格で出品する人が、よく使う言葉があります。

それが、「**○○円スタート！**」「**格安スタート！**」というキーワードです。「**せどる側の検索キーワードは〝スタート〟です**」。

そして、このときにねらうべき商品は「**入札があまり入っていない商品**」です。入札がたくさんあるということは人気商品なので、

● ヤフオクでは「ほぼ新品」の商品が「中古」で出品されている

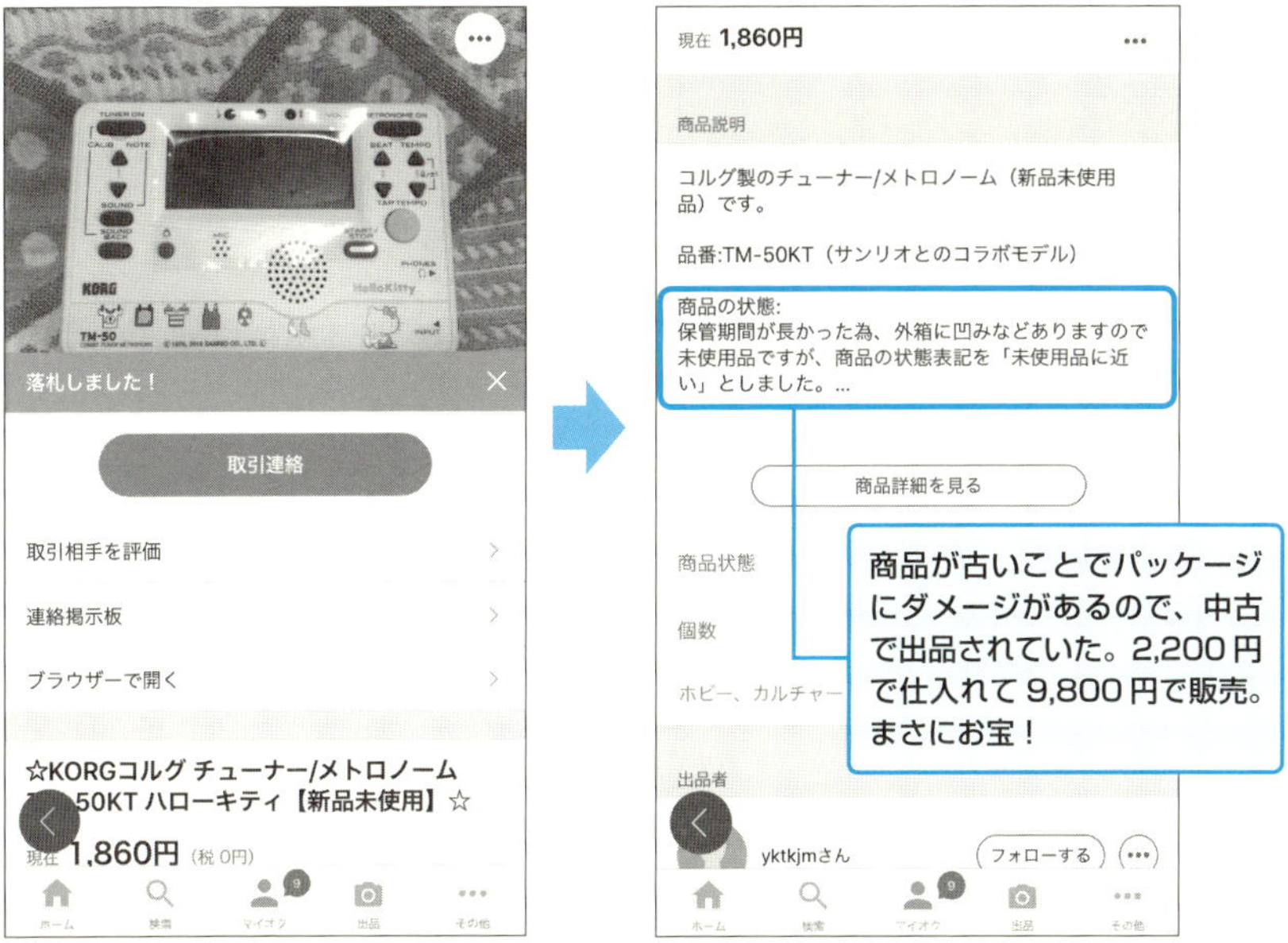

結局最終的な落札価格はほかのネット販路の相場と近づいてしまうので転売はできません。**「1円スタートは、明らかに群がらせる戦略なので避けたほうがいい」**でしょう。そんな中で見つけたのが下の商品です。

5 「ニッチカテゴリー」でライバル不在をねらおう

ヤフオクは出品数が多すぎるゆえにカテゴリーの数もとても多くて、細かく分類するとなんと4万以上にも分かれます。

それだけのカテゴリーがあると、有名メーカーの商品が予想外のカテゴリーに入っていたりします。ライバルもリサーチをしに来ないようなカテゴリーだったりするので、利益が出るような商品でも、見つけたら高い確率で落札できます。

● 安売りキーワードで探した商品

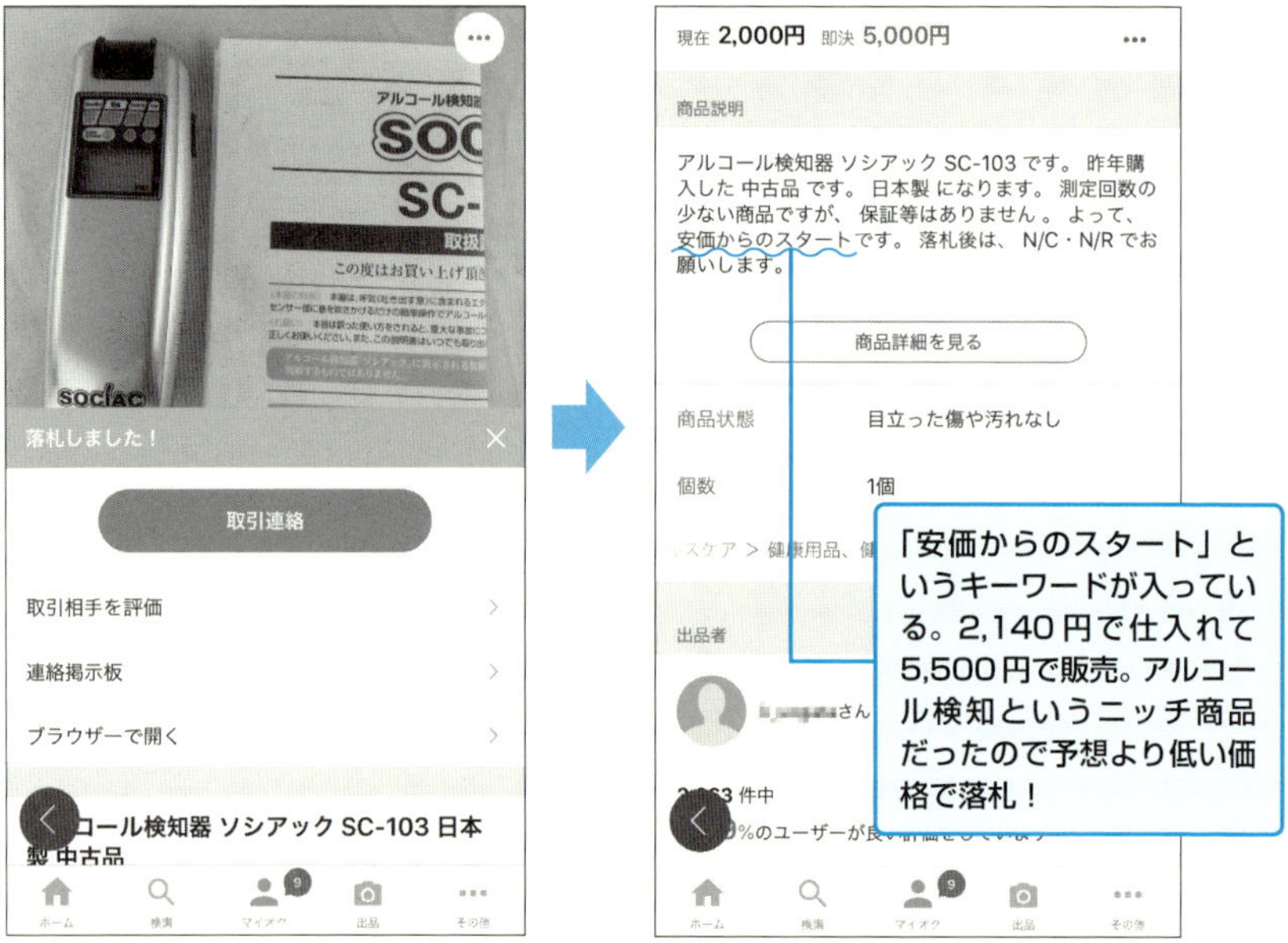

落札しました！
取引連絡
取引相手を評価
連絡掲示板
ブラウザーで開く
コール検知器 ソシアック SC-103 日本製 中古品
現在 2,000円 即決 5,000円
商品説明
アルコール検知器 ソシアック SC-103 です。 昨年購入した 中古品 です。 日本製 になります。 測定回数の少ない商品ですが、 保証等はありません 。 よって、安価からのスタートです。 落札後は、 N/C・N/R でお願いします。
商品詳細を見る
商品状態 目立った傷や汚れなし
個数 1個
出品者
「安価からのスタート」というキーワードが入っている。2,140円で仕入れて5,500円で販売。アルコール検知というニッチ商品だったので予想より低い価格で落札！

また入札件数が増えないので、思ったよりも安くゲットでき、利益率改善にも役立ちます。たとえばですが、キーワードに誰もが知っている**Panasonic**と入力して、カテゴリーを「住まい、インテリア」にします。

そこから細分化して「セキュリティ」や「インテリア小物」でせどれる商品を見つけました。ライバルの多くは、**Panasonic**であれば、もちろん「家電」「コンピュータ」あたりを選んでリサーチしています。

6 「落札ツール」は必ず使おう

オークションで仕入れをする場合、落札日時にパソコンかスマホの前にいる必要がありますが、それは不可能だということをいち早く理解しましょう。

現実は、どれだけ落札日時を覚えようと努

● ニッチカテゴリーは同じ出品者から複数落札できることも

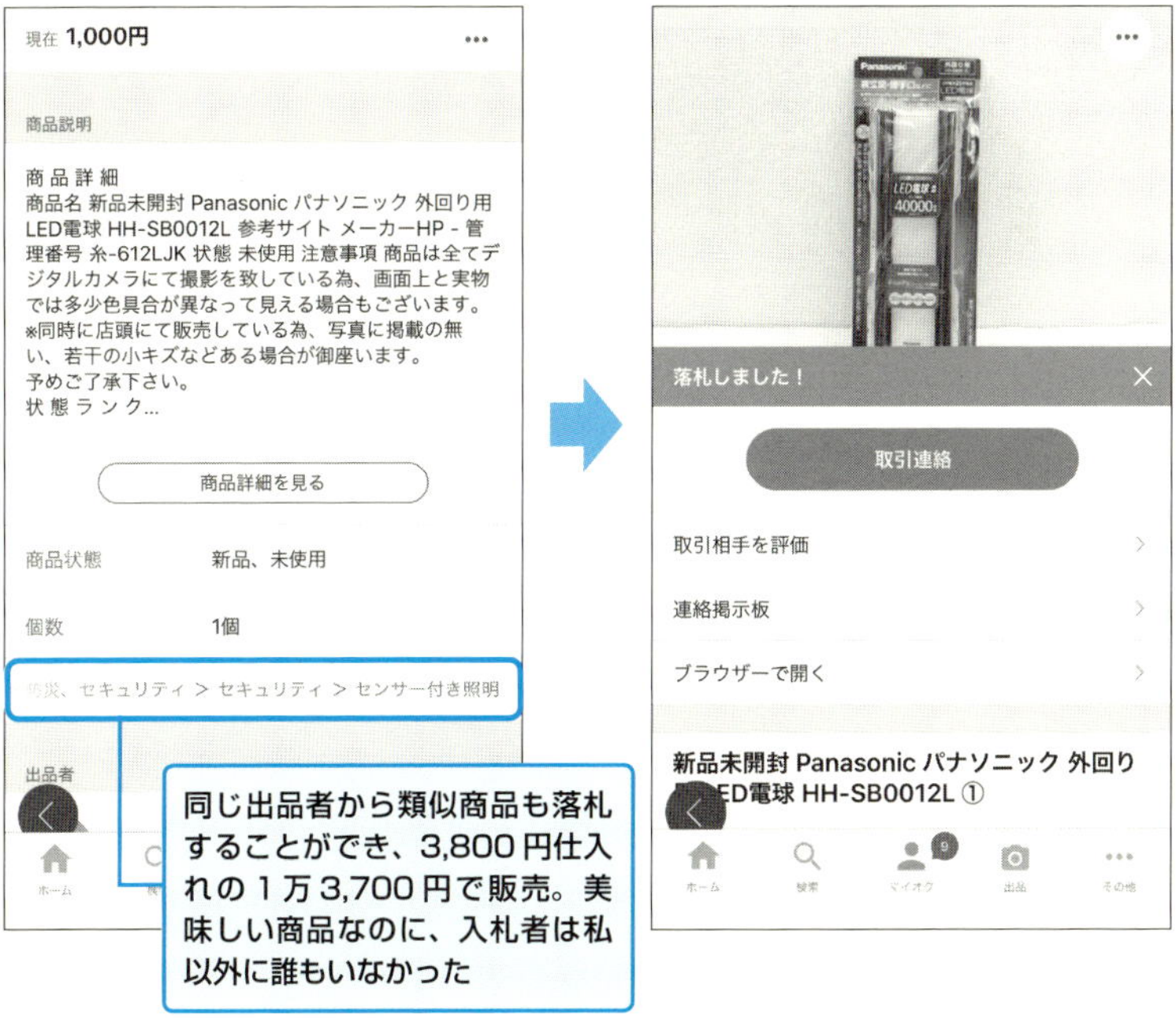

力しても、日々の忙しい用事などで、落札日時なんてすっかり忘れているのが普通です。ここは、大変便利な「入札予約ツール」があるので、それをぜひ活用してください。

1番のお勧めツールは、「**オークファンのライト会員**」です。月額300円の有料会員となりますが、機能も文句ないですし、何よりウェブ上で作動してくれるのが助かります。もちろんですが、できるだけ安い価格で入札してくれる「追跡入札機能」が実装されていて、スマホからも入札予約ができます。

無料のツールとしては「**Bid Machine**」があります。こちらはツールソフトをダウンロード、起動させ、パソコンの電源をずっとオンにしておく必要があるので気をつけましょう。

7 「落札率」について

ヤフオク！で利益が出る商品を見つけ次第、どんどん入札予約をしますが、落札できない場合もあります。むしろ落札できないことのほうが普通なので、気にしないようにしましょう。

落札率の目安としては、初心者だったとしても最低でも1割以

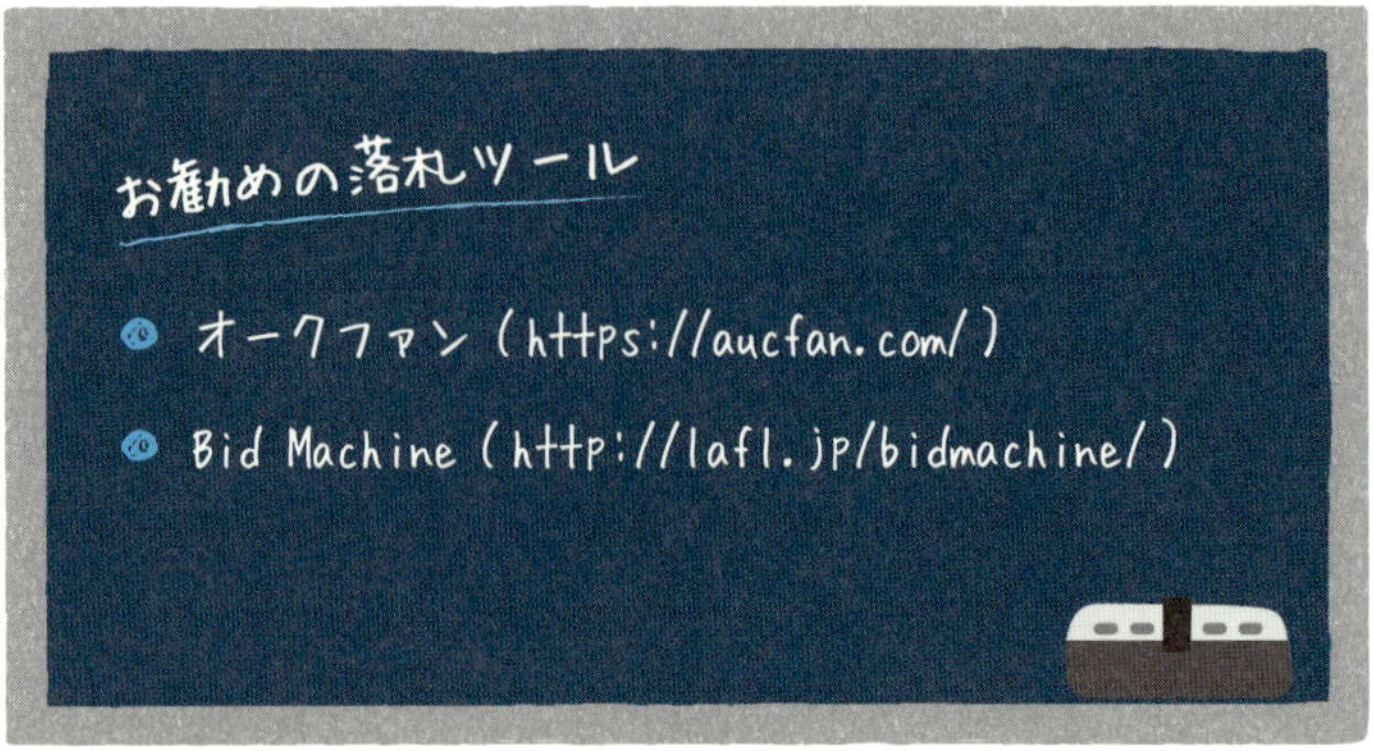

お勧めの落札ツール
オークファン（https://aucfan.com/）
Bid Machine（http://lafl.jp/bidmachine/）

上は目指してください。できれば2割がいいです。そして、3割周辺であれば合格ラインです。

入札率が1割以下であまりにも落札できない場合は、**「多くの一般ユーザーにとってもほしい！と思わせるような人気（ランキング）が高すぎる商品をねらいすぎている」**。または、**「せどらーのライバルが多すぎるカテゴリーをリサーチしすぎている」**かのどちらかです。

落札率が1割以上になるまでは、ここの部分を意識し続けましょう。落札率はあくまでも目安ですが、何より大事なのは**「リサーチにかけた時間に対して、どれだけの利益額が出せる落札ができたかということ」**です。

ライバルとの競りあいに少しでも勝ち、落札率を上げるテクニックをひとつ紹介します。それは、**「端数の数字をキリ悪く入札する」**ことです。せどらーと入札で競りあう場合、ほぼ同じ入札額を考えていることがあります。そんなとき、端数を10円でも高くしておけばあなたが落札できる可能性が少し高まります。たとえば5000円ではなく、5011円で入札してみてください。

8 「状態が悪い商品」だって届きます

中古の電脳仕入れは商品の状態が説明文と違って、思っていたよりも悪いことがまれに起きます。インターネット上の画像と文章で仕入れ判断をするしかないので、しかたがないことでもあります。

ネット仕入れの場合は、そういったことが起こる前提で仕入れの判断基準の設定をしましょう。

たとえば、「**コンディションのランクを1つ下げて出品しても赤字にならず、最低でも1割くらい利益を確保できるものを仕入れる**」ようにします。出品者もしっかり選びましょう。「**評価数はできれば50以上あり、評価率も98％以上は良い状態がある出品者が好ましい**」です。

このように少し余裕を持って、仕入れをするようにします。その理由は、返品する場合のさまざまなコストがあまりにも大きいからです。だから、ちょっとくらい予想より変なものが届いても、出品してしまって薄利気味で売ってしまいます。そのほうがよほど効率的にビジネスを進めていけるからです。

それでは、具体的な仕入れ方法をはじめて解説した3時限目をそろそろ終わりにします。お伝えしたとおり実践してもらえれば、利益が出る商品は必ず見つかるので、まずは1個見つけてみてください。そして、1度購入した販売者が新規で商品を出品したときは再度仕入れられる可能性があるので、フォロー機能を使って効率よく仕入れましょう。

この3時限目があなたにとって、最初の大きな一歩になることを祈っています。

4時限目
週末自宅で仕入れよう「新品電脳せどり」

中古せどりの次は、
新品商品を仕入れ
ちゃいましょう。
中古で出品を経験
すると、新品で出
品することがだい
ぶ楽に感じます。

01 ヤフオクストアで仕入れる

1 新品仕入れは、「ヤフオクストア」からだけ

実は、「**オークションサイトやフリマアプリといったサイトからは新品商品を仕入れることができません**」。「**Amazonの新品商品の規約が変更になり、個人からの新品仕入れは禁止**」になりました。ただ、個人事業主であれば可能です。また、「**保証がある商品は、メーカーと同等の状況を用意する**」必要があります。

そう考えると、新品仕入れが可能なのはオークションとフリマアプリであれば、条件を満たしているのは「**ヤフオクのストアのみ**」です。ヤフオクのストアは、個人事業主か法人しか出店ができないからです。もちろん、ラクマ、メルカリにも実質的な業者出品者はいますが、業者認定としては非公式的なものとなります。

本来はダメですが、今でもたくさんのセラーが、個人出品のヤフオクやメルカリから仕入れて

新品として出品しています。**Amazon**の新品商品の規約について一度、しっかり読んでおいてください。

●セラーセントラルのコンディションガイドライン
https://sellercentral.amazon.co.jp/gp/help/help.html?itemID=200339950&language=ja-JP&ref=mpbc_10085248_cont_200339950

2 ヤフオクストアもキーワードで仕入れよう

ヤフオクストアの業者といっても、構える必要はまったくありません。先ほどの中古仕入れのときとほぼ同じ方法で大丈夫です。「**業者が〝安く出品〟しそうなキーワードでリサーチをかけるだけ**」です。「**倉庫**」「**処分**」「**アウトレット**」「**展示品**」など、業者っぽいキーワードをたくさん考えてみましょう。

また、当然ながら業者のほうが値づけが厳しいので、「**訳あり商品**」などをねらって、「**訳**」というキーワードを使って、ここではリサーチしてみました。「**訳あり商品の多くの理由は、〝パッケージ潰れ〟によるもの**」です。ただ、業者が新品のコンディションで出品している以上は、よっぽどひどい状態のものはほぼありません。ここではパソコンで説明していきます。

STEP 1 ヤフオクでリサーチをかける。

STEP 2 商品を絞り込む。

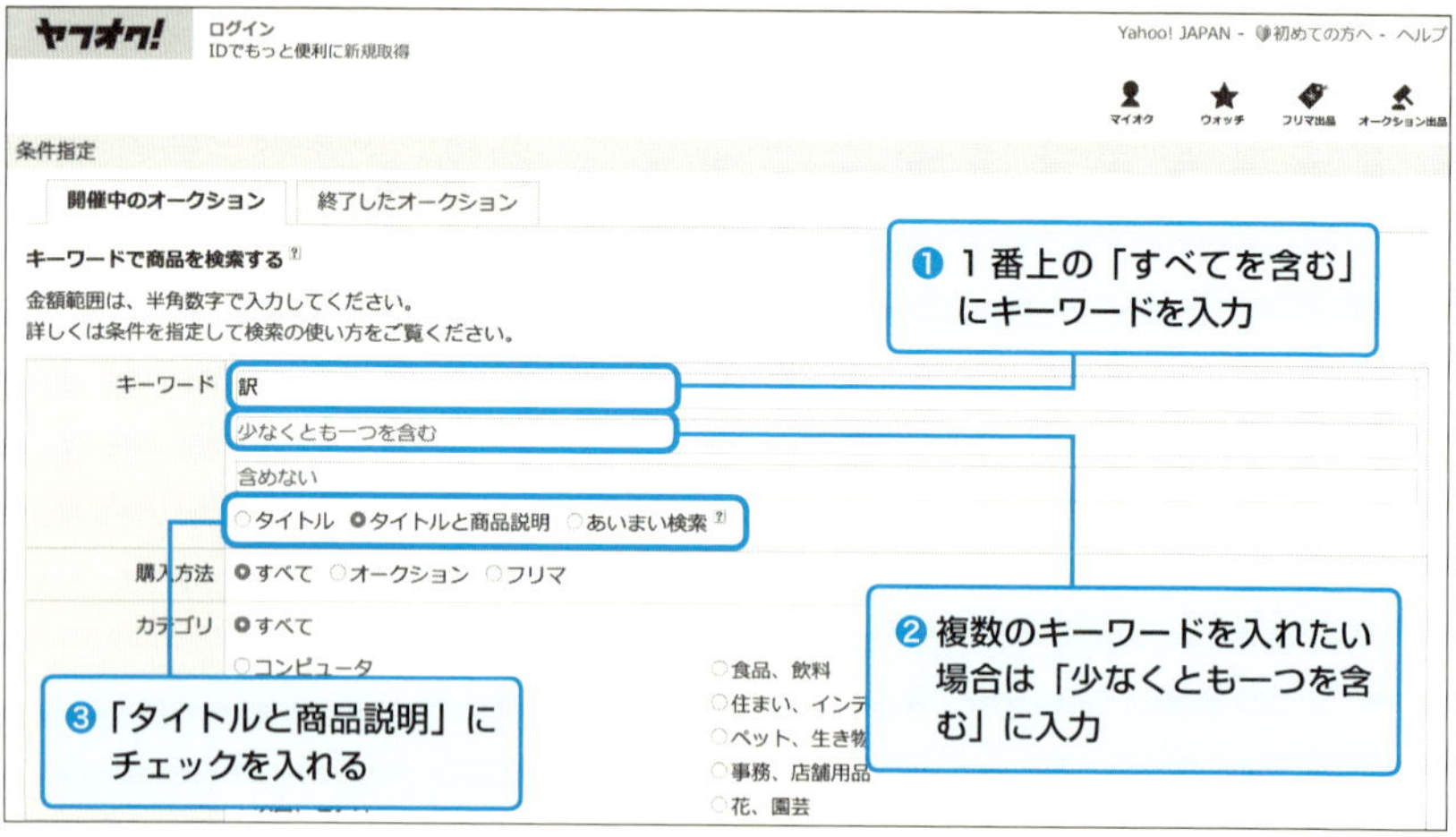

STEP 3 業者を絞り込む。

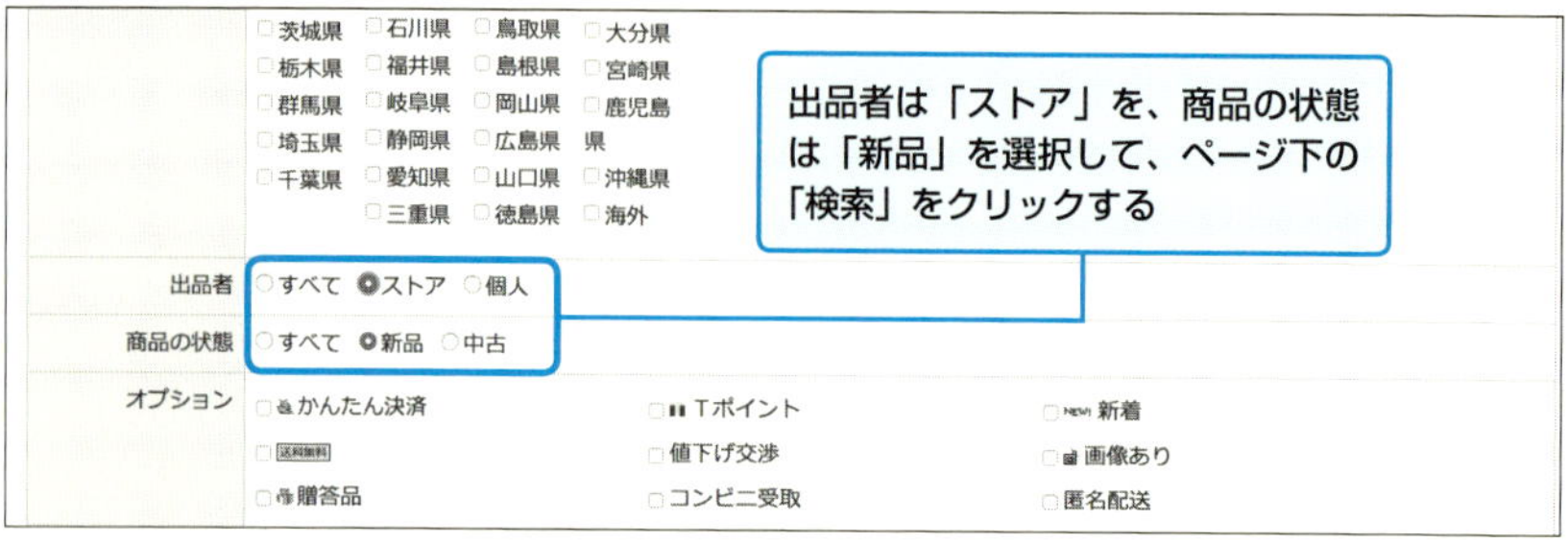

STEP 4 気になるカテゴリーからチェックする。

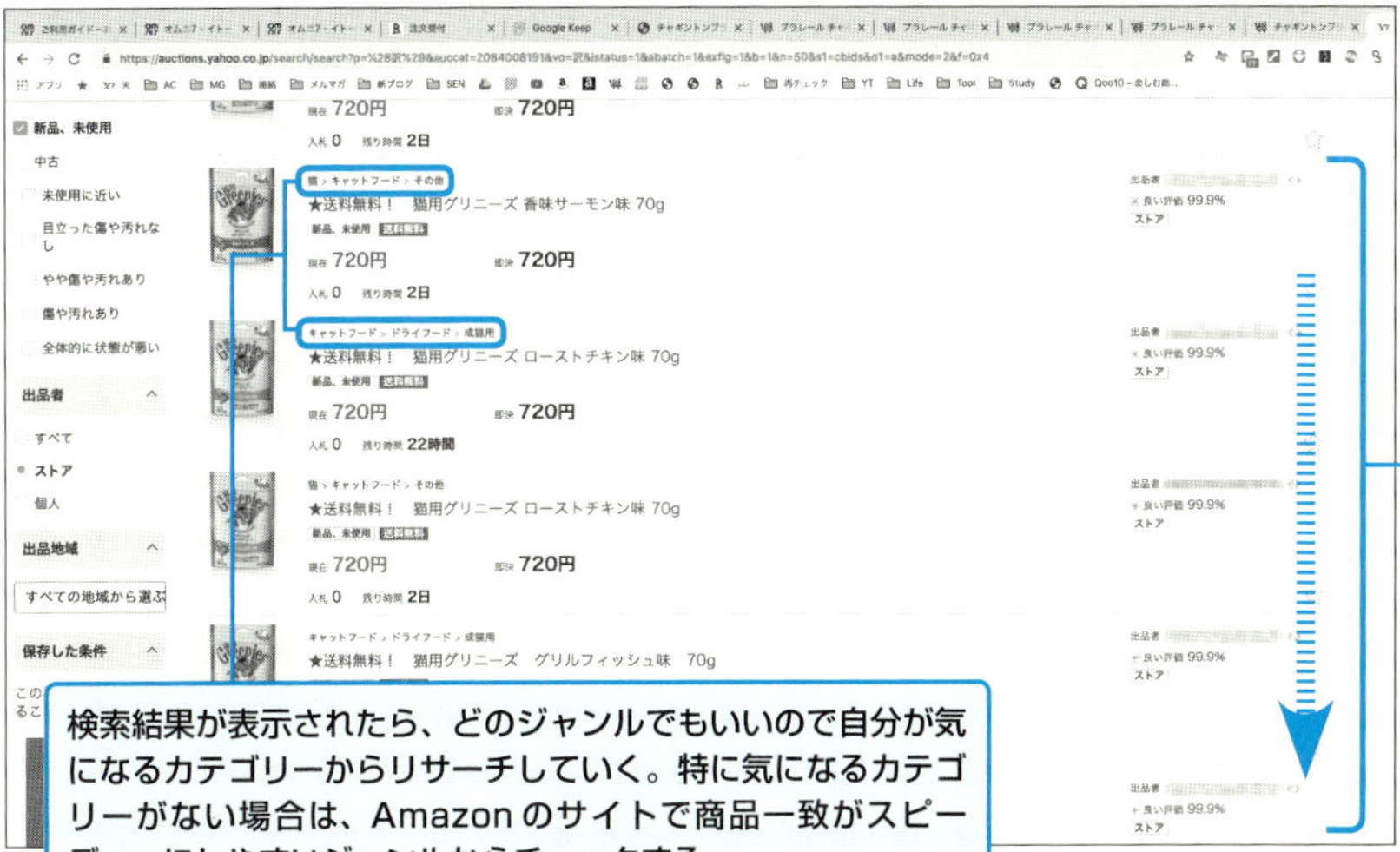

検索結果が表示されたら、どのジャンルでもいいので自分が気になるカテゴリーからリサーチしていく。特に気になるカテゴリーがない場合は、Amazonのサイトで商品一致がスピーディーにしやすいジャンルからチェックする

ストアの新品出品で多いのが、同一商品を大量に、同じ画像、タイトル、説明文で、別々の出品IDで出品している。同じ商品がずっと続き、このような商品は利益が出ないことが多いので、一気にスクロールしてしまう

STEP 5 外箱にダメージありのため、訳あり品を落札。

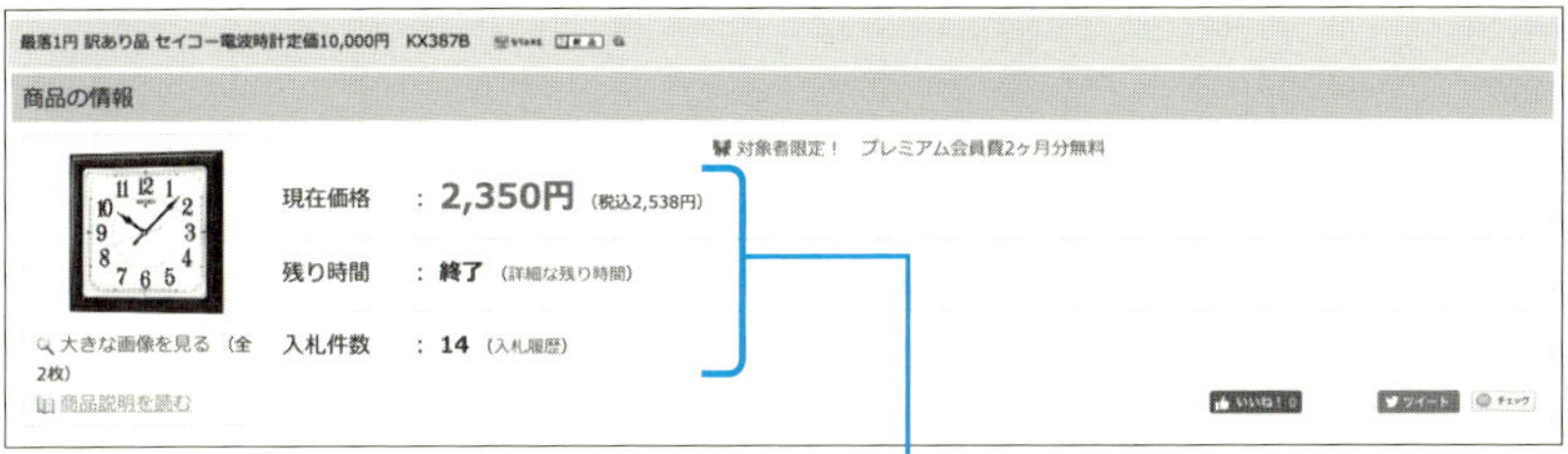

送料込みで3,790円で仕入れて7,200円で販売

02 ショッピングモールサイトで仕入れる

1 「ポイント」を考慮するのも仕入れのやり方

「ヤフーや楽天などの大手ショッピングサイトでは、それぞれのサイト内のプログラムやサービスを利用することで、最大50％のポイント還元になったりします」。ポイントは、次のお買い物で使えるので現金と一緒です。

ポイント50％還元であれば、実質半額値引きされた状態で購入できるのと同じということになります。もちろん、50％還元はかなりの条件がそろわないとなりませんが、12％の還元くらいなら常時可能です。

次頁の図を見てのとおり、**Yahoo!**プレミアム会員になったり、

● 大手ショッピングサイト

YAHOO! JAPAN	●**Yahoo! ショッピング** (https://shopping.yahoo.co.jp/)
Rakuten	●**楽天市場** (https://www.rakuten.co.jp/)

携帯をソフトバンクにしたり、**Yahoo! JAPAN**カードを使ったりすればいいだけです。さらにお店独自のポイントが入るともう少し上がることもあります。

「楽天やYahoo!ショッピングは、ほとんどの商品がアマゾン相場よりも少し高めの価格で設定されています。そのため、価格がアマゾンより少し安い隙間の商品をねらいつつ、いかにポイントを有効に活用するかが重要」になってきます。

とりあえず、クレジットカードは無料で倍率を上げる方法として有効です。持っていて損はないので、それぞれ申し込んでおきましょう。ちなみに、**「貯まったポイントは有効期限があることが多いので、次の仕入れで全額使ってしまう」**ようにしましょう。

2 ショッピングサイトもキーワードでリサーチする

ショッピングサイトでのリサーチも、とてもシン

● ヤフーや楽天などの大手ショッピングサイトのポイント還元を、最大限有効に使う

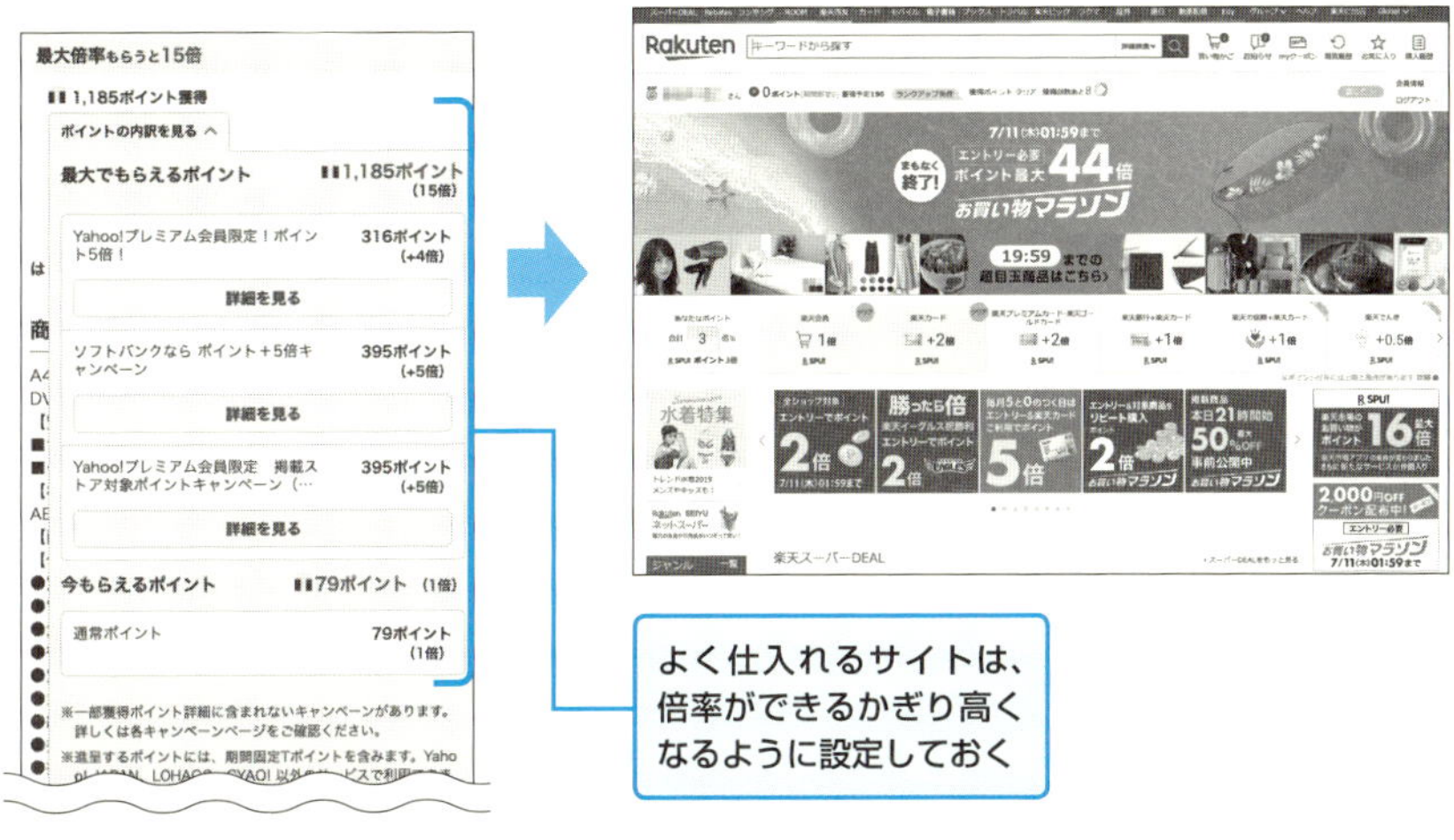

プルです。安値で出品するときは、多くの出品者が商品タイトルにキーワードを入れ込むので、それをねらってみましょう。今回は「**在庫限り**」でリサーチしてみます。出品者は残り少ない商品を売り切りたいという思いがあるので、安くなっている可能性が高いです。「**アウトレット**」「**廃盤**」のようなキーワードもねらえます。

「**Yahoo!ショッピングや楽天市場だと、商品によってはバーコード番号であるJANコードが載っている場合も多々あるので、その番号をモノレートでリサーチするのが最速**」です。

次頁の販売事例は、ポイントなしでも十分仕入れられる商品をチョイスしましたが、ここからさらにポイントがつくので美味しいですよね。

3 オンラインのワゴンセールもリサーチ

ショッピングサイトといっても、店舗と同じ形式で販売されているので、オンラインショップにもワゴンセールがあります。ショップによって言い方は違いますが、「**アウトレット**」「**セール会場**」といったくくりになっています。リサーチ方法は、店舗のワゴンをあさるのと一緒で、全商品チェックするだけです。

売り切りの商品が多く、1度だけの仕入れになる可能性が高いですが、大型セールイベントに比べればライバルも多くなく、仕入れ商品もリサーチして見つけやすいので、リサーチに行き詰まったときにやってみてください。

STEP 1 楽天市場で仕入れる。

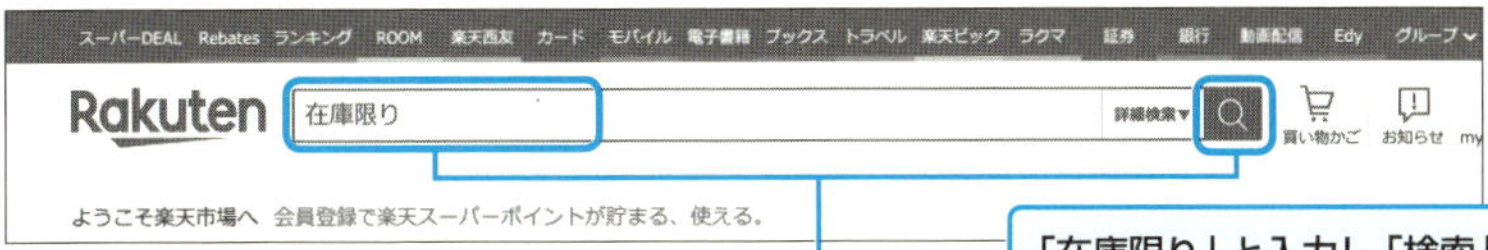

「在庫限り」と入力し「検索」をクリックする

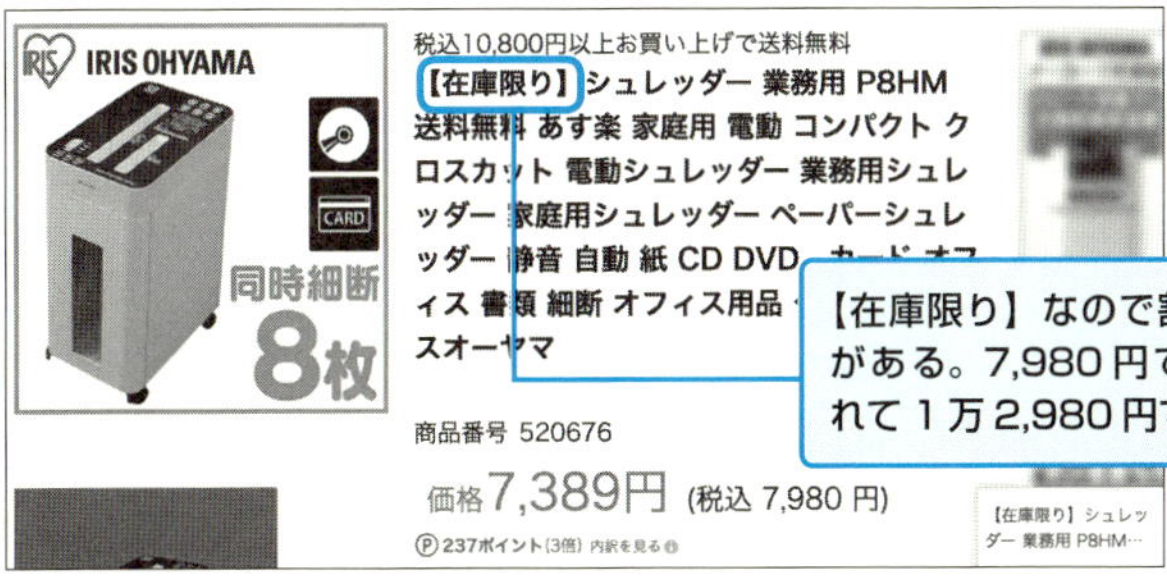

【在庫限り】なので割安感がある。7,980円で仕入れて1万2,980円で販売

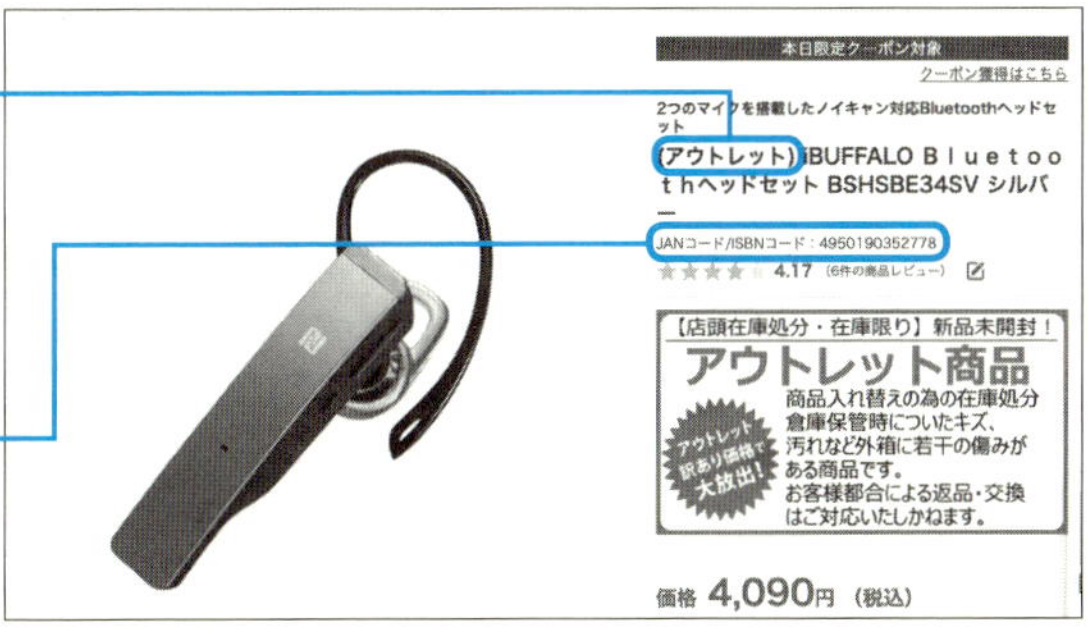

「アウトレット」のキーワードで発見

JANコードも載っていたので、モノレートでリサーチしやすい。4,090円で仕入れて5,900円で販売

● ショップ独自の「セール会場」でリサーチする

売れ残ってしまった手帳が破格に。999円で仕入れて2,484円で販売

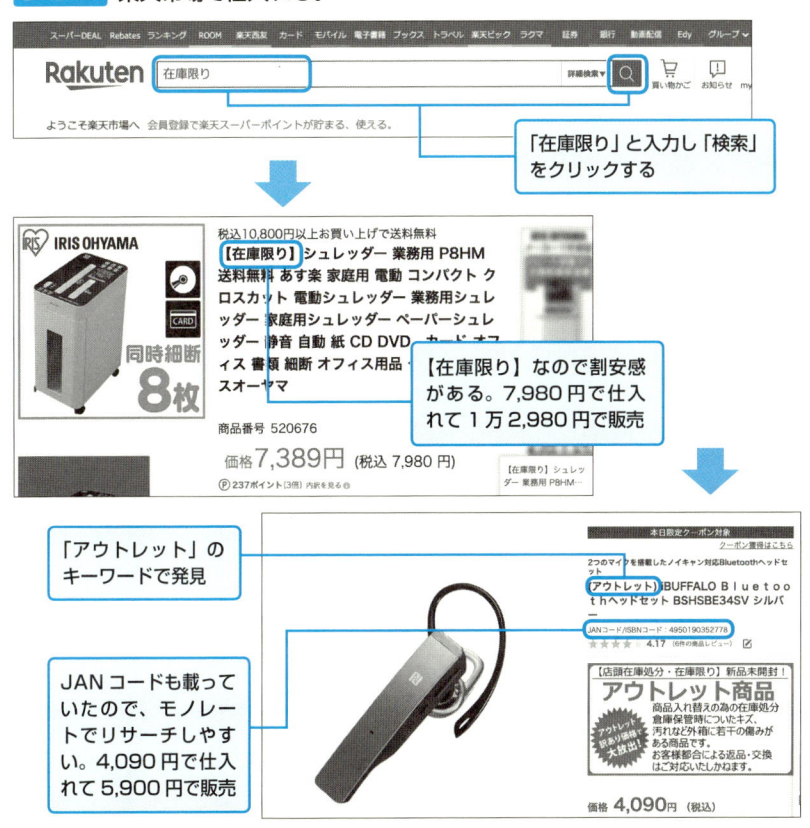

03 メーカー直営サイトで仕入れる

1 ライバルも一般の人も見落としがちなメーカー直営サイト

一般消費者も、せどらーも灯台下暗しで、「**案外見落としがちなのがメーカー直営のサイト**」です。メーカー直営のサイトから商品を買うことなんて、リピートしている商品でもなければ、きっと1年に1回くらいしかないのではないでしょうか。よほど世間が騒いでいる流行りの商品以外は、たいがい商品が残っています。

また、「**ネットで商品名を検索しても、メーカーのショッピングサイトが検索結果上位に表示される確率は極めて低いので、ライバルも気づかないことが多い穴場**」なんです。自分だけが知っているメーカー直販仕入れで、がっつり稼いでくださいね。

2 プレ値商品に出会ったら、メーカー直営サイトを見てみよう

「**ネットでも店舗でもリサーチしているときに、明らかにもともとの価格相場よりも高値になっている、定価を超えていると思ったら、メーカー直営サイトをチェック**」してみましょう。

次頁の図のサーモスのお弁当バッグは、店舗でたまたま見つけて、その後は、ショッピングサイトから何度も仕入れていました。ですが、そこも在庫がなくなってしまったため、サーモスの公式販売サイトをチェックしたところ、普通に売られていました。しかも廃盤だったため、元値より安い値段で仕入れることができました。

信じられないかもしれませんが、こういったお弁当バッグも、人気が出れば7000円以上で買う人がいるんです。

またモノづくりのメーカーではなく、キャラクターの公式サイトからも仕入れられることがあります。プラレールをリサーチしているときに、プレ値になっているチャギントンの商品を見つけました。有名なネットショップでは、どこも売っていなかったので、もしかしてチャギントンのサイトで売っているかなと思いました。プラレールの商品が、チャギントンのオンラインショップで売っているなんて思う人は極めて少ないですよね。在庫が少ない商品でもなく、多くの人が購入するサイトでもなかったので、リピート販売することができました。

● メーカー直営サイトで仕入れる ❶

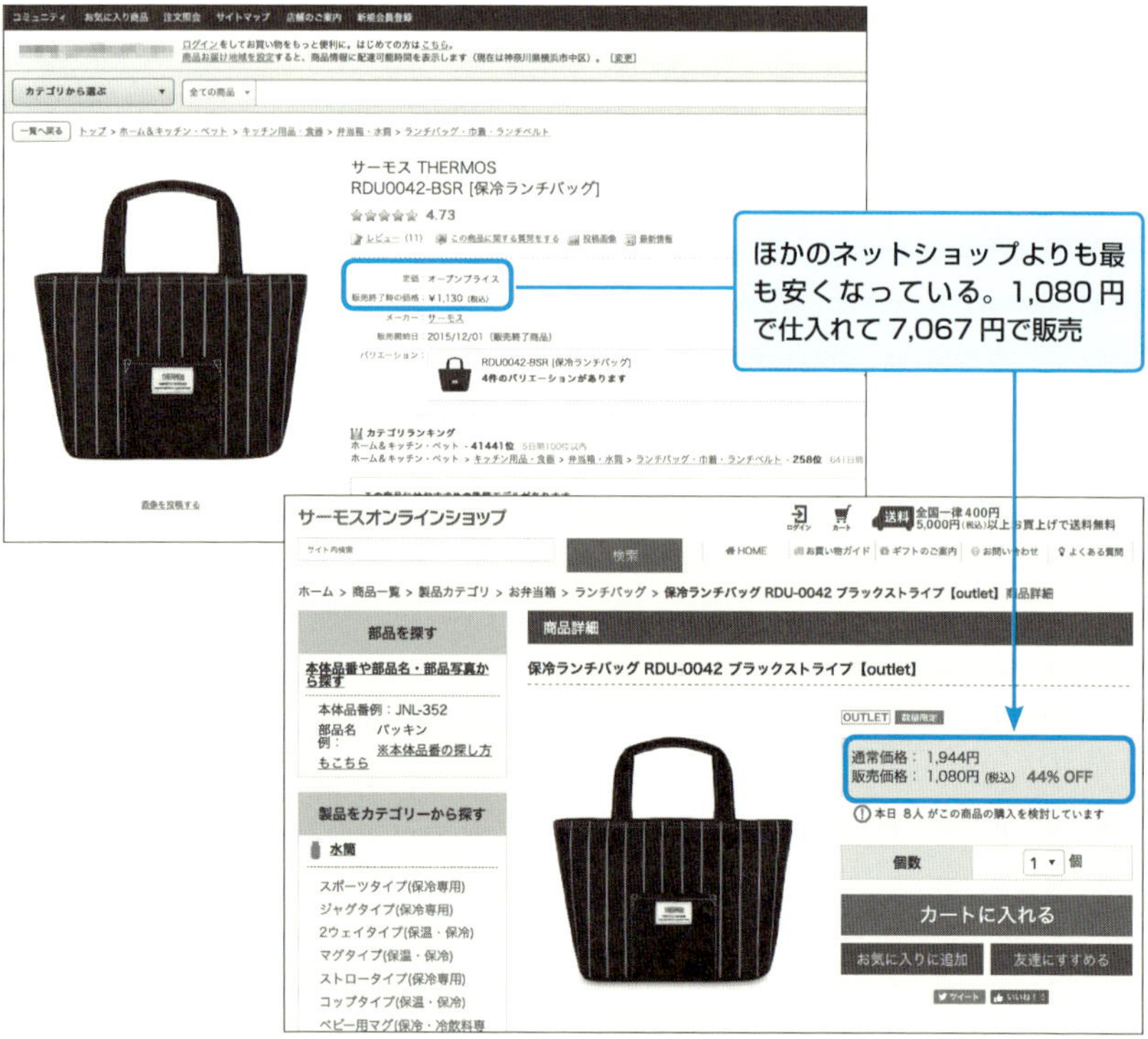

● メーカー直営サイトで仕入れる ❷

3 メルマガを登録して会員セールを活用しよう

「メルマガ会員限定のセールなどもあるので、各メーカーのメールマガジンには登録しておきましょう」。特に、決算月や半期決算、年末はセールがあったりするので、その時期は要チェックです。

ただ、**「こういったセールは仕入れやすい反面、在庫がどれだけあるか、ライバルがどれだけいるかがわかりにくいので、大量仕入れは避けておきます」**。

● メルマガ会員限定セールを有効活用する

04 卸サイトで仕入れる

1 個人なのにカードでも1個から卸で仕入れられる

個人だと、大量に仕入れようとする考えがありません。となると、卸仕入れなんて思いつきもしないかもしれませんが、実は個人でも卸から仕入れができます。

今の時代、メーカーも卸も大量に注文する取引先がどんどん減ってきているので、取引量や条件のハードルがかなり下がっています。「**注文は1商品1個からでも受けつけます**」というところも珍しくありません。また、現金ではなくクレジットカードを使って仕入れることもできます。

卸と取り引きしていますなんていうと、転売を超えた物販の領域になってくるので気分が上がりますよね。ただ、この手法はいきなりたくさん稼ぎたい人には向かないので、すぐに稼ぎたい人はほかの手法で稼いでください。

この手法は、一つひとつ利益が出る商品を見つけていけばリピート販売が可能になるので、最も省エネの転売が可能になります。そうはいっても、一つひとつの利益額、利益率が低いものが多いので、**「数十万円、100万円の売上にするまでは、地道なリサーチとかなりの辛抱が必要」**になってきます。

この手法に関しては、**「仕入れ基準を通常よりも緩めに変えましょう」**。理由は、商品を見つけていけば再発注するだけになるので、利益率、利益額が多少低くても、どんどん仕入れていけるからです。**「粗利益額は200円以上で粗利益率11%以上が目安」**です。かなり利益率が低い！　と感じたかもしれませんが、全商品を最低基準で仕入れるわけではありません。中には、粗利益率30から40%のものもあり、トータルで20%弱くらいを目指す感じです。

2 ネット卸の仕入先を探す

有名なネット卸の仕入先としては、**「ネッシー」**と**「スーパーデリバリー」**があります。まずは、この2つだけ押さえておけば大丈夫です。登録のときも、特に開業届などの資料がいるわけではないので安心してください。どの店舗を持っているか答える欄があるので、正直に**Amazon**の情報を書いて問題ありません。

● 卸仕入れのメリットとデメリット

メリット	デメリット
・リピート販売が可能になる ・完全新品なので検品の手間が一切ない ・不良品による返品は、卸が完全対応してくれるので返品リスクがない	・リサーチが最も地道 ・数十万円単位の売上を達成するまでに、地道に構築しても３カ月はかかる ・利益率、利益額が低めの商品が多い

自己紹介欄についても、「2018年より、**Amazon**や**Yahoo!**ショッピングにて出店中です。売上も右肩上がりで伸びてきたので、仕入れ商品の幅を広げたいと考えています。他サイトや自社ショップなど販路拡大も見込んでいます」といったような感じで書いておきます。取引先が、いちいち全卸先の会社を丁寧にチェックすることはありません。

それでは、実際の画像でリサーチをしてみましょう。ネッシーは卸サイトですが、ショッピングサイトと似ているのでリサーチしやすいです。とても地道ですが、根気よくいきましょう。まずは、トップページから何でもいいので気になるカテゴリーを選択します。

次頁から説明しているリサーチの考え方としては、「**卸のサイト内で売れている商品を販売している会社は、相場よりも安く売っている可能性が高い**」ので、その会社の商品リストから売れている順、人気順に調べていけば、安く売っている商品を見つけられる可能性が高くなります。なかなか大変な作業ではありますが、地道に探せば必ず見つかります。この方法だけでも、月商100万円オーバーも可能です。リピート販売といっても、全商品が永遠に販売できるわけではないので、1カ月で1割くらいの商品を入れ替えていくつもりで引き続きリサーチしていきましょう。はじめに地味に構築して、あとで楽をするスタイルでいきたい人は、ぜひ取り組んでみてください。

● 代表的なネット卸の仕入先

NETSEA	**● ネッシー** (https://www.netsea.jp/)
SUPER DELIVERY	**● スーパーデリバリー** (https://www.superdelivery.com/)

STEP 1 ネッシーでリサーチをかける。

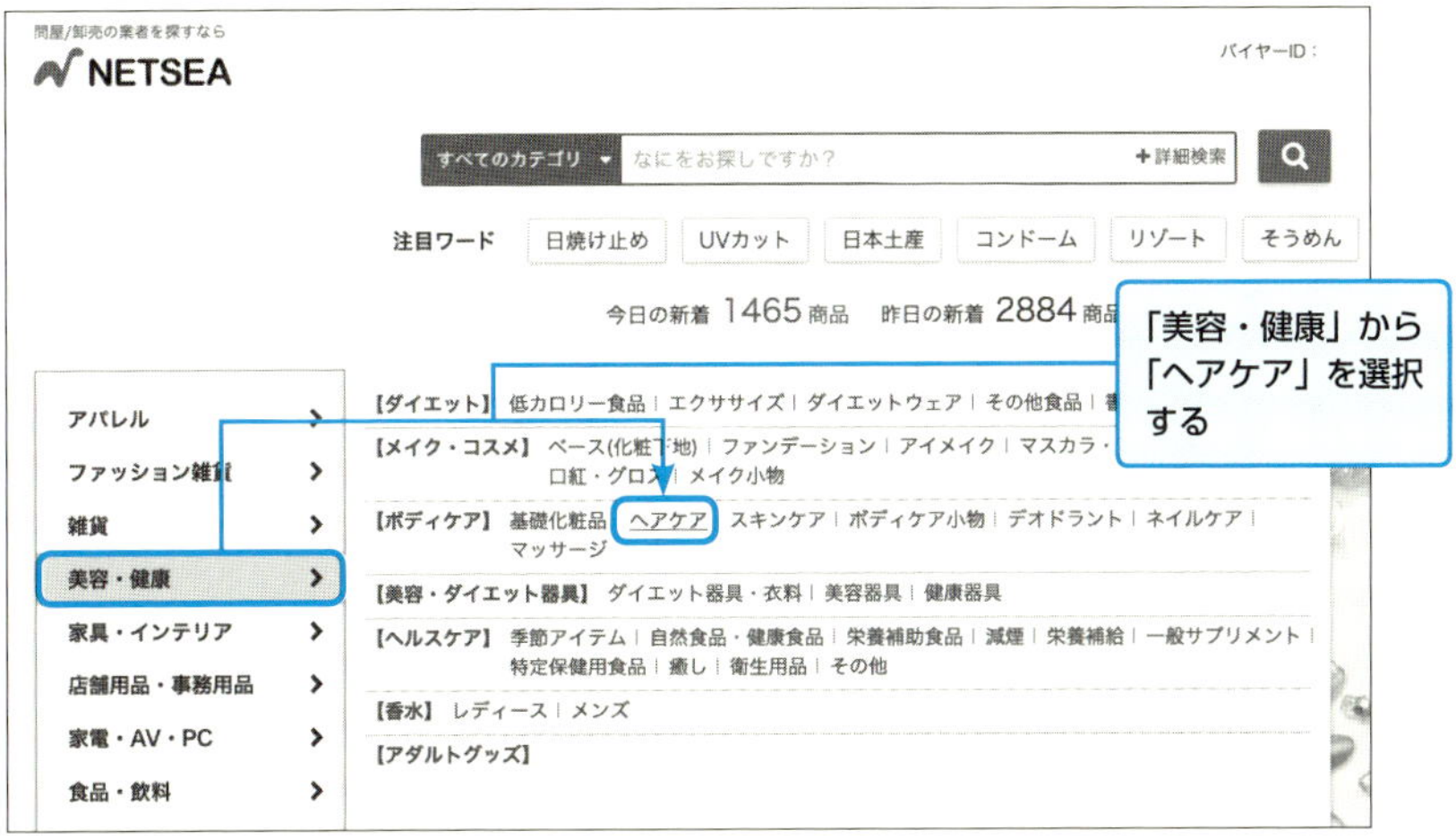

STEP 2 最も売れている商品を探す。

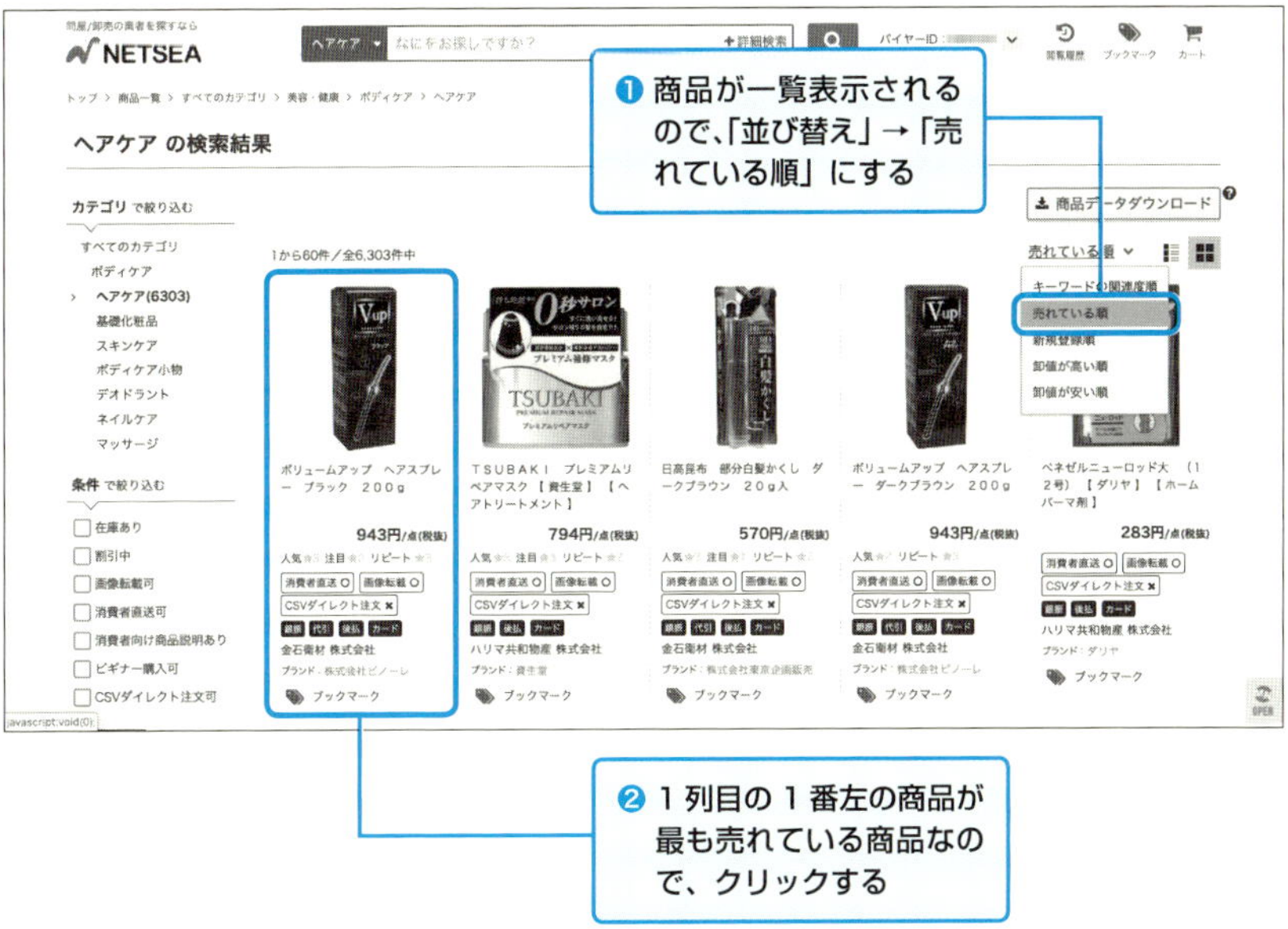

STEP 3 その商品の会社の「商品販売サイト」に行く。

NETSEA
ボリュームアップ　ヘアスプレー　ブラック　200g
金石衛材 株式会社
商品一覧
会社情報
❶「会社情報」を
クリックする
この商品について問合せ
商品データダウン
単品1個
943円（税抜）

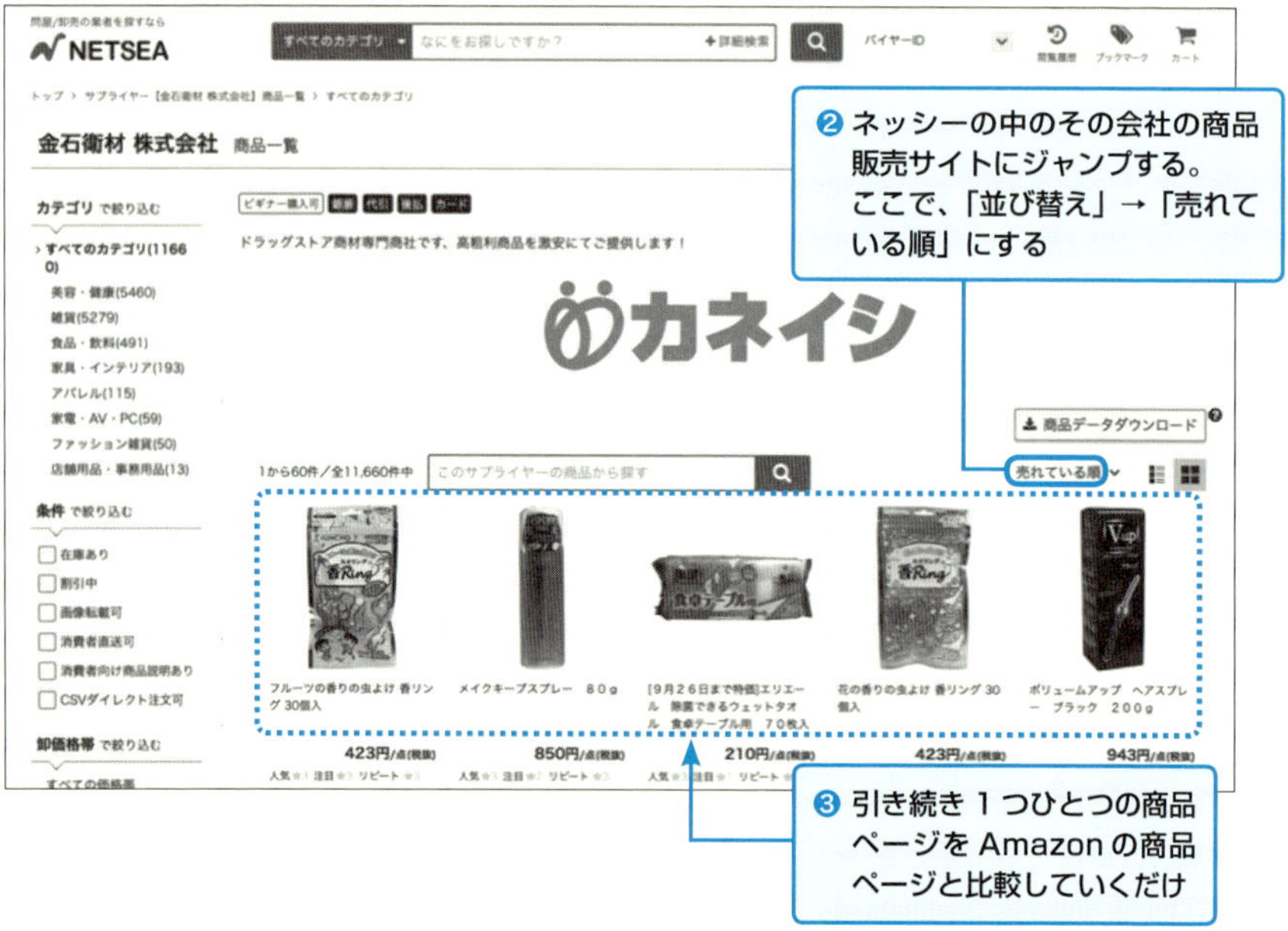
NETSEA
金石衛材 株式会社 商品一覧
❷ ネッシーの中のその会社の商品
販売サイトにジャンプする。
ここで、「並び替え」→「売れて
いる順」にする
ドラッグストア商材専門商社です、高粗利商品を激安にてご提供します！
カネイシ
商品データダウンロード
売れている順
1から60件／全11,660件中
423円
850円
210円
423円
943円
❸ 引き続き 1 つひとつの商品
ページを Amazon の商品
ページと比較していくだけ

※ここで1時間ほど地道かつスピーディーにリサーチして、仕入れ対象としてどの商品もかすりもしない雰囲気であれば、その会社は見切ります。先ほどのカテゴリーの「売れている順」のページに戻り、2番目に売れている商品をクリックして、また「会社一覧」へジャンプして、同じ感じでリサーチをしていきます。仕入れられる商品がひとつ見つかったら、ほかの商品も仕入れられる可能性が高いので2つ目、3つ目も探してみます。できるかぎり1社から多い種類の商品を仕入れたほうが効率的です。

5時限目

普段の買い物のついでに仕入れよう「新品店舗せどり」

これをマスターすれば、週末に家族でショッピングにお出かけすればするほどお金が増えます。今までと逆ですね！

01 初心者にお勧め「家電せどり」

1 「安売りの値札」や「POP」を頼りにはじめられる

家電せどりなら、誰でも安い商品がわかりやすいです。タイムセールからはじまり、家電量販店は値切れることもあります。

お店側で「この商品せどれますよ～」といわんばかりに、大安売りの目立つ値札をつけてくれています。**「処分特価」「現品限り」「展示、在庫限り」「50％OFFにポイント10％つけます！」**などと書かれたPOPや値札がついているのをよく見かけます。はじめのうちは、そんな商品をすべて検索していけば利益を得る商品を見つけることができたりします。

1番簡単なのは「チラシせどり」

特に、これ以上簡単な手法はないといえるのが、**「チラシせどり」**です。

家電量販店ではほぼ毎週末、集客のためにチラシをつくります。「**新聞の折り込みチラシには、商品の型番が載っている**」ので、モノレートで型番検索をすれば、販売履歴を見ることができます。見るところは、「**日替わり特価品とか、明らかに大幅値引きしましたと表現されているような商品だけで十分**」です。「**利益が取れる商品を見つけたら、店がオープンする前に並ぶだけ**」です。

もうひとつ覚えておきたいポイントは、「**展示品限定5台！**」などと書かれていると、見すごしてしまう人が多いのですが、実はまったくの新品が1個や2個混ざっている場合があります。また逆に、展示されていたけれど「新品」のコンディションで販売されているような商品もあるので、必ず店員に確認してから仕入れます。

注意しないといけないのは、チラシには商

● **まずは店内で安売りの値札やPOPを見つける**

品の型番は載っていても、13桁のＪＡＮコードは載っていないことが多いので、モノレートで確認したＪＡＮコードとあっているか必ずレジで確認します。「**メーカーがある家電量販店の特売用につくった製品などは、商品の型番が同じでもＪＡＮコードが違います**」。特売用の商品だったりすると、利益が出るどころか致命的な仕入れになりかねないので、注意が必要です。

新聞を購読していなくても大丈夫

新聞を購読していない場合でも、各家電量販店のウェブサイトチラシや「**shufoo**」というチラシアプリなら、自分の地域のすべてのチラシを見ることができます。

ちなみにこのチラシせどりは、ホームセンター、スーパー、カー用品店など、あらゆる店舗のチラシでできます。何をやっていいかわからない人でも、これならすぐにはじめられるはずです。

2 仕入れ価格が安い！

「家電せどり＝仕入れ価格が高い」という声をよく耳にします。これは完全なる先入観です。もちろん仕入れ価格の高い商品もありますが、家電量販店には、スマホやゲームの周辺グッズなら１００～５００円くらいでたくさん売っています。そう

● 必ず入れておきたいチラシアプリ

● **shufoo**
自分の地域のすべてのチラシを見られる

いうものを仕入れて1000円以上で販売すれば利ざやが取れます。

ほかにも、CDケースやCD-R、テレビのリモコン、延長コードなど、家電量販店には探せば探すほど安い商品があります。

そして、ワゴンの在庫処分品も破格なものがたくさんあります。ワゴンセールで、美容家電を1円で仕入れたこともあります。その商品は5000円くらいで売れたので、すごい利益率でした。しかも、家電量販店でせどる商品は全体的に回転が速いので、資金繰りも考えやすくなります。

● PC の周辺グッズもしっかりせどれる

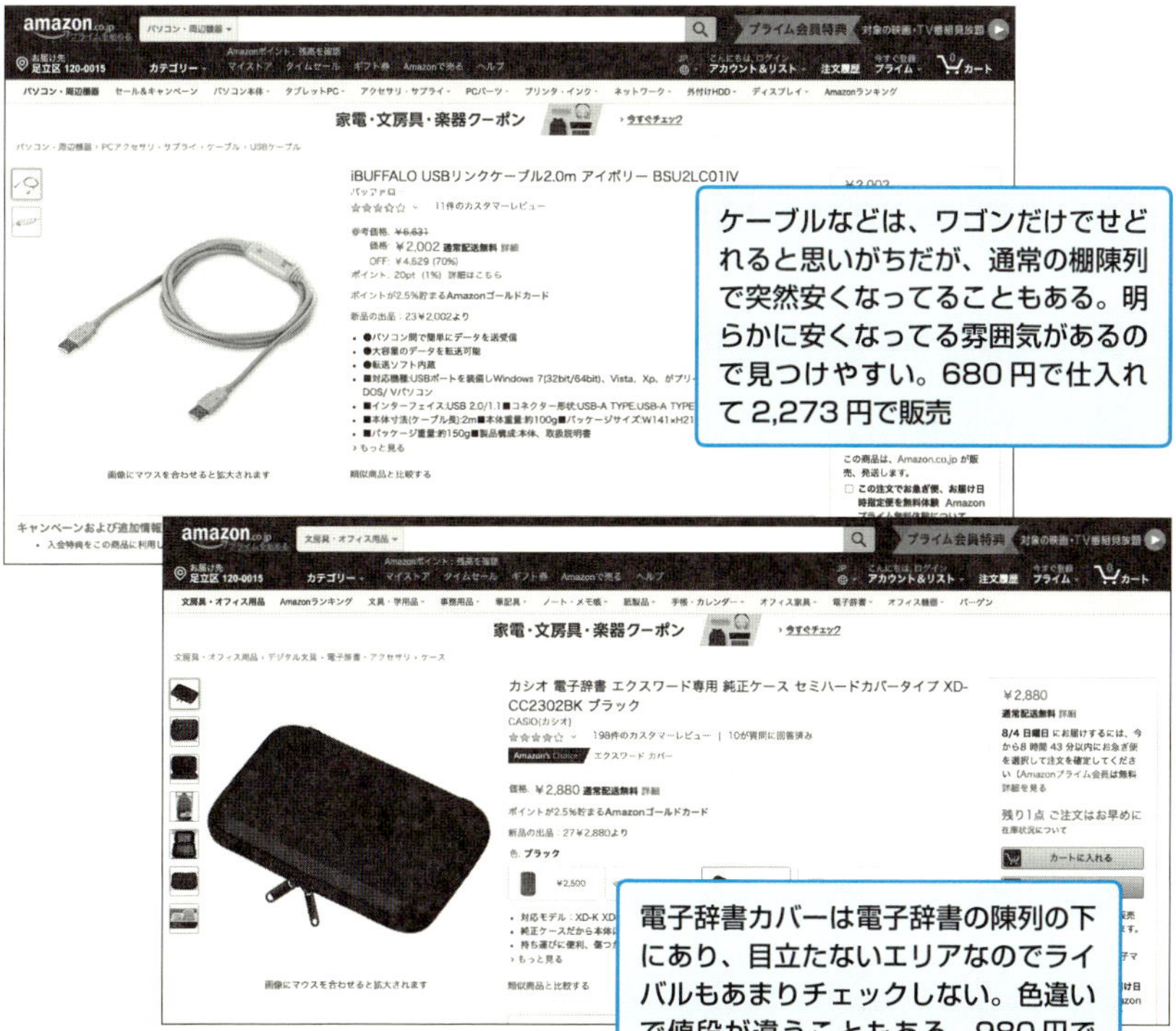

ケーブルなどは、ワゴンだけでせどれると思いがちだが、通常の棚陳列で突然安くなってることもある。明らかに安くなってる雰囲気があるので見つけやすい。680円で仕入れて2,273円で販売

電子辞書カバーは電子辞書の陳列の下にあり、目立たないエリアなのでライバルもあまりチェックしない。色違いで値段が違うこともある。980円で仕入れて3,280円で販売

3 1度に何度も美味しいのは家電せどりだけ!?

小売業界にもいろいろなジャンルがありますが、家電がほかの業界と異なるのは、次の2点です。これを利用しない手はありません。

❶ **一般客でも値下げ交渉ができる**
❷ **他店と同じ値段にあわせてくれる**

❶なら、ひと言「2つ買うから安くしてくれない？」「雨の中来たんだから、勉強してくれるなら買おうかな」「カメラ買うからケースとメモリーカードは、オマケでちょうだい」などと、ダメ元で言ってみるだけです。たったこれだけで、普通に数千円安くなることがあります。

値札の価格ではせどれなくても、「値引き」できれば「せどれる余地」があるって、ほかではあり得ない話です。コンビニでは、こんなことできないですよね。

「**値引き交渉ができるようになるだけでも、一生稼いでいけちゃいます**」。家電量販店では、各商品の値下げの限界値が決まっています。この限界値は、店員さんが持っているハンディーに情報がすでに入力されています。**「ハンディーを見る店員さんの顔が少しでも迷っていたら、底値ではない証拠なので、もうひと押しして勉強してもらいましょう」**。ただし、**「店の迷惑にはならないように、短期決戦を心がけ、交渉はどれだけ長引いても5分で切り上げる」**ようにしましょう。1割でも安くなれば十分、あなたの勝ちです。

❷の他店対抗価格も見逃せません。安く買えたレシートを持って、近くの店に行くだけです。また、レシートは同じ日でなくても日にちが近ければ使える場合があるのでトライしてみてください。**「値引きの交渉術を身につけただけで、家電せどりは笑えるほど簡単に稼げてしまう」**のです。

家電せどりは「交渉」がうまくなっていけば、顔なじみの店員さんが商品を他店から大量に取り寄せてくれるようになります。

02 めざせ「家電せどり」の「達人」

1 「いつ」「どこの」家電量販店に行けばいいのか

家電量販店で安くなるタイミングは「**上旬**」と「**末**」の2つのキーワードを覚えておきましょう。

まず「**上旬**」ですが、チェーン店の規模になるとどんな店もそうですが、各店舗で予算が決まっています。あなたが店長であれば、月の上旬でできるだけ多く余裕を持って売り上げておいて、後半で調整できるくらいにしたいですよね。ということは、月の売上を早く達成しようと月初からスタートダッシュをかける店舗であれば、店長となかよくなると月初に大量に仕入れさせてもらえます。

「**末**」のタイミングで安くなるのは、店舗の売上が予算に間にあわなそうなときです。少しでも多く売り上げるために、安い商品を用意してきますし、交渉もしやすくなります。このような状況のお店に行くことができればとてもラッキーです。

「**決算期末年末、四半期末、月末、閉店近くの時間帯あたりに意識的に行く**」ようにしましょう。ねらって出会えるものではありませんが、たくさんの店舗を回ることで確率は上がります。1円でも多く商品を売りたいモードになっている店に出会えれば、いつもの数倍せどれるチャンスに巡りあえるかもしれません。ただ逆をいえば、予算を十分に達成している店であれば安売りする必要がないので、交渉で安くしづらいです。

また「**家電量販店に行くときは、ライバル店が近くにたくさんあって中でも立地の悪い店を選んでください**」。そのお店が、その地域で最安値の店になる可能性が高くなります。なぜなら、隣同士であっても、立地のいいお店に8割、立地の悪いほうに2割くらいと、どんどん立地のいい店にお客様が流れていってしまうからです。立地の悪い店のほうが、わざわざ当店を選んでくれたという思いが強いので、値引き交渉もしやすいです。

2 「展示処分品」は慣れてくれば宝の山

家電量販店にかぎらず、商品の入れ替え時期になると展示品の処分がはじまります。この「**展示品は、あくまでも〝中古品〟**」として扱われます。新品に比べて安く仕入れることができるので、モノレートのランキングの波が動いていて、そのタイミングで中古出品者数が減っていれば確実に売れます。

「展示品の仕入れ価格」の目安

「新品価格より1～2割安く売っても利益が出る値段が仕入れ価格の目安」です。初心者のうちは、**「外箱（化粧箱）、付属品などがすべてそろっている商品だけを仕入れましょう」**。

前節でもお話ししましたが、たまに**「店頭に展示在庫品と記載しながら倉庫に新品がある場合があるので、ダメ元でも新品があるか聞いてみましょう」**。

3 「色や柄違いの商品」はねらい目

多くの商品には、ほぼ間違いなく色違いが存在します。色によっては値段が1・5倍くらい違うこともあるので、メインカラーで利ざやが取れなくても、ほかの色をくまなく検索するようにしてください。商品の特性によってまちまちですが、傾向として**「無難な黒色は比較的高値」**だということを頭に入れておいてください。

● 展示品処分も旨みがある

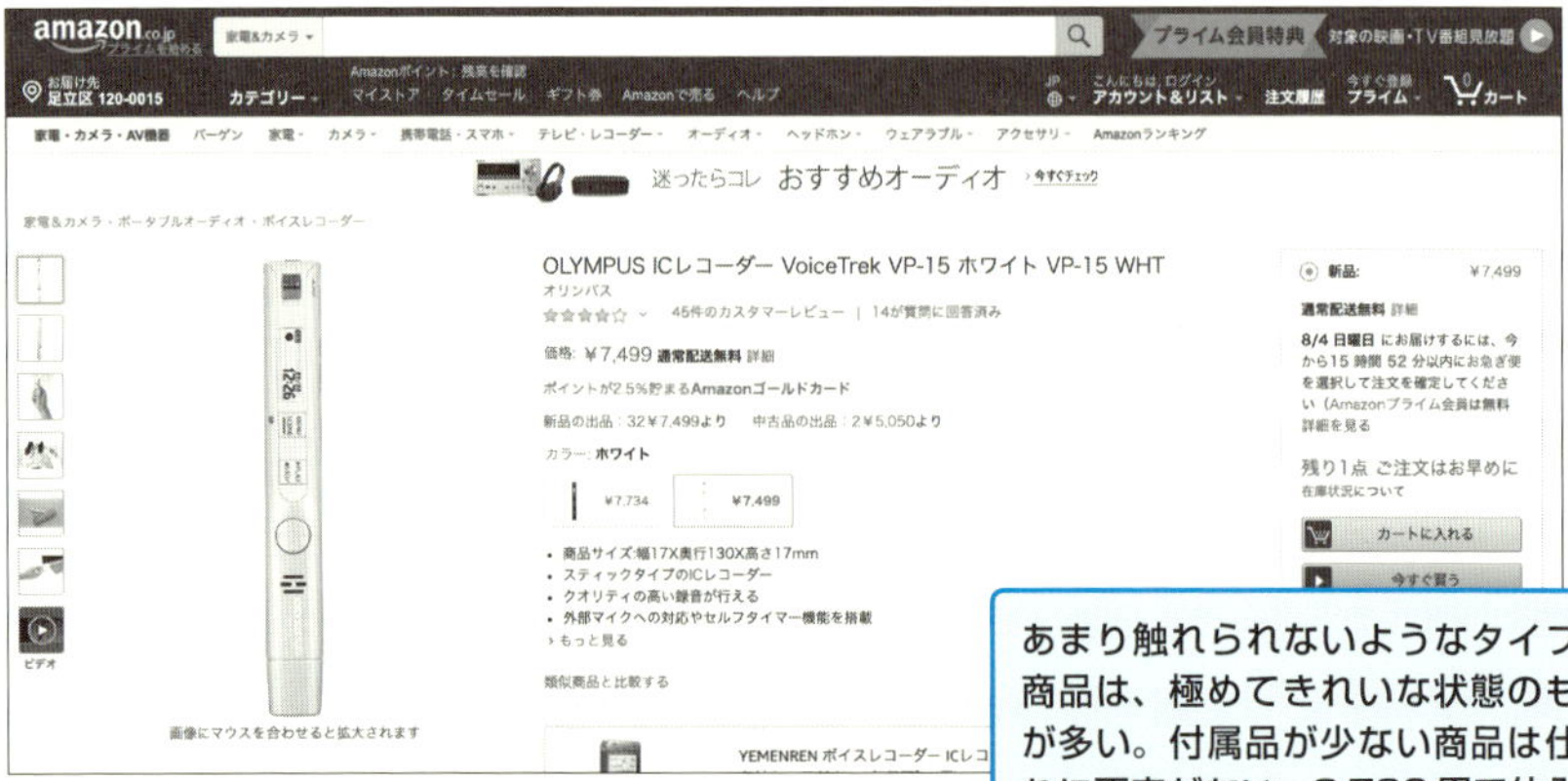

あまり触れられないようなタイプの商品は、極めてきれいな状態のものが多い。付属品が少ない商品は仕入れに不安がない。3,700円で仕入れて6,320円で販売

4 「商品の保証のしかた」と「保証書」

「家電を売る際、商品の保証はどうしているんですか？」

家電せどりをしていると、この手の質問を1番多く受けます。私の場合、「**注文日から1年保証します**」と「コンディション説明」に書いています。もちろん、**Amazon**自体はそのような保証は一切してくれません。

なぜそこまでするのか？　というと、購入率を上げることで、長期的に見たときに確実に利益が伸びるからです。メーカー保証を記載せずに毎月200個売るか、記載して300個売るかでは、どちらが多く利益をあげられるかは明確ですよね？

ましてや7年以上せどりをしていますが、修理依頼は今まで0件、初期不良の問いあわせが数十件ほどです。どれだけ多く依頼がきたとしても、対応するのは年に数回程度だと割り切りましょう。

また、海外メーカーは考え方として、「故障しない商品をつくる」というよりも、まず生産、販売までしてしまって、故障が出たら保証で修理をすればいいという傾向があります。

つまり、「**海外メーカーの返品率は数%から多くて5%くらいと、国内メーカーに比べて高くなってしまうので、そのような仕入れリスクを認識しておきましょう**」。

「修理依頼」や「初期不良」の依頼がきた場合の対応のしかた

次の手順で対応します。

❶お客様に「メーカーに直接問いあわせてみてください」と伝える
❷メーカーから断られた場合には、着払いで商品を送ってもらい、仕入れたときのレシートで店舗に修理依頼をする
❸商品が修理されて戻ってきたら、お客様に返送する

万が一、仕入れ日が2018年の1月1日で修理依頼が2019年の1月2日に来てしまった場合は、必要経費として割り切ります。「注文日から1年保証します」と書かずに販売しているよりも、たくさん販売できているはずですから、利益は多く残っているはずです。こういったことが起きる確率は、宝くじで100万円が当たるのと同じくらいの確率なので、安心してください。

「実店舗でスタンプを押されてしまった保証書」はどうする？

家電量販店では、商品を購入する際にレシートと一緒に保証書をレジから発行してくれますが、まれに商品の保証書に実店舗のスタンプを押されてしまうことがあります。この状態で**Amazon**で販売すると、一般店舗からの転売がバレバレになるので、購入者の中には「転売だ！」と

Amazonにクレームする人も出てきます。

こういったときは、保証印を店の名前がわからなくなるまで、スタンプインクなどで塗りつぶし、その上に「**当商品は注文日より1年間、(あなたの店名)が責任を持って保証させていただきます。**」と記載されたラベルシールを貼るようにします。これで何とか一件落着となります。

5 「プレミアム家電」とは?

実は家電も、CDの初回限定版のようにプレ値になることがあります。家電は定価ではなくオープン価格の商品がとても多いので、定価超えをするというのがわかりにくいのですが、ここでは過去相場よりも値段が大幅に上がる商品をプレミアム家電としてお話しします。

「**家電がプレ値になるのは、例外を除いてメーカーが生産終了したとき**」です。CD、DVDなどの初回限定版と同じで、もう手に入らなくなると確定したときです。それがわかった途端、需要がさらに高まり、品薄になってはじめてプレミアム価格になります。しかも店頭では、相場とは真逆の動きを見せます。

「**新製品を早く目立たせるために、旧モデルは不良在庫扱いで日ごとに安くなっていきます**」。ここのズレをねらえば2倍以上で売れる商品に出会うこともあります。ではどうやってそういった商品を探せばいいのでしょうか? 答えは簡単で、メーカーのホームページを見に行けば、だいたい載っています。「**生産終了 Panasonic**」などで検索してみてください。

とはいっても、毎日たくさんのメーカーのホームページを見に行くのは大変なので、徐々に経験を積みながら、「**各メーカー、各ジャンルの新製品発売月を少しずつ覚えていく**」ことです。新製品が発売になるということは、旧機種は生産終了になる可能性が高くなります。「**この時期は、このジャンルの商品を重点的に見る**」というように、年間スケジュールをまとめておけば、プレミア家電に出会う確率が高まります。

あとは、パッケージが色あせている古そうな商品も目印にしてみてください。生産からかなりの年数が経っている証拠なので、検索してみると生産が終了していて、相場は仕入れ価格の2〜3倍という可能性があります。

● 人気のある旧モデルを探せ

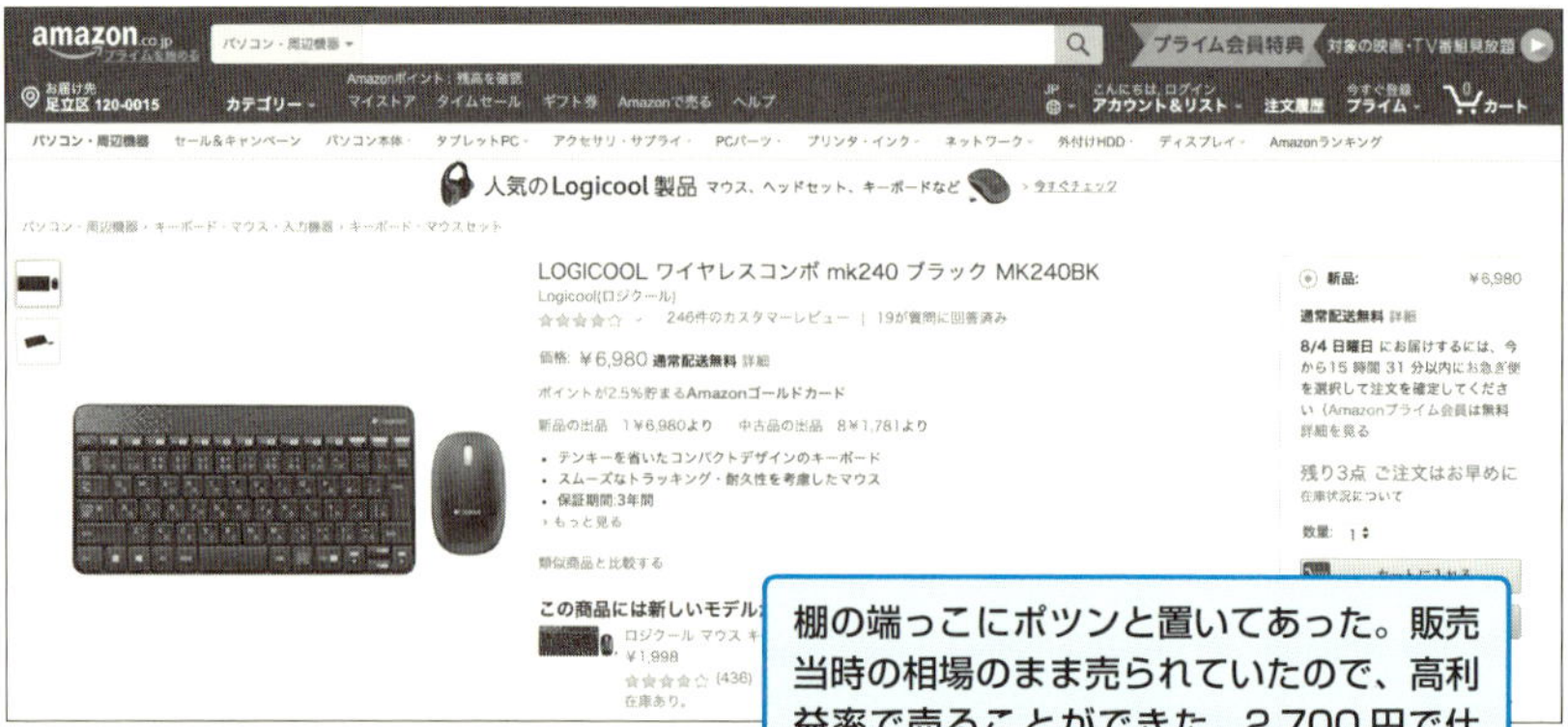

棚の端っこにポツンと置いてあった。販売当時の相場のまま売られていたので、高利益率で売ることができた。2,700円で仕入れて6,999円で販売

03 ズバリ「稼げる家電せどり」お勧めジャンルベスト3

1 「PC周辺機器」ジャンル

PC周辺機器というのは、ハードディスク（ポータブルハードディスク）、外付けDVD（Blu-ray）プレーヤー、ルーター、チューナー、マウス、キーボードといった商品のことです。

個人でも企業でもこのジャンルの商品は必需品なので、仕入れると1週間以内に売れる商品がたくさんあります。私も今までに1番売ったジャンルといっても過言ではないくらい多く仕入れてきました。

棚から「プレミアムPC機器」を見つけよう

「タイムセール」「ワゴンセール」といった特価品になることが多く、どこの家電量販店に行っても必ず何かがワゴンセールになっています。ワゴンだけでなく、棚からは、生産が終了してい

やっぱりパソコン周辺グッズは安定している

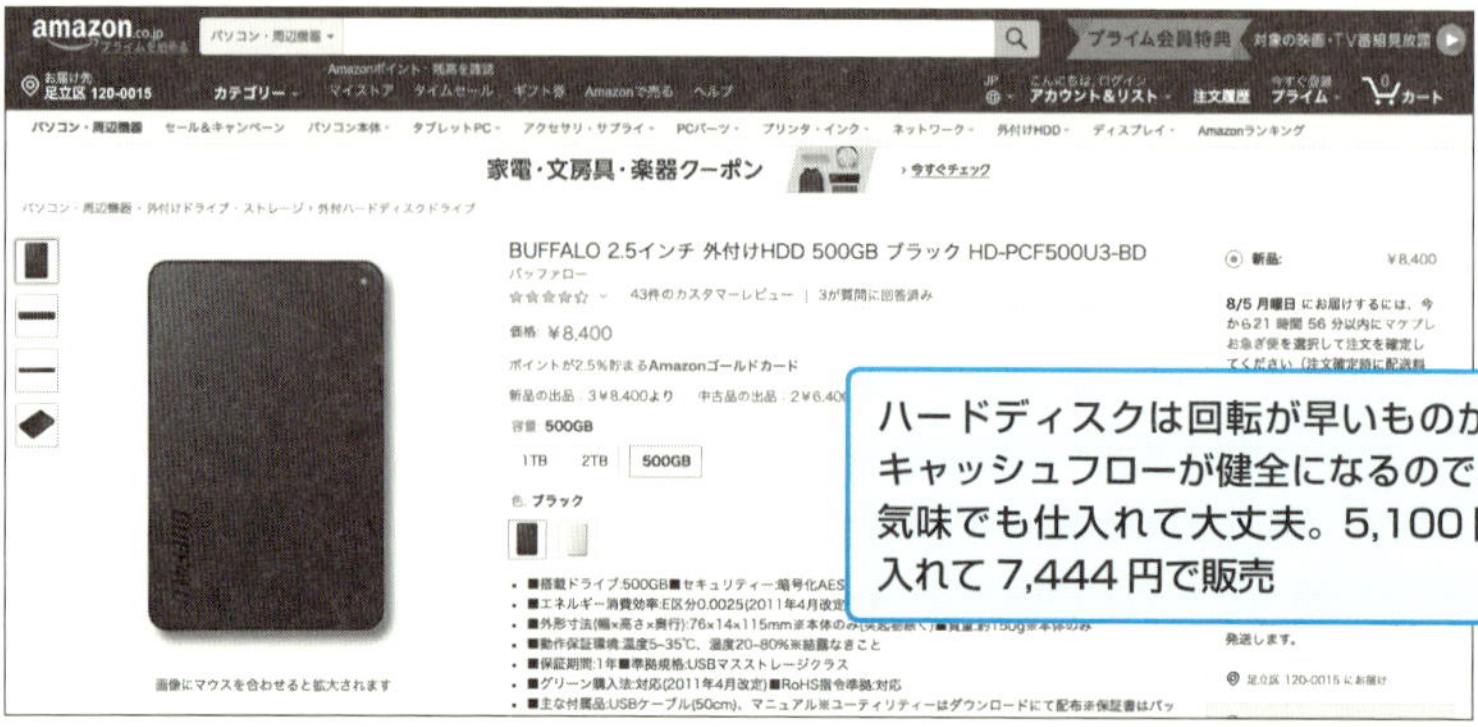

ハードディスクは回転が早いものが多い。キャッシュフローが健全になるので、薄利気味でも仕入れて大丈夫。5,100円で仕入れて7,444円で販売

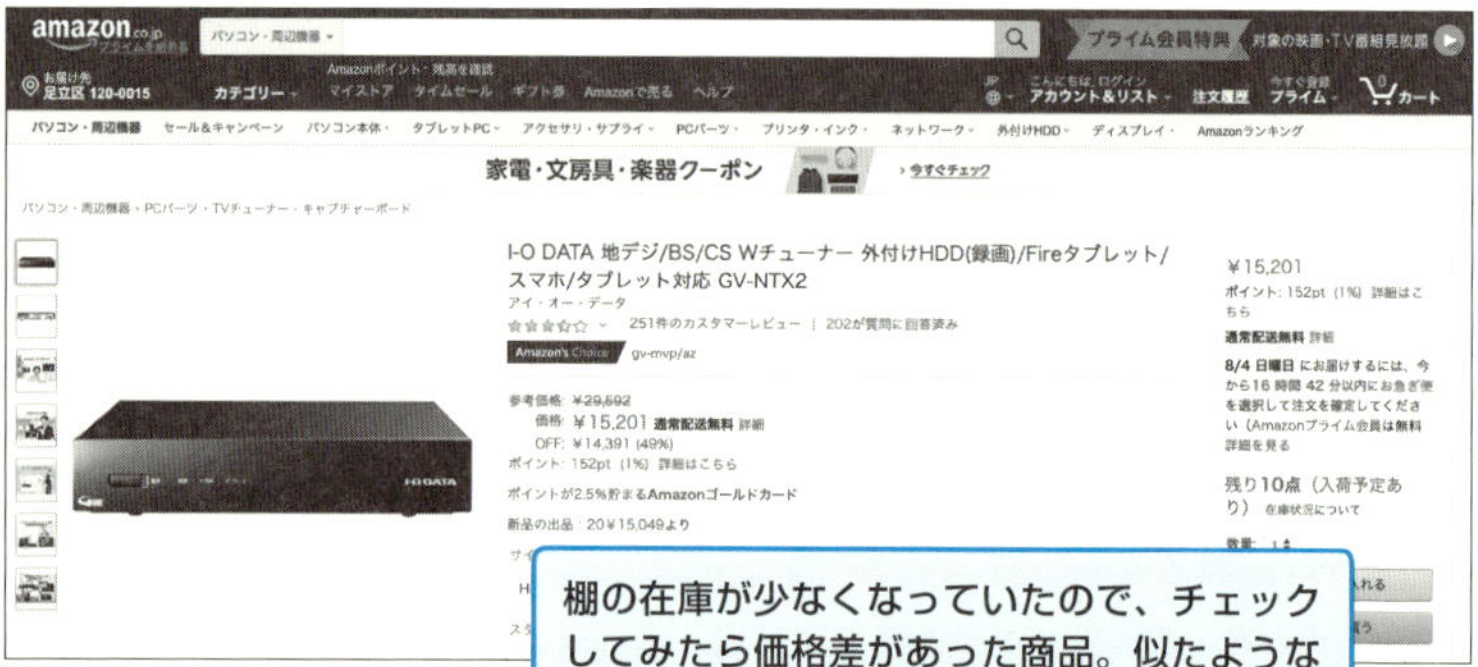

棚の在庫が少なくなっていたので、チェックしてみたら価格差があった商品。似たようなパッケージの商品が多いので、違和感があったらリサーチしてみる。1万490円で仕入れて1万5,692円で販売

PC機器の仕入れ推奨メーカー

「バッファロー」「アイオーデータ」「エレコム」を仕入れることが多い。ほかにも、「ロジテック」「ロジクール」や「ラシー」もお勧め

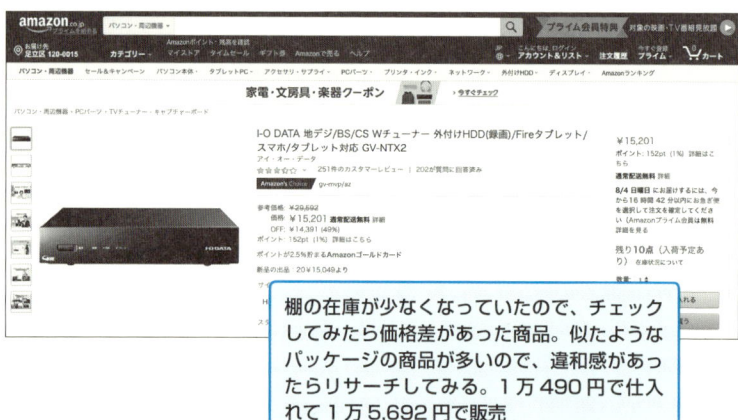

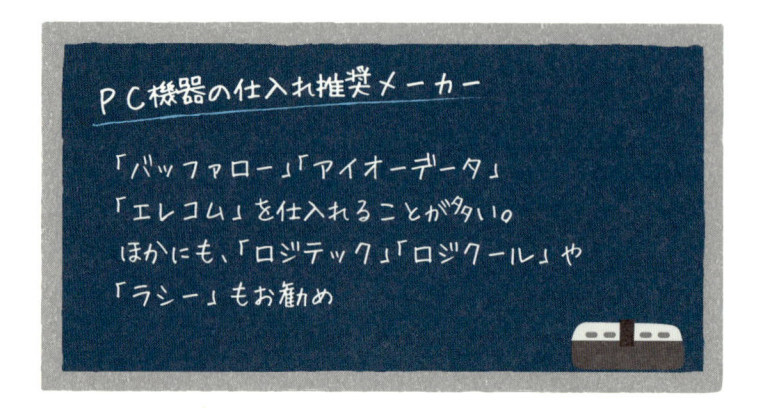

て在庫切れが起きている商品を抜く（商品を探し出す）ことができます。そういう商品は仕入れ価格の数倍で売れます。とても美味しいので覚えておいて、何度もリピートしましょう。

ＰＣ周辺コーナーに頻繁に通っていると、**「たまに見たこともなかったり、古そうな型だなという商品が目につきます」**。そんな商品こそ、リサーチすればヒットする可能性が高いです。

現在、**「Apple製品はAmazon本体しか出品できないので、リサーチする必要はありません」**。

2 「カメラ＋関連グッズ」ジャンル

「**大処分**」「**タイムセール**」といった、安くなっていそうな値札をチェックして仕入れます。「**週末の各店台数限定セール**」や「**展示品**」もねらいめです。

カメラは本体だけでなく、レンズやストロボ、ケース、バッテリー、ストラップ、レンズキャップ、レンズケースなど、ありとあらゆる付属物が仕入れられます。「**本体はもちろん、付属物も意外と回転が早い**」のが魅力です。

3 「スマホグッズ」「タブレットPCグッズ」ジャンル

家電店＝電気用品をせどると思うかもしれませんが、意外とあなどれないのがこのジャンルです。リサーチもヒットする確率が高いですし、ライバルも少ない気がします。

スマホケースや保護フィルムの場合は、５００円以下、柄が入っていたり、キャラクターものであれば１０００円以下、タブレットＰＣ、タブレットケースや保護フィルムの場合も１０００円以下の商品を探して検索してみてください。

仕入れ価格の２～３倍ほどの価格で売られている商品を見つけることができます。運がよければ仕入れ価格が１００円、販売価格が２０００円のような商品に出会えます。革のケースの場合だと、５０００円以上で売れている商品がそれなりにあるので、２０００～３０００円で仕入れても利ざやを取ることで

● カメラは本体も関連グッズも回転が速い

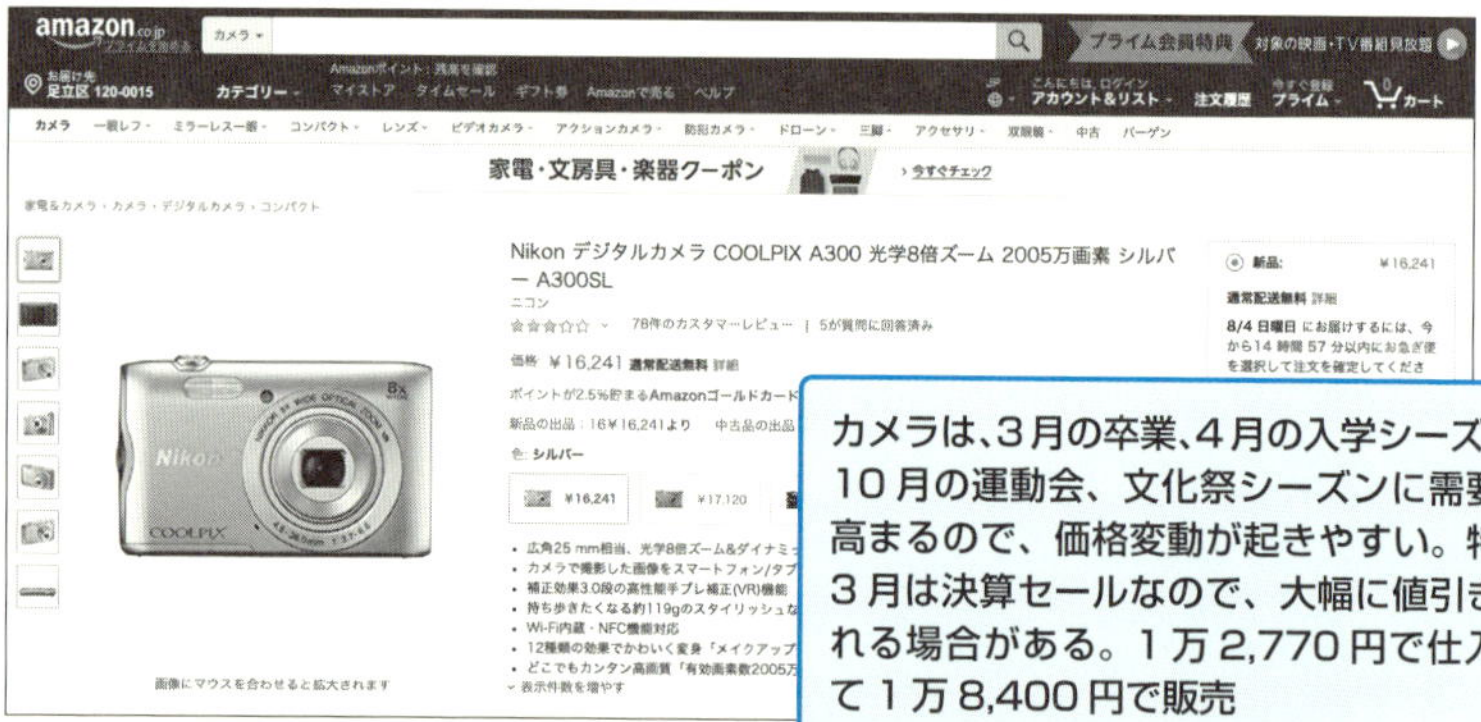

カメラは、3月の卒業、4月の入学シーズン、10月の運動会、文化祭シーズンに需要が高まるので、価格変動が起きやすい。特に3月は決算セールなので、大幅に値引きされる場合がある。1万2,770円で仕入れて1万8,400円で販売

カメラの仕入れ推奨メーカー

「キヤノン」「ニコン」「リコー（ペンタックス）」「パナソニック」を仕入れることが多い。ほかにも、「ソニー」や「富士フィルム」「オリンパス」もお勧め

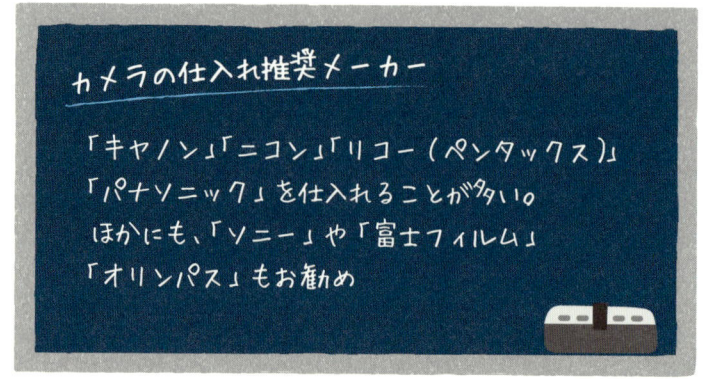

きます。

「このジャンルは、1個あたりの利ざやが数百円しかないとバカにする人もいますが、同じ商品を5個以上普通に仕入れができる貴重なジャンルでもあります」。結果的に意外と儲かるという実感を得られるはずです。このジャンルだけで、1日に5000円以上稼げることもあります。資金が少ない人には、1番ローリスク、ハイリターンなのでお勧めです。

そのほかにも、**「スピーカー」「電話」「増設メモリ」「SDカード」「電子辞書」「ヘッドフォン」「ドライヤー」**など、家電店で仕入れられる商品はとても多岐に渡るので、興味のあるジャンルはリサーチしてみてください。

● スマホグッズ、タブレットPCグッズは安定して売れる

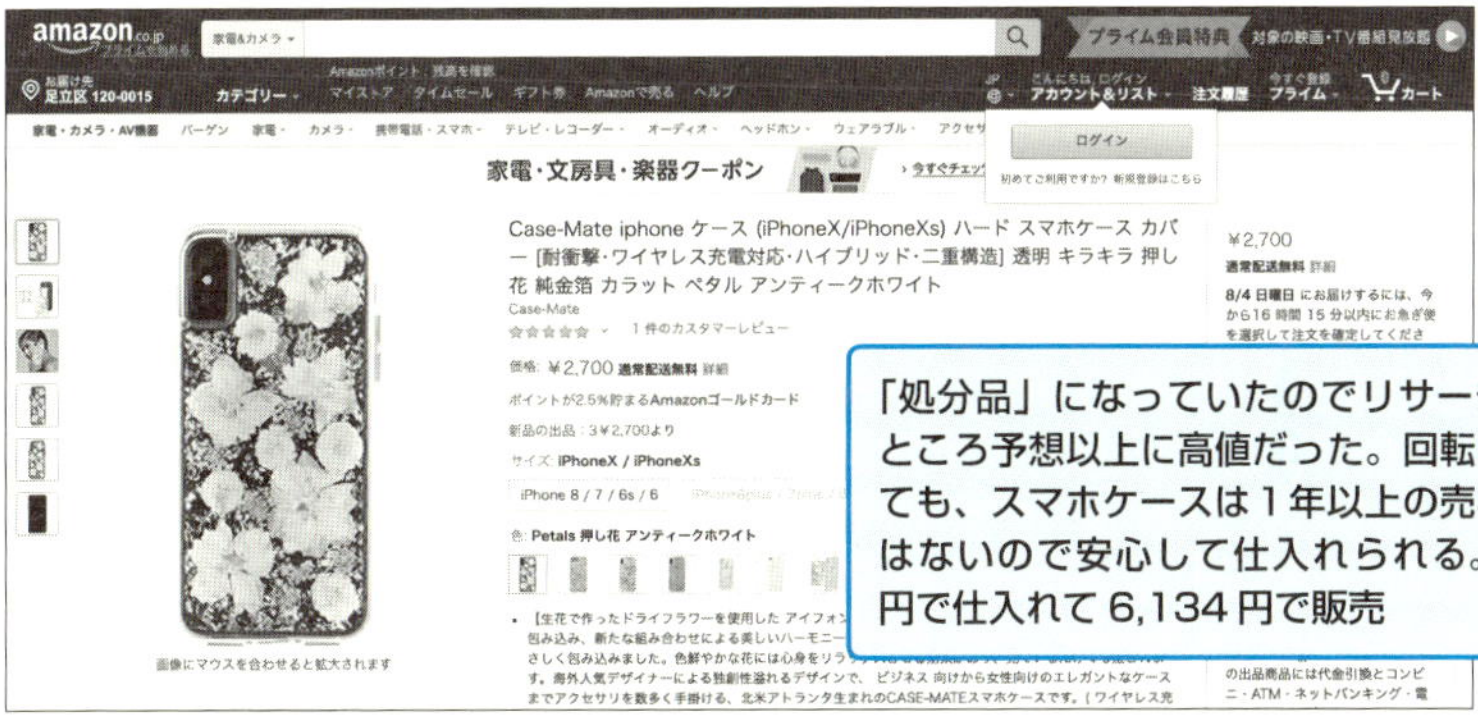

「処分品」になっていたのでリサーチしたところ予想以上に高値だった。回転は遅くても、スマホケースは1年以上の売れ残りはないので安心して仕入れられる。980円で仕入れて6,134円で販売

のぞき見防止のフィルムは高値になることが多い。仕入先で、安いかもしれないと思ったらチェックしてみよう。2,175円で仕入れて4,878円で販売

04 1番稼げる？「おもちゃ（ホビー）せどり」

1 まずは「子ども向けのおもちゃ」がねらいめ

おもちゃせどりの手法もシンプルです。基本的には、通常棚に並んでいる商品で値札が安くなっているものをねらうだけです。「**おもちゃの場合、安い大きな赤札の値札になっているときや、5000円、10000円とキリのいい数字になっていたら、安値になっている可能性が高い**」です。値札も大きくなっている場合が多いのでわかりやすいです。家電量販店、スーパー系のおもちゃ屋では、よくこういった光景を目にします。

おもちゃは「バーコード」を覚えよう

おもちゃのバーコードはほかの商品と違って、特徴があるので覚えておくと役に立ちます。次頁の上図を見てください。まず、バーコードの1番右端の数字が本体価格になります。この例だと4000円になります。**「値札とこの数字に差があれば、せどれる可能性がある」**ということになります。

ただしこの定価の表記、残念なことについていないおもちゃのほうが多く、プラモデル、フィギュアといったホビー系の商品に一部ついている程度です。

次に、STの右に書かれている数字がおもちゃの製造年を表しています。この年が古ければ古いほど製造中止になっている可能性が高く、希少価値も高い可能性が出てきます。パッケージが古そうだなと感じたら、この数字をチェックしてバーコードを読み込んでみてください。

● 覚えておくといいおもちゃのバーコード

玩具安全基準合格
4543112 60280 0
ST
09
㈳日本玩具協会
東京都墨田区東駒形4-22-4
312041-2079181-4000
4543112 60280 0
❶ 本体価格が4,000円だとわかる
❷ 2009年製だとわかる

● キリのいい数字になっていたらねらい目

お買得品!
¥300
¥324
¥100
¥108
¥100
¥108
¥300
¥324
¥1000
¥1080
TAKARA TOMY
ジャラッとつけよう!ラバーキーホルダー
BUTAKO
CHUP
タカラトミー キャラカードプロテクトコレクション
TAKARATOMY CHARA CARDPROTECT COLLECTION
赤札で、「300円」「100円」といったキリのいい値段になっている特に、「**アンパンマンのおもちゃは毎年たくさんの種類が製造されていますが、廃盤になっていく商品も多いので、その中からプレ値になった商品を探す**」ようにします。

2 次に「大人向けのおもちゃ」でさらに稼ぐ

「**大人向けのおもちゃは定価が高めに設定されているので、値下げも大きくされている**」場合があり、回転は落ちますが利益額は大きくなります。

仕入先の店舗でも、高値の商品は回転がよくないのが普通なので、ネット相場と関係なく安くなっている場合があります。「**プライスダウンの値札や、仕入れてから年数が経っていそうな商**

● 相場が上がりやすい12月はせどりやすい

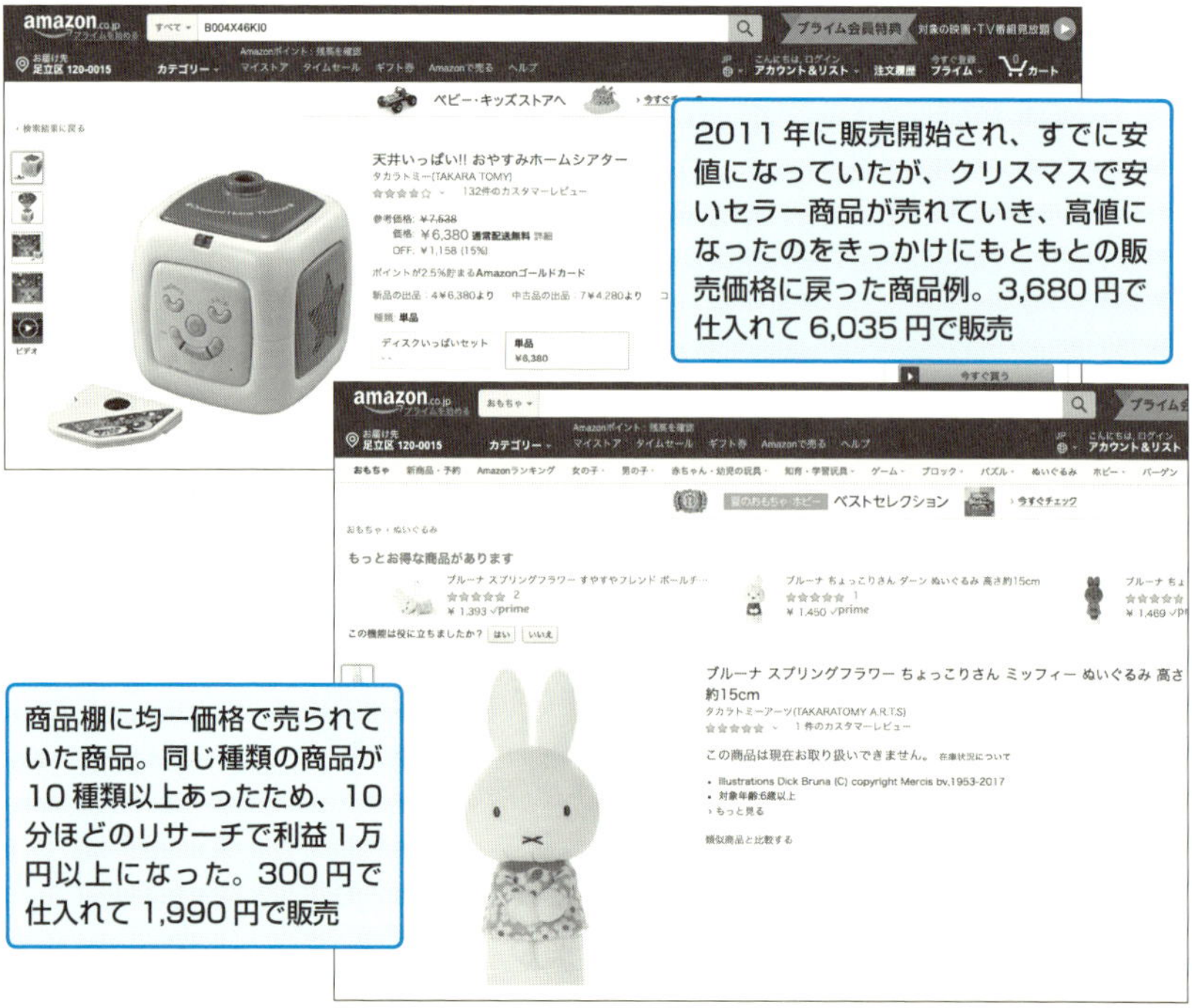

2011年に販売開始され、すでに安値になっていたが、クリスマスで安いセラー商品が売れていき、高値になったのをきっかけにもともとの販売価格に戻った商品例。3,680円で仕入れて6,035円で販売

商品棚に均一価格で売られていた商品。同じ種類の商品が10種類以上あったため、10分ほどのリサーチで利益1万円以上になった。300円で仕入れて1,990円で販売

品をリサーチ」しましょう。パッケージが多少すれていたり、ヤケていても購入者は古い商品でレアであることをわかっているので問題ありません。リアル店舗を探し回っても見つからないからこそ、Amazonで注文をしているのです。

3 もうひとつ極めるのは「オタク系のおもちゃ」

オタク系のおもちゃは、それこそ分類できないほどの種類があります。まず手はじめに、フィギュアから見てみましょう。

マニア向けの商品はネット上で人気がある

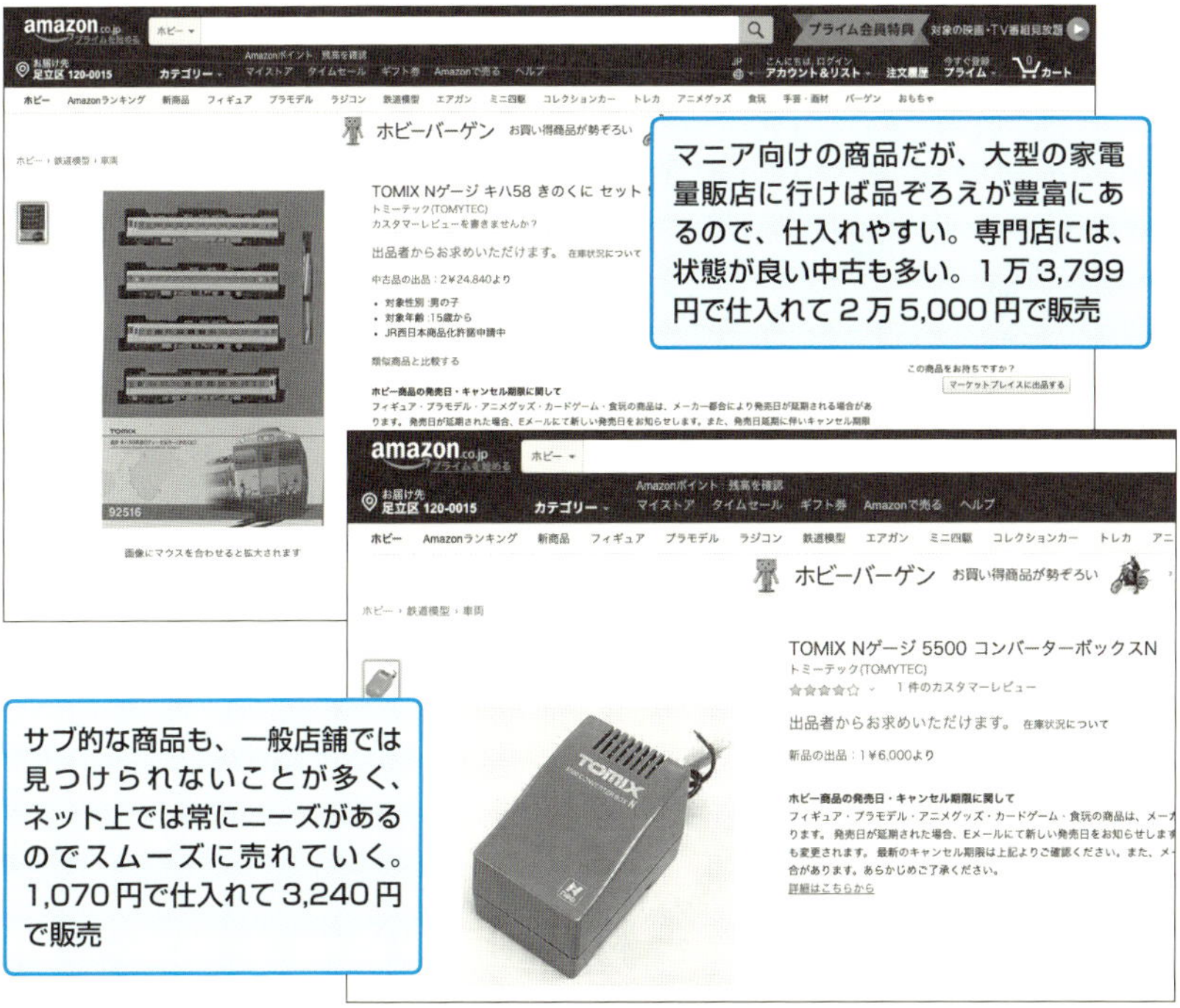

マニア向けの商品だが、大型の家電量販店に行けば品ぞろえが豊富にあるので、仕入れやすい。専門店には、状態が良い中古も多い。1万3,799円で仕入れて2万5,000円で販売

サブ的な商品も、一般店舗では見つけられないことが多く、ネット上では常にニーズがあるのでスムーズに売れていく。1,070円で仕入れて3,240円で販売

4 フィギュアは「中古未開封」の商品を仕入れる

フィギュアの仕入先は、**「オタク向け中古ショップ」**がメインとなります。中古商品だと、検品などが難しそうと不安に感じますよね。そのとおりです。オタクはフィギュアを買ったら、パッケージを開封することなくそのまま部屋に飾って楽しみます。そしてきれいな状態を維持したまま中古ショップに売りに来て、また次のフィギュアを買って帰るのです。

ですから、年代物のフィギュアは別として、オタクは中古をあまり買わないので、あなたも中古のフィギュアを仕入れる必要性はありません。**「中古未開封品を仕入れて新品として出品するのが基本」**です。このように、**「フィギュアは新品のまま、たくさんのユーザーの手に渡り続ける商品」**なのです。実店舗では、一応中古商品扱いになるので、新品よりも安い値段をつけていることが多く、価格差が発生しやすくなります。

5 「未開封商品」の見分け方

ちなみに、フィギュアが未開封かどうかを見分けるためには、**「化粧箱に（封印）シールが貼ってあるかどうか」**を確認してください。たいていは透明な丸いシールが貼ってありますが、通常のセロハンテープのような場合もあります。また、**「パッケージの中に入っているフィギュアがビ**

ニールでくるまれていたら未開封」の証拠です。見にくいかもしれませんが1時限目の32頁の画像を参考にしてみてください。

初心者は「**figma**」と「**ねんどろいど**」というシリーズのフィギュアをねらってみてください。マックスファクトリーとグッドスマイルカンパニーが出しているこの2つのシリーズは圧倒的にファンが多く、とても回転が早い商品です。定価が3000円前後と仕入れも低価格でできるので、たくさん仕入れられます。

どちらかというと「**"figma"のほうがプレ値がついている商品が多い**」イメージがあります。

中古オタク向けショップで、これらのシリーズを根気よくリサーチしてみてください。

● フィギュアは「figma」と「ねんどろいど」からはじめる

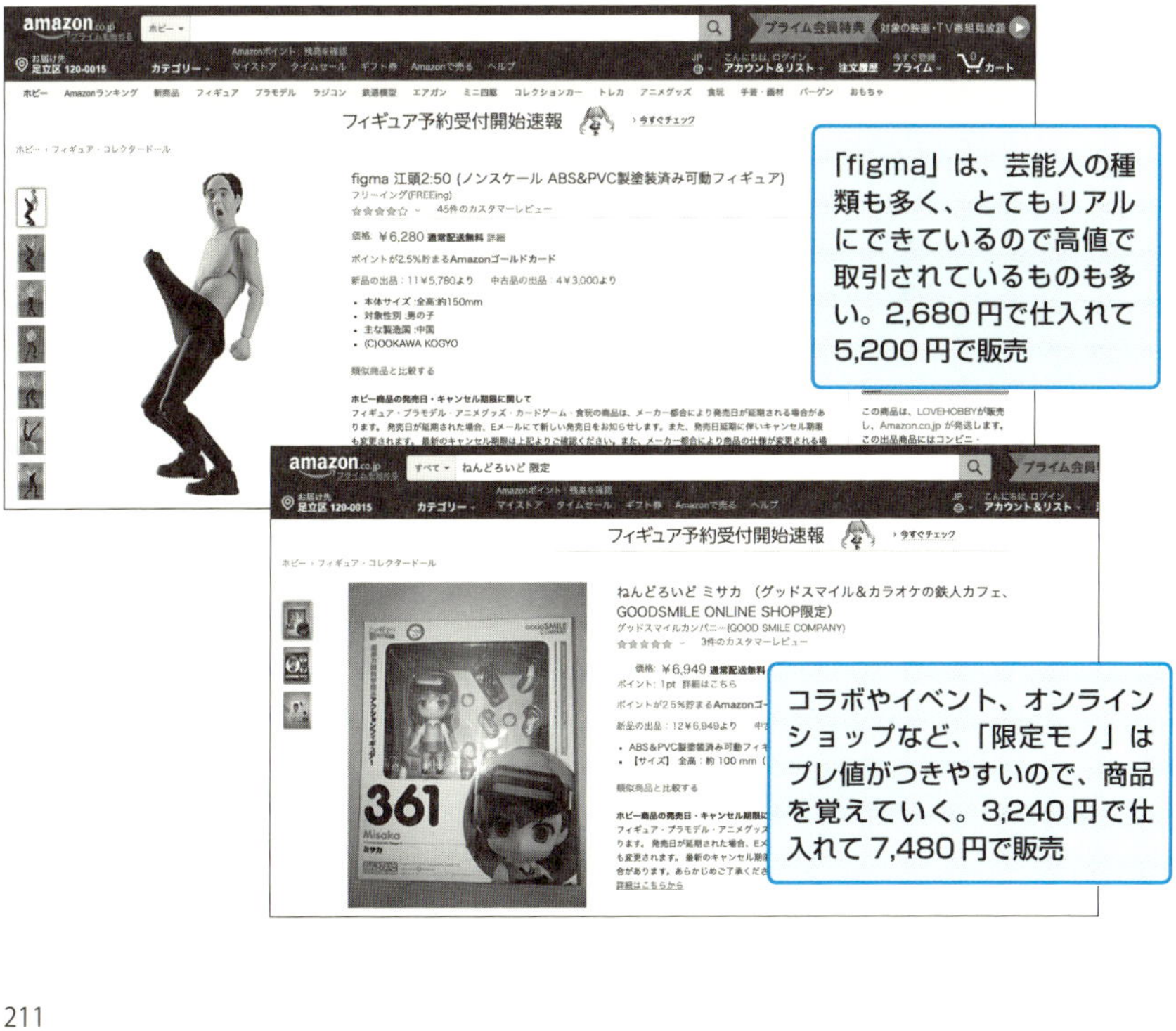
figma 江頭2:50（ノンスケール ABS&PVC製塗装済み可動フィギュア）
「figma」は、芸能人の種類も多く、とてもリアルにできているので高値で取引されているものも多い。2,680円で仕入れて5,200円で販売
ねんどろいど ミサカ（グッドスマイル&カラオケの鉄人カフェ、GOODSMILE ONLINE SHOP限定）
コラボやイベント、オンラインショップなど、「限定モノ」はプレ値がつきやすいので、商品を覚えていく。3,240円で仕入れて7,480円で販売

またフィギュアには、バーコードがついていないような商品がたくさんあります。それは、ゲームセンターのクレーンゲームで取ったり、1番くじで当てたような「**非売品のフィギュア**」です。

これらのフィギュアは、パッケージにバーコードがついているときもありますが、ほとんどの場合は違う商品が検索結果で表示されます。「**外箱に商品タイトルが必ず書いてあるので、そのキーワードでリサーチしましょう**」。いちいち手入力でリサーチしなければならないので、面倒なぶんライバルも少なく、この種類のフィギュアは値づけも甘くされているので、しっかりチェックしましょう。

またオークションやフリマアプリでたくさん出品されているので、そこでも安く仕入れることができます。

6 「エロいフィギュア」だからねらう!

このほかのオタク向けのフィギュアをねらうときは、次の4つのキーワードを感じるものをねらってみましょう。

● A賞やラストワン賞が希少価値が高い

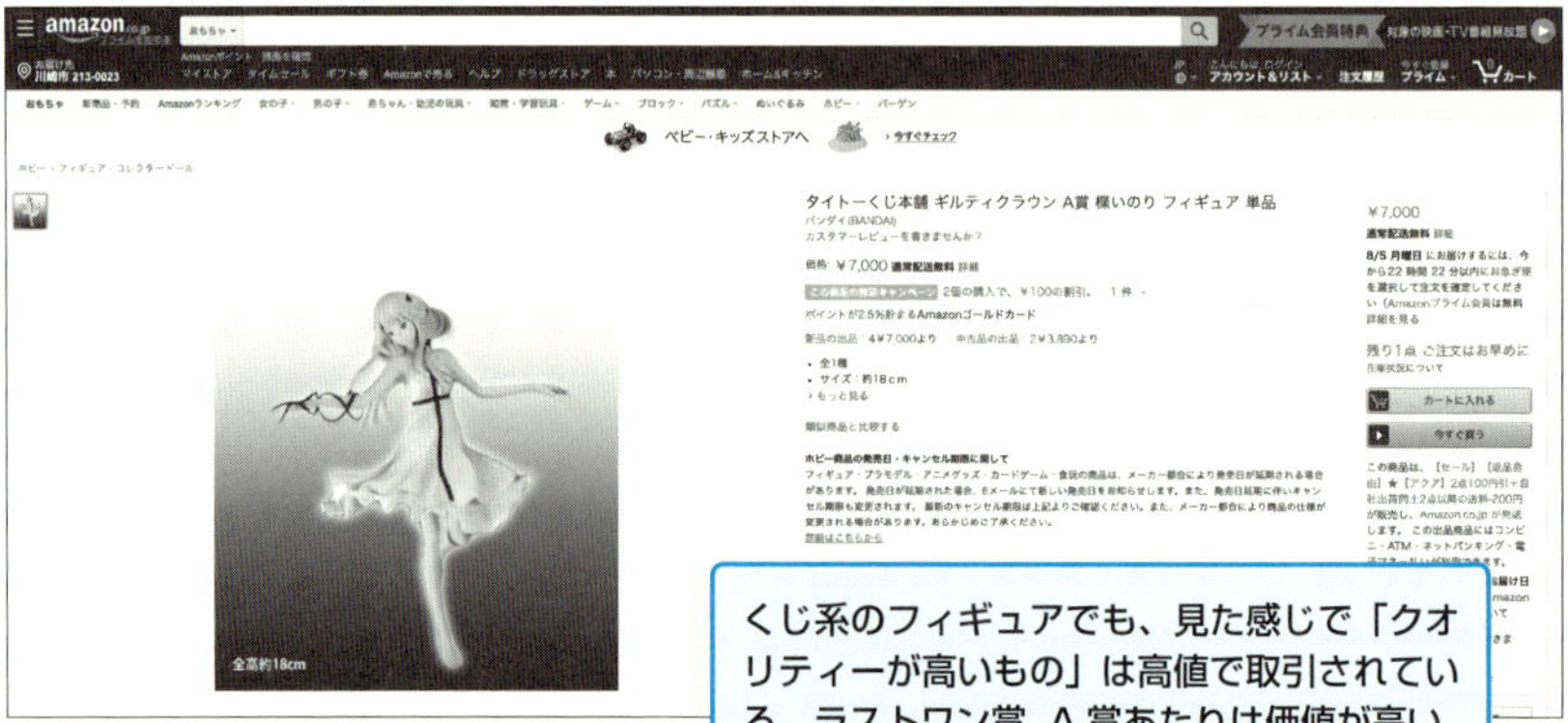

くじ系のフィギュアでも、見た感じで「クオリティーが高いもの」は高値で取引されている。ラストワン賞、A賞あたりは価値が高い。3,240円で仕入れて7,000円で販売

❶ **繊細**
❷ **エロい**
❸ **豪華**
❹ **大きい**

「この4つの条件があてはまるほど価値が高くなる」傾向にあります。フィギュアのクオリティーと値段は確実に比例していくので、場数を踏めば「せどれる」「せどれない」が感覚的にわかるようになります。

また、商品名に「○○**限定**」「○○**版**」などと書かれている商品も価格が高騰しやすいです。

下図のフィギュアを見てください。これを見て興奮しない男性はいないのではないでしょうか。

● 「エロい」が決め手になる

「エロさが感じられる」だけではないと思うが、相場は1万円以上と、かなりプレ値になっている

すーぱーぽちゃ子 バニーVer. 1/4スケール PVC製 塗装済み完成品フィギュア
フリーイング(FREEing)
14件のカスタマーレビュー
出品者からお求めいただけます。 在庫状況について
新品の出品：3￥47,000より
• 本体サイズ :全高:約320mm
• (C)2013-2015 Nitroplus
類似商品と比較する
ホビー商品の発売日・キャンセル期限に関して
フィギュア・プラモデル・アニメグッズ・カードゲーム・食玩の商品は、メーカー都合により発売日が延期される場合があります。発売日が延期された場合、Eメールにて新しい発売日をお知らせします。また、発売日延期に伴いキャンセル期限も変更されます。最新のキャンセル期限は上記よりご確認ください。また、メーカー都合により商品の仕様が変更される場合があります。あらかじめご了承ください。
詳細はこちらから

むっちり肉づきのあるフィギュアも人気がある。サイズは1/4スケール、1/16スケールといった表記で表される。1/4サイズのほうが大きなフィギュア。30cm以上あるフィギュアは高値のものが多い。1万5,888円で仕入れて2万9,998円で販売

05 通常棚がセール？「ショッピングモール・スーパー系せどり」

1 「ワゴンセール」が多数開催

ほぼ毎日行っているショッピングモールやスーパーでも、家電店などと同じように古い商品はどんどん安くなっていきます。またワゴンセールなどは家電店よりもお得に仕入れられることがあります。行きつけの商業施設をしっかりと攻略しておけば、買い物に行ったのに逆に稼げちゃうんです。

ショッピングモールやスーパーを意識して見てみると、いろいろな種類のワゴンセールが開催されています。場合によってはとても大きなスペースをとって販売している場合もあります。すごいセールにあたると、ワゴンだけで10分くらいで利益５０００円以上なんてこともよくあるので、必ずチェックしてみてください。

ただ、**「大手のスーパーの場合、家電量販店のように他店舗でも同じ価格で大量に出品されてい**

ます。そうなると、出品者が急増して価格競争に巻き込まれる」可能性があるので注意してください。

もちろん、リスクを回避する方法はあります。店員さんに「**会社用にたくさん買おうか検討しているんですが、ほかの店舗でも同じ価格で大量にあるかわかりますか？　それとも、この店だけで安くなっている感じでしょうか？**」と聞くだけです。店員さんに「たくさんありますが、取り寄せましょうか？」と言われたら、「ありがとうございます。今日、その店舗付近に用事があるので、直接買いに行きます」と伝えておけば問題ありません。店で現在の他店舗在庫の状況がわからない場合は、何店舗かに電話して聞いてみてもいいですね。

価格競争に巻き込まれないためには、「**その店独自のセールをねらう**」ことです。「**〝タイムセール〟〝訳あり商品セール〟は、その店の状況で行われる場合が多い**」ので美味しい仕入れになる可能性が高いです。また値札に「**○○店舗限定価格**」と書いてある場合もありま

● ワゴンセールやT-falのセールは要チェック！

スーパーだとエレベーターの脇でワゴンセールをやっていることもある

T-falのセールも要チェック！

す。セールでのリサーチもシンプルで、「**4割引以上値引きされているものをねらいましょう**」。運がよければ7割引きもされている商品がたくさんある場合もあります。

定番なのは、キッチン用品です。大手有名スーパーでは、**T-fal**の鍋やフライパンが仕入れられます。店舗が大量に仕入れているようで、大幅値下げがよくされています。

T-falはとても回転が早いので、大量に仕入

● ショッピングモールやスーパーで仕入れられる商品

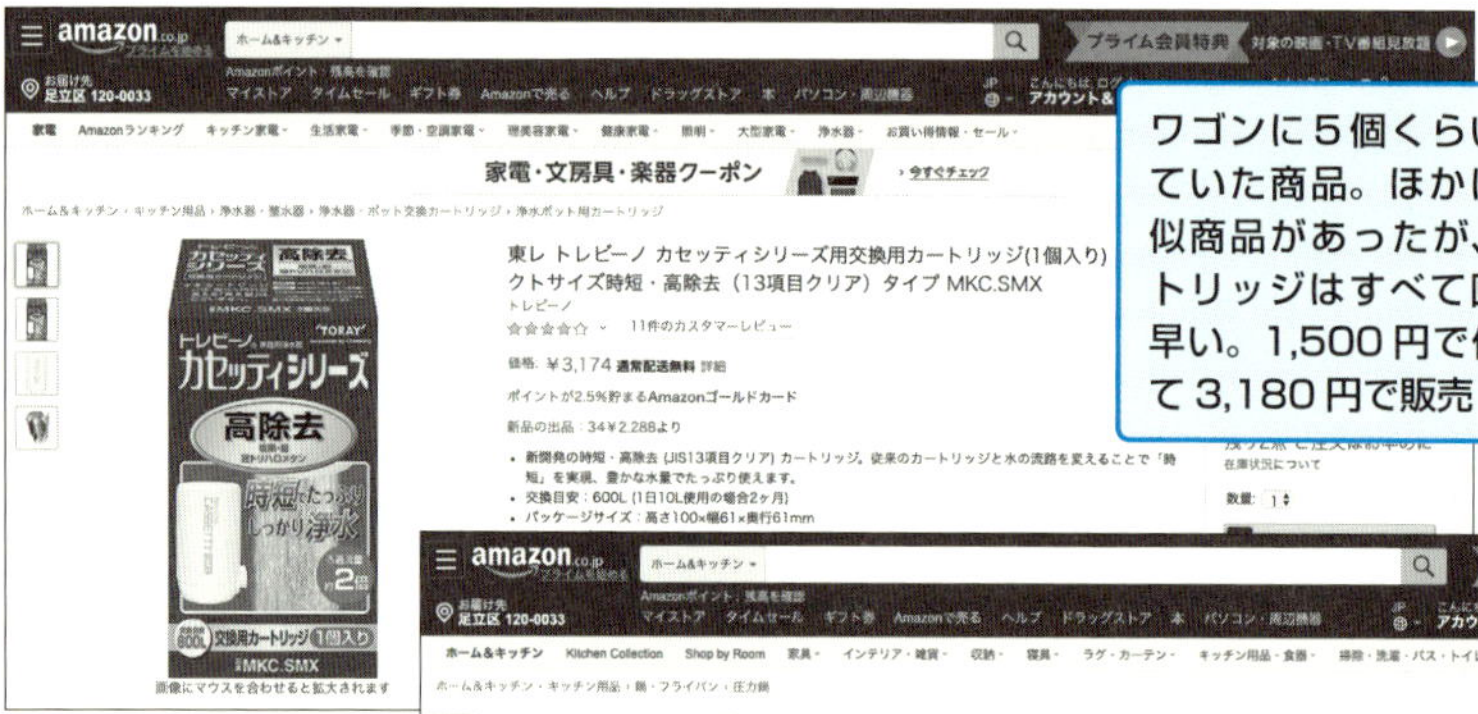

ワゴンに5個くらい入っていた商品。ほかにも類似商品があったが、カートリッジはすべて回転が早い。1,500円で仕入れて3,180円で販売

1商品数千円はゲットすることができるので、セールしていたら要チェック。T-falは、アウトレットモールにも入っていることが多いので、そこでも仕入れられる。9,180円で仕入れて1万5,300円で販売

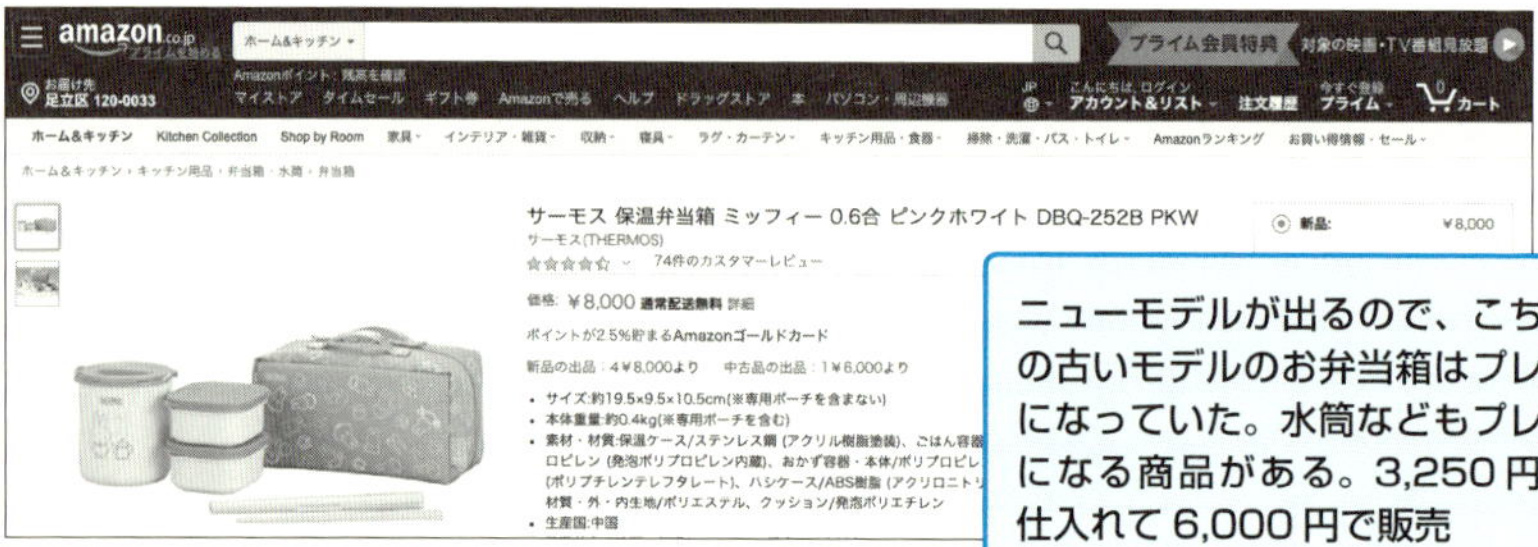

ニューモデルが出るので、こちらの古いモデルのお弁当箱はプレ値になっていた。水筒などもプレ値になる商品がある。3,250円で仕入れて6,000円で販売

れても、在庫を抱えてしまうことはあまりありません。仕入れてその日に出荷すれば、値下げ競争になってしまう前に売り逃げられます。、弁当箱や水筒、浄水器のカートリッジも仕入れられます。ホームセンターも同様に仕入れできます。

2 ショッピングモールは棚までワゴンセール？

ショッピングモールに行くとわかりますが、棚からもたくさん「抜ける商品」があります。しかも、「**大きく赤い値札になっている場合が多いので、安くなっている商品がとてもわかりやすい**」です。値札に「**旧品番のため**」「**訳あり**」「**価格見直し**」などと理由が書いてある場合は、より安くなっている可能性があります。しかも、会員になっていればポイントが10倍、20倍になっているような商品もあるので、実質値引きとしてのポイント率もしっかりと確認しましょう。

● ショッピングモールはこんな風に陳列棚からも抜ける

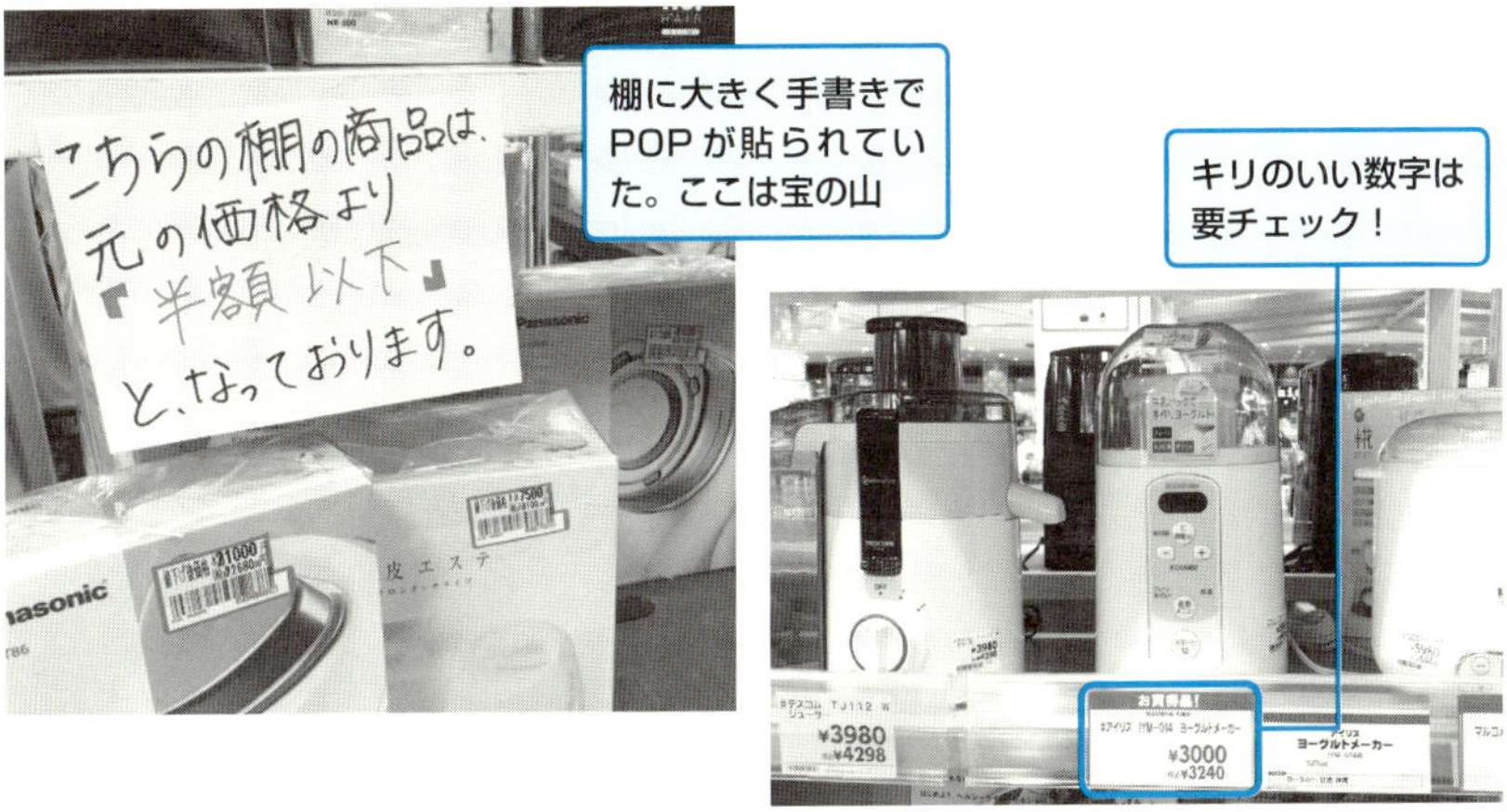
棚に大きく手書きでPOPが貼られていた。ここは宝の山
こちらの棚の商品は、元の価格より『半額以下』と、なっております。
キリのいい数字は要チェック！
¥3980
¥4298
ヨーグルトメーカー
¥3000
¥3240

すでに安くなっている赤札商品でも、商品箱の横や後ろ側に「**さらに3割引**」「**さらに半額**」と書かれてあるシールが貼られている場合もあるので丁寧にチェックすることが大事です。また、500円、1000円、2000円のようなキリのいい価格になっていたら、それも見てみましょう。

家電量販店のように展示品が安くなっている場合もあるので、それも要チェックです。スーパー系なので、「**家電は調理家電が仕入れられる**」ことが多いです。おもちゃ、ゲームコーナーなどでもよく仕入れられるので、ぜひリサーチしてみてください。

3 セール時期は、「専門店」もチェック!

「**ショッピングモールでは、洋服屋のセールが年に数回ありますが、そのタイミングにあわせてほかの雑貨屋やキャラクターショップなども、いつもより大幅値引きに**」なります。店頭セール、ワゴンセールが出現することもあるのでチェックしてみましょう。この種類のセールは、ライバルも多くは出てこないので、ひとりでいい思いができます。

店舗でシーズン終了前に売り切ってしまいたいような割引商品は、ネットだと現在進行形で飛ぶように売れます。

最後に、さらにお得に仕入れられるタイミングをお話しします。それは、「**お客様感謝デー**」に仕入れをすることです。ヨーカドー系列であれば、8のつく8日、18日、28日に5%のポイント、イオングループであればイオンカードやWAONの利用で5%オフになります。もちろん、そのほかのイベントも多数あるので公式サイトもチェックしてくださいね。

● シーズン終了でセールになっていた商品

ピーナッツ スヌーピー イン ボックス ドッグボウル ぬいぐるみ
ナカジマコーポレーション(NAKAJIMA CORPORATION)
カスタマーレビューを書きませんか？
この商品は現在お取り扱いできません。 在庫状況について
・本体サイズ: H15cm×W8.7cm×D11cm
もっと見る
1,188円で仕入れて
2,918円で販売

スヌーピー[ひざ掛け毛布]フード付き5wayブランケット/ウィンターフレンズ ピーナッツ【ピンク】
西川リビング
カスタマーレビューを書きませんか？
現在在庫切れです。 在庫状況について
この商品の再入荷予定は立っておりません。
1,620円で仕入れて
3,980円で販売

06

お宝探し「ディスカウントストアせどり」

1 店舗によってムラがあるので注意する

ディスカウントストアは、それぞれが独特な仕入れルートを持っているため、ほかの一般店舗とは品ぞろえの雰囲気が違います。海外製品であったり、聞いたこともないようなメーカーが多かったりしますが、そんな店だからこそ、そこにしかないお宝商品と出会えます。まさに、せどりをしている！　そんな気分にさせてくれます。

ディスカウントストアというと、何でも捨て値くらいの価格で売っているように思うかもしれませんが、そんなことはありません。もちろん安い商品は安いですが、ディスカウントストアとはいえ、せどりができるくらい利ざやが出る商品は、しっかりリサーチをしなくては見つかりません。

ここを勘違いして行くと、初心者はそのギャップに痛い目にあってしまいます。また意外なのですが、同じチェーン店でも、店舗によってまったく品ぞろえや価格が違うのです。これは、それぞれの店長が独自にすべてを決めているからです。「**2回くらい通ってしっかりリサーチしても全然仕入れることができなければ、その店はずっと微妙な可能性が高い**」ので、違う店を開拓しましょう。

それでも、せどれる時期もある

「**年末セール**」だけは、みんなが財布の紐を緩める時期で、せどらー同様、ディスカウントストアも最も売上を伸ばしたいので、いつもよりお得感を打ち出してきて、値下げ幅が大きくなります。

2 「安すぎワゴンセール」と「POP」!

ディスカウントストアも、とにかく安いワゴン、POPが目印です。有名なチェーン店では「**驚安**」といっていますが、文字どおり驚きの安さです。

フリマのガラクタ品販売のように、100円以下でいろいろな商品がごちゃ混ぜで売られている中に、実際は数千円の価値があるお宝商品に巡りあえたりもします。パッケージが汚れている場合もありますが、新品で出品しても問題ありません。「**スマホケース**」や「**保護フィルム**」「**何に使うのかわからないコード**」「**イヤホン**」「**化粧品**」「**子ども用おもちゃ**」など、いろいろなものがあります。またワゴンセールにはなっていませんが、「**DVD、ゲームなどのメディアはひっそりと安くなっている**」ので、そのエリアもチェックしてみましょう。

3 「違和感せどり」が有効！

通常棚にもお宝が眠っているのが、ディスカウントストアせどりの面白いところです。ディスカウントストアにせっかくせどりに行ったのなら、安いPOPがついている商品を見るだけではもったいないです。

「**1番上の棚、下の棚、その端をチェック**」してみてください。たまに「**この見かけない商品は何だろう？**」と感じるものに出くわすときがあります。

そのような商品こそ、ジャンルに関係なくリサーチしてみてください。どのような

● ディスカウントストアもPOPやワゴンセールが目印

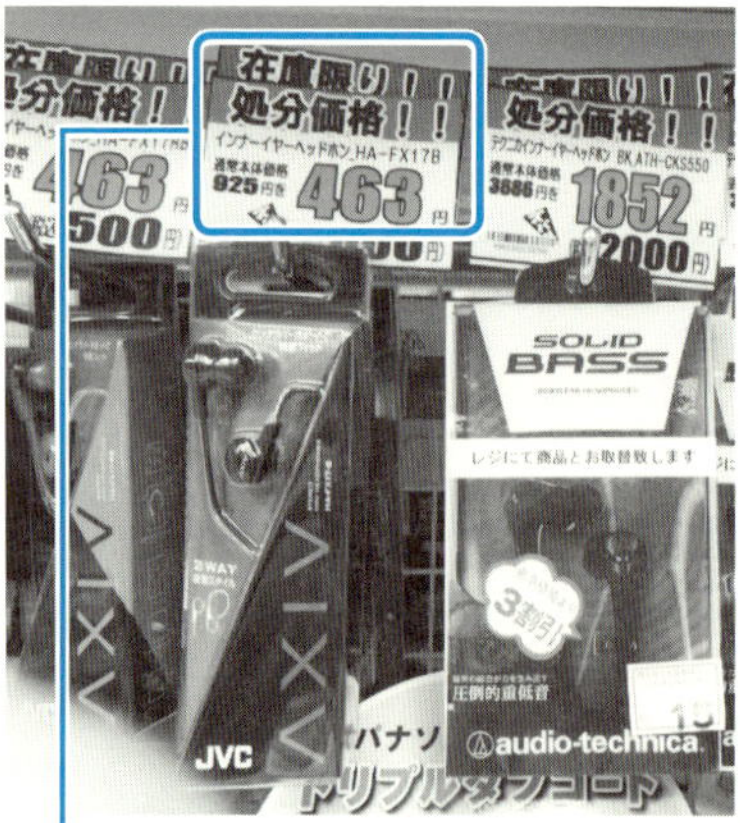

「在庫限り」「処分価格」のPOPが目印になる

家電も、あまり聞かないようなメーカーがワゴンで売られているが、問題ない。その店舗限定の処分ワゴンは、ライバルも増えないので安心して仕入れができる

ルートかわかりませんが、個人店にしかないようなとても古いプレミアム商品があったりします。**「よく見かけるのは家電ジャンル」**です。

ディスカウントストアでも、**「ぜひ見てほしいのはショーケースの中」**です。ここにも、見慣れないけど、意外と美味しい商品がポツンとあったりします。**「スピーカー」「ヘッドフォン」「カメラ」「美容系の家電」**が入っていることが多いです。

ディスカウントストアは、ほかの店舗の在庫は関係がないと思っている人もいますが、チェーン店であれば、他店舗在庫は普通に取り寄せてくれます。しかも、他店舗で値段が違ってもその店の価格で仕入れさせてもらえます。美味しい商品があれば、せっかくですから店員さんに取り寄せを頼んでみましょう。同じ商品を50個以上集め

● ディスカウントストアもショーケースの中は宝の山

ショーケースの中は商品が重なりあって入っているので、値札や箱をのぞき込んでリサーチする

プレ値の美容家電がたまに見つかる。「コイズミ」「ヤーマン」などの美容に強いメーカーの商品は要チェック

てくれることもあるので、利益50倍も可能です。

4 「セット販売」で、ねらえるジャンルがある！

単価が安い商品はついつい見落としがちですが、それももったいないです。驚くほど安くなっている商品が多いので、まとめて販売すれば利益を出せるジャンルがあります。

それは、食品や美容系です。「**Amazonで複数個をセットにして売っているのでチェック**」してみてください。「**お菓子やカップ麺などがねらいめ**」です。また美容系は、単体でも利益が出るものがあります。

● **食品は回転が極めて早いので、薄利で仕入れてもいい**

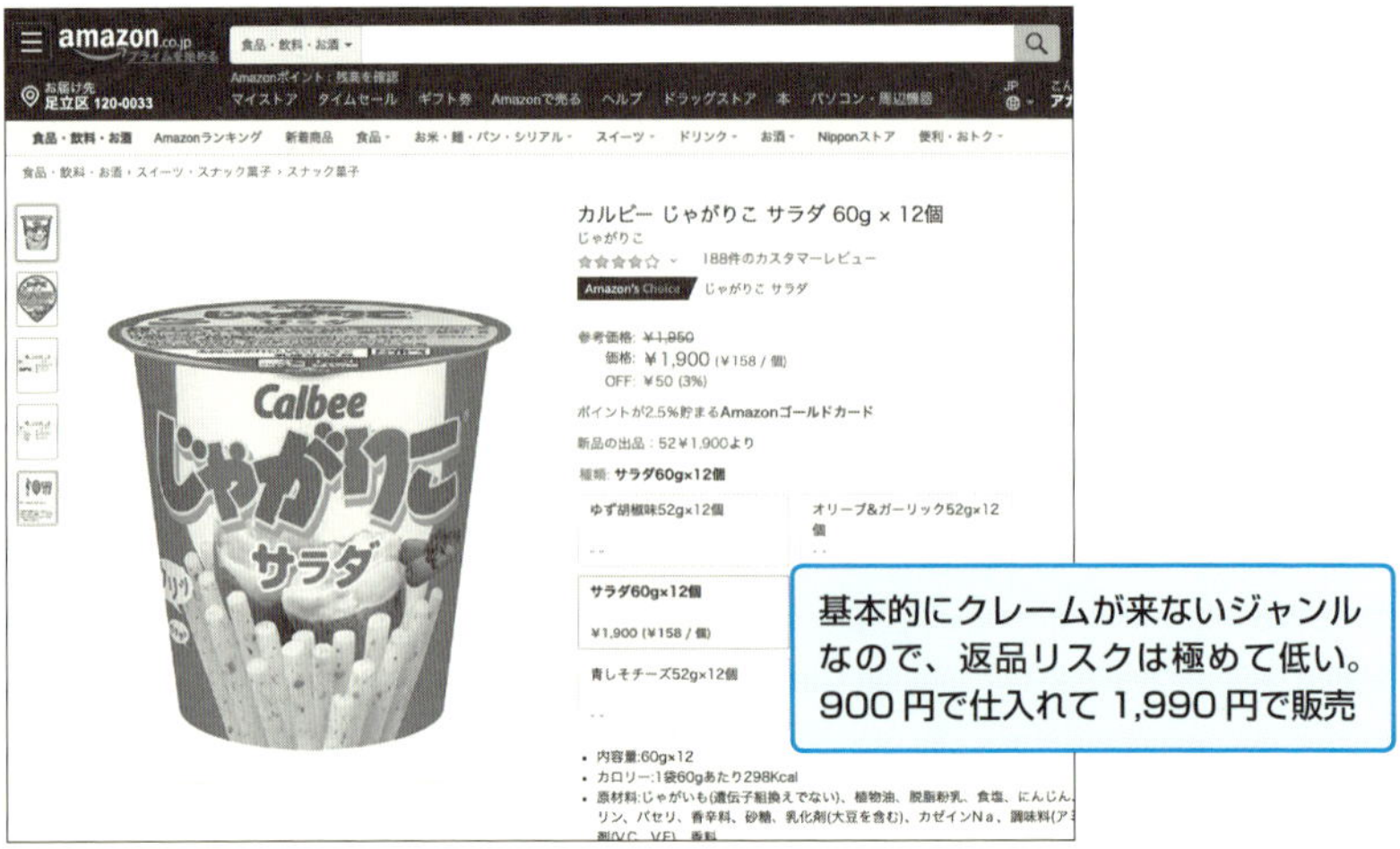

amazon.co.jp
食品・飲料・お酒
カルビー じゃがりこ サラダ 60g × 12個
188件のカスタマーレビュー
Amazon's Choice
参考価格: ¥1,950
価格: ¥1,900 (¥158 / 個)
OFF: ¥50 (3%)
新品の出品：52 ¥1,900より
サラダ60g×12個
Calbee
じゃがりこ
サラダ
基本的にクレームが来ないジャンルなので、返品リスクは極めて低い。900円で仕入れて1,990円で販売

07 何でもそろっている「ホームセンターせどり」

1 ホームセンターならではの商品をねらえ！

ホームセンターほど、何でもそろっているお店はありません。普通に、ときどき買い物に行く人なら、いつも行くコーナーはだいたい決まっていると思います。そこで、行ったことがないエリアにちょっと目を向けてみてください。今までと違った視点で違うお店に見えてきます。

ホームセンターは、前節でお話ししたショッピングモールやスーパーと取り扱い商品が似ている部分があるので、「**ワゴンセール**」や「**日用品**」「**家電**」「**おもちゃ**」「**展示処分品**」などは、同じ手法でリサーチできます。

それにプラスして、「**電動ドライバーといった工具**」「**ペットフード・首輪・動物用おもちゃなどのペット用品**」「**家の窓などを掃除する大きめの洗浄機器**」といった「**ホームセンターにしかないような商材**」もリサーチしましょう。

また、「**カー用品**」もホームセンターは取り扱いが多く強いジャンルです。このエリアで安くなっている商品をリサーチしてみてください。ホームセンターは、全国に店舗があるチェーンよりも、「**エリア内で強いチェーン店のほうが多い業界なので、ライバルが増えにくく価格競争が起こりにくい**」という利点もあります。

2 「ボロボロ商品」をねらえ！

ホームセンターは、消耗品や季節商品といったジャンルには強いのですが、人気メーカーの最新商品というと、あまり強くありません。それよりも、どちらかというとボチボチでも長く売れていくものを多く取りそろえているイメージです。誰もが知っているわけではないマニアックなメーカーの商品を見つけることもできます。

つまり、「**売れ残っている古くさい商品が割とある**」ことになります。ただ、世間的にはもう手に入らないような商品なので、実はネットではプレ値になっていることがあります。

● ホームセンターはカー用品が豊富

家電もそうですが、子どもが好きそうなおもちゃやキャラクターグッズも見つかったりします。**「〝箱がボロボロ〟〝色があせてしまっている〟そんな商品こそチェック」**してみてください。店側からすると、不良在庫でしかないので、かなり安値になっていることもあります。特に、「**郊外の店に行けば行くほど、そういった商品と出会えます**」。

3 「シーズン終わり」をねらえ！

ホームセンターせどりは、主力ジャンルである「**季節商品**」に力を入れます。店舗側からすると、販売期間がかぎられるので、売れ残りが多くなってしまう可能性があります。売り尽くしたいので、シーズンが終盤に入ったら、即安くなりはじめ、最終的には半額くらいの大幅な値下げになります。

そのタイミングでせどっても売れないだろうと思うかもしれませんが、そんなことはありません。

● ボロボロだったり梱包が少しいい加減な商品もねらいめ

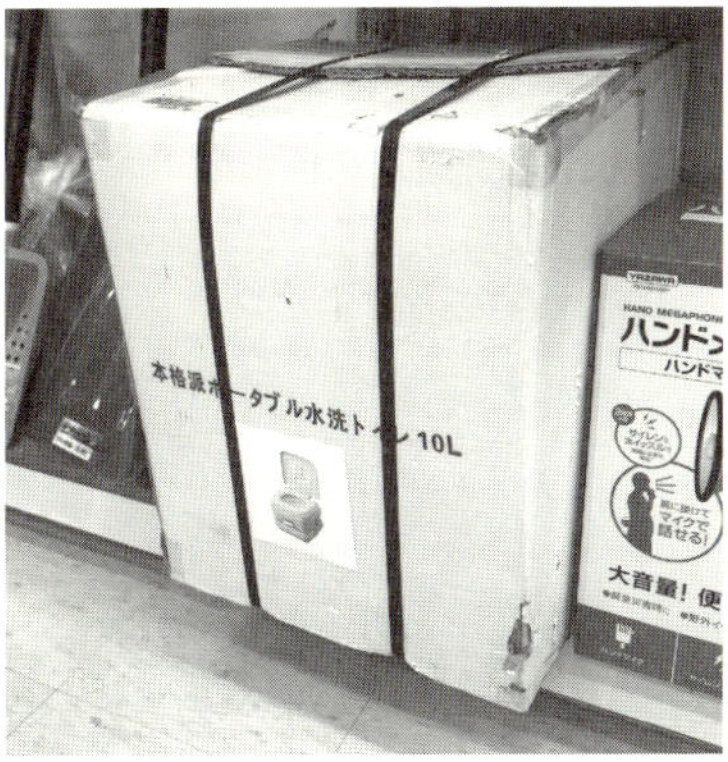

こんな感じのボロボロの箱は要チェック！

隅っこにある展示品も要チェック！

3月の終わりごろには、「**冬の電気毛布**」「**ストーブ**」「**加湿器**」「**カセットコンロ**」などはかなり安くなっていますが、北海道ではまだまだ寒いですし、ネット上でも、まだまだ値崩れしていない商品なのです。ライバルもビビって仕入れたがらないので、ぜひ仕入れましょう。夏の終わりごろなら「**扇風機**」「**キャンプ**」「**プール用品**」などがあります。

● こんなサブ的な季節商品も需要はしっかりある

08 消耗品をたくさんゲット！「ドラッグストアせどり」

1 ドラッグストアせどりの注意点

ドラッグストアは、駅前付近にある小規模な店舗から郊外の大型店舗まで、どこにでもあり、せどりの対象となる店舗数としては最も多いかもしれません。

取り組みやすさもありますが、ドラッグストアのジャンルは、ほかのカテゴリーよりも規制や注意点が多くあります。次の４つの注意点だけ押さえておけば大きな問題にはなりづらいです。

❶「海外メーカーの化粧品」はせどらない

輸入化粧品の場合、出品禁止のメーカーがあり、有名なメーカーも含まれています。出品禁止のメーカーも逐次追加されているので、輸入化粧品ははじめからリサーチしないようにしましょう。詳しく知りたい場合は「出品することができない一部並行輸入化粧品について Amazon」

で検索してみてください。

❷「危険物商品」はＦＢＡ倉庫に納品できない

スプレー缶やマニキュア、香水など、せどれるけれど、**Amazon**の倉庫に納品できない商品もあります。「**危険物が含まれていると思われるような商品は、〝Amazonセラーセントラルアプリの商品登録〟で倉庫納品が禁止されていないか確認をしてからリサーチ**」します。またライバルが自己発送の業者ばかりであれば、納品できない可能性があります。

詳しく知りたい場合は、「**Amazon**で危険物として規制される可能性のある商品一例」で確認してください。

❸「要期限申請商品」も注意

虫除けスプレーのように、「**使用期限がパッケージに記載されている商品**」は、倉庫に納入した段階で60日以上の使用期限が残っている必要があり、残りが45日になった段階で自動的に破棄されてしまいます。

「**使用期限が3カ月以上は残っている商品をせどる**」ようにしましょう。

❹「健康食品」や「サプリ」系は販売停止を要請してくるメーカーがある

健康食品やサプリジャンルは、**Amazon**経由で販売の禁止を要請してくるメーカーがあります。

そのまま出品をやめれば問題ありませんが、無視して販売を続けていくとアカウント停止になりかねないので気をつけてください。

「**モノレートで出品者数がずっと1人で、商品のメーカーが販売者の場合は仕入れない**」ようにしましょう。誰もが知っているような有名メーカーの場合は、仕入れても問題ないことが多いです。

以上ですが、念には念をいれて確認したい場合は、「**Amazon**テクニカルサポート」に問いあわせて、仕入れ予定の商品が自分のアカウントで問題なく出品できるかを聞いてみましょう。

2 ドラッグストアせどりの「ワゴンの見方」

大型店舗のドラッグストアに行けば、たいていの場合安売りしているワゴンがあります。そこに「**消耗品が入っていればチャンス**」かもしれません。半値以上の割引になっていることも多く、7～8割引きなんてこともあります。

消耗品は単価が安いので、1個で販売しても利益が出ないことが多いですが、複数個でセット販売すれば利益が出ます。**Amazon**の商品ページやモノレートなどで、「**複数個セットのASINがないか確認**」しましょう。また、レトルトやお菓子などの食料品を売っている場合もありますが、こちらも利益が出る場合があるので同じ手法でリサーチしてみましょう。

3

ドラッグストアせどりの棚には「廃盤商品」が？

ドラッグストアが扱う商品にも、廃盤商品は多々あります。シャンプーや洗剤など、さまざまな商品が廃盤になっていきます。そのような商品は、もちろんプレ値になる傾向があります。

「この歯の磨き心地が好きだ！」「この洗いあがった花の香りがお気に入り！」といったように、味や匂いなど感覚的に訴えるような商品は、どうしてもその商品を使い続けたい購入者が多いので、高値でも売れていきます。

このような商品の見つけ方は、ＰＯＰに「**数量限定**」「**在庫限り**」と書いてあるのがヒントです。プレ値になっていないかリサーチしてみましょう。

● **ドラッグストアはワゴンをねらう**

お買い得コーナー
期限切迫のため
現品限り!
大特価にて販売します

小さな店舗でも、棚の端に小さい処分価格コーナーがある場合が多い

ドラッグストアのお得なクーポン
ファブリーズメン 消臭スプレー 布用 スカイブリーズの香り 370mL
洗えないものも、瞬間お洗たく
男の5大臭に。
ファブリーズ
除菌
MEN

セットの場合、バーコードがAmazonで登録されていなかったり、違ったりするので、文字検索してみる。880円で仕入れて2,000円で販売

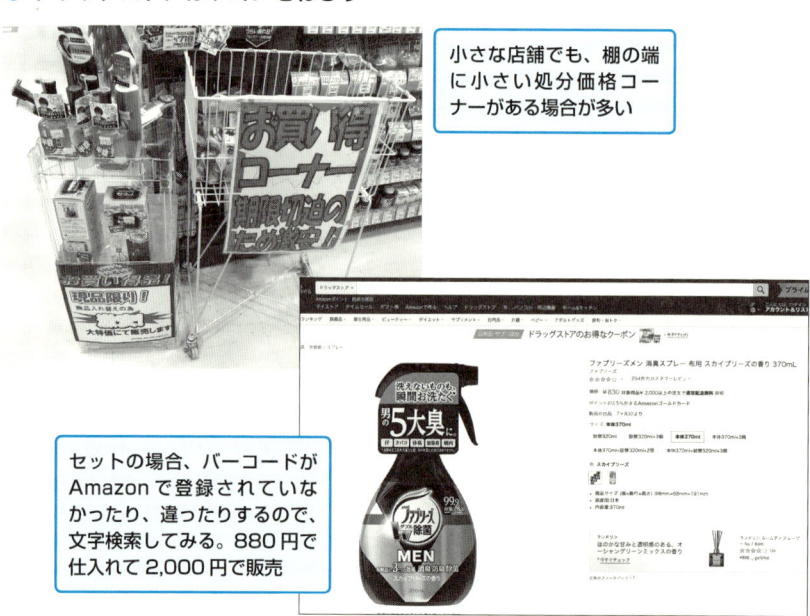

6時限目

「低資金&高利益率せどり」で収益安定

利益率が15%以下くらいになったら、ここの手法を取り入れて健全な経営状態にしましょう！
初心者でも仕入れやすいジャンルです。

01 せどりの原点?「中古ショップ」でお宝ザックザク

1 なんといっても「高利益率」が魅力!

「**せどりの仕入れで1番利益率が高いのが、〝リサイクルショップ〟**」です。**Amazon**の相場を無視しているお店が多いので、せどらーにとってはありがたいかぎりです。よく「**せどりは宝探し**」といわれますが、このリサイクルショップせどりが1番あてはまります。値崩れが起こることは基本的にないので、見込み利益どおりの収益があがるのも魅力です。

2 リサイクルショップは○○店をねらえば必ずせどれる

リサイクルショップでねらうべき店舗は、「**リサイクルショップの大手企業がチェーン展開していない地域で、そこにしかないような個人店やショップ**」です。もちろんチェーン展開している店舗でもたくさんせどれますが、有名店はライバルに先にせどられている可能性があります。そして、何よりも値段をネットの相場にきっちりあわせてきていることが多いので、利幅が取りづらいです。**Google**マップや地域の紹介サイトに載っていないような店舗が必ずあるはずなので、こっそり見つけてガッポリ稼いじゃいましょう。

どれくらいライバルがいないのかというと、私の家の近所のリサイクルショップの1周年記念セールの日、出遅れたと思ってあわててオープン5分前に行ってみると、誰一人せどらーがいませんでした。

こういった店舗は、セール以外の日でも1000円以内の仕入値で数千円単位の利幅を取れるお宝が何個も眠っていることがあります。

また、個人店であれば普通に価格交渉に応じてくれます。個人店は、在庫を置くスペースをそこまで広く確保していません。毎日、お客さんから中古商品を買い取るので、どんどんスペースを空ける必要があるからです。特に、年末の断捨離シーズンや3月と8月の引っ越しシーズンは、大量に売りにくるお客さんがたくさんいるので、仕入れ過多になり在庫スペースがパンクしてしまいます。こんな時期はいつも以上に値段を下げてくれます。

お店を見つける方法は、とてもシンプルです。「**iタウンページ**」で検索するだけです。リサイクルショップは思ったよりたくさんあるので、こんなに家の近所にあったんだと驚きますよ。

iタウンページ（http://itp.ne.jp）で「地名　リサイクルショップ」と検索する

3 リサイクルショップでの王道なせどり方

せどる手法は、とても簡単です。「**あらゆるカテゴリーの未開封や未使用の商品を検索していくだけ**」です。ここでは、ゲームソフトの未開封商品を見ていきます。

わかりにくいかもしれませんが、下の写真で「**シュリンクの細い帯に〝PlayStation2〟**」と書かれているのがわかるかと思います。

このような商品は、正真正銘の未開封品として仕入れることができます。たまに、包装はされているけれど、中古商品の場合もあるので気をつけてください。「**家電やおもちゃなどは、値札に未開封、未使用などと表記してある**」ので、それを目安に検索してみてください。

家電、フィギュア、事務用品、メディアなど、ほぼすべてのジャンルをリサーチできますが、特に、「**未開封、未使用で、状態のいい商品が多いのは、衛生的に気になる、〝ひげ剃り〟〝脱毛器〟〝電動歯ブラシ〟など**」です。店側からすれば、このようなジャンルでボロボロな商品を売るのはかなり苦労するので、買い取りに敏感です。ですから、とてもきれいな商品が見つかりやすいです。また、同じような考え方で化粧品類や、ベビー用品もせどれます。

● ゲームソフトの未開封商品の見極め方

DVD
シュリンクの細い帯に「PlayStation2」と書かれている

4 「消耗品」が鉄板

リサイクルショップでは、**「未開封なのにほぼ確実に破格になっている」**商品があります。それは、**「消耗品」**の類です。大量に仕入れることがあり、スペースを取るわりにそこまで高く売れないので、かなり安くなっていたりします。**「洗剤類」「電球」「記録メディア」「カートリッジ」「フィルター」**などです。古いものではプレ値になっているものもあったりするので、全部チェックしましょう。

5 同じ商品が複数個並んでいれば、新品の可能性が高い

「リサイクルショップに行くと、同じ商品がとてもきれいな状態で4、5個ある」ことがあります。こういう場合、たまたま個人のお客様から別々に仕入

● 消耗品コーナーは要チェック！

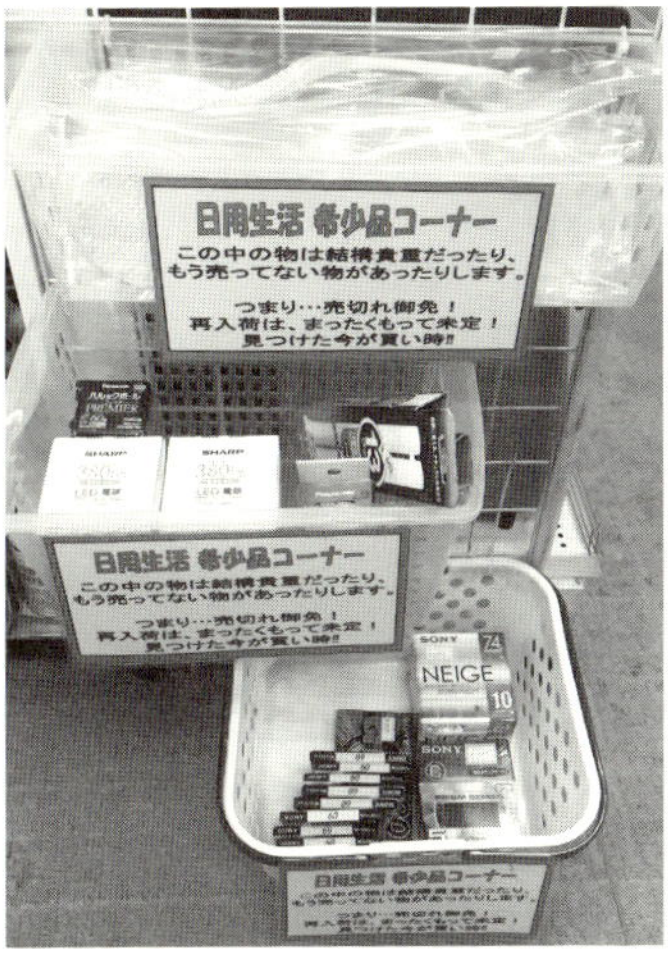

リサイクルショップなので使用期限が切れているかもしれないので注意する

ヘアスタイリング剤、シェービングジェル、そうじ洗剤なども未開封ならリサーチしてみる。300円で仕入れて1,990円で販売

れたということは奇跡に近いです。

リサイクルショップは倒産会社や閉店したお店の不良在庫を買いつけたりするので、同じ商品が大量に仕入れられることがあります。

こういった商品は、未開封と書いていなくてもほぼ間違いなく新品です。棚を見れば、そういった商品がかなり目につくのでチェックしてみてください。

6 「利益率の高い中古商品」もねらう

❶「ショーウインドー」の中にある商品がお勧めな理由

リサイクルショップにとって貴重な商品は、「**最新の商品**」と「**レアできれいな商品**」です。このような商品は、だいたいショーウインドーに飾られています。「**ショーウインドーの中は、1商品で数千円以上の利益が稼げる可能性のある宝の山**」です。

● 同じ商品がいくつも並んでいたら要チェック！

同じ商品が棚に並んでいると目立つので、すぐにわかる

「最新の商品」は回転よく売れるので、店頭でもだいたいネット相場で売れていきますが、「レアできれいな商品」は値下がっていく可能性が高い商品です。

またショーウインドーに陳列されている商品は、付属品がほぼそろっている確率が高いので、その点も安心です。JANコードが見えることはないので、型番を手打ちで検索します。

「現在出品されている中古価格とあわせて利益が出るか、状態がとてもよければ新品価格より1〜2割安い値段で売っても利益が出れば仕入れる」ようにします。

❷ 付属品がそろっている商品をねらう

「箱と付属品がすべてそろっている」中古商品をねらってみましょう。パッケージがボロボロでも問題はありません。逆に、ついているだけありがたいという感じです。中古品は、20、30年前のお宝商品であれば定価よりとても高く売れる商品にも出会えます。**「〝なんか古そう〟〝なんかプレ値がついてそう〟と感じたら、まずは検索」**してみてください。リサイクルショップは陳列が雑なお店も多いので、棚の後ろとか下に埋もれている商品を掘り出してみてください。

❸ 「パッケージのない商品」は〇〇〇が少ない商品をねらう

パッケージがなく、商品が裸のまま置いてある商品もあります。リサーチが面倒なのはライバルも一緒です。**「リサイクルショップは未開封しかねらわないせどらーがたくさんいるので、美味しい商品が残っている可能性が高い」**です。

パッケージや説明書のない商品だと、付属品の有無を確認したりするのは面倒なので、付属品がないものや、極めて少なそうな商品をねらうようにします。**「リモコン」「外付けハードディスク」「時計」**などですね。

❹ メディア系が穴場の場合

総合リサイクルショップの場合、CD、DVD、ゲームなどのメディアに力を入れてなくて、コーナーが小さかったり、100円などの均一で売られている場合は、めちゃくちゃ美味しい可能性があります。普通に5千円以上で売れる商品が混ざっていたりします。回転がそこまで早くないものも多いですが、**「仕入れ値が安すぎる場合は、半年に1度くらいしか売れない商品でもあるだけ仕入れてしまいます」**。VHSなどの商品も売れていくので、必ず見るようにしてください。

● 埋もれたガラクタの中にこそ、お宝が混ざっている！

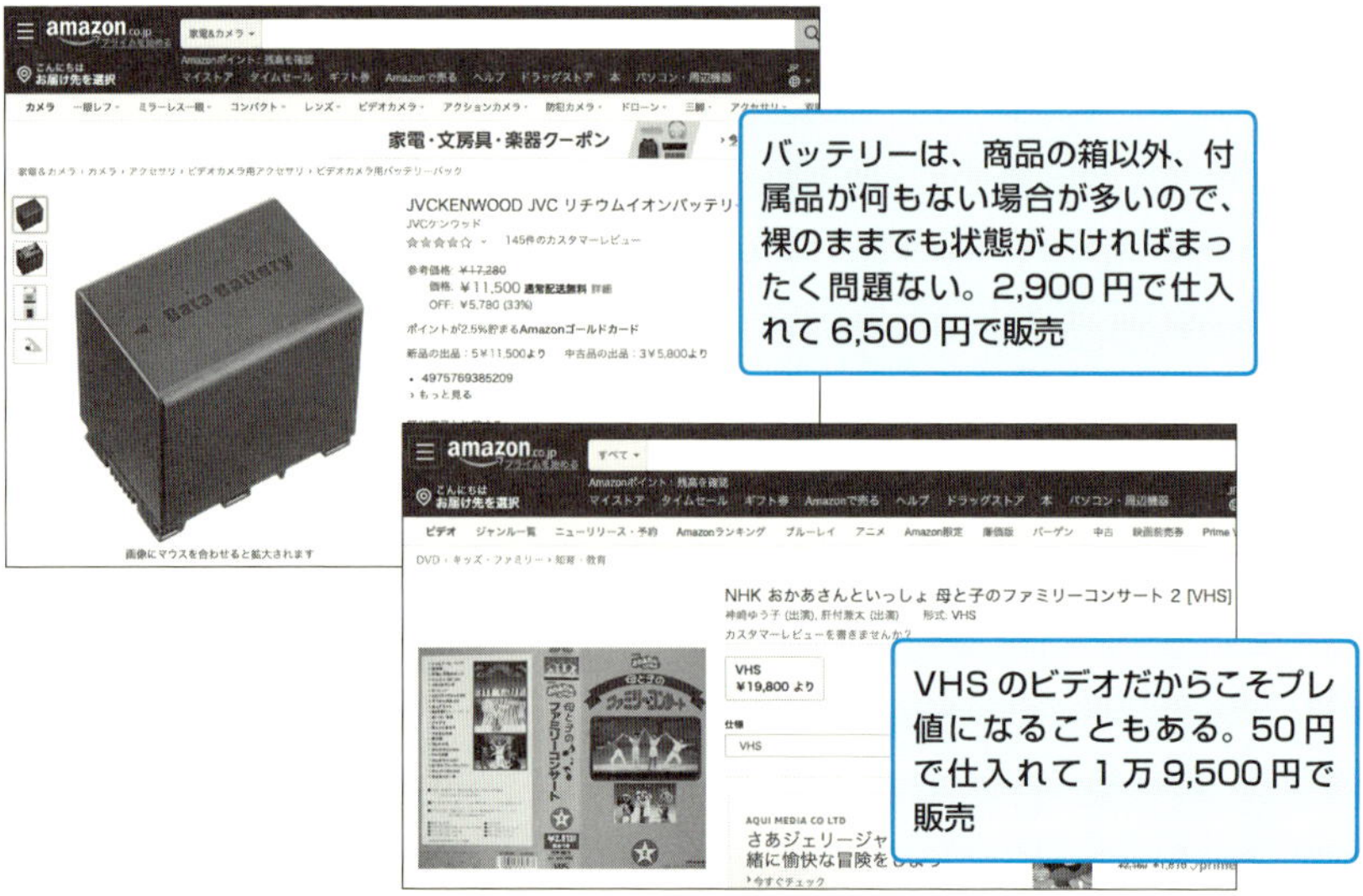

JVCKENWOOD JVC リチウムイオンバッテリ
バッテリーは、商品の箱以外、付属品が何もない場合が多いので、裸のままでも状態がよければまったく問題ない。2,900 円で仕入れて 6,500 円で販売
NHK おかあさんといっしょ 母と子のファミリーコンサート 2 [VHS]
VHS ¥19,800 より
VHS のビデオだからこそプレ値になることもある。50 円で仕入れて 1 万 9,500 円で販売

02 駅ナカやスーパーで出会える「ブックバーゲンせどり」

1 実は、「開催情報」は調べられる

駅中などで、たくさんの本がワゴンセールになっているのを見かけますよね。あれを「ブックバーゲン」といいますが、実はたくさんのお宝が眠っています。あそこで売られている本は、出版社の倉庫に保管されていた書籍で、もう流通させない予定のものを出庫しているので、安く売られているのです。

古本ではなく**「未使用品の本なので〝新品〟」**です。アウトレットブックや自由価格本と呼ばれたりもします。そんな新品本が安く売られているバーゲン情報は、第二出版販売株式会社の**Twitter**で確認することができます。

もちろんすべての情報が載っているわけではないので、詳しく聞きたい場合は、電話で問いあわせてみてください。これから開催するバーゲンを教えてくれたりします。だいたい5日以上く

らいの期間で開催されますが、在庫が1日でかなり減るので、翌日は違う商品が入ってくることもあります。通り道であれば、毎日変化をチェックするようにしましょう。

第二出版販売株式会社

- ホームページ（http://www.daini-syuppan.co.jp/）
- Twitter（https://twitter.com/daini_syuppan）

また古本セールの情報となりますが、次のサイトで全国のセールがかなりチェックできます。

日本の古本屋

- 古本まつりに行こう（https://www.kosho.or.jp/event/list.php?mode=init）

2 「新品在庫切れ」で、ランキングがいいものを見つけよう

「趣味」「健康」系のジャンルをねらう！

ブックバーゲンに出品されるような本は、少し前に出版された本が多く、Amazonで新品の在

庫がずっとないものがあります。そういった本は、中古でプレ値になっているものも多く、ランキングさえよければ仕入れができます。「**ランキングは、30万代位までがお勧め**」です。ジャンルとしては、「**趣味**」「**健康**」系の本が高値になっている傾向があります。

「付録つきの本」は、プレミア価格に！

付録つきの本もバーゲンセールでよく売られていますが、プレミアム価格になっているものを見かけます。さすがに付録つきのファッション誌は見かけませんが、健康系の本はよく見かけます。「**本の状態が多少悪くて「新品」で売れなかったとしても、付録さえ未開封であれば高値で売れます**」。

●「趣味」「健康」系のジャンルは要チェック！

メディア、雑貨類などもくまなくチェック

ブックバーゲンという名前のイベントですが、書籍以外にも、「**文房具**」「**おもちゃ**」「**CD**」「**DVD**」「雑貨」などさまざまなものを売っているので、忘れずチェックしてください。

こちらも「**値引率が半額以上のものをリサーチ**」します。

03

「セール情報」を探せ！

1 セールなら、「誰でも仕入れられる」

せどりは、「**商品と相場**」を覚えてしまえば、仕入れの効率が格段と上がります。もしそういった目利きがまったくできなかったとしても、「**誰でも簡単にたくさん仕入れができるのがセールです**」よね。

仕入れの途中で、たまたまセールに出くわすこともありますが、セール情報がわかっていれば、仕入れに行くのも楽しくなりますよね。なおかつ、そのセール情報に簡単にたどり着くことができれば、とてもラッキーですよね。それが今は簡単にできちゃうのです！

2 セール情報は「Yahoo! リアルタイム検索」で探せ！

Yahoo!の「**リアルタイム検索**」を使えば、簡単に生の情報を収集できます。これを使って検索すれば**Twitter**のリアルタイムの投稿を拾ってきてくれるので、「**半額セール　横浜**」「**SALE 90％　渋谷**」などと、いろいろなキーワードで検索してみてください。**Twitter**の本サイトより、リタルタイム検索のほうが見やすいです。

3 「閉店セール」が1番せどれる

セールの中でも1番稼げるのは「**閉店セール**」です。全商品半額になることもよくありますし、閉店日が近づくにつれてどんどん安くなっていくので、頻繁にチェックしましょう。ちょっと思考を変えて「**改装セール**」「**移転セール**」で検索してみるのもひとつの方法です。

次頁下の画面のような感じで見つかりますよ。**Twitter**は一般の人のつぶやきからの情報となりますが、同様のキーワードで「**Google検索し、「ツール」の期間指定で、1週間以内、1カ月以内にすれば、店舗からの公式セール情報を見つけることもできます**」。

4 「オープニングセール」は「その近隣のお店」をねらえ！

閉店セールがねらえるなら、オープニングセールだって美味しいかなと思いますよね。これが意外や意外、「**オープニングセールはライバルが多すぎてダメ**」なのです。ただ、ちょっと裏をかけば美味しい思いをすることができます。

「**オープニングセールをする店と近隣の同じチェーン店で協賛セールというのが実施されます**」。同じ目玉商品が、同じ価格で売っている場合があります。ライバルが少なく普通に買えるので、こちらをねらいましょう。

また、「**近隣競合店も負けじと破格商品を出したりする**」ので、そちらも要チェックです。

● Yahoo! リアルタイム検索を使って「閉店セール」で検索してみる

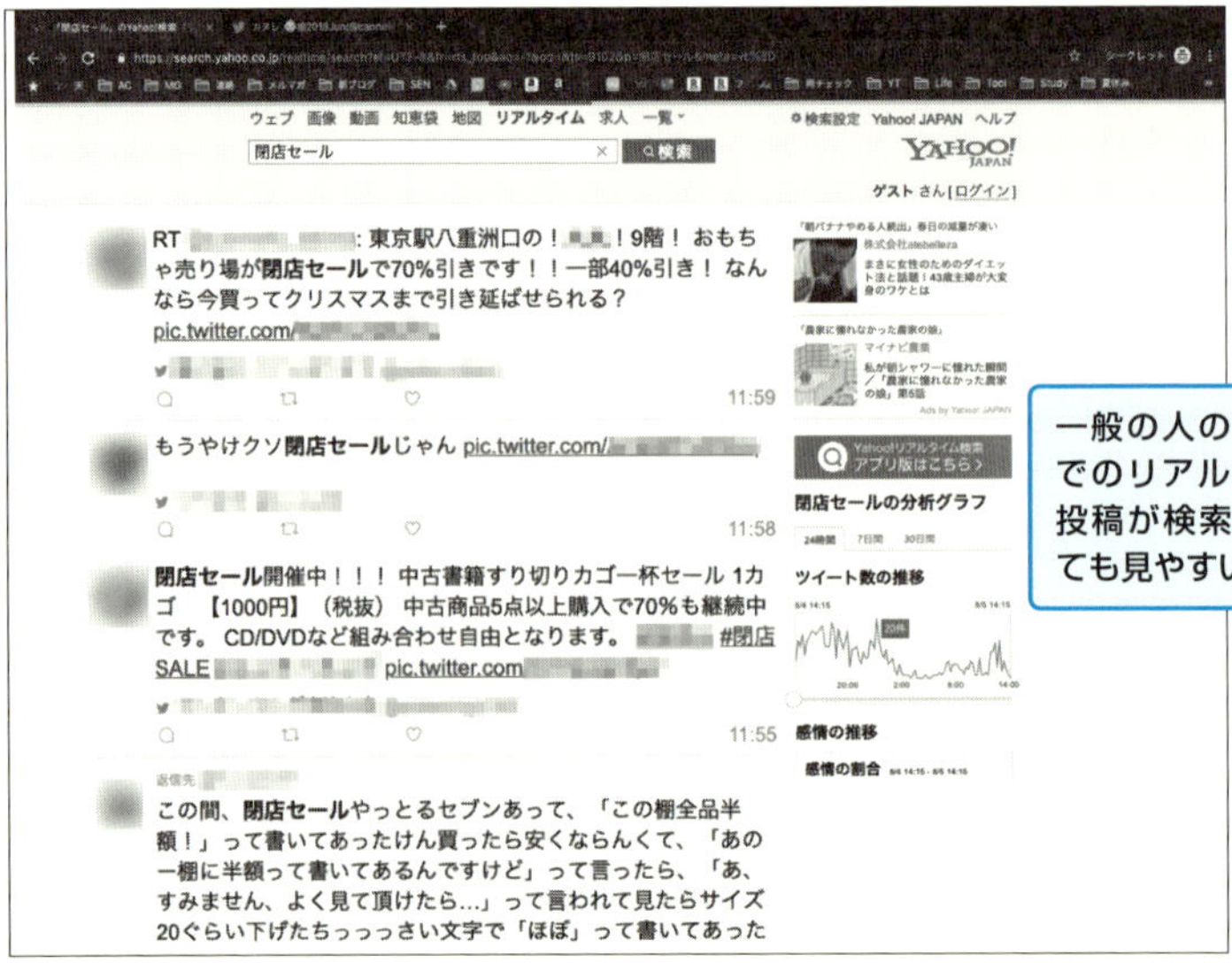

一般の人のTwitterでのリアルタイムの投稿が検索でき、とても見やすい

7時限目

一石二鳥&「効率化せどり」

ここではひと工夫
してせどる手法を
見ていきます。
普段のリサーチを
しっかりするほど、
ここでの収益をあ
げやすいです！

01 仕入れ応用編①「地域限定せどり」でお宝グッズをゲット

1 「地域限定商品」をねらえ！

ここでは、地域を活かしたせどりの手法を紹介します。どこに住んでいても、「その地域にしかない限定グッズ」が必ずあります。あなたが住んでいる周辺や出張、旅行先のお宝グッズをリサーチしてみてください。

2 リサーチは簡単！「モノレート」に「地名」を入れるだけ

このリサーチも、笑えるほど簡単です。「モノレートに地名を入力して検索するだけ」です。

たとえば「【東京駅限定】」と入力します。すると「【東京駅限定】グラノーラショコラサンド12個入」というスイーツが出てきました。12個にしては３５００円と高そうな気がしたので、「グラノーラショコラサンド」の実際の価格をGoogleで検索してみました。すると公式サイトで12個入りが1620円の価格で販売されていたので、十分利益が出ます。

また、東京駅のような大きな駅だったら、ほかにもねらえる商品がありそうです。今度は、逆にGoogleで「東京駅　土産」と検索して探します。「今、旬で人気がありそうな商品のブログ記事」が出てきたら、モノレートかAmazonに商品名を入れてチェックです。

「東京カンパーネラショコラ」というサンドクッキーが1250円で購入できて、2880円で売れていました。

先ほどのショコラサンドとあわせて、こちらもゲットですね。注意点として、「チョコレートは溶けてしまうので、FBA倉庫には10月から3月の間しか納品できません」。3月までに売り切れるような量だけ仕入れるようにしましょう。

● モノレートに地名を入力して検索する

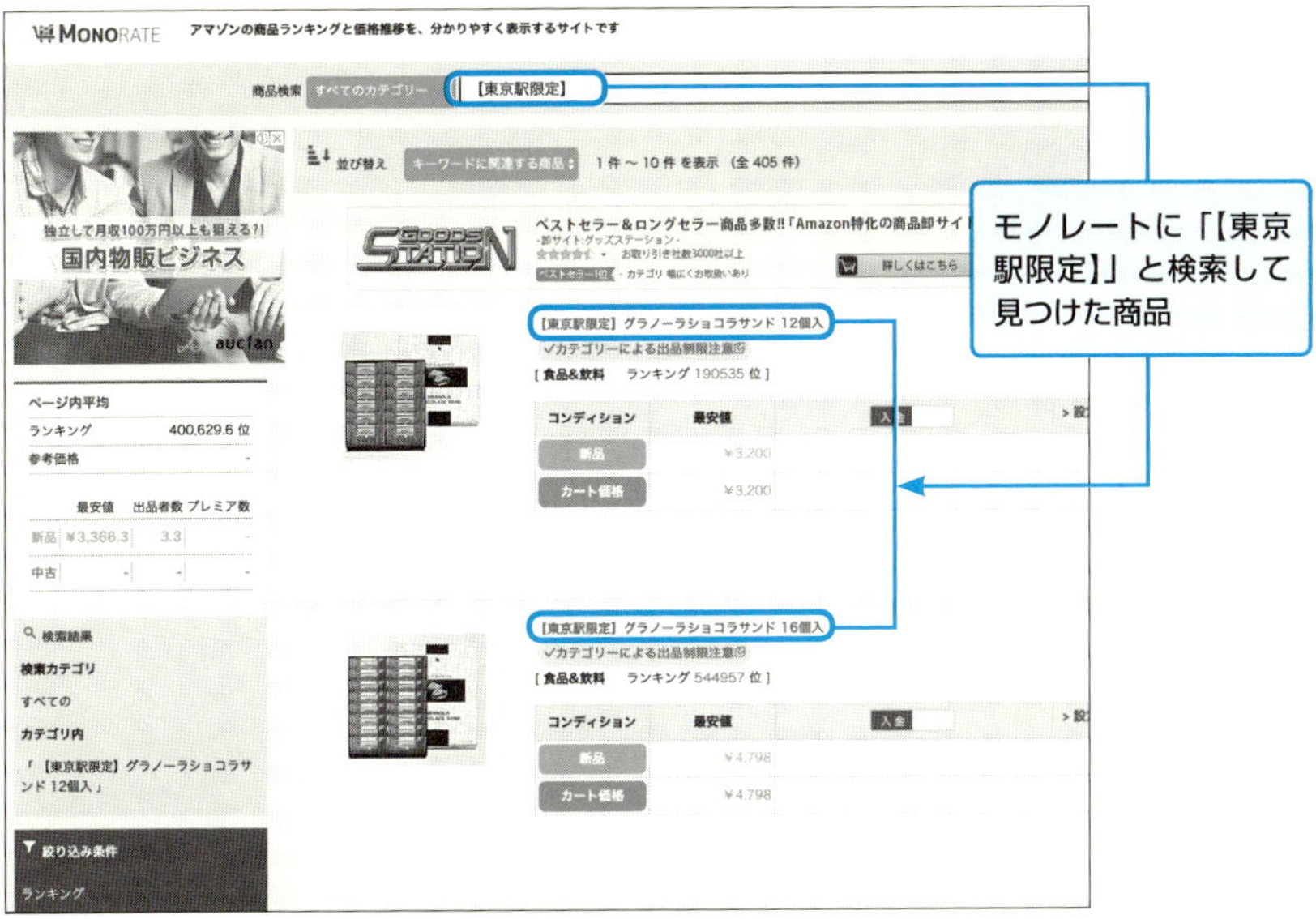

3 「いきなり現地でリサーチ」しても見つかる

また、事前にチェックしないで、そのまま現地のお土産屋でリサーチしても大丈夫です。意識してほしいのは、**「誰もが知っているモノ（ブランド）」**ということです。

コラボや地域限定の商品であれば、**Amazon**でプレ値で売られている可能性があります。「キットカット」「堅あげポテト」といったお菓子は誰でも知っていますよね。

その限定味であれば、買いに行けない人は、多少高くてもネットで買って食べたいと思う人はたくさんいます。

● 地域限定のお菓子もプレ値になる

静岡限定「堅あげポテト桜えびかき揚げ味」。648円で仕入れて2,300円で販売

京都・大阪限定「京都ブラックサンダー」。1,080円で仕入れて2,780円で販売

02 仕入れ応用編②
「タイアップせどり」はニュースとトレンドを追う！

1 「タイアップせどり」は何が起爆剤になるかわからない

これは「**ニュース、テレビ、雑誌、映画などのマスメディアで、トレンドになっている関連商品をねらう手法**」です。上級者になると、価格が上がるのを予測して事前に商品を仕込む場合もありますが、初心者は価格が上がったのを確認してから、確実に仕入れるようにしましょう。

2 「ネガティブニュース」ほどプレ値になる

たとえば2019年の3月に、電気グループのピエール瀧さんが麻薬取締法違反の疑いで逮捕されました。とても人気のある芸能人だったので、そのニュースが出た途端、電気グループのCD、DVDが急速に売れはじめ、ネット上から定価ベースで売られている在庫はすべてなくなってしまいました。

理由は、ファンが彼らのCDやDVDが永久に販売停止になってしまうかもしれないと思い、すぐに買っておこうとしたからです。このようなニュースがあると、少なくとも**「だいたいもとの相場の倍以上の相場」**になります。

そうなったら、その日中にタワーレコード、HMV、ブックオフなどを回りましょう。ライバルも動きはじめていますが、何店舗も回れば必ず残っている商品を見つけられます。

また、CD、DVDなどは、同一アーティストのものでも、違うコーナーに分けられている場合もあるので、ひとつのコーナーになければ、ほかのコーナーも探してみましょう。焦って店舗をたくさん回っているライバルは、意外と見落と

事件やニュースの出た人の作品を検索する

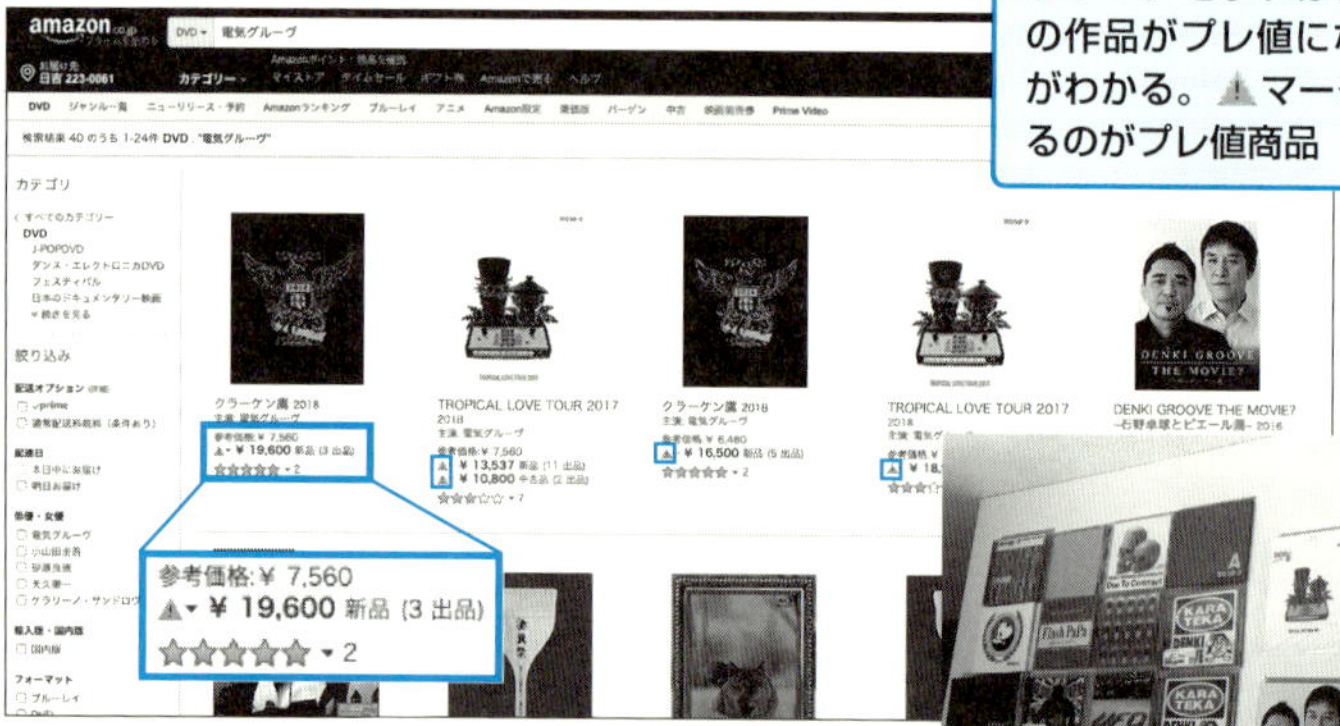

リサーチをすれば、かなり多くの作品がプレ値になっているのがわかる。⚠マークがついているのがプレ値商品

ニュースを見て、プレ値になった商品を確認後、すぐに店舗を回れば、これくらいたくさん集められる。少し店舗を回っただけで3万円以上の利益確定

CDだけでなくピエール瀧さんが出演していたゲームソフトもプレ値に。5,400円で仕入れて8,576円で販売

しがあります。

また、オンラインで在庫を確保しておくこともできます。私は、プレ値になっているCD、DVD、ブルーレイのすべての各在庫をこのオンライン予約で確保することができました。ただこのときは、早急に販売停止になり、店頭から回収されすでに買えない状態のCDショップもありました。また、中古ショップでも、**Amazon**相場が変われば、数日以内に高値相場にあわせてきます。値札が変えられてしまう前に早急に回収しに行きましょう。

こういった仕入れの注意点は、「**急激にプレ値になりますが、1週間もすると徐々に落ちついていく**」ので、「**仕入れができたらすぐに自己発送で商品を登録する**」ようにしましょう。「**活動停止、解散、引退、死亡、スキャンダル、事故、事件といったニュースが出たら、その人の商品をチェック**」してみてください。

3 「タイアップせどり」は「トレンド」をねらえ！

以前、この「タイアップせどり」がとても得意なせどらーさんに、どうやってトレンド情報を集めているのですか？　と聞いたところ、「**毎月〝日経エンターテイメント〟をパラパラっと見ているだけです**」と言っていたので、ぜひ真似してみてください。

誰もが知っている「**〝トイストーリー〟のようなシリーズになっている映画が公開されるときは、関連商品がその前後で値上がる**」ので、小まめにチェックしておきましょう。

03 仕入れ応用編③ 各企業の「決算月」をねらえ！

1 まずは「ワゴン」をチェック

各企業は本決算の月のタイミングで、**「売上目標達成」**のためと**「在庫処分」**のために、ネット相場よりかなり安い価格で見切り品を大量に放出してきます。**「店に行けば8割引、9割引のようなワゴンセールに出会う」**確率も高くなります。通常棚ですらワゴンセール状態になるお店もあります。

2 初日だけでなく、「決算セール」が終わっても美味しい

「その地域で規模が1番大きい店舗になると、近隣のチェーン店舗から在庫処分品が毎日のように送られてくる」ので、ワゴンセールに商品が毎日追加されることになります。この時期ならで

はのことですが、店舗に行きさえすれば2、3分で利益数万円みたいなことも起こり得るのです。**「決算セールは決算月の前月末頃からはじまり、だんだんと安くなっていき、場合によっては決算月の翌月も売れ残り商品が安くなる」**ことがあるので、チェックし続けてください。

ポイントとしては、**「決算セール開始のスタートダッシュ時期」**と**「決算セール終了前あたりの時期」**が美味しいです。では、全国や関東圏に店舗がある企業を中心に決算月をピックアップしておいたので、メモしておいてください（左表参照）。またこの月の半年後には、半期決算セールをする場合もあるので、6を足した月にも店舗に行ってみましょう。

● **各企業の決算月（アイウエオ順）**

決算月	店舗名（ジャンル）
1月	トイザらス（おもちゃ）
2月	赤ちゃん本舗（ベビー用品）、アニメイト（アニメグッズ）、アピタ（スーパー）、アリオ（スーパー）、イオン（スーパー）、イズミヤ（スーパー）、イトーヨーカドー（スーパー）、HMV（CD・DVD）、カインズホーム（ホームセンター）、ケーヨーデイツー（ホームセンター）、コーナン（ホームセンター）、ファッションセンターしまむら（衣料品・おもちゃ）、新星堂（CD・DVD）、ダイエー（スーパー）、タワーレコード（CD・DVD）、トレジャーファクトリー（リサイクルショップ）、西松屋（子ども用品）、古本市場（リサイクルショップ）、ベスト電器（家電）、ホーマック（ホームセンター）、ミスターマックス（ディスカウントストア）、ライフ（スーパー）、ロフト（雑貨）、ワンダーグー（リサイクルショップ）
3月	イエローハット（カー用品）、エディオン（家電）、オートバックス（カー用品）、カワチ薬局（ドラッグストア）、キタムラ（カメラ）、ケーズデンキ（家電）、ゲオ（リサイクルショップ）、コメリ（ホームセンター）、サンドラッグ（ドラッグストア）、ジョーシン（家電）、駿河屋（メディア）、セカンドストリート（リサイクルショップ）、ゼビオ（スポーツ用品）、ツタヤ（ゲーム・CD・DVD）、東急ハンズ（雑貨）、ナフコ（ホームセンター）、ノジマ（家電）、ビバホーム（ホームセンター）PC DEPOT（パソコン）、プラザ（ドラッグストア）、ブックオフ（リサイクルショップ）、マツモトキヨシ（ドラッグストア）、ヤフー（ネット）、ヤマダ電機（家電）、ヨドバシカメラ（家電）、ららぽーと（ファッション）
4月	らしんばん（アニメショップ）
5月	ヴィレッジヴァンガード（書籍、雑貨）
6月	ドンキホーテ（ディスカウントストア）、ジョイフル本田（ホームセンター）
8月	コジマ（家電）、コストコ（ディスカウントストア）、ソフマップ（パソコン）、ビックカメラ（家電）、島忠・ホームズ（ホームセンター）
9月	まんだらけ（アニメショップ）
12月	西友（スーパー）、楽天（ネット）

04

仕入れ応用編④

1度の仕入れを何度も美味しくする「リスト化せどり」

1 「仕入れた商品」や「売れた商品」をリスト化していく

仕入れて販売した商品は、それで終わりではありません。実は、「**売れた商品リストで2度、3度と美味しい思い**」ができます。せどりをしていけばいくほど、自分だけの商品リストという最大の資産ができあがります。「**リストが増えていくほど、仕入れがどんどん楽になる**」ので、販売した商品リストとあわせて、「**仕入先**」や「**出品者**」も同様にデータを貯めていきましょう。

2 売れたタイミングで「再リサーチ」

まず、商品が売れた段階で、ほかのネットショップで安く売っていないか確認します。特に、「**ヤフオク、メルカリで仕入れた商品は、再仕入れができる可能性が高い**」です。売れたタイミングで利益倍増になることも多いです。

ただ、売れた商品をいちいち各ショップなどでキーワード検索をかけてリサーチするのは非現実的です。拡張機能の**「モノサーチ」「Search Bar」**や、一括検索サイトの**「フリプラ」(https://frima-prize.com/)**などを活用するようにしてください。

私は、**「モノサーチでヤフオク、メルカリ、ラクマ、ヨドバシ、Google(検索後「ショッピング」をチェック)で一括検索できるように設定」**しています。商品が見つからなかった場合は、**「出品者が商品登録時に必ず記入するキーワード」**と**「販売価格」**の2つを**Excel**に残しておきましょう。**「出品者が商品登録時に必ず記入するキーワード」**の例としては、**Amazon**での商品名が**「BUFFALO おもいでばこ 11ac対応モデル 2TB PD-1000S-L」**であれば**「PD-1000S-L」**の部分を抜き出すようにします。

3 1カ月後の「再々リサーチ」

販売時の再リサーチで商品のオンライン仕入れができなかった場合、再リサーチのときに作成した**Excel**の商品リストをチェックし、2週間

● モノサーチで一括検索してみる

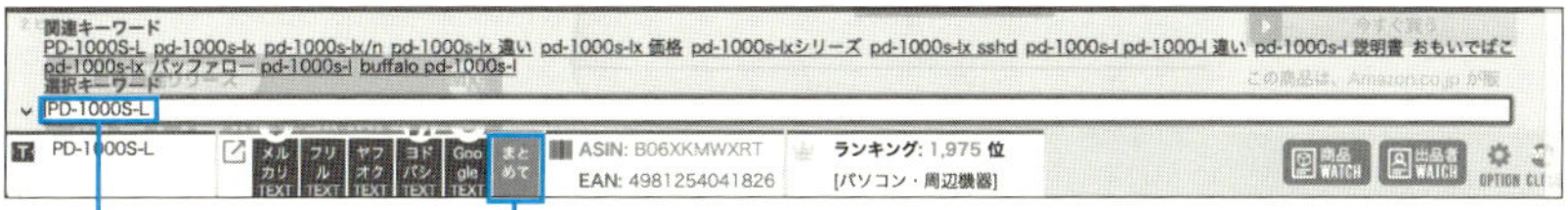

拡張機能「モノサーチ」は、商品ページの1番下に表示される。選択キーワードに抜き出したキーワードをコピペするか、関連キーワードからクリックで選択して、「まとめて」をクリックすれば一括検索ができる

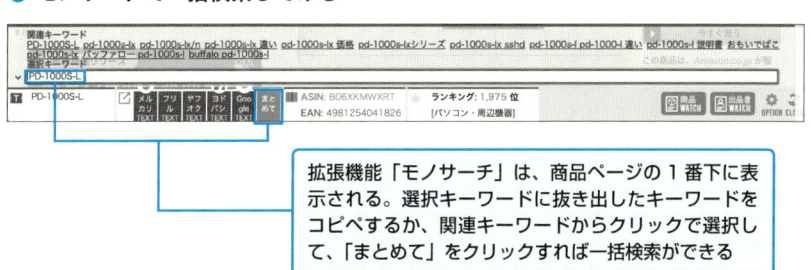

後か1カ月後に、再度、商品が出品されていないか見てみましょう。

このとき、94頁でお話ししたヤフオクの「落札相場を調べる」で過去120日間落札がなく、メルカリでも販売履歴がなければ、次のリサーチ時期は、数カ月後にします。半年経っても出品がまったくないようであれば、商品リストから削除してもかまいません。

商品を登録しておくと出品をお知らせしてくれるツール

ヤフオクでは「**Bid Machine**」に定期チェックという機能があり、500件までは無料で使えます。フリマアプリなら「**フリマウォッチ**」というツールがあります。

フリマアプリの場合、早い者勝ちなので、張りついてリサーチしている人も多く、通知が来たタイミングですでに売り切れているということも珍しくありません。その点、「**ヤフオクのほうが出品通知を設定する価値があります**」。ただし、ツールはあくまでも補助的なものなので、「**自分の手でリサーチすることが基本であり、最重要**」だということは覚えておきましょう。

「セラーセントラル」で今まで登録した全商品を「一括ダウンロード」できる

Amazonのセラーセントラルから、「**在庫**」⇓「**出品レポート**」⇓「**レポートの種類の選択**」⇓「**出品詳細レポート**」⇓「**レポートをリクエスト**」をクリックすれば、テキストデータで販売価格も含めてダウンロードできます。昔販売した商品ほどプレ値になっている可能性が高いので、ネット上でお宝リサーチしてみてください。

課外授業

知っておきたい「せどりのお金の話」と困ったときの「トラブル対応」のしかた

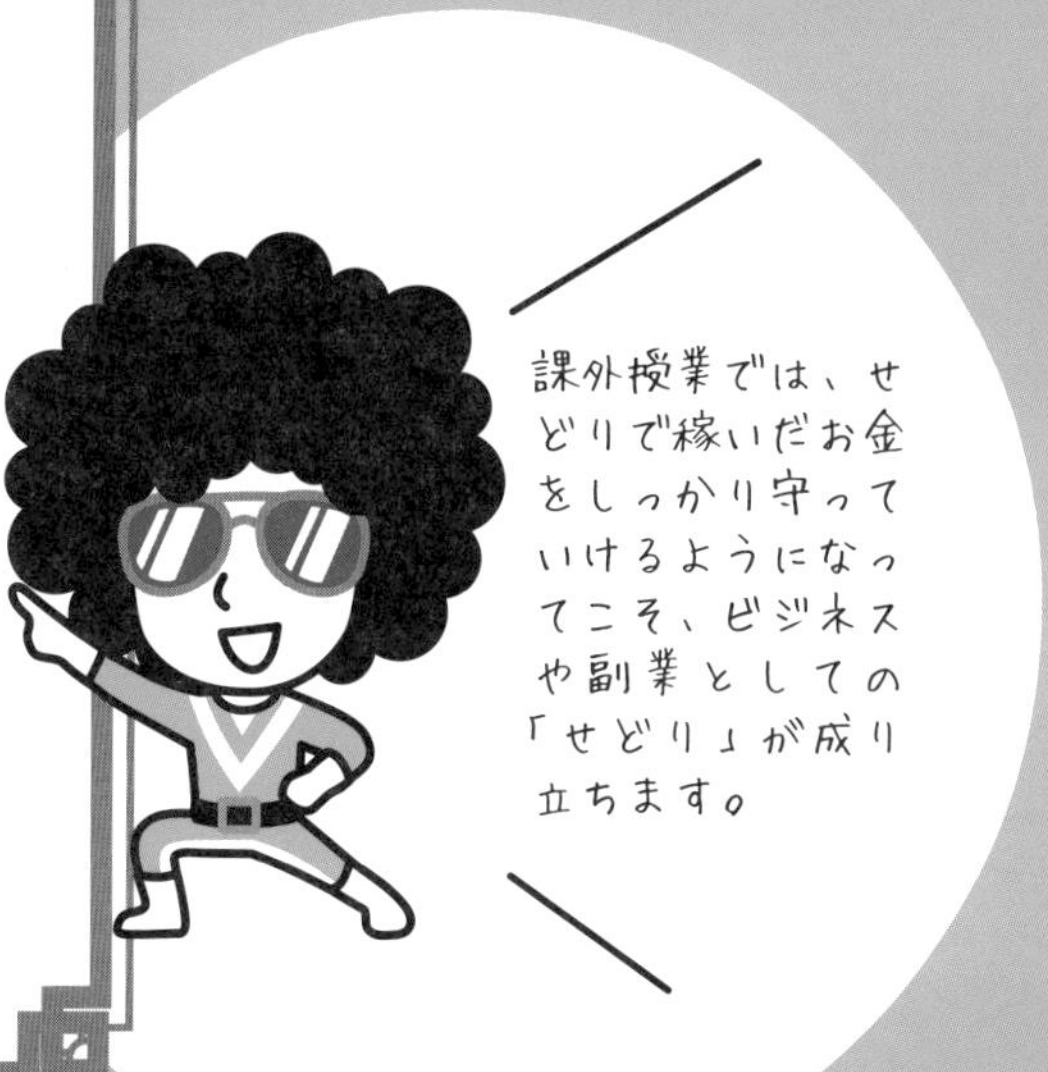
課外授業では、せどりで稼いだお金をしっかり守っていけるようになってこそ、ビジネスや副業としての「せどり」が成り立ちます。

01 正しい利益計算と商品管理のしかたを覚えよう

いよいよ、課外授業の時間になりました。ここでは、せどりについてのお金の基礎知識を身につけてもらいます。「**〝仕入れのテクニック〟といった儲けることが〝攻め〟**」なら、「**〝お金の管理や節税〟は〝防御〟**」です。この防御を疎かにしてしまう人が多いのですが、防御の知識がゼロのままでせどりをしていくのは、ゴールキーパーがいないメンバーでサッカーの試合に挑むようなものです。これはかなりリスキーな話ですよね。

ここからは、「**せっかく儲けたお金をしっかりと守っていきましょう**」。

1 意外と知らない!?「正しい利益計算」の基本

私もせどりをはじめるまではまったく知らなかったのが、「**物販の利益計算方法**」です。それまで、どうしてTシャツ屋ができていたのか、自分でも不思議です。

❶「粗利」の求め方をマスターしよう！

物販の利益計算方法は、あなたがあたりまえのように考えているやり方とちょっと違うかもしれないので、しっかり理解してください。

一般的には、次の式で計算すると思っていませんか？

粗利 ＝ 売上金額 － 仕入金額
（原価 → 仕入金額）

実際は、次の計算式で計算します。

粗利 ＝ 売上金額 －（先月末の在庫仕入額 ＋ 今月の仕入額 － 今月末の在庫仕入額）
（原価 → 先月末の在庫仕入額 ＋ 今月の仕入額 － 今月末の在庫仕入額）

❷「原価計算」をマスターしよう！

特にこのカッコの部分の「**（先月末の在庫仕入額 ＋ 今月の仕入額 － 今月末の在庫仕入額）**」がわかりにくいですよね。ここが、よく耳にする「**原価**」と

● 原価の概念

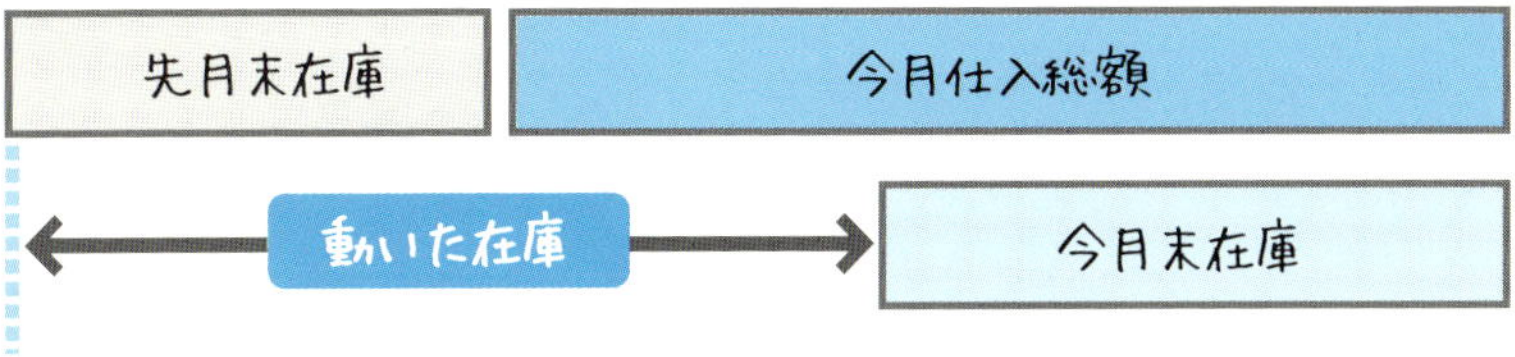
先月末在庫
今月仕入総額
動いた在庫
今月末在庫

呼ばれているものです。では、わかりやすいように図（下図）で見ていきましょう。

式のままですが、簡単にいうと、**「先月末の時点での在庫を仕入れたときの総額」**に**「今月仕入れた在庫の総額」**を足して**「今月末の時点で残っている在庫を仕入れたときの総額」**を引くと「原価」を求めることができます。

この「**〝原価〟を〝売上金額〟から引くと、〝粗利〟**」が計算できます。ただし、ここで注意が必要です。せどりの場合は、さらに「**Amazonの手数料**」が入るので、粗利の計算は次のようになります。

> **粗利 ＝ 売上金額 －（先月末の在庫仕入額 ＋ 今月の仕入額**
> **－ 今月末の在庫仕入額）－ Amazon手数料**

③「営業利益」をマスターしよう！

ここまでで粗利を計算することができました。

粗利は商品を仕入れた金額とAmazonの手数料まで差し引いて計

● 原価の詳細

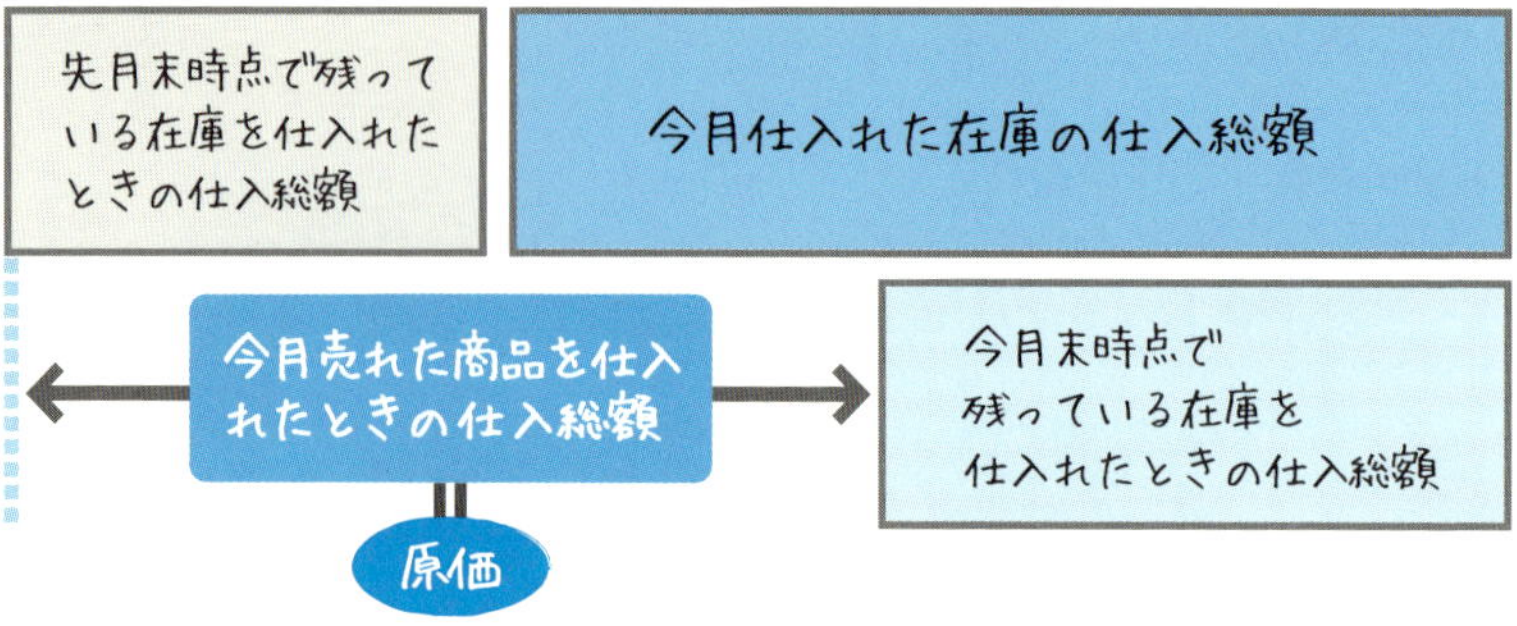
先月末時点で残っている在庫を仕入れたときの仕入総額
今月仕入れた在庫の仕入総額
今月売れた商品を仕入れたときの仕入総額
今月末時点で残っている在庫を仕入れたときの仕入総額
原価

算していますが、実はそれ以外にも「**Amazonへの配送料**」「**梱包費**」「**仕入れのための交通費**」といった経費がかかっています。

本当の儲けを計算するためには、粗利からさらにこういった諸経費を引かなくてはなりません。そして、これらの諸経費を引いたものが「**営業利益**」となります。「**営業利益こそが、せどりで実質的に儲かった金額**」になります。

さらにここからさまざまな税金が引かれて、最後に手元に残るお金を「**純利益**」といいます。以上がせどりの正確な利益計算の方法になります。

2 「利益率は20％以上」を目指す

利益の計算ができたら、利益率を計算します。利益率は次の計算式で求められます。

利益率 ＝ 営業利益 ÷ 売上 × 100（％）

では、どれくらいの利益率があればいいのかというと、「**営業利益を売上で割ったときに0・20以上の数字**」になっていれば、ひとまず合格です。要するに20％以上の営業利益率ということです。ただ、ここの利益率は人によって目標の設定が違うので、一概に答えはありません。あくまでも目安として考えてください。

3 意外と知らない!?「せど管理」を使った「正しい利益計算」のしかた

毎月末の在庫額がきちんとわかっていないと、正しい利益計算ができません。**Amazon**のセラーセントラルでは、自分が出品している商品の仕入金額を管理するフォーマットが用意されていないので、商品を登録する際に、自分でＳＫＵに仕入れ情報を入力しておきます。

お勧めの入力方法は、「**ＳＫＵの1番最後に半角でハイフン〝-〟と〝仕入れ価格（数字のみ）〟を入れる**」ことです。

この入力方法で商品登録をしておけば、本書の購入特典としてダウンロードできる「**せど管理**」の**Excel**シートで自動計算できるようになっています。

「せど管理」の使い方

では、最短最速で正しいせどりの利益を導き出すために、「せど管理」の使い方を見ていきます。**Amazon**から2つのファイルをダウンロードして、あとは3カ所入力するだけです。

「せど管理」で自動計算するため、商品登録のときに「**ＳＫＵの頭に仕入日の西暦8桁と末尾にハイフン（-）**」と「**仕入値**」を半角で入力してください。仕入日を入力することで、商品が売れるまでの販売日数が、仕入値を入力することで利益額がわかるしくみになっています。

ＳＫＵの登録情報がこの2つだけだと、同一のＳＫＵがつくられてしまう可能性があるので、そうならないように次のように入力しましょう。

仕入れ日 - 登録する順番の番号 - 仕入先のイニシャル - 仕入れ値
20151003-01-ya-5400
※ せど管理で使用するのは「仕入日」と「仕入値」になります。

「せど管理」は、**Excel 2013** 以降のバージョン対応になります。それ以前のバージョンで使用すると、一部動作しなかったり、表示が乱れることがあります。

また、せど管理は1年間ごとの集計になっているので、使用する前に、「**〝まっさらな状態のせど管理〟を来年度以降用のマスターとしてコピー**」しておきましょう

読者特典 **「せど管理」ダウンロードサイト**
https://sedori-biz.jp/book2

「**感覚的にせどりをするのでなく、数字を把握して行動することで効率的に稼いでいける**」ようになります。「規模が大きくなってから管理をしよう」ではなく、小さな規模のときから管理をするからこそ、かぎられた資金で戦略を明確に立てることができ、規模を大きくしていけるのです。

では、詳しい手順を次頁以降で「**STEP**」に分けて解説します。

STEP 1 「月次トランザクションレポート」（売上レポート）をダウンロードする。

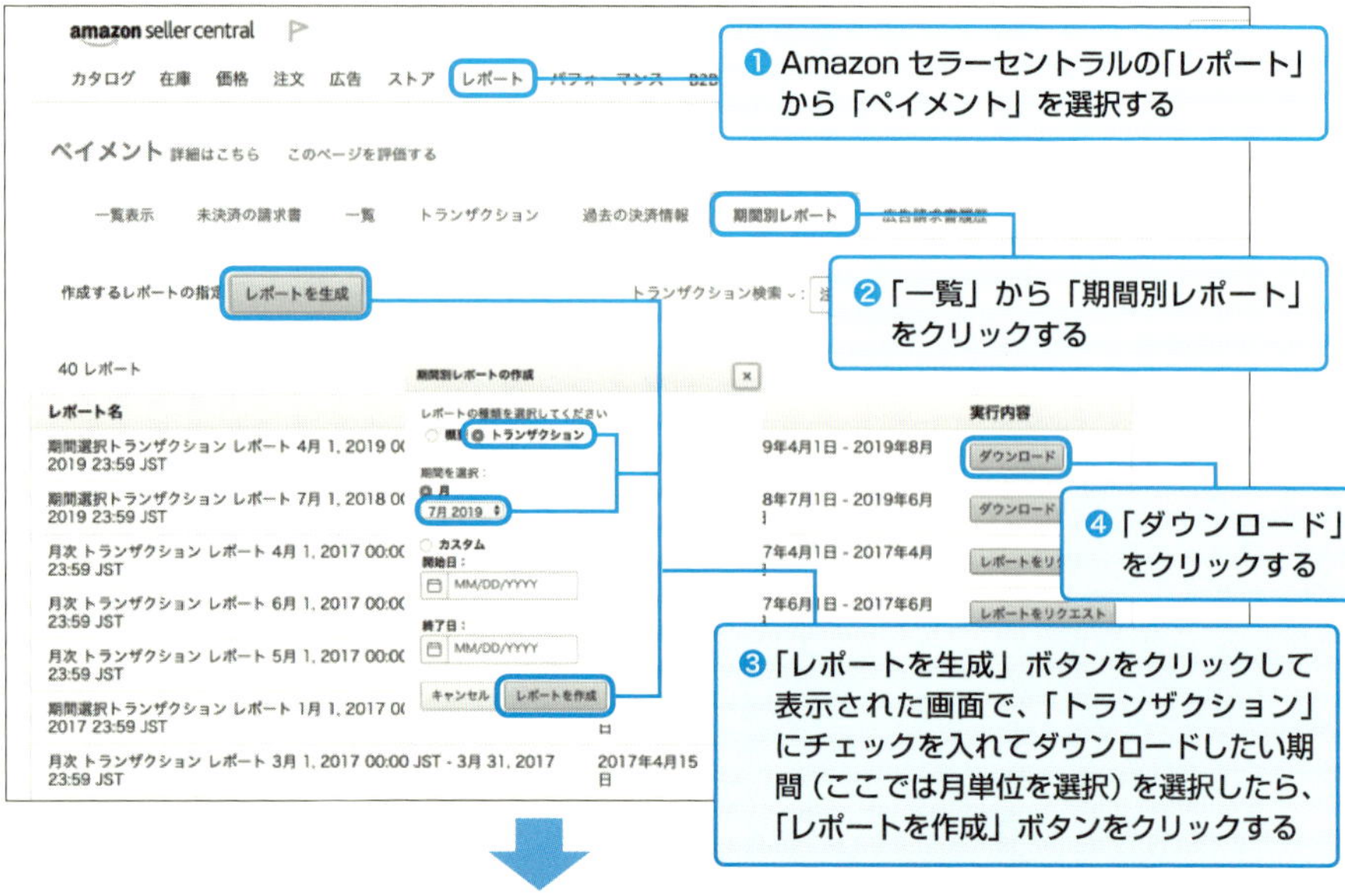

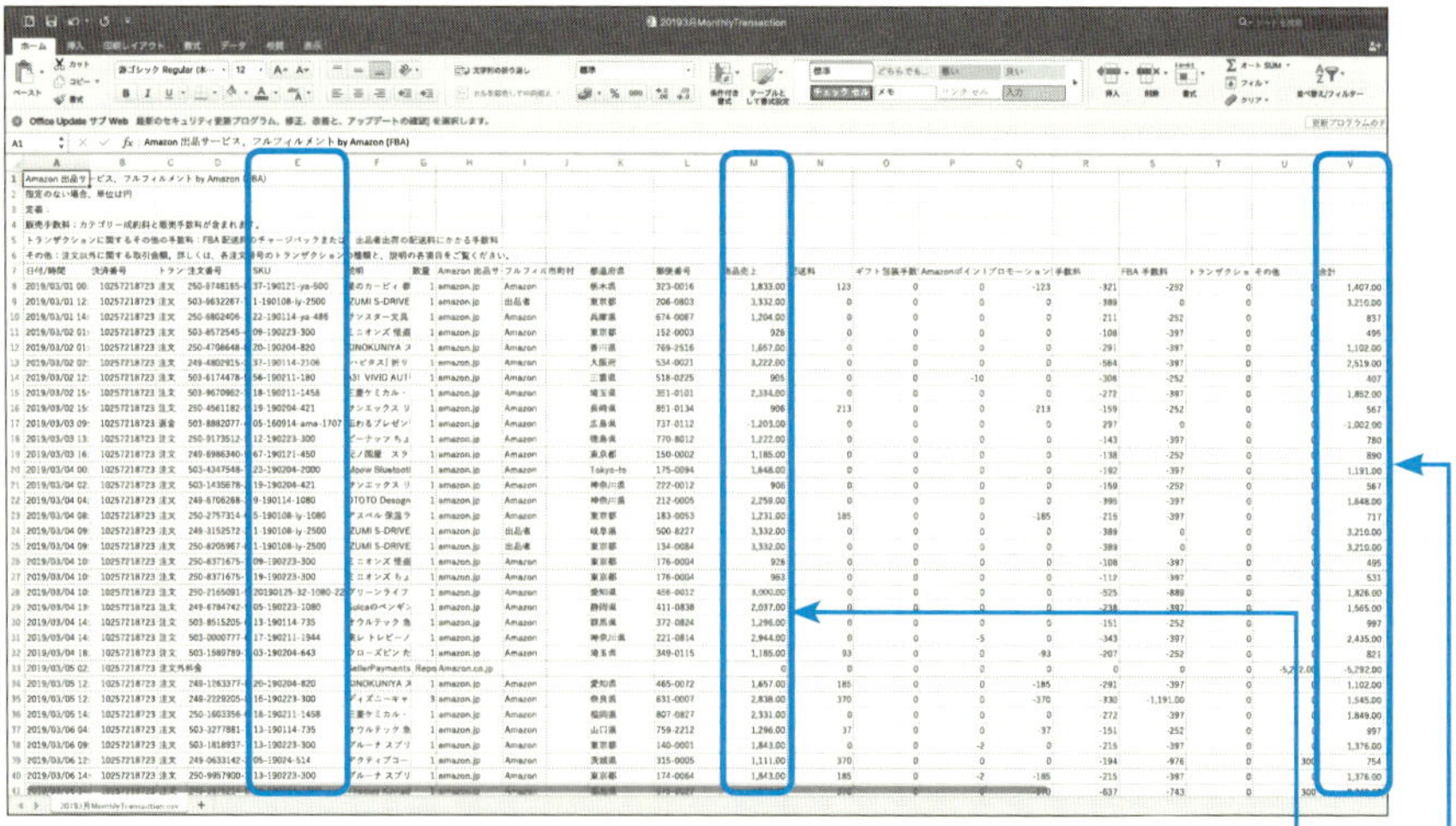

❹ ダウンロードされた CSV ファイルを Excel で開く。M 列の商品売上をすべて足すとその月の売上になる。V 列の数字が各商品の振込額になるので、E 列の SKU の末尾にある仕入値を引くと、1 つひとつの商品の粗利額がわかるしくみになっている

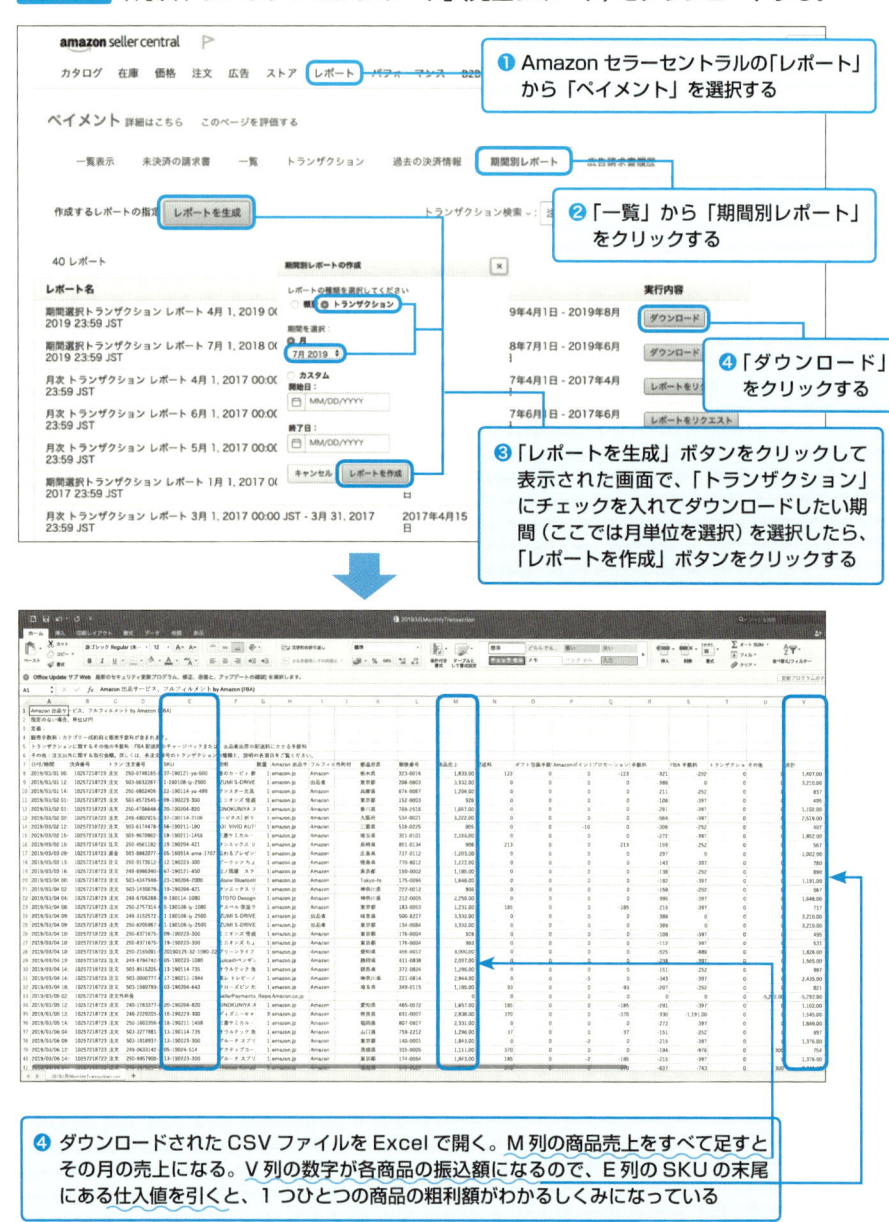

STEP 2 「月次トランザクションレポート」（売上レポート）を「せど管理」に貼りつける。

STEP 1 でダウンロードした「月次トランザクションレポート」（CSV ファイル）の A 列の 8 行目を起点にデータを下にすべてコピーします。それを、「せど管理」の該当する月のシートの A 列の 6 行目に貼りつけます。

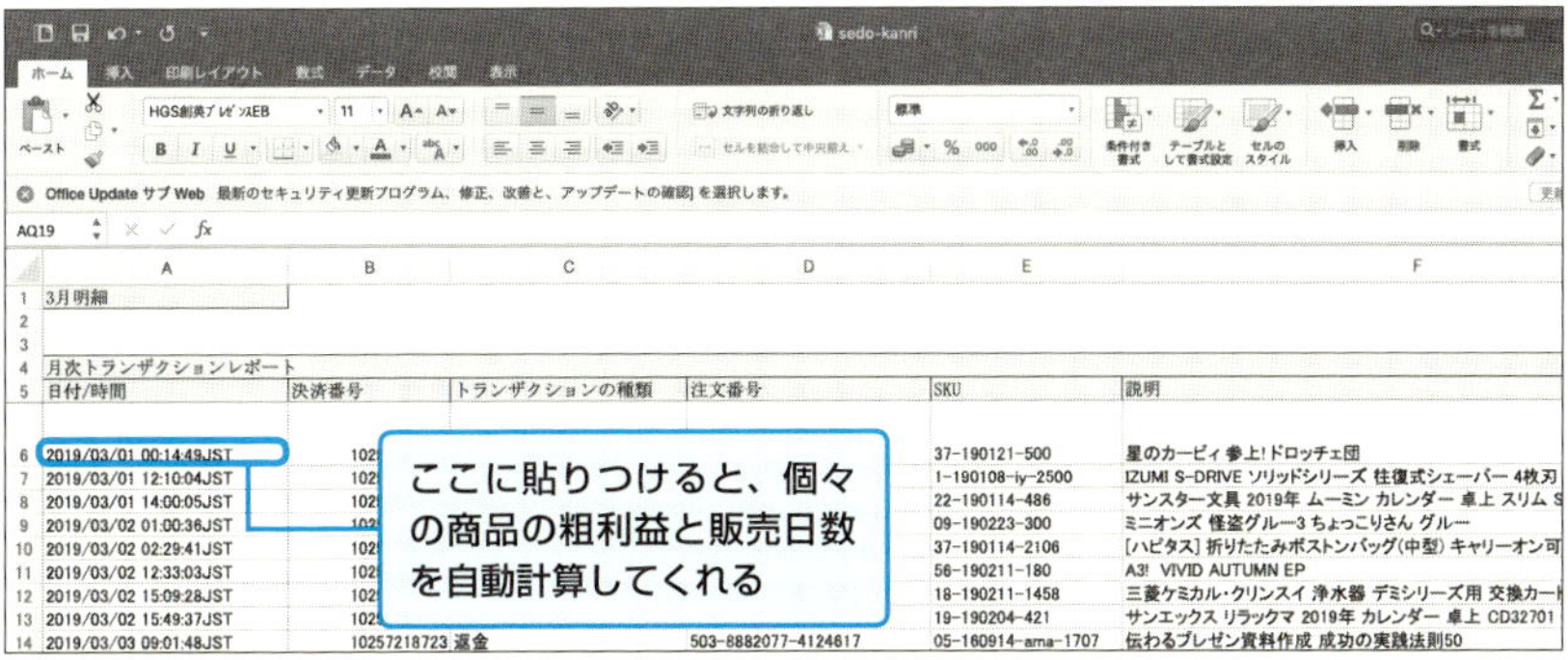

シートを右に見ていくと、X 列に各商品の粗利益、Y 列に販売日数が自動計算されています。もし、SKU が正しく入力されていなければ W 列で SKU を訂正します。訂正する場合には、複雑なことは考えずに、「仕入れ日の西暦 8 桁」「ハイフン（ - ）」「仕入れ値」（20190412-980）を半角で入力すれば、X 列と Y 列を自動計算してくれます。

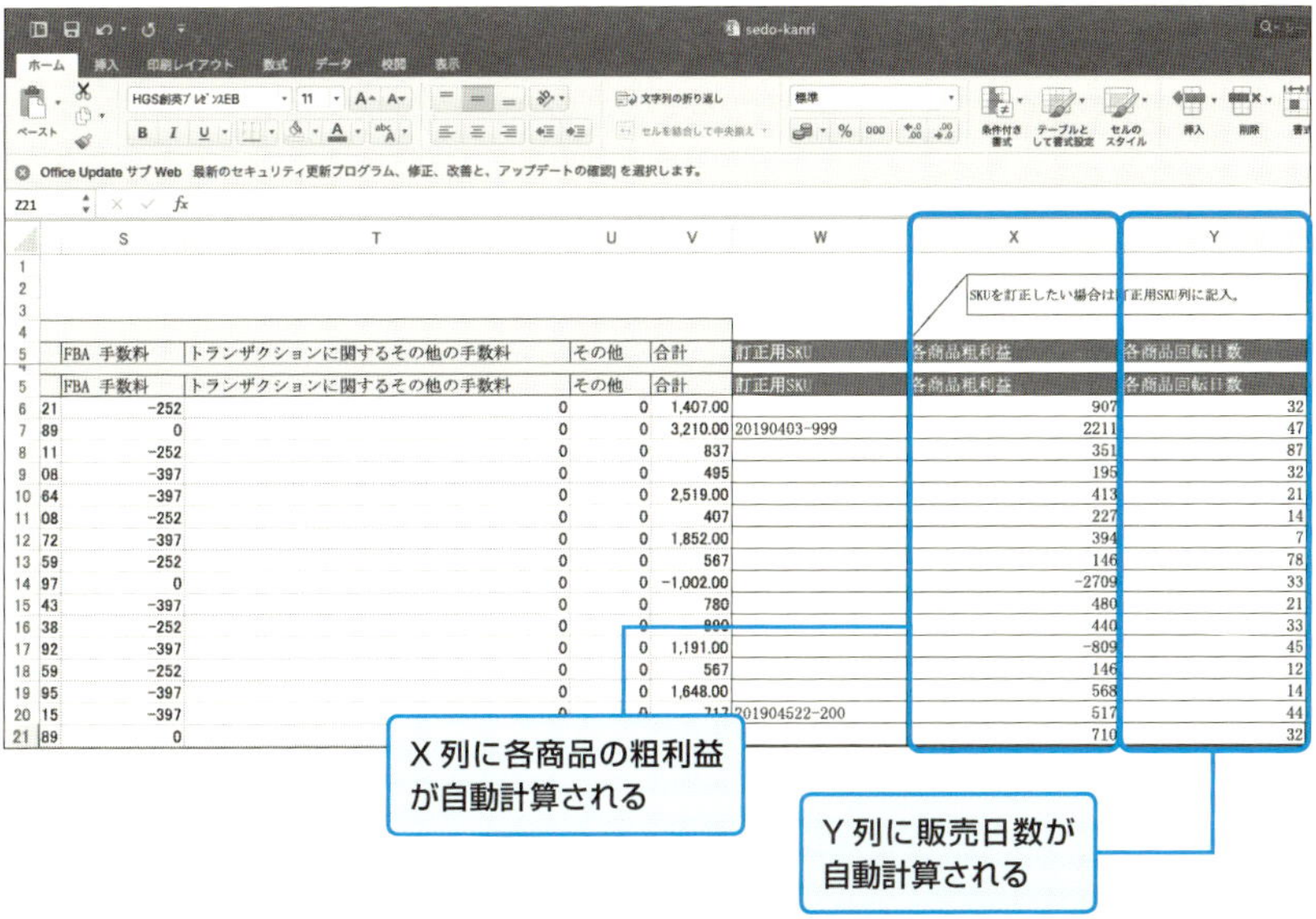

STEP 3 Amazon セラーセントルから、月次の在庫状況をダウンロードする。

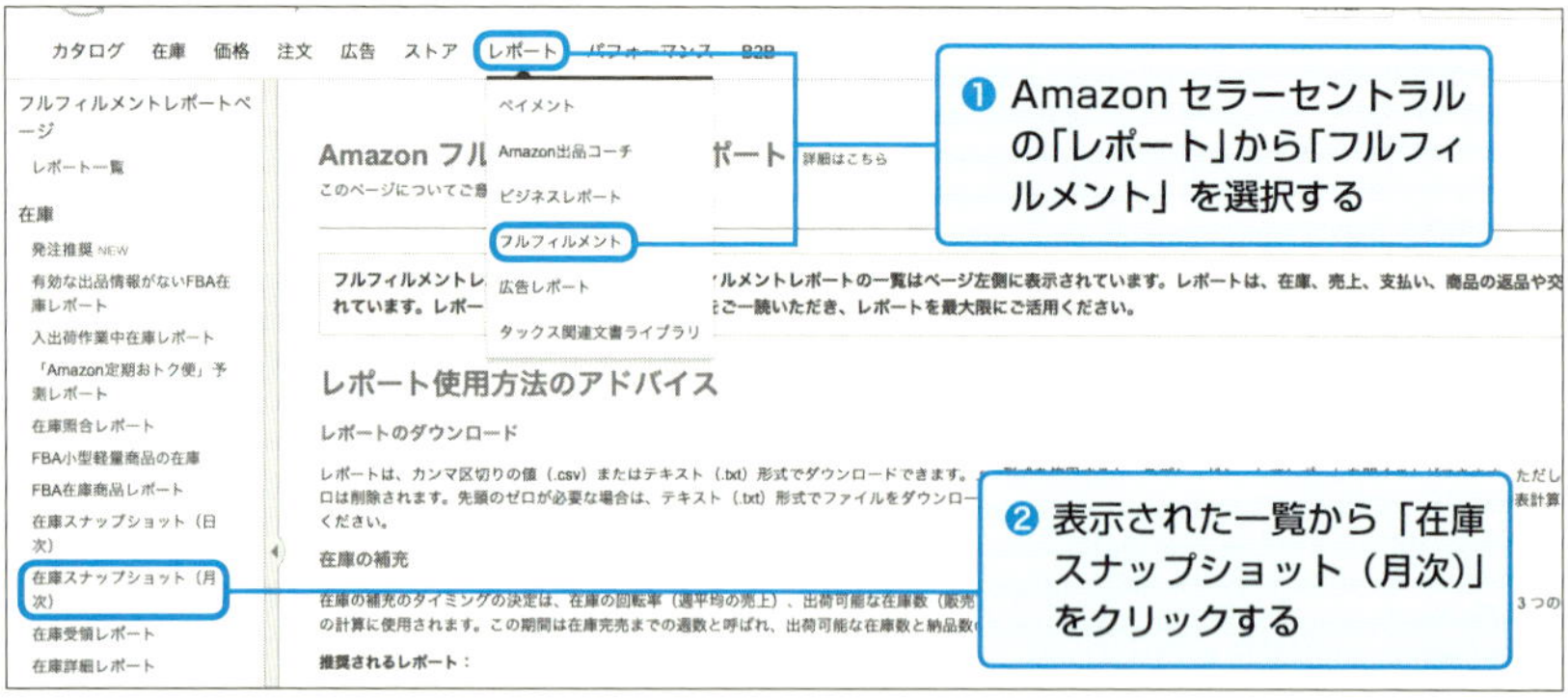

❶ Amazon セラーセントラルの「レポート」から「フルフィルメント」を選択する
❷ 表示された一覧から「在庫スナップショット（月次)」をクリックする

STEP 4 先月末の在庫状況をテキストファイルでダウンロードする。

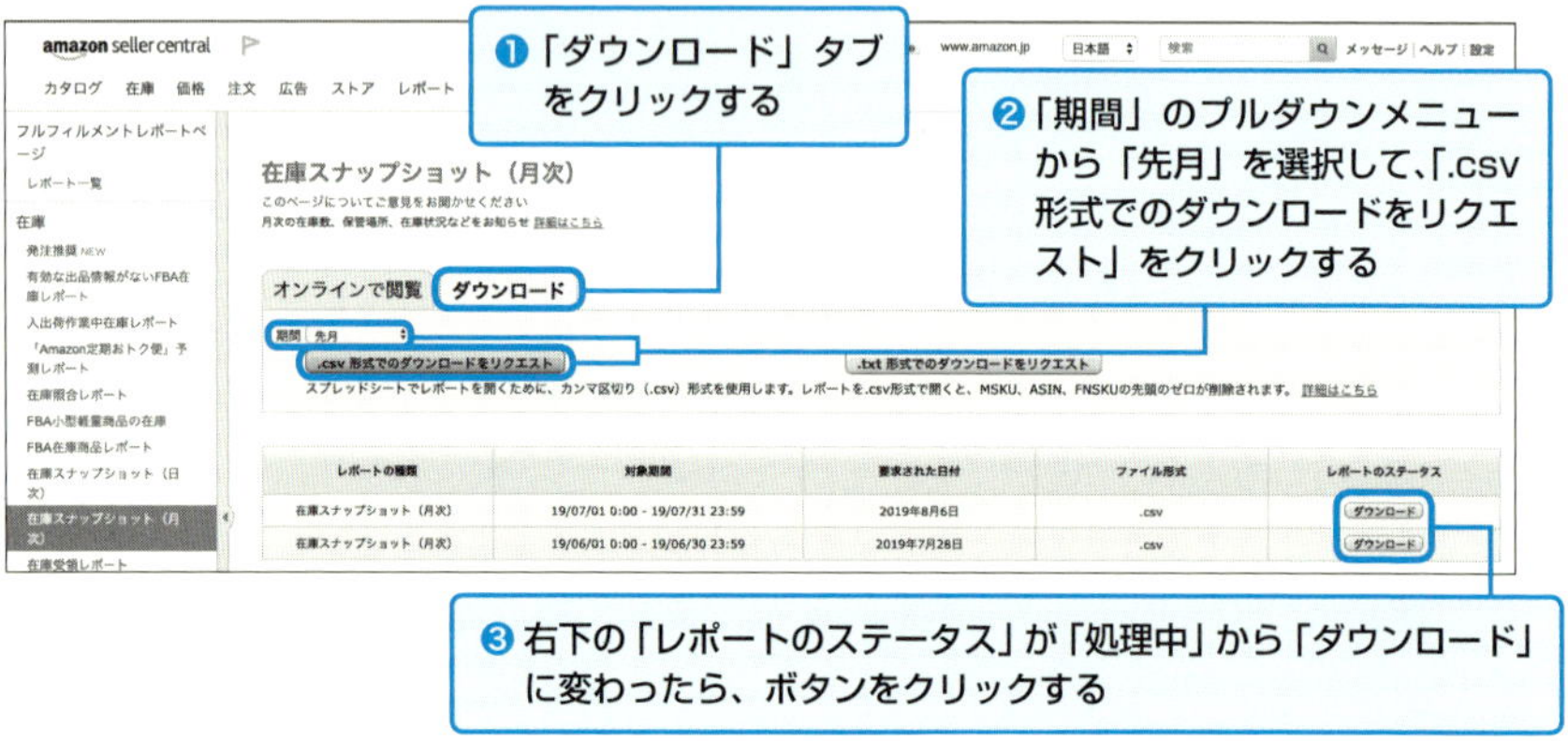

❶「ダウンロード」タブをクリックする
❷「期間」のプルダウンメニューから「先月」を選択して、「.csv 形式でのダウンロードをリクエスト」をクリックする
❸ 右下の「レポートのステータス」が「処理中」から「ダウンロード」に変わったら、ボタンをクリックする

STEP 5 「在庫スナップショット（月次)」（月末在庫レポート）を「せど管理」に貼りつける。

STEP 4 でダウンロードした「在庫スナップショット（月次)」（CSV ファイル）の A 列の 2 行目を起点にデータを下にすべてコピーします。「せど管理」の該当する月（前月）のシートの AA 列の 6 行目に貼りつけます。すると次のような表になります。

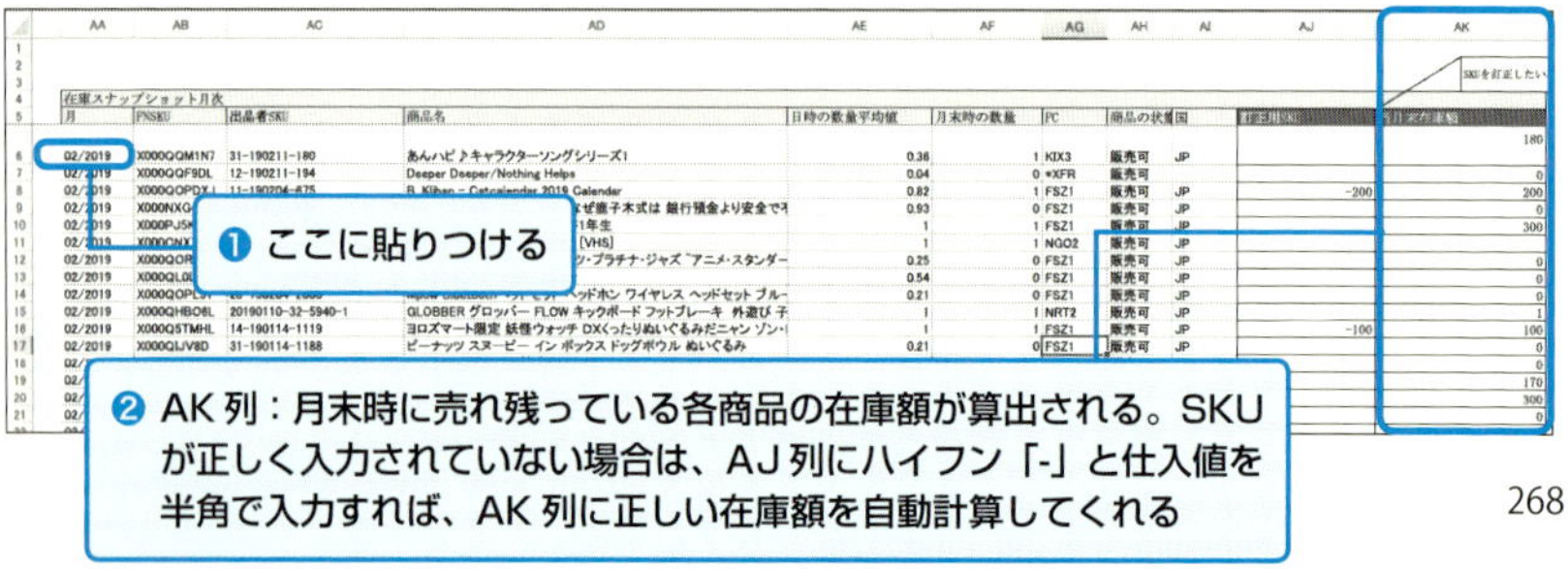

❶ ここに貼りつける
❷ AK 列：月末時に売れ残っている各商品の在庫額が算出される。SKU が正しく入力されていない場合は、AJ 列にハイフン「-」と仕入値を半角で入力すれば、AK 列に正しい在庫額を自動計算してくれる

STEP 6 自己発送商品で月末時在庫がある場合の処理をする。

自己発送で出品中の商品も、月末時に棚卸しをします。FBA 倉庫に送っていない商品はすべて「月末在庫がある自己発送商品」に入力します。この表も、SKU の末尾、ハイフン「-」仕入金額から自動で計算してくれます。

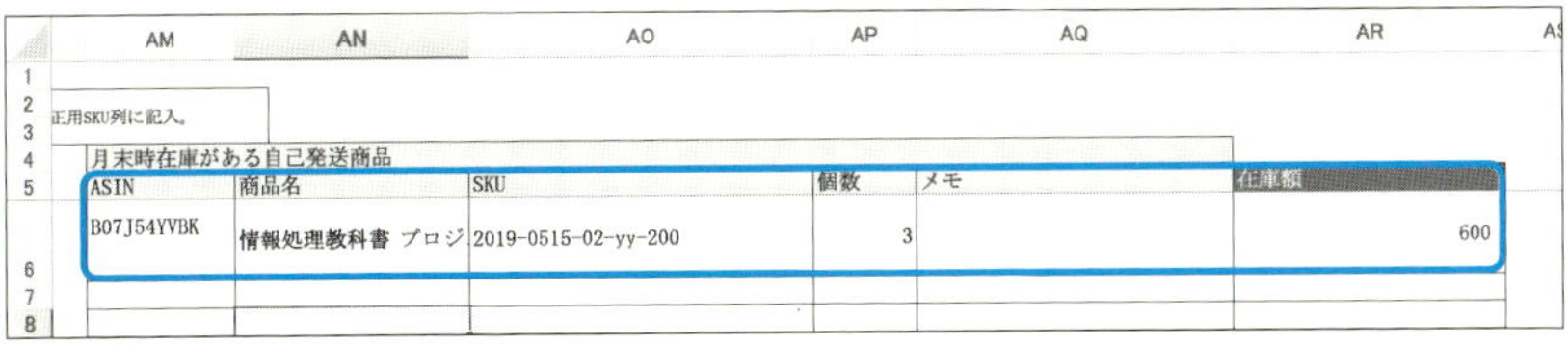

正用SKU列に記入。

月末時在庫がある自己発送商品

ASIN	商品名	SKU	個数	メモ	在庫額
B07J54YVBK	情報処理教科書 プロジ	2019-0515-02-yy-200	3		600

STEP 7 「当月仕入れ金額」を入力する。

ここでは、その月に仕入れた商品の金額をレシートごとにすべて入力していきます。また、この表を見ることで、自分が得意な分野が明確にわかるようになるので、そこを重点的に攻めるようにしましょう。

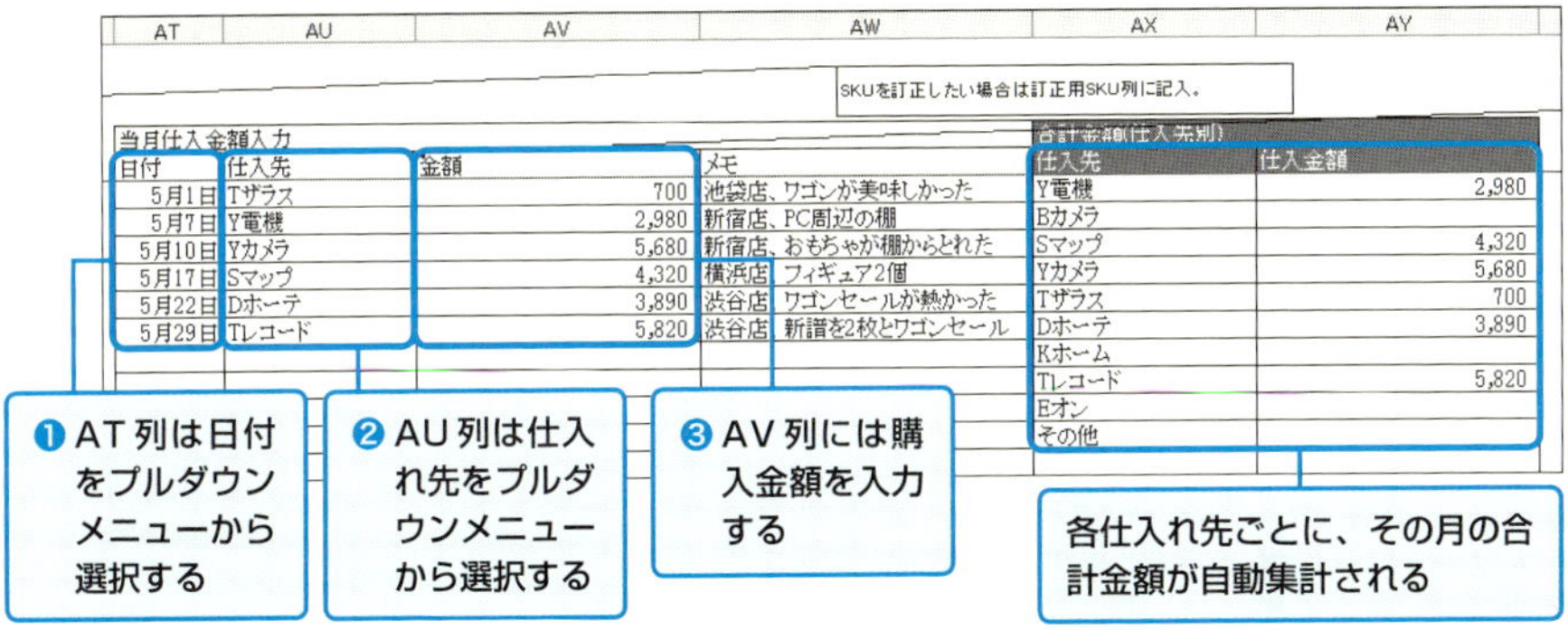

SKUを訂正したい場合は訂正用SKU列に記入。

当月仕入金額入力

日付	仕入先	金額	メモ
5月1日	Tザラス	700	池袋店、ワゴンが美味しかった
5月7日	Y電機	2,980	新宿店、PC周辺の棚
5月10日	Yカメラ	5,680	新宿店、おもちゃが棚からとれた
5月17日	Sマップ	4,320	横浜店 フィギュア2個
5月22日	Dホーテ	3,890	渋谷店 ワゴンセールが熱かった
5月29日	Tレコード	5,820	渋谷店 新譜を2枚とワゴンセール

合計金額(仕入先別)

仕入先	仕入金額
Y電機	2,980
Bカメラ	
Sマップ	4,320
Yカメラ	5,680
Tザラス	700
Dホーテ	3,890
Kホーム	
Tレコード	5,820
Eオン	
その他	

❶ AT 列は日付をプルダウンメニューから選択する
❷ AU 列は仕入れ先をプルダウンメニューから選択する
❸ AV 列には購入金額を入力する
各仕入れ先ごとに、その月の合計金額が自動集計される

仕入れ先のリストは、「リスト」の sheet をクリックすればカスタマイズできます。B 列の 2 ～ 11 行目に記入すれば、各月のシートに自動で反映されます。C 列の経費も同じようにカスタマイズできます。

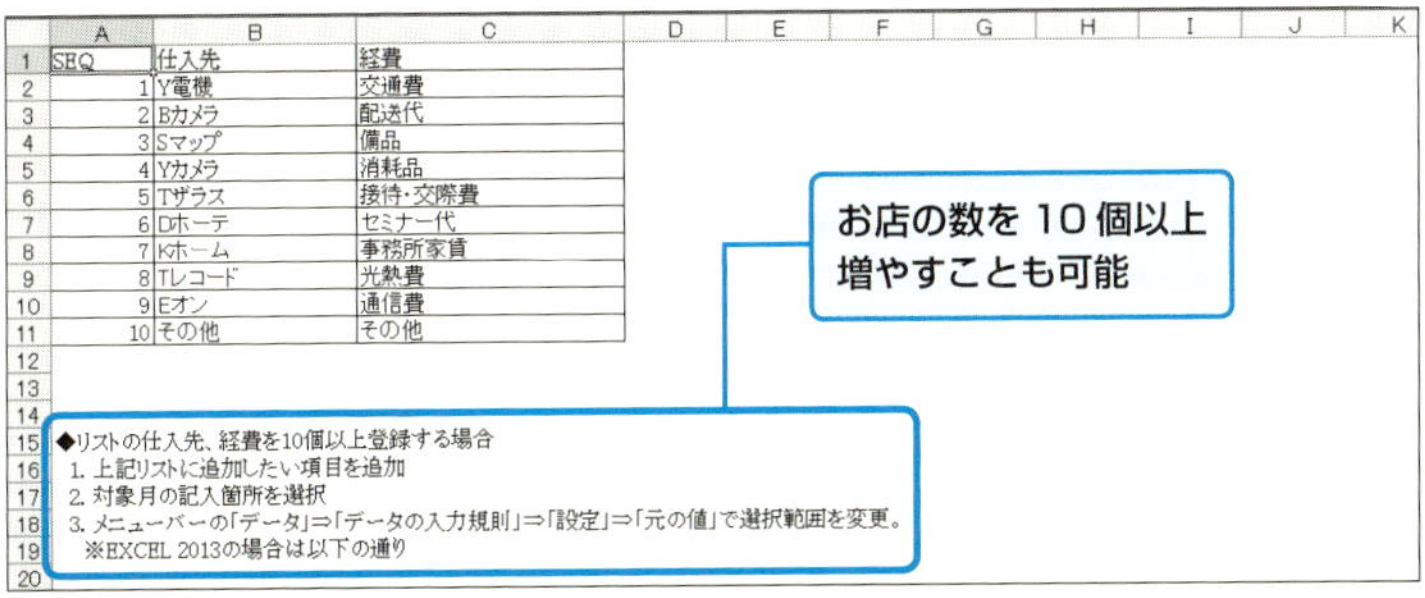

SEQ	仕入先	経費
1	Y電機	交通費
2	Bカメラ	配送代
3	Sマップ	備品
4	Yカメラ	消耗品
5	Tザラス	接待･交際費
6	Dホーテ	セミナー代
7	Kホーム	事務所家賃
8	Tレコード	光熱費
9	Eオン	通信費
10	その他	その他

◆リストの仕入先、経費を10個以上登録する場合
1. 上記リストに追加したい項目を追加
2. 対象月の記入箇所を選択
3. メニューバーの「データ」⇒「データの入力規則」⇒「設定」⇒「元の値」で選択範囲を変更。
※EXCEL 2013の場合は以下の通り

お店の数を 10 個以上増やすことも可能

STEP 8 「経費」を入力する。

あらゆる経費を入力していきます。経費は使いすぎてしまう前に、必要最低限のもの以外は使わないように心がけましょう。配送代は、FBA パートナーキャリアを使っている場合、月次トランザクションレポートで引かれているので、ここではFBA パートナーキャリア以外を使った際の配送代だけ入力します。

経費

日付	経費	金額	メモ
5月2日	交通費	2,000	ICカードチャージ
5月8日	備品	2,980	事務所ボミ箱
5月10日	セミナー代	5,000	新宿でせどりセミナー
5月14日	消耗品	324	ガムテープ
5月25日	光熱費	3,400	電気代
5月25日	通信費	4,800	スマホ代
5月31日	事務所家賃	15,000	家の5分の1を事務所として使

合計金額(経費別)

経費	金額
交通費	2,000
配送代	
備品	2,980
消耗品	324
接待・交際費	
セミナー代	5,000
事務所家賃	15,000
光熱費	3,400
通信費	4,800
その他	

❶ BA 列は日付をプルダウンメニューから選択する

❷ BB 列は経費項目をプルダウンメニューから選択する

❸ BC 列に金額を入力する

各経費項目ごとに、その月の合計金額が自動集計される。あとは自動計算してくれる

STEP 9 「サマリ」で経営状況を分析する。

「サマリ」sheet を見ると、ここまで入力した項目が自動計算されています。

せど管理

	売上	返金	Amazon手数料	入金額	当月仕入額	先月末在庫	当月末在庫	粗利益	当月経費	営業利益	平均回転日数
1月	187,594	0	-47,802	139,792	48,548	88,562	78,564	81,246	33,204	48,042	27
2月	243,562	-1,569	-52,301	189,692	89,781	78,564	71,056	92,403	33,259	59,144	23
3月	156,254	0	-31,568	124,686	67,981	71,056	65,246	50,895	21,255	29,640	31
4月	145,678	-2,978	-32,763	109,937	42,510	65,246	53,002	55,183	23,004	32,179	32
5月	126,876	0	-26,425	100,451	23,390	53,002	40,617	64,676	33,504	31,172	29
6月	0	0	0	0	0	40,617	0	-40,617	0	-40,617	
7月	0	0	0	0	0	0	0	0	0	0	
8月	0	0	0	0	0	0	0	0	0	0	
9月	0	0									
10月	0	0									
11月	0	0									
12月	0	0									
合計	859,964	-4,547									

SEQ	仕入先	合計
1	ヤマダ電機	58,962
2	ビックカメラ	45,215
3	ソフマップ	21,582
4	ジョーシン	47,265
5	ベスト電機	23,210
6	コーナン	14,800
7	カインズホーム	8,978
8	トイザらス	21,580
9	ドン・キホーテ	18,980
10	その他	11,638

各仕入れ先ごとに、合計金額が自動集計される

売上：送料などを含んだ総売上。金額が大きくなればなるほど、利益も増える傾向があります。

返金：お客様が商品を返金した総額。気づいていない返品商品にも気づくことができます。

Amazon 手数料：商品を販売したときの手数料、月間登録料、在庫保管料の総額。売上の約 2 割ほどが Amazon の手数料になります。

入金額：Amazon の手数料を引いたあとに振り込まれる金額。

当月仕入額：該当する月に仕入れた商品の総額。売上を伸ばしたければ、前の月よりも多く仕入れをしましょう。

先月末在庫：先月末に在庫として所有していた商品の仕入値の総額。先月の仕入額に対して、先月末在庫の総額が直近３カ月と比べて明らかに多ければ、商品の価格を下げ、回転率を上げて資金回収をしましょう。

当月末在庫：該当する月に在庫として所有していた商品の仕入値の総額。当月の仕入値に対して、多いか少ないかをチェックします。各当月の仕入額に対して、各当月末の総額が直近３カ月と比べて明らかに多ければ、商品の価格を下げ、回転率を上げて資金回収をします。

粗利益：経費を引く前の商品取引のみの利益額。この数字を最大限上げることで、実質的な儲けが増えます。

当月経費：経営を行っていくうえで、利益をつくるために直接かかる費用。この数字を下げることで、実質的な儲けが増えます。ただし、必要な投資はけちらないことです。

営業利益：せどりの実質的な儲け。サラリーマンでいうところの給料にあたります。ここから税金が引かれます。

平均回転日数：商品が売れるまでにかかる平均の期間。30 日以内であれば良好です。

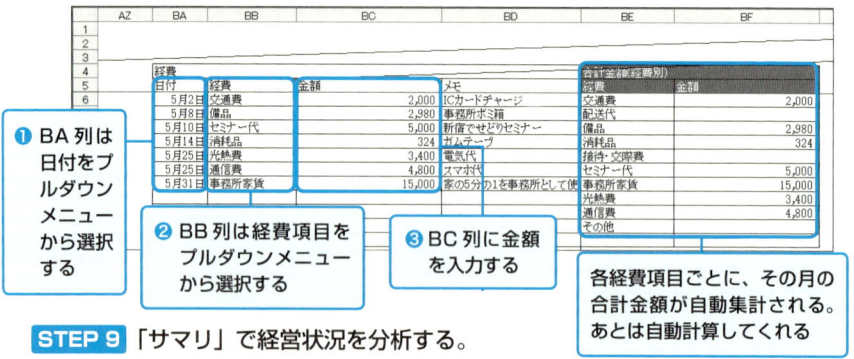

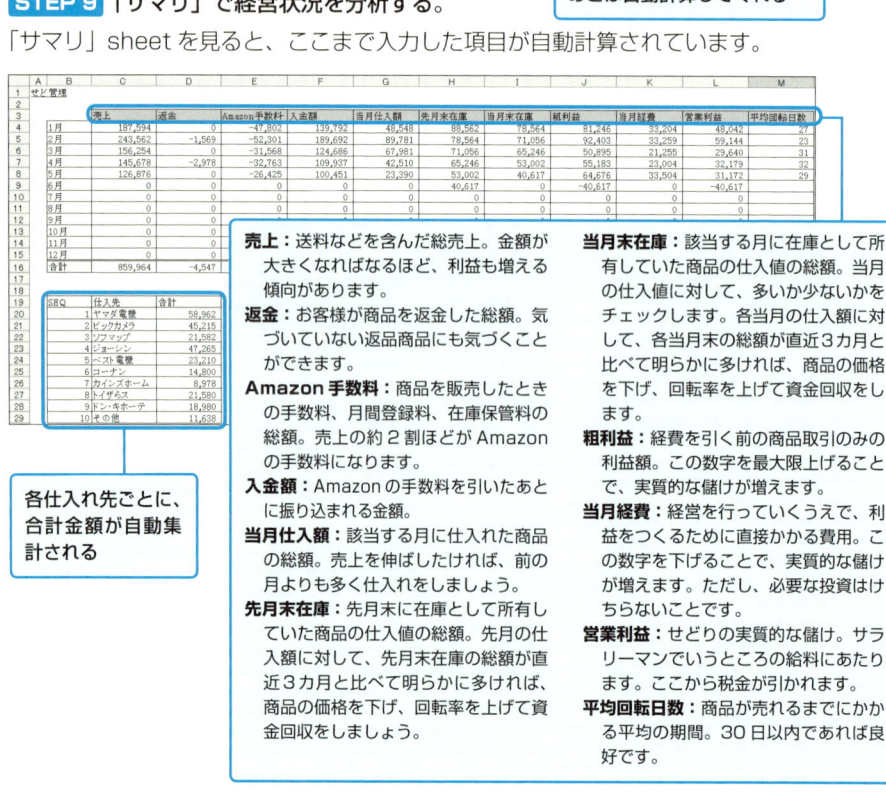

おまけ あなたはどのくらいの時間、せどりをしていますか？

自分がせどりに使っている時間を、きちんと把握しましょう。「せど管理」のＢＨ列で日付、ＢＩ列で作業項目、ＢＪ、ＢＬ列で開始時間、ＢＭ、ＢＯ列で終了時間を選択すれば、各作業項目ごとに作業時間を自動計算してくれます。できるかぎりすべての時間が短いのが理想です。どうすれば短くしていけるか戦略を練っていくことも大切です。出品時間に関しては、人に頼みやすい項目なので極力、お金を払ってでも短くしましょう。

「せど管理」は、Excelで正しく利益管理するためには最効率化されたツールなので、ぜひ活用してくださいね。

● せどりタイムで戦略を練る

仕入先を追加したい場合はシート「リスト」の仕入先箇所に仕入先を追加

せどりタイム

日付	作業項目	開始時間	終了時間	作業時間	メモ
5月1日	店舗仕入	19 : 10	20 : 0	0 : 50	
5月2日	電脳仕入	21 : 15	23 : 0	1 : 45	
5月6日	管理	22 : 30	22 : 50	0 : 20	
5月7日	店舗仕入	16 : 0	19 : 15	3 : 15	
5月9日	出品	21 : 30	23 : 45	2 : 15	
5月13日	情報リサーチ	19 : 0	19 : 40	0 : 40	
5月17日	店舗仕入	17 : 15	19 : 0	1 : 45	
5月22日	店舗仕入	18 : 25	20 : 55	2 : 30	
5月23日	出品	1 : 5	3 : 55	2 : 50	
5月28日	電脳仕入	22 : 30	1 : 10	2 : 40	
		:	:	0 : 0	

経費項目を追加したい場

合計時間(作業別)

作業項目	作業時間
店舗仕入	8 : 20
電脳仕入	4 : 25
移動	0 : 0
出品	5 : 5
管理	0 : 20
商品リサーチ	0 : 0
情報リサーチ	0 : 40
その他	0 : 0

店舗仕入：店舗せどりにかかった時間を入力します。
電脳仕入：電脳せどりにかかった時間を入力します。
移動：店舗せどりで移動するときの時間を入力します。食事時間もここに入れておきましょう。
出品：出品、納品作業にかかった時間を入力します。仕入れ時間の半分以上になると、時間をかけすぎです。人に頼むことを検討しましょう。
管理：価格改定などで、セラーセントラルを見ている時間を入力します。
商品リサーチ：プレ値、限定商品などを調べる時間を入力します。
情報リサーチ：せどらーのブログやメルマガを読む時間を入力します。

02 せどり「トラブル解決法」

楽しくせどりをしていたのに、トラブルが起こるとものすごくショックですよね。ただ、それはあなただけではありません。私もそうですし、ほかの先輩せどらーたちもみんなが乗り越えてきたことです。はじめは混乱してしまうかもしれませんが、慣れると何ともないことです。最後にそんなトラブルに対しての解決方法をお話ししておきます。

1 「3以下の悪い評価」がついたときの対応のしかた

まず、悪い評価の内容がAmazonに責任があるのか、自分（出店者）に責任があるのかで対応方法が変わってくるので、そこを判断します。

「Amazonに評価の削除依頼」をする

「パッケージの破損や発送遅延などであれば、Amazonの責任になるので評価を消してもらえ

る可能性が高くなります」。評価に「箱の角が潰れていた」などと記載されていた場合は**Amazon**の配送中に起こってしまったと考えられます。また、**「商品の機能について評価が記載されている場合も評価を消すことができます」**。テクニカルサポートから、評価の削除依頼をしましょう。

では、詳しい手順を「**STEP**」に分けてお話しします。

STEP 1 評価の削除依頼をしたい注文を探す。

セラーセントラルトップ画面の左側にある「パフォーマンス」から、評価の個所で「過去1年以上の星の数○（○件の評価）」という文字をクリックします。

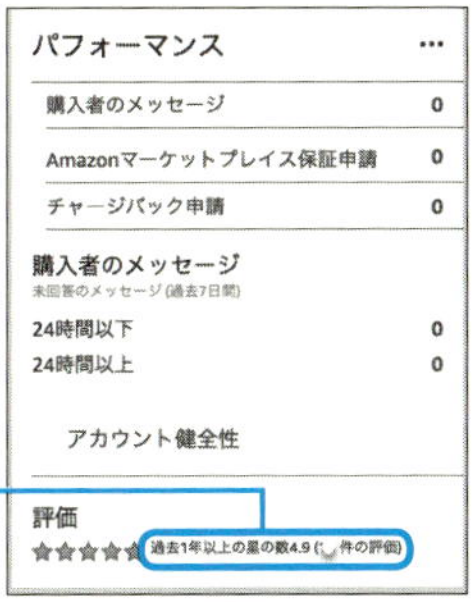

パフォーマンス
購入者のメッセージ 0
Amazonマーケットプレイス保証申請 0
チャージバック申請 0
購入者のメッセージ
未回答のメッセージ（過去7日間）
24時間以下 0
24時間以上 0
アカウント健全性
評価
❶ クリックする

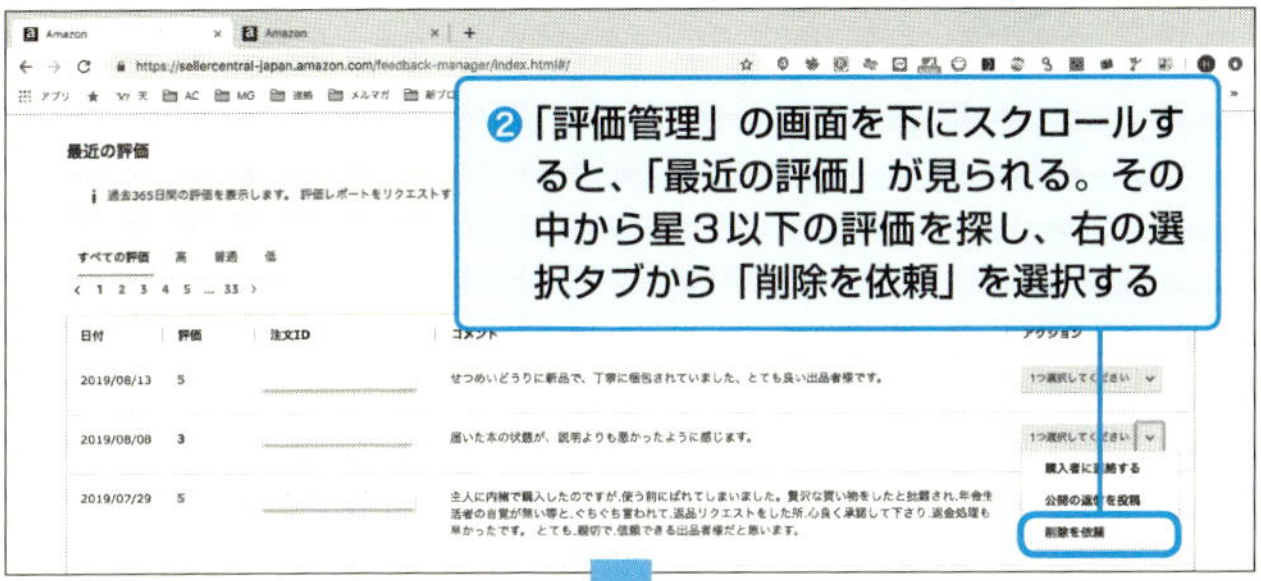

最近の評価
❷「評価管理」の画面を下にスクロールすると、「最近の評価」が見られる。その中から星3以下の評価を探し、右の選択タブから「削除を依頼」を選択する

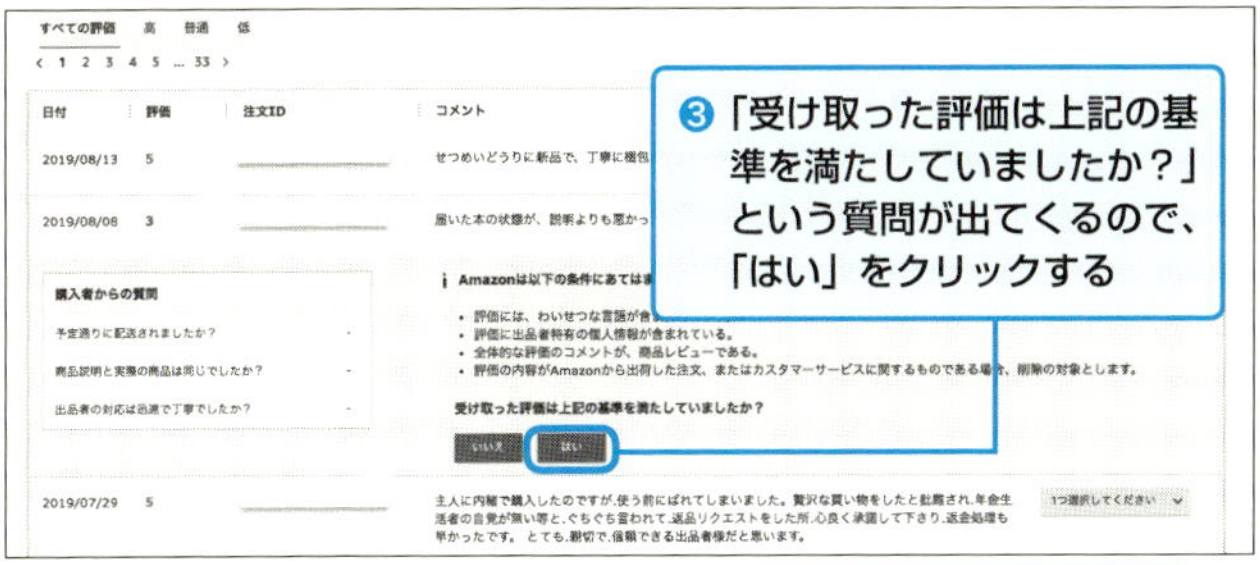

❸「受け取った評価は上記の基準を満たしていましたか？」という質問が出てくるので、「はい」をクリックする

これで評価が消えるとラッキー

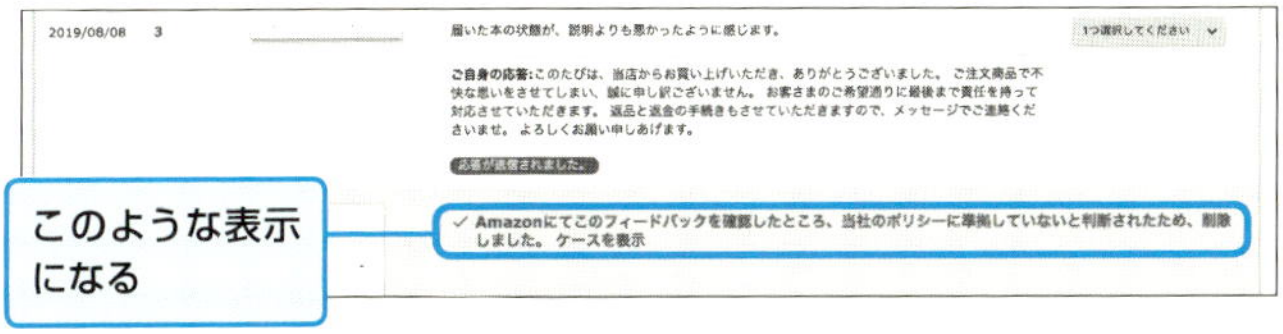

このような表示になる

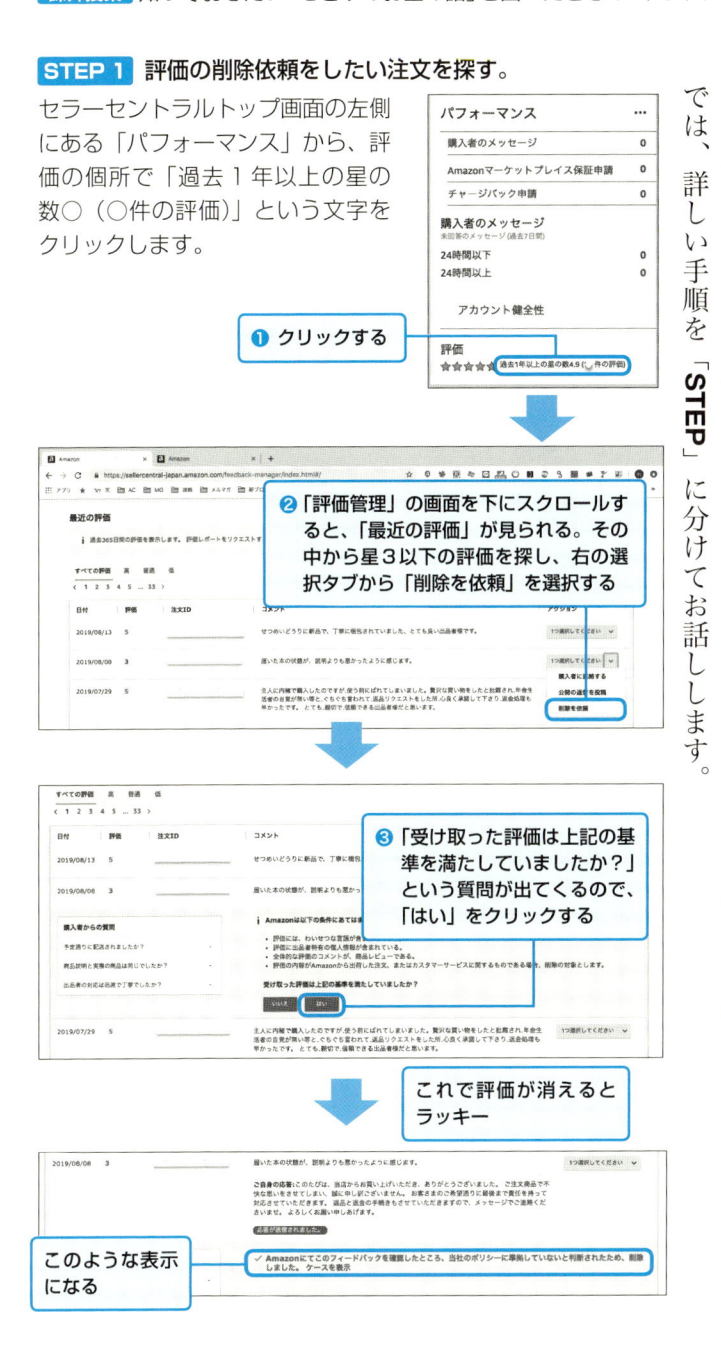

この方法による評価削除は「**自動システム**」なので、評価が削除されない場合もあります。この方法で削除できなかった場合は、お客様に連絡するしかありません。

お客様に「評価の削除依頼」をする

出店者として責任があった場合（新品と中古を違うコンディションで出品してしまったなど）は、**Amazon**が評価を削除してくれることはありません。その場合、直接お客様に評価を消してもらうよう連絡をしましょう。ちょっとドキドキしますが、「**お客様とのやり取りはビジネスの勉強になるので、スキルアップのつもりで挑んでください**」。大切なのは、お客様の言うことはすべて誠意を持って受け入れるということです。めちゃくちゃ怒っていたお客様が、電話でひたすら「そうですよね。おっしゃるとおりです」と誠意を持って聞き入れているうちに、「お前いいヤツだな」なんて言われて評価を消してもらえることはよく聞きます。

お客様に連絡するステップは、次の順序になります。

❶Amazonメッセージ ⇓ ❷電話 ⇓ ❸手紙（手書き）

自分のショップの評価欄に悪いクレームが載っています。ほかのお客様が見たときに悪い印象を与えないように、まずはここの「**コメント欄に返信できっちりと謝罪文を載せる**」ようにします。では、詳しい手順を次頁で「**STEP**」に分けてお話しします。

STEP 1 クレームにコメントを返す。

273 頁の「評価の削除依頼」の STEP 1 の画面で、「公開の返信を投稿」をクリックします。

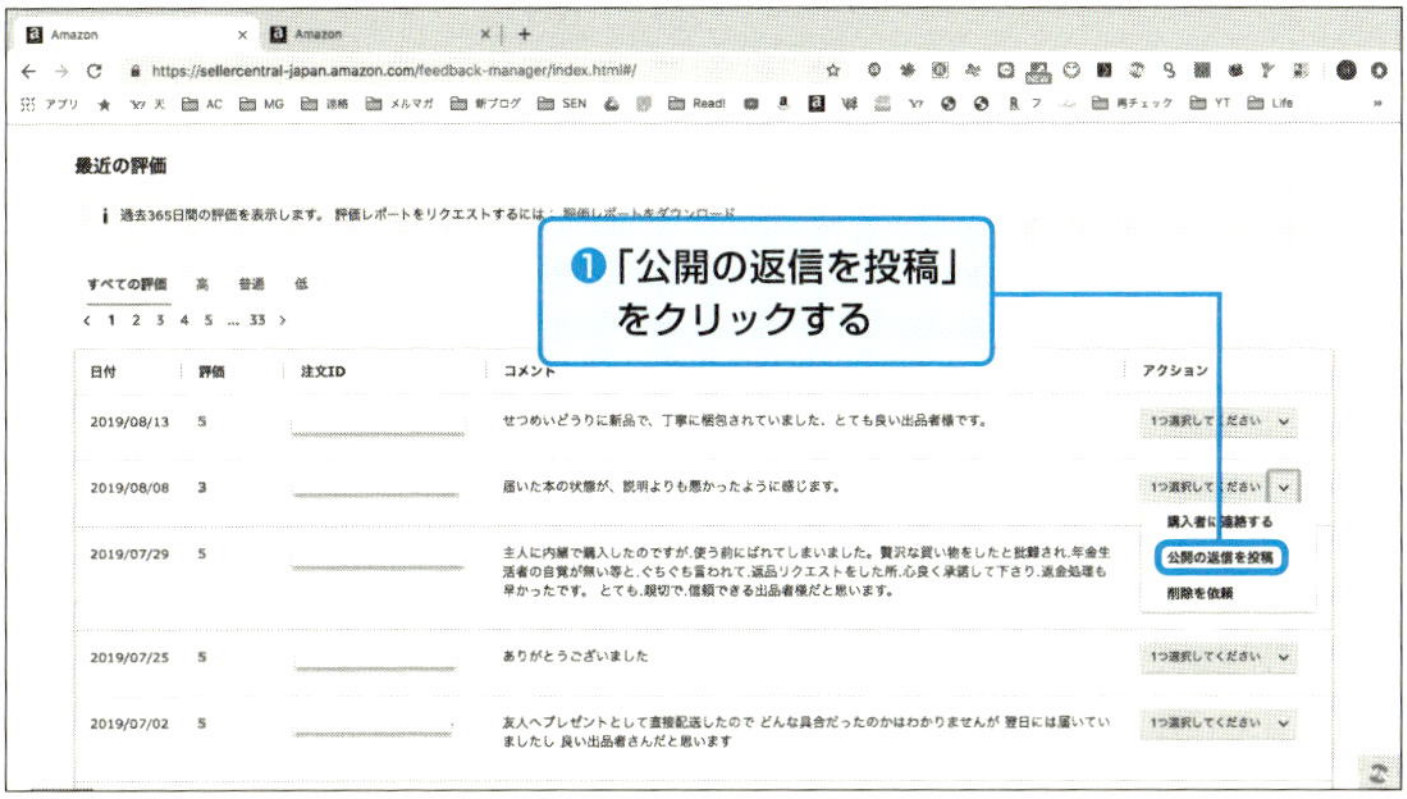

返信入力欄からお詫び文を記入して「送信」をクリックします。これで、これから買うお客様に「クレームにしっかりと対応しているお店だ！」という印象を与えることができます。

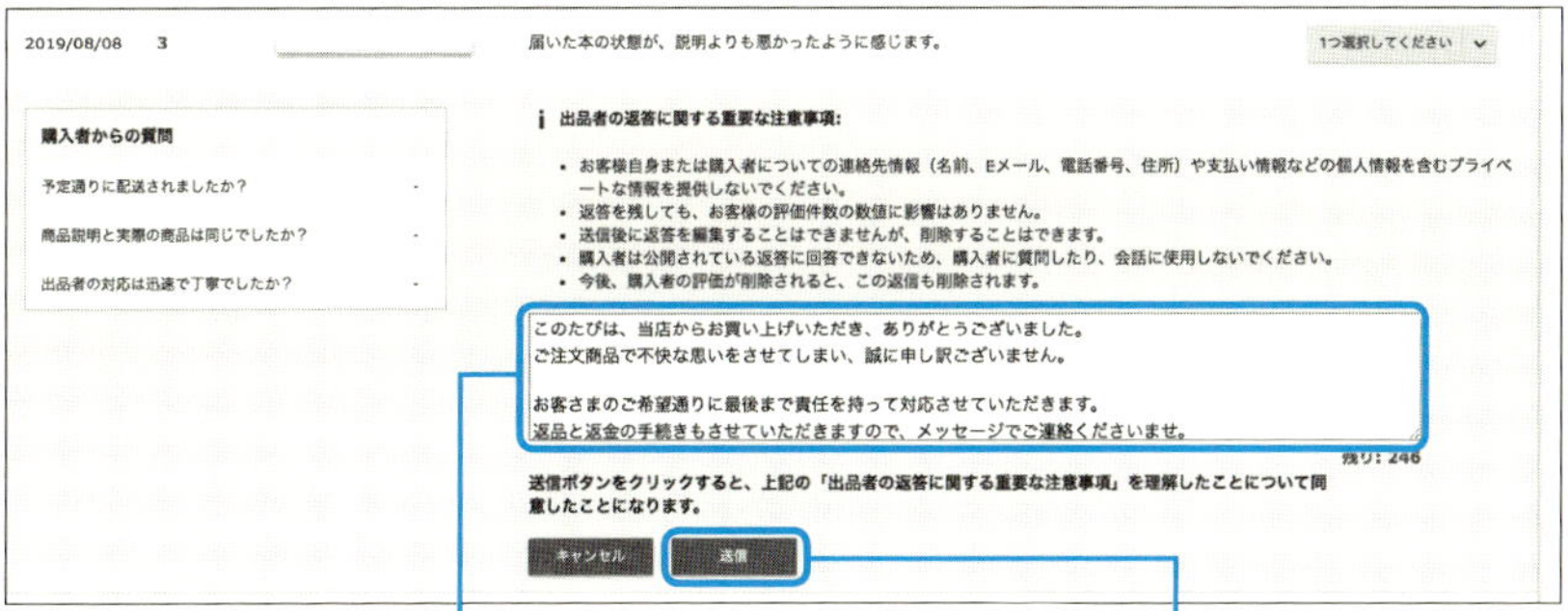

❸「送信」をクリックする

❷ **返信を入力**：このたびは、当店からお買い上げいただき、ありがとうございました。ご注文商品で不快な思いをさせてしまい、誠に申し訳ございません。お客さまのご希望通りに最後まで責任を持って対応させていただきます。返品と返金の手続きもさせていただきますので、メッセージでご連絡くださいませ。よろしくお願い申しあげます。

STEP 2 お客様に連絡をする。

273 頁の「評価の削除依頼」の STEP 1 の画面で、「購入者に連絡する」をクリックします。

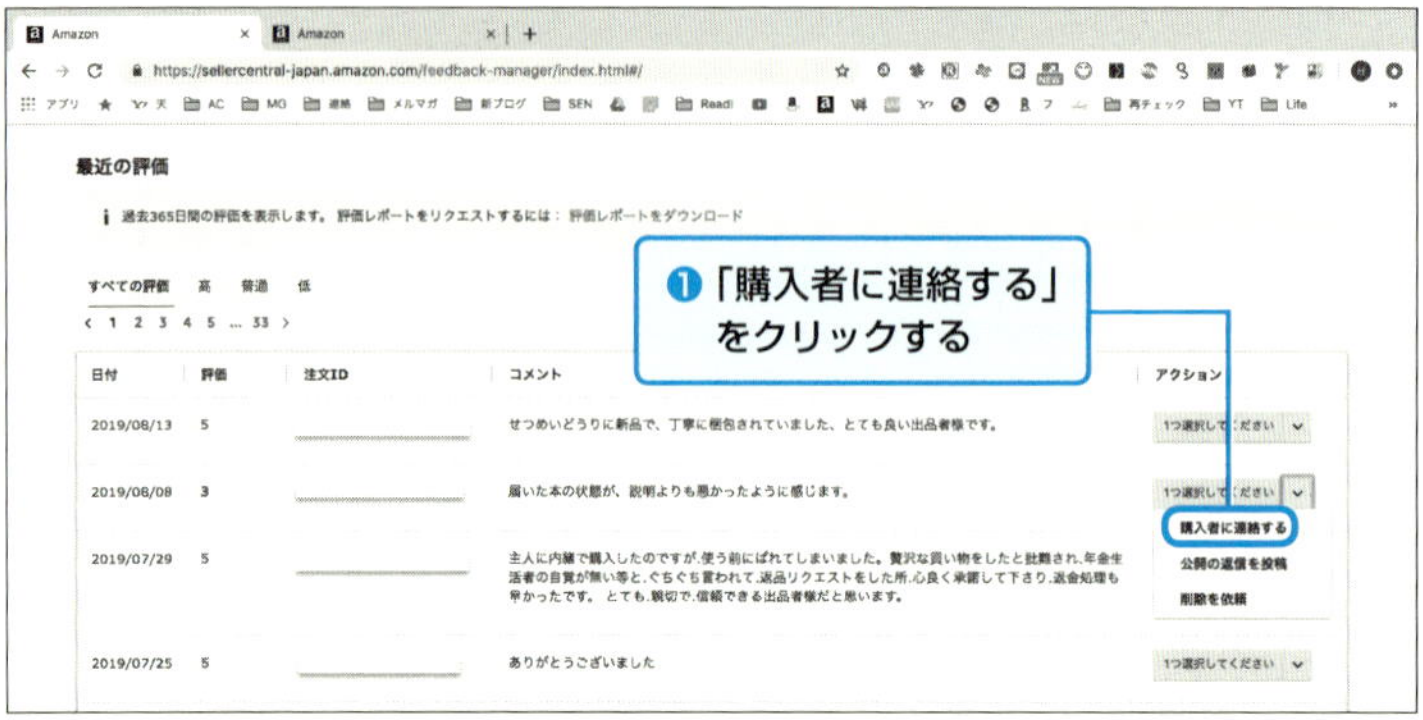

最近の評価
❶「購入者に連絡する」をクリックする
日付
評価
注文ID
コメント
アクション
2019/08/13 5 せつめいどうりに新品で、丁寧に梱包されていました。とても良い出品者様です。
2019/08/08 3 届いた本の状態が、説明よりも悪かったように感じます。
2019/07/29 5
2019/07/25 5 ありがとうございました
購入者に連絡する
公開の返信を投稿
削除を依頼

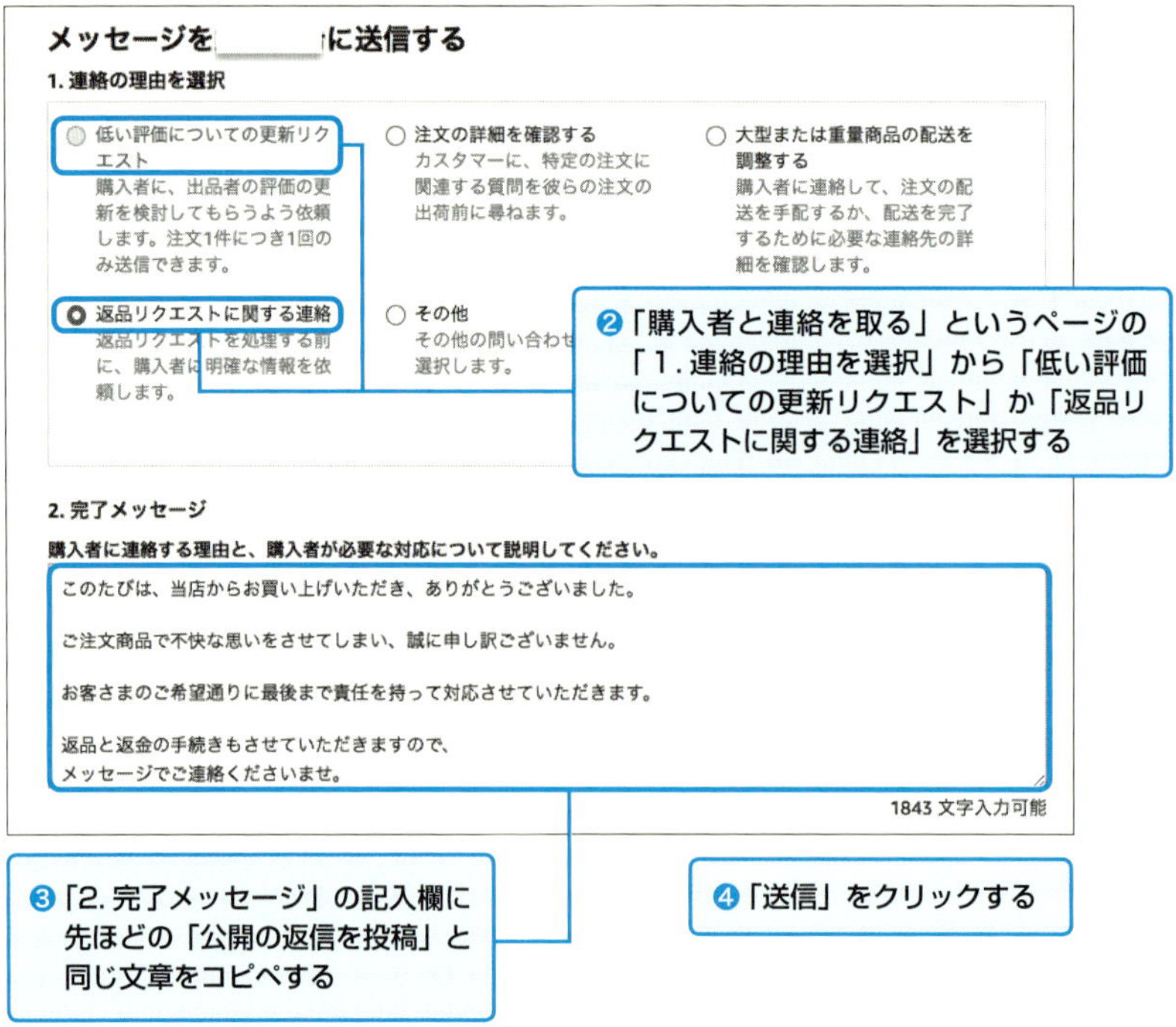

メッセージを　　に送信する
1. 連絡の理由を選択
低い評価についての更新リクエスト
購入者に、出品者の評価の更新を検討してもらうよう依頼します。注文1件につき1回のみ送信できます。
注文の詳細を確認する
カスタマーに、特定の注文に関連する質問を彼らの注文の出荷前に尋ねます。
大型または重量商品の配送を調整する
購入者に連絡して、注文の配送を手配するか、配送を完了するために必要な連絡先の詳細を確認します。
返品リクエストに関する連絡
返品リクエストを処理する前に、購入者に明確な情報を依頼します。
その他
その他の問い合わせ選択します。
❷「購入者と連絡を取る」というページの「1. 連絡の理由を選択」から「低い評価についての更新リクエスト」か「返品リクエストに関する連絡」を選択する
2. 完了メッセージ
購入者に連絡する理由と、購入者が必要な対応について説明してください。
このたびは、当店からお買い上げいただき、ありがとうございました。
ご注文商品で不快な思いをさせてしまい、誠に申し訳ございません。
お客さまのご希望通りに最後まで責任を持って対応させていただきます。
返品と返金の手続きもさせていただきますので、
メッセージでご連絡くださいませ。
1843 文字入力可能
❸「2. 完了メッセージ」の記入欄に先ほどの「公開の返信を投稿」と同じ文章をコピペする
❹「送信」をクリックする

このメッセージを送信後、お客様から何らかの反応があれば、50％以上の確率で評価を消してもらえます。引き続き次の文章を入力して返信しましょう。

● 評価削除の依頼をするメッセージ文

わざわざ、ご連絡ありがとうございます。

○○様にとって不快な商品をお届けしてしまい改めて申し訳ございませんでした。

○○様が納得するまで最後まで誠意をもって対応いたしますので引き続きよろしくお願い申し上げます。

注文いただきました商品は、誠にお手数ですがAmazon倉庫か弊社へ返品後、全額返金の対応とさせていただきます。
もちろん、着払いで送られてください。

このたびはこちらのミスで○○様にご迷惑をおかけしているにもかかわらず、大変おこがましいことを申しあげますが、評価のほうを削除してもらえると大変ありがたく思います。
３以下の低評価が１件でも増えると売上にひびいてしまい、経営に大きな打撃が出てしまうで、ご理解いただけるととてもうれしく思います。

ただこのたびは、不快な商品を届けてしまいましたのでそんなお願いは失礼を承知で申しあげております。

何卒、よろしくお願い申しあげます。

（店名）　○○○○○○○○
担当者名　○○○○

削除していただける場合は、こちらの手順となります。
――――――――――――――――――――――――――――
①「送信済みの評価」（https://www.amazon.co.jp/hz/feedback/list）にアクセスします。
②「フィードバックが完了しました」を選択し、お客様が評価された商品一覧から今回評価していただいた商品の個所の「送信済みの評価」の右の「削除」ボタンをクリック。
③「評価を削除する理由をお聞かせ下さい」の選択項目がポップアップで出てきますので、「出品者が問題を解決した」にチェックを入れてから「削除」をクリックして完了です。
――――――――――――――――――――――――――――

よろしくお願い申し上げます。
おわかりにならない点がございましたら、お気軽にお申しつけくださいませ。

これで連絡がなければ、お客様に直接電話をしてみましょう。それでも、つながらなければ、最後は前頁の内容を手紙で書いて送付してみます。ここまでやって無理なら諦めて、良い評価を貯めるほうにエネルギーを向けていきましょう。

2 「返品への対応」のしかた

「Amazonは返品を積極的に受けつけている」ので、販売数が数百にもなれば**「何個かは必ず返品が発生」**します。物販をしていれば、普通の店舗でも返品は必ず起こるので、そんなに驚くことではありません。経営危機に陥る原因にはならないので、**「必要経費として割り切り」**ましょう。

購入者からＦＢＡ倉庫に返品された商品は、倉庫のスタッフが検品をします。再販可能な状態であると判断されれば自動的に在庫として反映されます。新品の商品が開梱されていたりすると**「再販不可在庫」**になるので、このような在庫は、1度出品者の手元に戻して状態を確認する必要があります。

返品された商品を手元に戻すには、次の手順で確認することができます。

STEP 1 セラーセントラルトップページから「販売不可在庫」を確認する。

セラーセントラルトップページで「在庫」⇒「FBA 在庫管理」を選択すると、「FBA在庫」のページが表示されます。

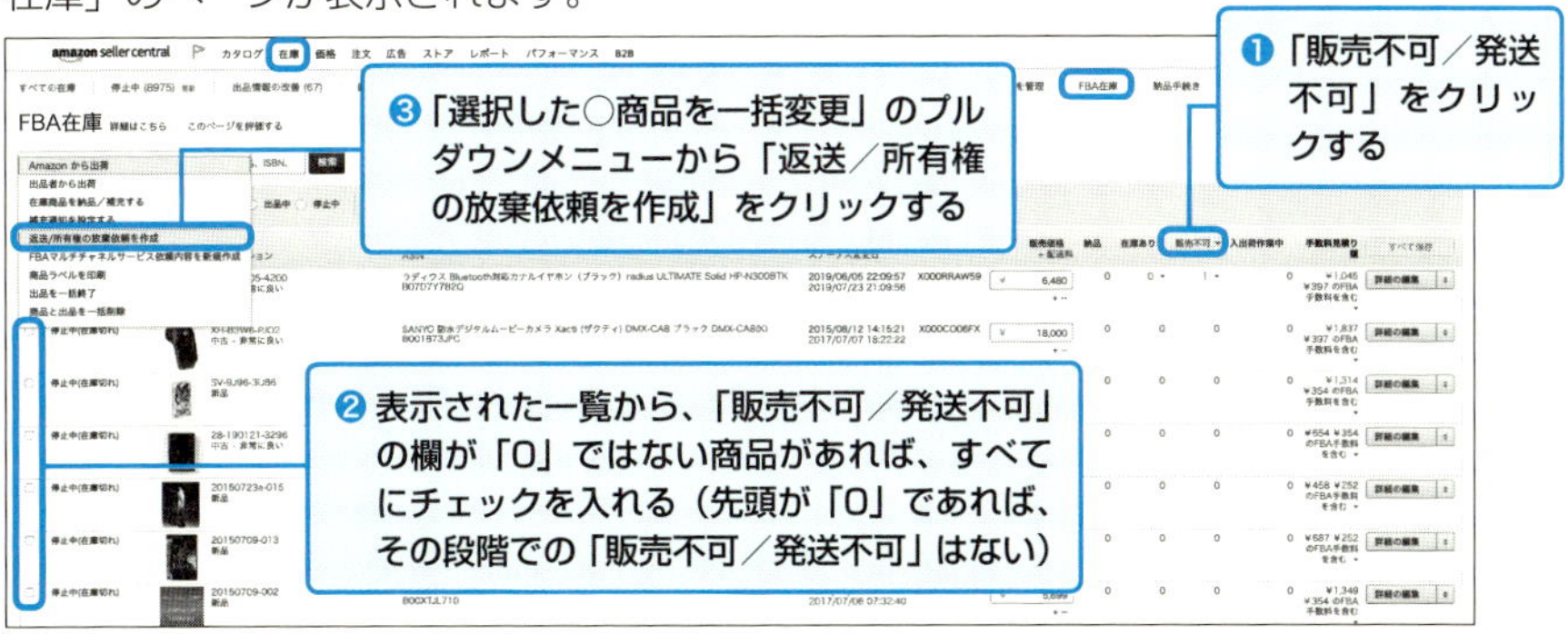

STEP 2 返送先を入力する。

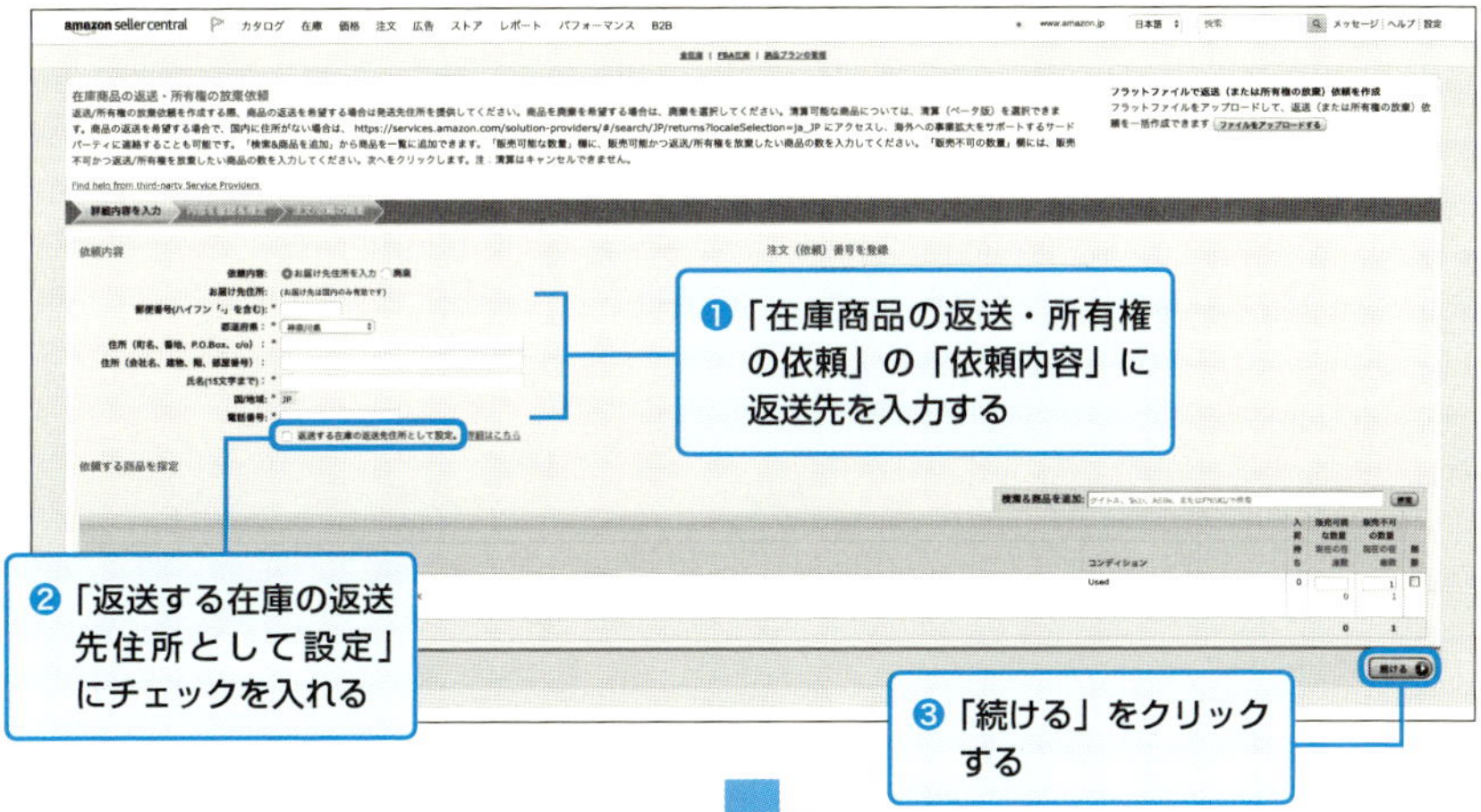

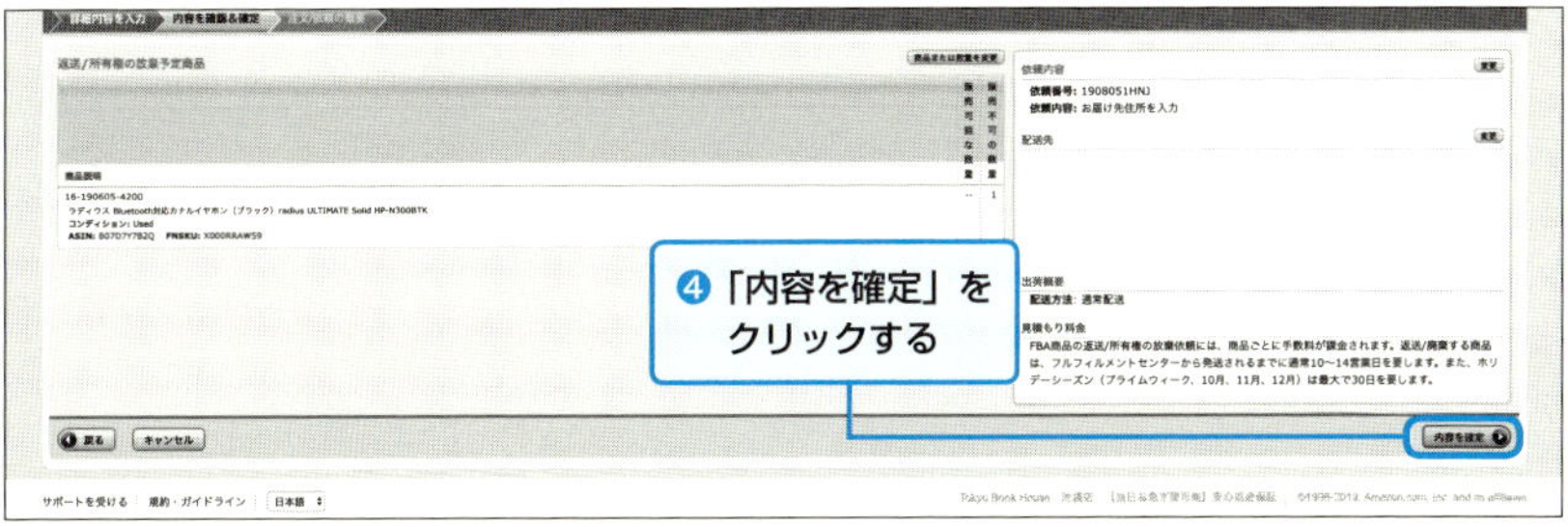

「返品理由を確認」して、その商品の対処を考える

返品理由を確認して、**「返送されてきた商品が使える状態であれば〝中古〟で出品」**しましょう。**「初期不良などであれば、仕入先に行って交換か修理をしてもらってから、再出品」**します。

こうして売り切れば、仕入れ金額が丸々赤字になることはないので安心してください。

返品理由は、次の手順で確認することができます。

❶ セラーセントラルのトップページにある「レポート」⇒「フルフィルメント」を選択
❷ 「商品の返品や交換：返品レポート」をクリックする
❸ 「レポート期間」をリストから選んで「レポートの生成」をクリックする

● 返品レポートサンプル

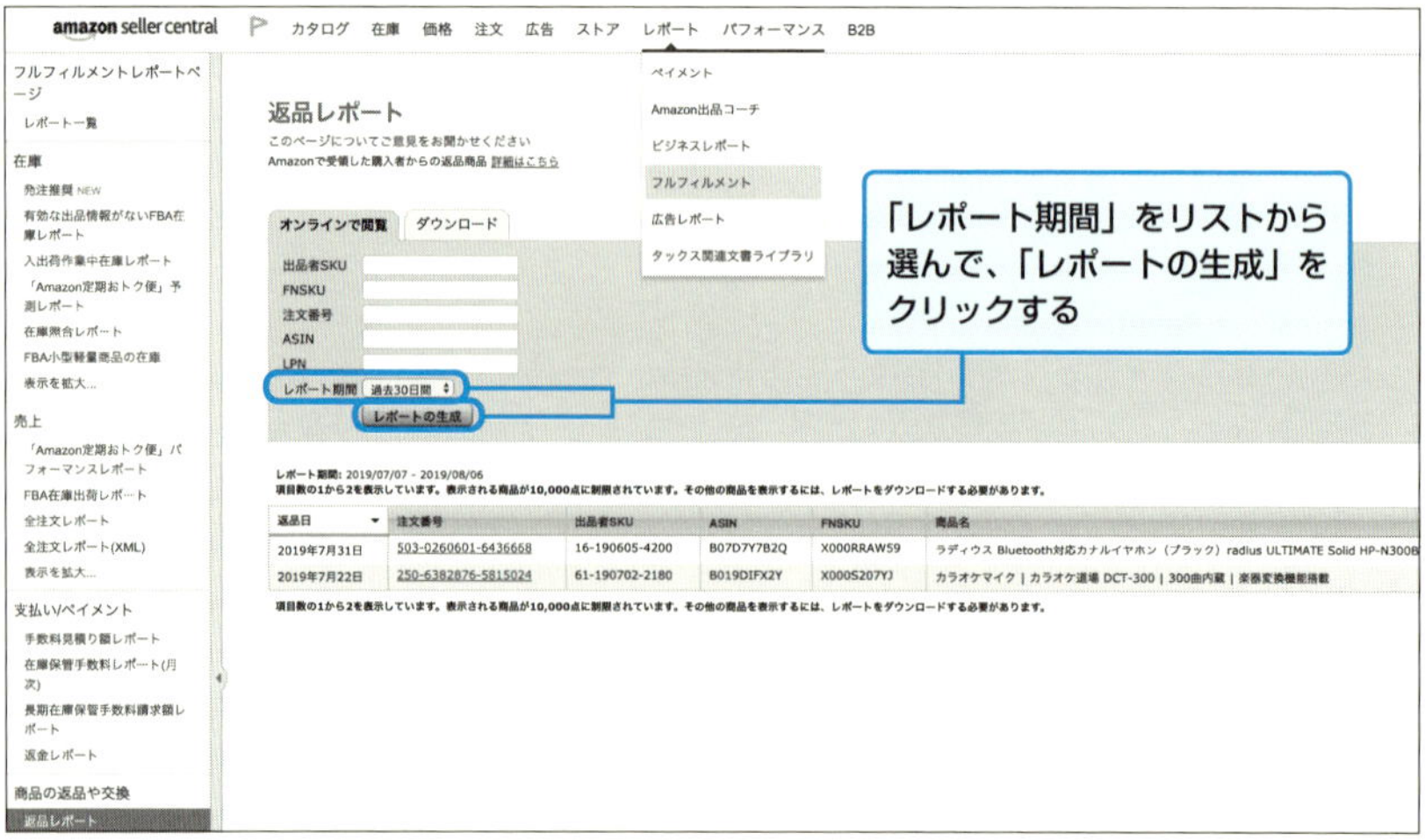

3 「電話番号を公表するのが嫌な場合」の対処方法

「Amazonでは、特定商取引法に則り、〝住所〟〝電話番号〟〝名前〟を公表する義務がありま す」。それでも、私用の携帯電話番号を載せるのはちょっと抵抗がありますよね。

そんなときは、「**SMARTalk**」という通話スマホアプリを使いましょう。無料で050からはじまる電話番号を取得できます。もちろん、こちらから発信して通話したときは料金がかかりますが、固定費がかからないのがありがたいです。また、留守番電話機能があるので、忙しくて出られないときも安心です。ぜひ、活用してみてください。

ちなみにお客様からの電話で、いきなり怒鳴ってくる人は今までひとりもいませんでした。「この在庫、今発注したら明日には届きますか？」というようなたわいもない問いあわせばかりです。

「**注文率が、大幅に高まるので、できるかぎり電話対応をする**」ようにしましょう。

4 「アカウント停止」「閉鎖」の対処方法

Amazonの重大な規約に違反した場合は、**Amazon**からアカウント停止、または閉鎖の措置が取られます。以前、間違えて医療機器を販売したときに、「3週間アカウントを停止する」と**Amazon**アカウントスペシャリストからメールが送られてきました。このようなメールが来たら誰しもショックですが、冷静に次の手順で対応するしかありません。

❶とても丁寧なビジネス文書で書く
❷できるだけ早く返信をする
❸とにかくミスに対しての謝罪の気持ちを伝える
❹Amazonの指示どおりに正確に行動し、返答する
❺同じミスが100%システム的に起こり得えない業務改善案を伝える

「**アカウント停止**」の場合は、そこまで不安に思わないでください。これを実践し続ければ、「**ほぼほぼ復活**」できます。私の場合は、3日でアカウントが再開できました。

言いたくありませんが「**閉鎖の場合は、復活する可能性はゼロではありませんが極めて低い**」と考えておいたほうがいいでしょう。その場合、新規のアカウントをつくる必要がありますが、「**前のアカウントの情報と新しいアカウントの情報が絶対に紐づかないようにする工夫が必要**」です。「**住所**」「**電話番号**」「**銀行口座**」「**クレジットカード情報**」「**パソコン**」「**インターネット回線**」をまったく違うものに変えます。

また、「**在庫商品は返送されてきますが、半分以上は違う販路で売りさばく**」ようにしましょう。新しいアカウントでまったく一緒の在庫商品を登録すると、**Amazon**に前のアカウントと同じだと判断されてしまうので、すぐにまた閉鎖されてしまいます。

あとがき

泥臭く地道にやっていけば稼ぎ出せる

授業の終わりがそろそろ近づいてきていますが、これで私が持っているノウハウは包み隠さずすべて出し尽くしました。前著のときと同じく4カ月以上、ほとんどの仕事を止めて、この書籍のためにさまざまな仕入れをリサーチしてみました。

その中でも、現在最も簡単に稼ぎやすい実証済みのノウハウだけを本著に詰め込みました。ノウハウは簡単ですが、この王道の正攻法を、泥臭く地道にやっていくのみです。

注意してほしいことは、新しい情報を無駄に入れないこと

月収100万円を稼ぎ出したいなら、本書のノウハウで十分達成できるので、目標達成に集中して、本書を何度も何度も読み返してください。本書に必ず答えが載っています。

大げさに聞こえるかもしれませんが、せどりと出逢えるような大きなチャンスは、人生に数回しかないと私は思っています。このチャンスを「いい話を聞けた」だけで終わらせるのは、あまりにももったいなさすぎます。

せどりを実際にやって結果を出し、人生を変えていってほしいと本気で強く思っています！

LINE　そこで、あなたがこの授業を受け続けられる環境をつくることにしました

この授業の放課後の教室を「世界一の放課後」LINE公式アカウントの部屋として用意しました（LINE公式アカウントは、登録しても、ほかに誰が入室しているかわからないシステムなので、プライバシーは厳重に守られます）。

その部屋で、この書籍のわかりにくかった部分の質問をしてください。また、動画でよりわかりやすい補足説明なども伝えていこうと計画しています。この書籍の中の何個もあるURLの一覧もお届けします。毎月2、3回ほどのペースでせどりに役立つ情報をお伝えしていく予定です。また「世界一の放課後」のメンバー限定で、ワークショップやパーティーなどの交流イベントも定期的に実施します。イベント参加は、人生を大きく変えるきっかけに出会える可能性がとても高いので、極力参加してくださいね。

この放課後の教室は、私への直通連絡方法でもあるので、個別の相談もすることができます。私は、あなたの担任ですから、どんな些細なことでも遠慮しないで話してください。

LINE公式アカウントの放課後の教室であなたを個別コーチング

せどりで結果を出してもらうために、さらなる本気の覚悟を決めました。あなたと二人三脚で歩いていきます。具体的には、LINE公式アカウントの「世界一の放課後」であなたから実践

報告をしてもらい、それを私がチェックする個別コーチングです。毎週日曜日か月曜日に、私に先週の振り返りと今週のタスク宣言をしてください。必ず目を通してスタンプを返信します。実際は二人三脚ではなく、一人千脚くらいになる可能性があるので、簡易的なコーチングになることはご了承ください。もちろんですが、お金がかかるわけではありません。個別コーチングから何かのセールスへつなげることもないので安心してください。

もちろん、個別コーチングは強制ではなく希望者のみです。詳しい案内は、LINE公式アカウントの「世界一の放課後」内でさせてもらいます。

授業が終わる前に、「きっかけの環境づくり」にも徹底的にこだわったのは、せどりは出逢っただけで9割が成功だと考えているからです。残りの1割は成功するまでせどりを続けるだけです。

「幸せ鳥」になってください

いよいよ私からのラストメッセージです。お気づきかもしれませんが。はい、最後の最後でまさかのダジャレです。笑いはなかったと思いますが、私の伝えたい想いがわずかでも伝わっていれば十分です。伝えたいことは、「幸せ鳥」、まさに「幸せ」な「せどり」です。

本書のノウハウどおりしっかり実践してもらえれば、2、3カ月以内に人生が変わりはじめるのを実感できるでしょう。今、貯金がゼロだったとしても、1年も経たないうちに独立しているかもしれません。これが大げさな話ではありませんから、せどりの威力はすさまじいのです。ただ、この威力がときに暴威となって、破滅へと進んでいってしまう場合があります。もともと普通だった人が、お金を急激に稼げるようになると、自分は本来すごい人間だと勘違いしはじめてしまう人がいます。人を見下したり、自分勝手で自己中心的になったり、金銭感覚が狂ってしまったり、プライドが高くなって嘘で事実を隠すようになったり……。この謙虚と冷静さが欠いた先には不幸が待っています。どこかで道を踏み外してしまい、せどりをしていなかったときのほうがお金があったり、幸せだったなんて人を、たくさん見てきました。

お金を稼げたからといって、幸せになるとはかぎらないのです。「不幸せ鳥」になってしまうことがあるのです。私は、「不幸せになった鳥」の人たちを悪い人だとは思っていません。どこかでほんのちょっとだけ小さなミスをして踏み外してしまっただけなのです。人間ですから私も、あなたも小さなミスをすることはあります。私たち全員がそうなってしまう可能性があるということを覚えておいてください。

せどりは確かにお金を稼ぐためにするものですが、お金を稼ぐこと自体は、みんな共通して「幸せ」になるためのはずです。冷静に考えるとあたりまえのことですが、日々生活していると本質を忘れていってしまいます。そのために、頭の片隅に少しでも「原点」が入り続けるようにくだらないダジャレをラストメッセージにしました。

「幸せ鳥」、今あなたの頭の中に小さなカワイイ鳥が思い浮かんでいるはずです。せどりをするたびに、この鳥を頭にイメージしてください。そうすれば、幸せ鳥になっていけるでしょう。せどりで稼いで、幸せになってください。幸せになれたら、それを周りの近い人にシェアしていってください。せどりに出逢えた今の喜び、そして成長に関わってくれるすべての人への感謝を胸に進み続けてください。

キーンコーンカーンコーン……。

あ、授業の終わりのチャイムが鳴っているようですね。それでは、最後に世界一やさしい宿題を出します。この本の感想を私に送ってください。世界一やさしい宿題なので、一文でもいいですし、「書籍読みました」のひと言だけでもいいです。連絡方法は、できるかぎりＬＩＮＥ公式アカウントの「世界一の放課後」から送ってもらえると助かります。ＬＩＮＥが使えない場合は、ブログ、メール、ＳＮＳなどからでも大丈夫です。その感想に対して、私から必ず返信するので待っていてください。小さなアクションですが、あなたが幸せ鳥になるための大きな一歩になることは間違いありません。

さて、今回の授業はこれでおしまいです。

この教科書は、机の中の引き出しに入れずに、毎日視界に入る目立つ場所に置いたり持ち歩いてください。せどりへの意識が働き、行動するきっかけになり続けるでしょう。２回目の授業も、あなたの担任として、楽しく教壇に立たせてもらうことができ、深謝の気持ちとともにうれしく感じています。

何より、幸せの報告を直接聞かせてもらえる日を楽しみにしています！

それでは続きは、放課後でお会いしましょう。

２０１９年10月　クラスター長谷川

「世界一の放課後」は、
ここから入室できます！

http://nav.cx/cm49Wt4

iPhoneの場合は、カメラを起動して撮影画面にQRコードを表示させるだけです。LINEアプリからの場合は、「友だち追加」のページから「QRコード」を選択し、画面に表示される枠内にQRコードを表示させてください。

ここでお約束したイベント、コーチング、感想への返信は、出版日から1年以内は実施するように考えています。できるかぎり実施の継続に尽力しますが、何かの望まぬ事情でストップせざるを得ない場合はご了承ください。

最新の状況は、私のブログなどで告知するようにします。返信が3日ほど経ってもない場合は、私まで届いていない可能性があるので、再送をお願いします。

もっと 世界一《せかいいち》やさしい Amazon《アマゾン》せどりの教科書《きょうかしょ》 1年生《ねんせい》

2019年10月31日　初版第1刷発行
2020年 2 月29日　初版第2刷発行

著　者　クラスター長谷川
発行人　柳澤淳一
編集人　久保田賢二
発行所　株式会社　ソーテック社

〒102-0072 東京都千代田区飯田橋4-9-5　スギタビル4F
電話：注文専用　03-3262-5320
FAX：　　　　　03-3262-5326

印刷所　図書印刷株式会社

ISBN978-4-8007-2072-6